Geschiedenis Der Watergeuzen... - Primary Source Edition

Abram Pieter Van Groningen

Nabu Public Domain Reprints:

You are holding a reproduction of an original work published before 1923 that is in the public domain in the United States of America, and possibly other countries. You may freely copy and distribute this work as no entity (individual or corporate) has a copyright on the body of the work. This book may contain prior copyright references, and library stamps (as most of these works were scanned from library copies). These have been scanned and retained as part of the historical artifact.

This book may have occasional imperfections such as missing or blurred pages, poor pictures, errant marks, etc. that were either part of the original artifact, or were introduced by the scanning process. We believe this work is culturally important, and despite the imperfections, have elected to bring it back into print as part of our continuing commitment to the preservation of printed works worldwide. We appreciate your understanding of the imperfections in the preservation process, and hope you enjoy this valuable book.

Acc 3078

GESCHIEDENIS

DER

WATERGEUZEN.

GESCHIEDENIS

DER

WATERGEUZEN

DOOR

A. P. van Groningen,

PREDIKANT TE RIDDERKERK.

> His tunc ministris uti Supremae Providentiae visum, cui fere placuit Belgicis in rebus ita humanam fiduciam et consilia illudere, ut numquam simul essent spes magna et bonus eventus.
>
> H. GROTIUS, *Annal.* L. II. f. 55.

Te LEYDEN,

BIJ S. EN J. LUCHTMANS.

1840.

GEDRUKT BIJ J. G. LA LAU.

AAN

DE HEEREN

Mr. J. G. la LAU,

EN

C. STEENHAUER, v. d. m.

Gij ontvangt, geachte Vrienden! in deze bladeren, de u reeds lang beloofde Geschiedenis der Watergeuzen. Indien gij lang moest wachten, gij weet ook dat dit werk mij slechts uitspanning van ernstiger bezigheden zijn kon, en ik slechts eenige uren daaraan kon wijden, welke de werkzaamheden mijner bediening mij overlieten. En waaraan kon ik die uren beter en genoeglijker besteden dan aan de beoefening dier Geschiedenis, waarin wij in vroeger jaren te zamen aan de Hoogeschool ons verlustigden, en waarbij wij ons in den roem der Vaderen verheugden. Maar nog te meer werd ik aangespoord tot deze studiën door het voorbeeld van zoovele voortreffelijke mannen in ons Vaderland, aan welken, naast den arbeid dien de Evangelie-prediking van hun eischte, de beschouwing der lotgevallen onzer Vaderen boven alles dierbaar was. Hoe kon het anders? Dat zij het Evangelie, gezuiverd van menschelijke vonden, mogten prediken, hunne gemeenten het konden hooren, dat was men, naast God, aan den moed en trouw der Vaderen verschuldigd. Hoe noodig was het dan het nageslacht dezelfde beginselen in te prenten, want het behoud van Godsdienst en Vaderland was ten naauwsten aan elkander verbonden. Om dien band te bewaren, moest de Geschiedenis van het Vaderland — altijd door vroegere Predikanten als het tooneel van Gods wonderen voorgesteld — van zelve zich aansluiten aan de verkondiging van dat Woord, voor welks ongehinderd bezit, met zoo veel kracht tegen de dwingelandij van Spanje en Rome gestreden was. Die strijd, gelijk hij met al zijne jammeren en heldendaden, ons wel het aanlokkelijkst was, trok ook vooral mijne aandacht tot zich, toen ik wenschte een deel onzer Geschiedenis te behandelen, dat nog niet in al zijne bijzonderheden beschouwd was. Ik bepaalde mij bij de Watergeuzen. Dit onderwerp had voor mij veel aangenaams; het was merkwaardig als een tafereel aanbiedende der vorming of vernieuwing van een Staat, een volk, dat een der beroemdsten werd in de nieuwere geschiedenis. Het was zeer geschikt om te leeren, hoe uit het geringe en kwade het groote en goede voortspruit, en wat ongeachte hulpmiddelen vermogen tot vestiging van een volksbestaan, zoo als het onze geweest is. Ook waren de daden en lotgevallen dier mannen, die het Vaderland de vrijheid aanbragten, (gelijk ik reeds zeide) nog niet zoo volledig nagevorscht, of daar bood zich gelegenheid aan om iets nieuws op te delven, dat den naauwkeurigen zoeker zijn arbeid kon beloonen. Behalve dat, de omzwervingen, de rampen en zegepralen dier vrijbuiters hebben, bij al het wilde en woeste, daarmede vermengd, iets aantrekkelijks. Zij waren mij zoo geheel, wat ik, hen bezingende, uitdrukte:

De kindren van de zee, zoo vrolijk als de baren,
Waarop bij zomerlucht de koeltjens spelevaren,
 En zorgloos, als het kind, voor kommer en ellend:
 Vlug, rap, de vuist aan 't zwaard, met wind en weêr bekend,
Zoowel als met de kunst om enterdreg en bijlen
In 's vijands boord en nek te slaan........

Waarlijk, daar is iets poëtisch in hunne avontuurlijke loopbaan, in hunne daden, hun leven en sterven! — Ik geloof hen, zoo veel mogelijk, naar waarheid te hebben geteekend. Hunne gebreken en misdaden mogten niet verzwegen worden, zoo min als hunne deugden en heldenstukken, en dit heb ik bevonden, dat zij, hoezeer ook de kenmerkende zeden en hartstogten hunner tijden en omstandigheden hebbende, over het algemeen waardig zijn, dat het nageslacht hen nimmer vergete.

De wijze van behandeling dezer Geschiedenis is, dunkt mij, eenvoudig en de meest geschikste. Zij is navolging van die der Geschiedenis van het Verbond der Edelen, door den Hoogleeraar J. W. Te Water, schoon niet zoo uitvoerig. Dit bragt de zaak zelve mede. Het deel der Edelen aan het Verbond werd door echte stukken gewaarborgd; hunne namen waren in grooten getale (meer dan vierhonderd) bekend; zij stamden af uit bekende geslachten, en hunne Geschiedenis was aan de navorsching niet geheel onttrokken. Maar de Watergeuzen moesten overal worden opgespoord, en, daar slechts enkelen hunner tot meer of min beroemde geslachten behoorden, daar een groot deel hunner slechts bestond uit onbekende schepelingen en soldaten, moest de oogst schraler zijn. Daar en boven heb ik mij niet zoo bijzonder opgehouden met hunne geslachten, hunne voorouders en afstammelingen, maar mij eenvoudig bij hunne daden bepaald, opdat de lezer zou kunnen opmaken welke het karakter en de zeden der mannen waren, aan wie het Vaderland zoo vele verpligting heeft.

Ik heb verder niets meer aan te merken. Omtrent de bronnen, waaruit ik geput heb, zeg ik iets in de Aanteekeningen. Alleen moet ik, mijne vrienden! u nog danken voor de hulp waarmede uwe kunde en vriendschap mij ondersteund heeft. Ook mag ik u niet verbergen hoe mij sommigen onzer Geleerden met welwillendheid behulpzaam waren tot verzamelen van die narigten welke ik behoefde. De goedgunstigheid van den Heer Burgemeester der stad Medemblik, die mij in 1837 tot de Stads-archiven toeliet, en mij vergunde enkelen der stukken van Bossu's, Sonoys en Ruychavers hand, af te schrijven, wensch ik steeds te erkennen. Zoo breng ik mijnen hartelijken dank aan de Heeren Mr. P. A. Brugmans te Amsterdam en Mr. S. de Wind te Middelburg, benevens den Hoogleeraar Mr. H. W. Tydeman en Mr. J. T. Bodel Nyenhuis te Leyden.

Hunne bekende ijver en arbeid doe nog meer toe tot het gene zij verrigtten voor het belang der Geschiedenis onzes Vaderlands! Dat die Geschiedenis meer en meer gekend, doorgrond en op hare waarde geschat worde, is de wensch van mijn hart, en mogen mijne zwakke pogingen tot vervulling van dien wensch hebben medegewerkt!

A. P. van GRONINGEN.

RIDDERKERK,
den 6 November 1840.

GESCHIEDENIS
DER
WATERGEUZEN.

> His tunc ministris uti Supremae Providentiae visum, cui fere placuit Belgicis in rebus ita humanam fiduciam et consilia illudere, ut numquam simul essent spes magna et bonus eventus.
>
> H. Grotius, *Annal.* L. II. f. 55.

Inleiding.

Van de geschiedenis der Watergeuzen weet ik niet dat een bijzonder en uitgebreid verhaal bestaat. Alle geschiedschrijvers, zoowel vreemde als Nederlanders, hebben van hunne bedrijven gewag gemaakt, waar zij handelden over de eerste beginselen van de republiek der Vereenigde Nederlanden (1). De poëzij alleen heeft hun eenige zangen gewijd; de beroemde dichter ONNO ZWIER VAN HAREN heeft, door zijn dichtstuk *de Geuzen*, hunnen naam verheerlijkt, en te gelijk, in eenige aanteekeningen, iets tot hunne geschiedenis bijgedragen. Het dichtstuk zelve is overvloedig bekend en verdient het te zijn. Minder bekend is het *Heldenspel, de Watergeuzen*, van den Haarlemschen dichter ADRIAAN LOOSJES, waarin eenige der meest beroemde Watergeuzen voorkomen, en dat de inneming van den Briel, in krachtige verzen en met vaderlandschen gloed voorstelt. Van tijdgenooten, of die het naast aan die tijden leefden, zijn ons geene gedichten overgebleven, dan die wij in het *Geuzen-liedeboek* aantreffen, welke eer getuigen zijn van den haat tegen Spanje en de heerschappij van Rome, dan proeven van echte poëzij, schoon ze voor de geschiedenis dier dagen niet onbelangrijk zijn. Evenwel voor den geschiedschrijver zijn er bronnen in menigte, uit welke de kennis der gebeurtenissen van het begin des tachtigjarigen krijgs, hem mildelijk toevloeit. Wij vinden ze bij onze eigene schrijvers, bij vreemden, bij voorstanders en tegenstanders van de zaak onzes opstands tegen Spanje, en beiden behooren met naauwgezetheid te worden geraadpleegd; want allerbelangrijkst zijn de lotgevallen onzer vaderen, in die bange tijden, die de geheele afschudding van het Spaansch en Pauselijk juk voorafgingen. De strijd was niet van een staatkundigen aard, het was de worsteling van Godsdienst tegen bijgeloof en priesterdwang; de hervorming had dien voorbereid en doen ontstaan; naderhand mogen ook staatkundige beginselen zich in den strijd hebben gemengd, hij was eerst en bovenal om den wil der Hervormde Godsdienst, om het zoo dierbare voorregt van God te mogen dienen naar eigene overtuiging. Dat was de uitgedrukte bedoeling van Willem van Oranje, en van de

Watergeuzen zelve. In het beloop van ons verhaal zullen wij verschillende bewijzen daarvan aantreffen. Toen de hervorming zich uitbreidde vond ze geopende harten, zij drong met kracht door, en deed een nieuwen Godsdienstzin in de zielen ontwaken, welker eerste uitwerkselen den dwang der oude dwingelandij van het bijgeloof een geweldigen tegenstand boden, en den toestand van Europa veranderden. De groote band die verre het grootste deel van Europa's volkeren zamenbond, de Pauselijke opperheerschappij, gescheurd zijnde, moesten er noodwendig andere belangen, andere staatsinrigtingen en betrekkingen tusschen de volkeren geboren worden, nieuwe oorlogen oprijzen, nieuwe regten worden aangenomen. De Godsdienst toch kon, als de grondslag der Europesche staten, niet veranderen, ten zij de Staat met haar omkeerde. Daarom zijn ons de daden en lotgevallen dier mannen zoo belangrijk, die in den grooten strijd hunne krachten besteed hebben, en deze nieuwe tijden uit de nacht van het verledene te voorschijn riepen, als dienaren der hooge Voorzienigheid, welke het ook hier zoo duidelijk toonde, dat uit de geringste oorzaken, en door de kleinste krachten, de heerlijkste gevolgen ontspruiten. Nederlands geschiedenis is van deze waarheid een treffend bewijs, die der Watergeuzen een der krachtigste. Zoo er toch een volk is, dat door oogenschijnlijk geringe middelen, tot zulk een toppunt van grootheid en geluk gestegen is, dat uit zwakheid krachten heeft verkregen, het is het onze. Een' gereeden ingang vond de hervorming, en oefende terstond invloed uit op de Godsdienstige denkwijze van alle standen der menschelijke maatschappij. Veel werkte daartoe mede, bovenal bij eene (wat ten minsten den burgerstand betreft) doorgaans zeer zedelijke natie, de verdorvene levenswijze der geestelijken, vooral in de kloosters, van welke de geschiedschrijvers nu en dan melding maken. Zoo stond reeds vroeger de Utrechtsche geestelijkheid bekend, als in vollen overvloed en weelde levende, terwijl het geringere gedeelte des volks naauwelijks voor zich het noodige voedsel kon verwerven. Dagen en nachten bragten zij door met overdadig gastereren, en bezoedelden hunne dartele maaltijden met gruwelen te snood om te melden (2). Toen zich naderhand bij die ergernissen vervolgzucht en wreedheid tegen de hervormden voegde, moest de haat tegen hen, bij de algemeene verbittering en woestheid dier dagen, tot zulk eene hoogte stijgen, als de geschiedenis ons die doet opmerken bij het begin van den bevrijdingsoorlog. Des Keizers (Karel V) plakaten deden den ijver nog sterker ontbranden, en — bij de algemeene zucht naar waarachtige Godsdienst, bij het smachten naar eene dienst des Oneindige, waarin het verslagene hart voor tijd en eeuwigheid meer troost en hope kon vinden, dan in de koude plegtigheden van het Pausdom — was de invloed van naburige volken merkbaar, krachtig werkende om de hervorming op onzen bodem voort te planten. Vooral is de invloed van Frankrijk, zoowel wat het Godsdienstige als het staatkundige aangaat, op onze landgenooten, onmiskenbaar. De leer van Zwinglius en Calvyn vond uit Geneve, door Frankrijk, in de Waalsche provincien ingang, in Vlaanderen en Braband menigte van aanhangers, drong gemakkelijk door tot de meer Noordelijke gewesten, en won het spoedig op de navolgers van Luther. In Frankrijk zelve hadden de belijders van het Evangelie, naar de leer van gezegde Hervormers,

Hugenoten genoemd, reeds krijg gevoerd tegen hunne onderdrukkers, eer men in Nederland tot het zwaard de toevlugt nam. De Prins van Oranje en zijn broeder Graaf Lodewijk hadden hunne veelvuldige betrekkingen in Frankrijk, waar zij meer ondersteuning vonden dan bij hunne Duitsche aanverwanten en bondgenooten (3), en zoo vele dappere en edelmoedige helden uit dat land, hebben hun zwaard en bloed aan de redding van ons vaderland toegewijd. De namen van Coligny, Genlis, La Noue mogen niet worden vergeten (4). Ook had men, toen de woede der vervolging hevig brandde, de buitensporigheden der Franschen zich als tot voorbeeld gesteld. De beeldenstorm namelijk, het plunderen van kloosters en kerken, en het vermoorden der Geestelijken, al hetwelk de Lutherschen verfoeiden, en hetgene onze opstand bij de Luthersche Duitsche Vorsten zoo aanstootelijk maakte (5), vond onder de onzen zeer vele navolgers, niet alleen toen er eene zweem van verademing voor de vervolgden zich opdeed, in 1566, maar vooral later, bij de Wilde- en Watergeuzen, die, zoo als dit van de Fransche hervormden getuigd wordt (6), iedere overwinning bezoedelden met schending van het heilige. Het is echter waar, dat indien de Protestanten den geest van orde en matiging verloren; indien zij hunne legers onderhielden door de plondering der Catholieke kerken; indien zij als onstuimige beeldenbrekers te werk gingen, de geweldenarijen hunner vijanden maar al te zeer aanleiding gaven tot zulke grove uitspattingen. Honderdvoud elkander het kwaad te vergelden, tot zoover werd ten allen tijde het regt der wedervergelding, in dergelijke oorlogen, uitgestrekt. Nemen wij hierbij in aanmerking de vijandige houding van Frankrijk tegen Spanje, dan gevoelen wij hoe ook deze haren invloed op den reeds zoo hevig verbitterden Nederlander moest uitoefenen. Zelfs het zoo beroemde Verbond der Edelen getuigt van dien invloed, daar het groote gelijkenis had met de zamenzwering der Fransche Edelen te Amboise (7). Dat de Hervormden onder de Nederlandsche Edelen aan eenen tegenstand dachten, gelijk aan dien der Hugenoten, en dien werkelijk begonnen, is zigtbaar genoeg. Dit Verbond (waarvan ons een woord te zeggen staat), dat aanvanklijk zoo veel scheen te beloven, was spoedig in rook vergaan. De volksmenigte, verschrikt door de ingevoerde Inquisitie, de geweldige maatregelen van Philips II, de aanstelling van nieuwe Bisschoppen, had in de verbindtenis der Edelen een magtig bolwerk tegen de vervolging gezien; de Gouvernante, de Hertogin van Parma, was er door verslagen, en de vrijheid van Godsdienstoefening begon zich te doen gelden. Door velen der Edelen begunstigd, werden de predikatien der Hervormden overal toegelaten, toen de Landvoogdesse weder moed greep, en hare schranderheid de overhand behield op de handelingen der Edelen, welker verbond door hunne ongestadigheid, tweedracht en ligtvaardigheid, buiten dat, reeds ten val neigde (8).

De Roomschen — en deze waren nog talrijk onder de bondgenooten — vielen af, door de beloften der Gouvernante aangelokt, en deden een nieuwen eed van gehoorzaamheid aan den Koning. Voornamelijk was het de beeldenstorm die het verbond een geweldigen knak gaf. De aanvang en voortgang dier woede is zoo bekend, als hare meer bijzondere aanleiding onbekend is. Geregeld liep ze voort, door bijna het geheele vaderland, zonder dat er iemand bij omkwam, zonder dat eene magistraat het waagde de misdadigers te straffen (9). Wel heeft men de Edelen beschuldigd van de woede te hebben aangehitst, doch die beschuldiging is nimmer volkomen bewezen. Brederode verfoeide met geheel zijn hart, het geweld van den beeldenstorm: hij liet echter de beelden uit zijne kerk te Vianen wegnemen (10). Al wat wel dacht onder de Calvinisten had er een afkeer van, en echter, welke was die verborgene magt, die allen als op eens in beweging bragt en bestuurde? Zeker, voor menschen die, toen het licht des Evangelies over hen opging, de beelden als afgoden hadden leeren beschouwen, al die heiligdommen als ijdelheden, was er geene heiligheid en onschendbaarheid in crucifixen, standbeelden, monnikskappen en wat meer van dien aard is. In tegendeel toonden ze door het vernielen van stukken steen en hout, dat zij er leed over gevoelden, zoo lang aan de afgoderij te zijn overgegeven, en valsche goden te hebben aangebeden (11). Doch er bestaat een bijzonder verhaal aangaande de geheime papieren, gevonden bij Hessels, weleer lid van den Raad der beroerte, toen hij te Gend, in 1578, werd gevangen genomen. Men zou namelijk in die papieren hebben gezien een advies der Spaansche Inquisitie, reeds van 1556, waarin onder anderen, ook deze woorden gelezen werden: »men moest, op eigen kosten, dieven huren en »schenders van kerken en beelden, welker misdaad door »iedereen aan de opstandelingen, door eenig listig mid- »del, zou worden aangewreven, en zoo zullen wij over- »winnen (12)." Hoe het zij, de zaak zelve, het wegnemen der beelden, kon niet worden afgekeurd; de wijze waarop het geschiedde, was die van eenen onberaden hoops volks, ergerde de Roomschgezinde leden des verbonds (13), en werkte alzoo krachtig mede om de werkzaamheden der Edelen op niet te doen uitloopen.

De beeldenstorm was evenwel niet de eenige oorzaak. Zij, de Edelen zelve, werkten mede om hunne zaak te bederven door hunne losbandigheid en dwaasheden. REYD getuigt (14) dat de Edelen meest met wellustig banketteren en onordentlijk leven hunnen tijd versleten. En waarlijk, wij vinden daarvan en bij de Spaansche, en bij onze geschiedschrijvers de treurigste bewijzen. Als wij handelen over de verkeerdheden der Watergeuzen, zullen we menigvuldige blijken vinden van hunne gelijkheid met hen, die den naam van Geuzen voor hunne partij volvaardig hadden aangenomen. Het is wezenlijk der moeite waardig, bij FRANCISCUS HAREÜS en STRADA, natelezen, op welk eene luidruchtige wijze de naam van Geuzen is ingewijd, door een gezelschap van verbonden Edelen, ten getale van driehonderd, ten huize des Graven van Kuilemburg, te Brussel bijeenvergaderd. Wij willen de verhalen dier Spaansgezinde schrijvers, vooral dat van HAREÜS van partijdigheid en overdrijving niet vrij pleiten, maar het ontvangt bevestiging uit de verdediging des Graven van Hoorne, die met het verhaal van beiden overeenstemt, en ons een vrij bespottelijk tafereel van dien maaltijd te beschouwen geeft. Oranje, namelijk, was met Egmont en Hoorne gekomen voorbij het verblijf van Kuilemburg, en gevraagd hebbende wat men er verrichtte, was het antwoord dat men aan tafel was. Daarop zeide Oranje, dat men wel zou doen hunne vergadering te storen, indien men iets met hun te handelen had, opdat de dronkenschap hunne rede niet overmeesterde. Hij ging dan met zijn gezelschap binnen en vond in de zaal alles in de uiterste verwarring (15), terwijl men hun met een klein glas toedronk onder het geschreeuw van: leve de Koning! leven de Geuzen! (16) Het kon niet missen of zulke buitensporigheden moesten hunne krachten verlammen en de hoop der verdrukte gemeente beschamen. Deze ondeugden behoorden tot die tijden, en de Edelen der Nederlanden en van Frankrijk waren daarin elkander vrij gelijk, verschil van Godsdienst maakte geen verschil in hunne losbandigheden. Vrolijk en lichtzinnig, maar dapper tot vermetelheid toe, waren ze helden in den strijd en in de genietingen des levens, en gingen dikwijls even gretig den schoonen dood des krijgsmans tegen, als de dartelheden hunner bruischende feesten (17). Loffelijke uitzonderingen werden er nogtans gevonden, en de latere tegenspoeden bragten velen tot nadenken en bezadigder handelingen. Misschien mag onder deze laatsten, de zoo hoog geroemde, maar ook zeer verguisde Hendrik van Brederode worden gesteld. Hij zou zich den dood door overmatig drinken hebben op den hals gehaald, is het algemeene verhaal. De Graaf van Hoogstraten, die zijn sterven had bijgewoond, verzekert ons echter dat zijn uiteinde zeer schoon was geweest, en geheel anders dan zijne lasteraars het zouden verhalen (18).

Ik heb over deze twee oorzaken van den val des Verbonds eenigzins breedvoeriger gehandeld dan voor mijn ontwerp noodig scheen, omdat beide euvelen, de beeldenstorm en losbandigheid, evenzeer den Watergeuzen geweten zijn, en wel met regt. De verwarring dezer dagen, de zeden der tijden bragten dit mede, en moge dit geene verdediging voor de Geuzen zijn, eenige verschooning zal het aanvoeren voor mannen die zulke tijden beleefden en daarin werkzaam waren, vooral wanneer men bedenkt, hoe hevig zij getergd, tot welke vreesselijke uitersten zij gebragt waren, en hoe wild en avontuurlijk hunne loopbaan was. Men eische niet te sterk dat allen zich boven hunne eeuw verheffen; dit is ten allen tijde slechts aan een klein getal gegeven en weinigen waren er toen die het vermogten. Oranje en Marnix konden het, en gelukkig het vaderland dat hen bezat!

De geschiedenis heeft gezorgd dat wij de ellenden dier tijden in al hare kleuren kennen. Alle pogingen, door Oranje en door zoo vele getrouw geblevene Edelen aangewend, verdwenen in ijdele damp. De Hertog van Alva, in 1567, uit Spanje te Brussel gekomen, verijdelde alle plannen, sloeg de benden van Graaf Lodewijk te Jemgum, en wischte de stoute opschriften zijner banieren: *Nunc aut numquam* (nu of nooit), *Recuperare aut mori* (herwinnen of sterven) in het bloed zijner helperen uit. Die nederlaag was het teeken van den moord. Philips, wiens goedhartigheid anders, zelfs door schrijvers die zijne vrienden niet konden zijn, geroemd wordt (19), scheen haar geheel te vergeten of verzaakt te hebben voor zijne dweepende zucht tot het Catholicismus, en had het vonnis der Inquisitie bekrachtigd. Zelfs de Roomschen werden schuldig verklaard, als die de ketterijen niet hadden tegengestaan: »Veroordee- »lende (zoo staat er in zijn vonnis van 26 Febr. 1568) »allen, zonder aanzien van sexe of ouderdom, tot de »straffen tegen dergelijke schuldigen in regte bevolen, »zonder eenige genade of verschoning." De geschikste zijner dienaren was tot voltrekking van dit vonnis gekozen en afgezonden, de Hertog van Alva, een mengsel van dweeperij, hoogmoed en ijzeren vastheid en gestrengheid, louter krijgsman en onwrikbaar getrouw aan zijnen meester (20). Op zijn bevel en dat van den Raad der beroerte (met regt de Bloedraad genoemd) stroomde het edelste bloed der landzaten; al wie zijne onverbiddelijke gestrengheid vreesde, zwierf buiten het vaderland als balling om. Meer dan honderd duizend waren er gevlugt, het weleer zoo bloeijende land, de nog korts zoo bevolkte steden werden ontvolkt en verarmden; duizenden kwamen om door het zwaard van den beul. Het is bijna ongeloofelijk, echter verzekert het de Prins van Oranje, dat er bij vroegere vervolgingen om de zuivere dienst van God, reeds vijftig duizend menschen waren omgekomen (21). Dit getal werd nog vermeerderd (22). De Raad der beroerte hield vol (schrijft LE PETIT T. II. p. 165) met grijpen, veroordeelen, verbeurd verklaren, verbannen van beschuldigden ter oorzake der troebelen en Godsdienst, deed de kinderen herdoopen, door de Hervormden gedoopt (23), hertrouwen in de Roomsche kerken, die reeds bij de Hervormden gehuwd waren, niet zonder straffen en boeten; die op hoop van vergiffenis terugkeerden, werden gevangen, verbrand, verdronken, onthoofd, levende begraven. Overal galgen, raderen, staken en jammerlijke tooneelen, verzeld van de tranen en klagten der arme weduwen en weezen, die van mannen en vaders beroofd, na de verbeurdverklaring der goederen, aan allerlei ellenden waren overgegeven, de weduwen in wanhoop, de zonen in de bosschen en rooverijen (wilde- of watergeuzen), de dochters in hoererij en armelijk leven. Nergens uitzigt op hulp of redding, alles stond hopeloos. Oranje had alles beproefd, doch zonder vrucht; Keizer

Maximiliaan deed vertogen, waarop de Koning van Spanje geen acht sloeg; de nederlagen der Hugenoten bij Jarnac en Moncontour hadden hen verzwakt, ook van hen was geene hulp. Niemand zijner vijanden vreesde Oranje meer: hij was verslagen en ten einde raad, zoo beweerde men. Al de uitgewekenen waren zoo hopeloos dat ze hun eenig behoud stelden in de zachtheid van den wreedsten tyran. Voegt tot dit alles den tienden en twintigsten penning, den Allerheiligen vloed van 1570, de vernietiging van den koophandel, de onveiligheid door het geheele land, hier en daar pestaardige krankheden, en wie twijfelt aan den triumf van Philips en Alva?

Hij had er aan getwijfeld, Willem van Oranje, op het noemen van wiens naam het harte van het nageslacht nog ontgloeit van eerbied en liefde; hij gaf de proeven van zijnen twijfel, in zijne onvermoeide werkzaamheden; hij die Nederlands zaak als de zijne achtte, en geroepen was om hoop en redding aan te brengen. Onbeschrijflijk bijna zijn zijne moeite, zijn leed, zijne teleurstellingen, maar even zoo zijn moed, zijne ijver, zijne wijsheid en kracht. Hij heeft zich zelven afgeschetst in zijne brieven, gedenkteekenen van zijnen moed en zijne smarten, van zijne ongeveinsde Godsvrucht (de vrucht der indrukken hem door eene voortreffelijke moeder ingeplant), van zijne beproevingen en hope. Hem ontbrak geld en vrienden. De besten hunner onder de Duitsche vorsten ontvielen hem door den dood, of veroordeelden zijne pogingen. Zijn vaderlijke vriend, Keizer Maximiliaan, verklaarde zich tegen hem: zijn broeder Lodewijk was verslagen, Adolf een ander zijner broederen, gesneuveld; der Franschen hulp had niets uitgewerkt. Waar zou hij heen wijken? Wie der Vorsten hem in zijn land nemen? Het had Gode behaagd hem in ellende te brengen. De klagten der geplaagde Nederlanders deden zijnen ziel treuren; zij, welke hij tot middelen ter bevrijding wilde gebruiken, sloegen zijnen raad in den wind, ze benaauwden hem maar sterkten hem niet. Bij dit alles voegde zich het grievend verdriet eener bedrogene en wreed versmade huwlijksliefde, door het wangedrag zijner gade, Anna van Saxen. Doch hij had besloten zich te stellen in de handen des Almagtigen, opdat Die hem leidde naar zijn welbehagen: tevreden was hij, al moest hij zijn leven in moeite en jammer doorbrengen, indien het Gode zoo behaagde, van Wiens hand hij wist nog zwaarder kastijding te hebben verdiend. Aan zijne werkzaamheden paarde zich het gebed om het licht des Heiligen Geestes. Ook na de slagting bij Jemgum hield hij goeden moed en kon nog anderen bemoedigen. Waarlijk, ook van hem mag het gezegd worden dat hij moed hield, als ziende den Onzienlijke! Eindelijk begon de hoop hem toe te lagchen. In 1572 waren de Koning van Frankrijk, Elisabeth Koningin van Engeland, de Duitsche Vorsten, zijne bondgenooten, tegen Spanje gekant. Lodewijk neemt Bergen in; hij zelf is met een leger in Braband om zijn broeder te helpen, Coligny staat gereed zich bij hem te voegen, de Nederlanders zelven vallen van Spanje af — daar stroomt het bloed der Hervormden, in de gruwelnacht van 24 Augustus; Bergen is verloren, zijn leger verloopt, de zaken in Nederland veranderen, en hij zal schipbreuk lijden voor de haven! Nu had God hem alle hoop afgesneden, misschien was zijn broeder Lodewijk verloren; maar God zou alles tot eer Zijns Naams doen uitkomen. Hij zou dan, met Gods genade, naar Holland en Zeeland gaan en daar wachten wat het Hem behaagde, uit te werken (24). Ja, daarheen moest hij, daar was de morgenstond der redding aangebroken; daar, schoon ook andere provincien weder bezweken, hielden de Watergeuzen stand, na het innemen van den Briel. Hij had de hoop op hunnen bijstand reeds opgegeven, hij kon niet anders dan hunne handelwijze afkeuren, maar hooger magt had hunne dwaasheden en zwakheden tot heil doen strekken. Holland en Zeeland wachten hunnen Vader, wiens vertrouwen reeds bij aanvang was bekroond, door eene uitkomst van die zijde niet te hopen, maar die in de hand Gods juist geschikt was om de groote verlossing te bewerken.

ALGEMEENE AANMERKINGEN.

—◆—

Om aan te toonen dat de Voorzienigheid alleen Nederland verlossing aanbragt, hebben wij de geschiedenis der redding na te gaan. De wijsheid en het beleid van Oranje, zoo wel als de ridderlijke moed van Graaf Lodewijk zochten de verlossing te land, met behulp der Fransche Hervormden, ja zelfs van het Fransche hof (25). Tot driemalen toe werden hunnen plannen in duigen geworpen; hunne met zoo vele moeite en kosten verzamelde legers verliepen, als in 1568, uit geldgebrek en door Alva's krijgskunde; of werden door de tijding der Parijsche bloed-bruiloft verstrooid, in 1572; of in de gevechten van Jemgum en de Mookerheide door de Spaansche benden verslagen. Het is duidelijk dat Oranje na zijn tweeden krijgstogt inzag, dat het zijne zaak, en dit alleen wijsheid was, de leiding der Voorzienigheid te volgen, en te letten op het gene Zij tot heil des

Vaderlands zou verrigten. De redding moest uit zee opdagen, en wel door de hulp van zulke mannen, die hij (Oranje) zeker tot bereiking van zijn doel reeds nutteloos achtte, schoon hij hen te voren daartoe had uitgekozen, en die zelve, wat den grooten hoop betreft, vele weldenkenden uitgezonderd, veelal doelloos en onberaden handelende, als ik mij zoo eens mag uitdrukken, door een blind toeval, schijnbaar tot hunne bestemming werden gedreven. Als ik zeg, dat de eerste bevrijders des Vaderlands veelal doelloos handelden, wil ik daarmede niet beweren, dat zij volstrekt geene bedoeling hadden. In tegendeel, schoon de middelen, gebruikt om hun doel te bereiken, dikwijls meer daarvan afvoerden, hun oogmerk was aan dat van Oranje ondergeschikt. Hij wilde ze hebben afgerigt op verzameling van gelden, tot ondersteuning zijner pogingen zoo hoog noodig. Hoe jammerlijk zij zijn voornemen te leur stelden, zal ons in het vervolg te bezien staan. En Oranje maakte slechts gebruik van het bestaande middel, gaf of wilde geven eenige orde aan de zeeschuimers, eerst op eigen gezag roovende, en land en zee onveilig makende. Tot deze bandeloosheid drong hen de ellende der tijden, de zucht tot zelfbehoud en de wraak voor geleden geweld, hun zelven of hunnen vrienden en aanverwanten aangedaan. De Watergeuzen, zoowel als de wilde of Bosch-geuzen (de eersten bestonden meer uit inwoners der Noordelijke, de laatsten uit die der Zuidelijke gewesten) namen de wapens op, niet om het Vaderland vrij te vechten: eigenlijke denkbeelden van volksvrijheid of oppermagt waren hun geheel vreemd; zij spraken altijd van hunne trouw aan den Koning tot den bedelzak toe. Zij legden het er niet op toe om vasten voet te krijgen in het land hunner vaderen: dat had Oranje op zich genomen, en zij moesten slechts de middelen daartoe verschaffen: zij wilden geene steden innemen, om er zich te vestigen; dergelijke hoogdravende denkbeelden konden in hen niet op komen: wat zouden hunne nietige en spoedig getelde benden, vermogt hebben tegen de kracht van Spanjes oude soldaten en het beleid van Alva, den grootsten veldheer van Europa? Zij plunderden kerken en kloosters, rantsoeneerden monniken en priesters, vulden slechts hunne eigene beurs, om zelve het leven te onderhouden, hunne matrozen en soldaten te betalen, en met het overige, bij het gedruisch hunner maaltijden zich de smarten der ballingschap en van hunne zwerftogten te verzoeten. Zeker waren deze misbruiken een bewijs van het doellooze hunner handelingen, en op die wijze vermeerderden ze de ellenden van die ingezetenen, wien de uittogt uit het vaderland onmogelijk was, en die sidderden op den naam van Watergeuzen. Waar ze ook voet aan wal zetteden, op Texel, Ameland, Monnikendam, de Friesche kusten, voldeden ze slechts aan hunne behoeften en wraak, en er was geen ander plan dan om met den Briel even zoo te handelen. Alles was vijandelijk land: de getrouwen waren gebannen; wie in het land bleef hield het met Alva en Rome, en tegen beiden hadden zij het zwaard getrokken! Oranje en eenige verstandige vaderlandlievende mannen wenschten later hen te gebruiken om de eene of andere zeehaven te vermeesteren, waartoe het vooral op Enkhuizen gemunt was, schoon ook de Briel en Dordrecht in aanmerking kwamen. Daartoe hielden zij ook verstand met de ingezetenen van verschillende steden. Hun voorgeven om Nederland van den tienden penning te ver-

lossen was louter geschikt om zich ingang te verwerven;
zij zouden de Brielenaars aan hun lot hebben overgelaten, zoo niet eenige braven hen in dat opzet hadden
gestuit. Wat de Godsdienst betrof, het mag niet betwijfeld worden dat het eene hunner eerste bedoelingen
was, aan Romes dwangjuk ontheven, het zuivere Evangelie alom te doen verkondigen: het was meer dan eigenlijke Godsdienstvrijheid, het was de zegepraal over
Rome, de strijd tegen eene verbasterde en verdrukkende
kerk. Wel twijfel ik of allen dit volstrekt beoogden,
(daar waren onder hen ook nog enkele Roomschgezinden), bij velen echter was dit het doel reeds lang eer
Alva nog den tienden penning geëischt had. Maar met
dat denkbeeld was zoo naauw verbonden dat van wraak
nemen over de gepleegde gruwelen der kettermeesters en
van den bloedraad, dat ze daardoor de vrijheid welke
ze voor zich eischten, aan anderen weigerden. Verdraagzaamheid kenden ze niet, ze eischten den triumf
van wat zij als waarheid erkenden, en den ondergang
van allen die deze waarheid onderdrukten. Een merkwaardig bewijs van deze hunne bedoeling vinden wij
uitgedrukt in een bijzonder verbond, eigenlijk een notariëel contract, waarbij *Albrecht van Egmond, Lancelot van Brederode, Crispinus van Solbrugge*, Kapitein *Meinert Friesse, Bartolt Entens van Mentheda* en
Jellius Eelsma, zich plechtig verbinden om den vijand
alle afbreuk te doen, te water en te land. De adel uit
Friesland en Holland verjaagd, verbond zich alle zijne
goederen, lijf en leven op te zetten *tot afbrek, vernielinge en annulacie van den Ducq de Alba met synen
bloidighe adherenten, om weder in te voiren het waeraftighe woert Goedes, en dat overalle te doen predicken,*

*en alzoe weder te mogen ghenieten onzen vaders landen
en vryheden daer wy altans ballinghe af zijn* (26).
Zonderling woest en roekeloos waren die middelen,
die hen tot dat doel voeren moesten, maar ze bleven
getrouw aan hunne verbintenis, ook toen hunne ijver
meer door koel beleid bestuurd werd.

Behalven al het genoemde liepen er nog andere oorzaken
zamen die de bannelingen tot de zeerooverij als noodzaakten. De Edelen onder de Watergeuzen waren tot niets in
staat dan tot den krijg, hun bleef geen andere toevlugt
over dan de wapenen (27). Zij, zoowel als boeren, burgers
en ambachtslieden, uit have en erf verjaagd, moesten
arm en berooid omzwerven (28). Geene andere uitkomst
dan doodhongeren, of sterven onder het zwaard des beuls,
of strijden en rooven. Doch wie kon aan de mogelijkheid denken om het Vaderland op Spanje te heroveren?
De Friezen, die de eerste Watergeuzen waren, en in menigte
zich ook later onder hen bevonden, waren aan eindelooze
krijgen gewoon, in altoosdurende veten en binnenlandsche strijden opgegroeid, zij hadden altijd de hand aan
het staal. De haat der Edelen en van het landvolk tegen de steden en kloosters, bestond reeds sedert eeuwen,
en was vreeselijk toegenomen. Indien het waarheid is,
dat onze voorouders, om hunne geschondene privilegiën,
de wapens aangrepen, dan waren hunne belangen zeer
verdeeld en liepen lijnregt tegen elkander in. Of zouden Entens, Rengers en Ripperda voor de aangematigde
voorregten van de stad Groningen hebben gestreden,
voorregten die eene vijandschap van eeuwen tusschen de
Stad en Ommelanden hadden aangestookt? (29). Konden de Hollandsche Edelen, die, later, klagen moesten
over het schenden hunner privilegiën door de steden,

nu met de stedelingen gemeene zaak maken om voorregten te herwinnen, die elkander tegenspraken en in den weg waren? (30). Ieder beoogde bij één hoofddoel, vrijheid van het juk des Pausen en van Alva's beulen, zijne bijzondere belangen, welke allen te vereenigen en tot één doel te doen medewerken, alleen der wijsheid van Oranje gegeven was, schoon niet, dan na eene menigte van vergeefsche pogingen en eene moeitevollen strijd, alleen voor de standvastigheid van dien Vader des Vaderlands overwinbaar.

Men neme daarenboven in aanmerking dat het zwerven op zee, zoodra het land onveilig werd, in die dagen, de gewone toevlugt der misnoegden of verdrukten was, onder de volken die de zeekusten bewoonden. Gemakkelijker was deze toevlugt toen, dewijl Spanje alleen eene geregelde oorlogsvloot bezat, zoo hoog noodig tot bescherming zijner koloniën, en de andere mogendheden eerst begonnen te zien, dat het hun nut was schepen ten oorlog toe te rusten. Dit geschiedde dan alleen wanneer men het te veel toenemend geweld van de vrijbuiters vreesde. Reeds in 1561 hadden de Schotsche zeeroovers Koningin Elizabeth gedrongen, om eenige oorlogsschepen uit te doen zeilen tot beteugeling van hunne stoutheid (31). De ongelukkige Graaf van Bothwell, de derde gemaal van Maria Stuart, uit Schotland verdreven, zag zich genoodzaakt de zeeën te schuimen, en moest, sedert 1567, deze keuze in eene Noorweegsche gevangenis betreuren (32). De Franschen onder Condé, Chatellier Portaud en Jean de Sore, waren gelijkelijk met de Nederlanders op het zelfde denkbeeld gekomen. (33). Doch men behoefde hier geene vreemde voorbeelden. De geschiedenis van het Vaderland zelve, wees de zee als het eenige oord van toevlugt aan. Hollanders, Vlamingen, Zeeuwen en Friezen hadden van de vroegste eeuwen de zee bevaren, ook om buit op de vijanden, of de vreemde kapers van hunne kusten geweerd (34); de daden van Groote Pier waren nog niet vergeten, en welligt waren er nog grijsaards onder de Friezen (35), wier jeugd het, onder zijne vlag, geleerd had, hoe ze later den vijand van hun geluk, Godsdienst, Vrijheid en Vaderland met goed gevolg konden bestrijden. De nood drong, de zee lag voor hun open, en, hetzij men er niet aan dacht dat Spanjes zeemagt hen verpletteren kon: — hetzij men, te roekeloos, zich in Fransche, Engelsche en andere havens veilig rekende: — hetzij men de traagheid van de Spaansche regering kende en wist hoe weinig men hunne pogingen achtte: zij voeren onbezorgd daar heen en plunderden wat zij ontmoetten. Gaf de zee geen buit, dan wisten ze dien te ontrooven aan de kusten. De onverklaarbare traagheid en blindheid van het bestuur van Philips, die op deze zeeschuimers naauwelijks acht scheen te slaan (36), deed hunne magt sterk aangroeijen, tot ze eindelijk de vloten van Spanje zelve trotseerden en overwonnen. Zoo werd Nederlands verlossing toebereid op eene wijze welke zelfs de wijsheid van Oranje niet had kunnen denken.

Misschien heeft er zelden zulk eene ongelijksoortige vereeniging van menschen bestaan als die der Watergeuzen; indien men hun bijeenvloeijen als eene vereeniging mag aanmerken. De meesten waren zeker Nederlanders, vooral de Opperhoofden, doch er waren ook vreemdelingen onder hen. Lumey en Omal waren Luikenaars, de Baronnen van Montfalcon, Bourgondiers. Onder de manschappen der vloot, zoowel zeevolk als krijgslieden, bevonden zich Oost-Friezen en Schotten, Engelschen, Franschen, Deenen, Luikerwalen, welke de zucht naar veiligheid, en de begeerte naar buit en wraak den Geuzen had toegevoegd (37). Edellieden van aanzienlijken name vindt gij in hun getal, oorspronkelijk uit 's lands oudste geslachten; stamgenoten en nakomelingen van helden, die zich roem hadden verworven in de oorlogen der Keizers, hunne Oppervleenheeren; van helden wier zwaarden waren gewijd geweest aan de zaak van het Kruis, en gedropen hadden van het bloed der Saracenen. Aan hunne zijde stonden er, wier vreedzame hand nooit een krijgswapen gehanteerd had, maar die van den ploeg, of hun ambacht, of uit het koopmans kantoor, als geroepen, liever uitgedreven waren, om voor de edelste zaak, die van Godsdienst en Vrijheid te strijden; boeren- en burgerkinderen, die naauwelijks een musket konden afschieten, ongeoefenden ten oorloge (38). Weinigen hunner konden gezegd worden krijgskundige bekwaamheden te bezitten, zijnde velen jongelieden, niet velen mannen van ondervinding, dan die ze mogten opgedaan hebben bij de nederlagen van Tholouse, Villers en Graaf Lodewijk, of bij den mislukten krijgstogt van Oranje. Want tot de Watergeuzen waren toegevloeid enkele overgeblevenen der Wilde Geuzen, zelve het ellendig overschot der verslagenen te Oosterweel, Dalem, Waterloo en St. Valery; vooral de vlugtelingen van Brederodes uiteengejaagde vendelen, en zij die de slagting van Jemgum waren ontlopen of ontzwommen. Allen waren zij bannelingen, door Alva's vonnissen werkelijk gedoemd, of dezulken die het niet gewaagd hadden een vonnis af te wachten. De misdaad der meesten was het bijwonen van de predikatien der Hervormden, het dragen van wapenen tegen des Konings krijgsmagt, het schenden van beelden of heiligdommen; allen hadden zij den gruwel van gekwetste majesteit begaan: zoo luidde hun vonnis (39). Alle man die benaauwd was (zoo als de Schrift spreekt van Davids medgezellen, I Sam. 22. v. 2) en alle man die een schuldeischer had en wiens ziele bitterlijk bedroefd was, vlugtte tot de schepen der Geuzen, of, van het nog overgeblevene hunner bezittingen, dat zij uit de algemeene ellenden des Vaderlands hadden kunnen redden, zich zelve schepen uitrustende, voegden zij zich bij de vloot. Mannen die hunne dierbaarste aanverwanten, door zwaard, en galg, en brandstapels hadden zien omkomen en zelve ter naauwernood die gevaren ontsnapten, ziedende van wraakzucht; maar ook bezadigden en regtschapenen, die, zelfs bij de meest woeste verrigtingen des krijgs, God vreesden, den naasten lief hadden, en niets meer betreurden dan tot zulk eene levenswijze gedrongen te zijn; naast de losbandigste en ruwste schepselen, door wraak en wanhoop aangehitst; niets ontziende, zelfs hunne opperhoofden niet; dikwijls zonder eenige krijgstucht, zorgeloos, vrienden, noch bondgenooten, noch lastgevers eerbiedigende, en vooral razende van woede tegen monniken en priesters; spotters, dronkaards, maar dapper en stout, en op weinige uitzonderingen na, getrouw aan de zaak, welker verdediging zij zich gekozen hadden: — zulke uitvoerers van haren raad (zoo spreekt HUIG DE GROOT in de plaats, die wij als motto boven ons verslag gesteld hebben) wilde de Voorzienigheid toen gebruiken, ja het behaagde Haar bijna altijd, in de zaken der Nederlanden, het vertrouwen, en de plannen van menschen zoo te leur te stellen, dat eene groote verwachting nooit van een goeden uitslag verzeld ging (40). Deze opmerking is volkomen waar, de geschiedenis van Nederlands opkomst bevestigt ze, bijna op iedere bladzijde: vooral die der Watergeuzen bewijst ze met krachtige trekken.

GESCHIEDENIS
DER
WATERGEUZEN
TOT DE
AANSTELLING VAN DEN HEER VAN LUMBRES ALS ADMIRAAL, 10 AUGUSTUS 1570.

Bekend is het dat de naam *Geuzen* den Nederlandschen ballingen toegepast, het eerst gebruikt is door Barlaimont aangaande de verbonden Edelen: *ce ne sont que des Gueux*. De Edelen hadden zich niet alleen dien naam laten welgevallen, maar zelfs hunne eer gesteld in deze benaming. Op al wie met hen instemde, op alle Hervormden vooral, ging die naam over. Het woord schijnt *bedelaars* aanteduiden, en zoo vatteden het de Edelen op, waarvan hunne kleeding en versiersels de blijken moesten zijn. Over den oorsprong des woords is moeijelijk te beslissen (41). De vlugtelingen die in de Zuid-Nederlandsche bosschen zich ophielden en hunnen naam gevreesd maakten werden *Wilde* of *Boschgeuzen* genoemd. Zij waren, oorspronkelijk, ontkomenen uit de nederlagen van Oosterweel, Waterloo, Valencyn en St. Valery. Zij redden zich in de bosschen van Vlaanderen, Artois en Henegouwen, en voerden krijg op naam van Oranje, (van wien zij evenwel noch last, noch toestemming hadden) vooral tegen priesters en officieren der justitie, welken ze doodden, plunderden of rantsoeneerden. Zoo hadden zij eens den Provoost van Artois, Dentelin Gondibleu, met zijn volk betrapt en verslagen. De buit, bij deze gelegenheid van vier en twintig paarden, werd in Frankrijk verkocht. Zij hadden eene zekere tucht. Boeren en handwerkslieden deden ze geen leed, kooplieden en reizigers waren even veilig. Zelfs de roovers in de bosschen zochten zij op en leverden ze aan de Provoosten over, die de gevangenen aan den ingang der bosschen afhaalden. Ze waren gewapend met een musket over den rug hangende, een dolk in den gordel, en eene lange halve piek, waarmede zij over de sloten konden springen. (Een wapentuig later in Noord-Holland veel gebruikt, te gelijk pols-stok en spiets, ook springspietsen genoemd). Allen waren ze stoute en besloten lieden. Werden zij gevat, dan werden ze gewoonlijk verbrand, of met klein vuur gebraden (42).

De Geuzen die de wateren der Noord- en Zuiderzee tot hunne toevlugt kozen hebben den titel van *Watergeuzen* tot den eerenaam van Nederlands bevrijders en zeehelden verhoogd. Het is mijn plan alleen te verhalen van hen die in de eerste jaren van den tachtigjarigen oorlog zich op zee deden gelden, van welken een deel den Briel innam, en, met hunne spitsbroeders, bij die overwinning niet tegenwoordig, vereend, den grond legden van het bestaan onzer republiek, die hare magt en grootheid, voor een zeer groot deel, aan de leerlingen en opvolgers dier vrijbuiters te danken had. Terstond na het bezetten van den Briel verspreidden zij zich uit elkander: sommigen begaven zich weder naar hunne haardsteden en bezigheden, van waar ze als ballingen verjaagd, eenige jaren hadden omgezworven in armoede en kommer, en genoodzaakt eene levenswijze aan te nemen, woest en ruw als de golven die zij beploegden, en tot welke weinigen hunner geschikt waren of opgeleid. Anderen kozen de krijgsdienst te lande, hetzij daartoe meerdere neiging gevoelende; hetzij gedrongen door het verlies van goed en gemis van tijdelijke uitzigten; hetzij uit zucht om de pas verworvene vrijheid te helpen bevestigen. Nog weder anderen bleven de zee bevaren en vormden, met zoo vele dappere Zeeuwen, die geduchte vloten, welke den Spaanschen hoogmoed, op de Zeeuwsche stroomen fnuikten; of bleven meer hun vorig beroep getrouw en hielden zich bij die keten van eilanden op, die onze Noorderkusten omzoomden, en vereenigden zich met de Noord-Hollanders, de vijanden bevechtende op den Haarlemmermeer en op de Zuiderzee onder *Duco Martena* en *Cornelis Dirkszoon*. Onder dezen waren de stoute vrijbuiters *Govert 't Hoen*, een eenvoudige boer, die met achttien zijner matrozen eene bende Spaansche volharnaste ruiters van honderd vijf en twintig man, geheel versloeg: — en *Jan Haring*, een andere Horatius Cocles, die alleen eene engte aan den IJdijk tegen de aandringende magt der Spanjaarden verdedigde, en, bij een dergelijk waagstuk, het afrukken van Bossu's vlag van den steng van zijn admiraalsschip, in den slag op de Zuiderzee, roemrijk omkwam.

In het algemeen kunnen wij, na de inneming van den Briel, en vooral na de eerste vergadering der Staten, 15 Julij 1572, toen het land een eenigzins geregeld bestuur verkreeg, de Watergeuzen niet meer als zoodanigen beschouwen: zij behoorden tot de geregelde krijgsmagt, waarvan zij de eerste kiem hadden uitgemaakt. Op gezegde vergadering der Staten werden alle Commissien, ter zee gegeven, vernietigd, en werd besloten tot het in dienst stellen van Zeekapiteinen op vaste bezoldiging, onder eenen Admiraal. Tot zoo ver heeft de dichter O. Z. VAN HAREN in zijne nooit volprezene zangen, hunne lotgevallen bezongen, schoon hij begint met de gebeurtenissen van 1 April 1572. Wij moeten hunne geschiedenis hooger ophalen en gaan hunne daden na, van de eerste bestellingen ter zee af, reeds in 1568 door Lodewijk van Nassau aan *Diderik Sonoy* gegeven, zonder daarom wat wij van vroegere verrigtingen der Friesche vrijbuiters vinden, onvermeld te laten. Even voor dien tijd hielden zich eenige ballingen met de vrijbuiterij ter zee bezig, die door Sonoy onder zijne vlag werden vereenigd toen hij Lodewijks togt in Groningerland behulpzaam was. Na des Graven nederlaag nam hun getal sterk toe, de toekomst werd meer en meer donker, en zoo ook later, in 1569, toen Oranje hen tot het voeren van den oorlog magtigde en *Adriaan van Bergues, Heer van Dolhain*, tot Admiraal aanstelde. Een tijdperk van naauwelijks vijf jaren staat ons dus te doorlopen. Wij hebben de namen der Watergeuzen, zooveel wij vermogten uit de geschiedschrijvers en andere geschriften opgespoord, en zullen eerst hunne daden vermelden, om dan van ieder afzonderlijk, zoo veel mogelijk, eene levensbeschrijving te geven (43).

Wij merkten reeds aan dat de eerste Watergeuzen onder de Friezen moeten gezocht worden, en wel, zoo al niet vroeger, ten minste in het begin van 1568. Wel is waar dat de naam Watergeuzen eerst ruim een jaar later van hun gebezigd is, doch zij bestonden in de daad vroeger. *Jan Abels* wordt genoemd als een dergenen die, in Mei 1568, een werkzaam aandeel namen in de aanslagen van Lodewijk van Nassau op Groningerland (44). Hij woonde te Dokkum en stond als een uitmuntend zeeman bekend. Uit dien hoofde werd hij door den Raad van Friesland opgeroepen en hem het bevelhebbersschap opgedragen over eenige schepen, welke men tegen de zeeroovers in zee wilde brengen. Hij, reeds lang aan de zaak van Nassau verbonden, veinsde wel te zullen komen en het bevel te aanvaarden, maar ontweek en voegde zich bij de vrijbuiters, welke hij geroepen was te bestrijden (45). Dat dit voor Mei 1568 moet geschied zijn, is duidelijk, want in die maand was hij reeds in dienst van Graaf Lodewijk; na de mislukte togt van dezen, was het Abels buiten twijfel onmogelijk geworden in zijn Vaderland terug te keeren, en nog minder zal men stellen, dat hij toen nog door het Spaansche bestuur tot het bevel over eene zeetogt tegen de zeeroovers kon worden opgeroepen. Deze oproeping dus, tot het bevelhebberschap over eenige schepen der Spaanschgezinden, moet zich dagteekenen voor Lodewijks inval, en het bestaan der vrijbuiters nog vroeger. Na Brederodes vertrek uit Amsterdam, en het gevangen nemen van Beima, Galama, en anderen, in 1567, begrepen de Friezen dat hun Vaderland geene veiligheid meer aanbood, en het is meer dan waarschijnlijk dat ze toen reeds de hand aan het werk sloegen, en zich liever waagden aan de golven der zee dan aan de woede van den tyran, die hun de tanden reeds zien deed. Het blijkt ook dat er te voren op zee gelopen hadden zonder commissie van Oranje; terwijl Alva, in

April 1568, die van Medemblik had bevolen tegen een overval uit Friesland op hunne hoede te zijn, en in Augustus 1567, reeds eenige bassen op verscheidene torens van den Briel, en op de Zuidpoort gebragt waren en oorlogschepen uitgerust om de visscherij te beveiligen en de *invasie der piraten* te beletten (46). Onze geschiedschrijvers maken echter eerst melding van hen, nadat zij van Oranje volmagt hadden ontvangen, in 1569, en de Heer van Dolhain tot hun Admiraal was aangesteld.

Bij den inval van Lodewijk van Nassau in de Ommelanden, Mei 1568, waren de eerste vrijbuiters reeds werkzaam. François van Boshuizen, Admiraal van Alva's vloot, had zich, om aan Lodewijk den leeftogt af te snijden, met acht schepen van oorlog voor Delfzijl geplaatst, met dat gevolg dat er werkelijk gebrek in zijn leger begon te ontstaan. Lodewijk geeft dus zijne bevelen aan Sonoy en *Hendrik Thomasz*, dat ze de vijandelijke schepen zouden aantasten en vermeesteren, hun al den buit latende, mits ze hem slechts het veroverde geschut overleverden. Zij vertoefden niet, maar namen met behulp van eenen *Boske* of *Bosch* en een anderen vrijbuiter, *Gerrit Sebastiaansz. van Gorcum*, een Groningsch schip van honderd lasten, voor de stad Embden, en werden daarin door de Embdenaars trouwelijk bijgestaan. Doch men had het voornamelijk gemunt op de vloot van Boshuizen. Jan Abels en drie anderen ontvingen volmagt, met hen die Delfzijl bezetteden, zoo zij best konden, om te springen. Zij nemen het op zich, vereenigd met de genoemden, waarbij zich eenige kapiteinen van Lodewijks leger voegen, onder welken een *Berchem* wordt genoemd, denkelijk *Peter van Berchem*. Na het verzamelen van eenige schepen en schuiten, zetteden zij het den 7 Julij op de vloot der vijanden aan. Boshuizen wachtte hen niet af, maar heesch de zeilen op en zeilde hen in 't gemoet. Naauwelijks echter bemerkte hij, dat men het toelegde op enteren, of hij koos de vlugt naar de volle zee, door de Nederlanders vervolgd, tot wind en tij het hun belette. Deze wierpen het anker uit in afwachting van den morgenstond. Ook toen was de wind niet zeer gunstig, en de vrijbuiters weigerden om verder te zeilen. Daarop wondt Sonoy zijne ankers, alleen door Gerrit Sebastiaansz. gevolgd, met zulk een goeden uitslag, dat ze met vier genomen schepen en twee hulken weder binnen liepen (47). Met deze kwam Sonoy voor Delfzijl, toen Lodewijk het beleg van Groningen reeds had opgebroken en zich te Jemgum of Jemmingen aan de Eems had verschanst. Daar de groote schepen niet bij het leger konden komen, bragt men in schuiten en booten de levensmiddelen naar de legerplaats, waartoe *Jan Broek* en *Ellert Hop* of *Vlierhop*, naderhand onder de Watergeuzen niet onbekend, door Lodewijk gebruikt werden (48). Intusschen had Unico Manninga, Drossaard van Emden, een Hollandschen Edelman, Willem van Zuilen, naar Sonoy gezonden met het aanbod om hem voor Emden met al zijne schepen te ontvangen, met toezegging van krachtdadige bescherming. Van dit aanbod werd terstond gebruik gemaakt; alleen de kleinere booten werden op de Eems gelaten, en aan deze voorzorg had Graaf Lodewijk en de weinigen die de nederlaag van Jemgum ontkwamen, hun levensbehoud te danken (49). Na deze ramp deed de vrees voor Alva den Drossaard van Emden zijne beloften aan Sonoy gedaan vergeten, en hetzij hij op bevel des Graven van Oost-Friesland handelde, of misschien met zijn aanbod was te ver gegaan, hij ontbood Sonoy met al de Kapiteinen, hen genoegzaam met de gevangenis dreigende; (gelijk de tegenspoed zelden ergens veiligheid vindt, zegt HOOFT): doch ziende dat Alva het niet op Emden gemunt had, werden ze in vrijheid gesteld. Evenwel al de buit en genomen schepen moesten achterblijven, benevens de gelden der gerantsoeneerde vaartuigen, onder voorwendsel van vergoeding voor de schade, den baakbewaarder op Monniken-Rottumerland door het scheepsvolk aangedaan.

Dit was het treurig uiteinde der eerste poging van Graaf Lodewijk, om het Vaderland te ontrukken aan het juk van Spanje. Hij hield desniettegenstaande moed, en de van alles beroofde Watergeuzen lieten evenmin den moed zinken: zij hadden hunne krachten ter zee beproefd en gezien dat het hun mogelijk was daar te overwinnen. Begrijpende dan dat er vooreerst moeijelijk iets te land kon ondernomen worden, begaven zich verscheidene van de ontkomenen uit den slag te scheep. *Jan Bonga*, Grietman van Dongeradeel, een Kapitein van Graaf Lodewijk, misschien vroeger reeds een zeevrijbuiter, was een der eersten. Hij was de ramp van Jemgum zwemmende ontkomen. Op gelijke wijs had zich de Ommelander Edelman *Bartel Entens van Mentheda* gered en zich bij de Geuzen gevoegd, die rondom de zeegaten van Oost-Friesland hengelden tot opneming der vlugtelingen. Menigeen met hen, nu geene andere uitkomst wetende, en bevroedende wat hun thans van Alva's heerschappij wachtte, volgde Bonga's en Entens voorbeeld. De hoofden van Hoorne en Egmond waren gevallen, van Galama en Beima, en van zoo vele anderen, met wien zij eenmaal den eed hadden gezworen om het Vaderland te bevrijden. Hun was nu die taak toevertrouwd, de wraak mogt hun ten spoorslag strekken. *Tamme* en *Fokke Abels* (de eerste de broeder, de ander de zoon van Jan Abels), *Homme Hettinga*, desgelijks Kapitein van een vendel soldaten onder Lodewijk, waarschijnlijk met zijne twee zonen, *Duco* en *Taco*, *Jelle* of *Jelte Eelsma* en toen, of later, *Hero Hottinga*, *Douwe Glins*, *Wijbe Sjoerds* en anderen; van de Hollanders, *Jan Broeck* een Amsterdammer, en eenigen tijd daarna Jr. *Willem van Blois*, *gezegd Treslong* een Brielenaar: ziet daar de eersten, wien het gelukte eenige schepen bijeen te brengen, waarop de eerstelingen der naderende vrijheid, onder veel moeite en bezwaren, werden aangekweekt. Emden, dat zoo veel goeds gedaan had aan de zaak der Hervorming en der gevlugte Nederlanders; waar ze met behulp der goedgezinde inwoners hunne schepen hadden uitgerust, bleek hun geene plaats van veiligheid te zijn, zoo ze ten minsten iets tot hunne verdediging tegen Alva doen wilden. Het gebeurde met Sonoys vrijbuiters was er bewijs van, en de behandeling Jr. Willem van Blois aangedaan door Graaf Edzard van Oost-Friesland (50), kon niemand aanmoedigen om voor de zaak van het zinkend vaderland van hem iets goeds te hopen. Doch het kan wezen, dat Edzards harte goed gezind was, schoon zijne uiterlijke daden anders getuigden. Men beseffe namelijk dat hij alles had te vreezen van Alva en den Keizer, zoodra hij zich met de vijandelijkheden der Geuzen inliet. Philips II meende zelfs eenig regt op het Graafschap van Oost-Friesland te hebben, en had aan Viglius van Aytta het onderzoek dier regten belast (51). Misschien was de Graaf van deze maatregelen bewust, en hoezeer hij den ballingen een goed hart toedroeg, en hunne belangen soms door oogluiking, meer dan door dadelijke hulp bevorderde, hij moest het aan de Emdenaars overlaten, nu en dan hunne geloofsgenooten, meer openbaar of heimelijk te gemoet te komen. Ook dit werkte mede om de Geuzen hunne toevlugt alleen op de golven te doen zoeken, naar andere havens te doen stevenen en van daar het vaderland de hoop op redding aan te brengen.

Intusschen waande Alva het land te hebben in rust gebragt, en ging over tot die maatregelen die het juk te knellender moesten maken, en de harten van allen, ook zelfs van hen die anders onverschillig waren, geheel en al van de Spaansche heerschappij vervreemden. Het getal der ballingen en veroordeelden nam toe van dag tot dag. Zijne wreedheid vermeerderde het aantal zijner vijanden. Eene menigte begaf zich naar de vloot der Watergeuzen, waar, in het verborgen de verlossing werd voorbereid. Bij dat alles schijnt eene onverklaarbare onachtzaamheid en zorgeloosheid hem bezield te hebben. Juan Baptista de Taxis berispt Alva ten sterkste dat hij de zeeplaatsen niet versterkt had, en de heerschappij over de zee niet had bewaard. Al waren dan de binnenlandsche Provincien opgestaan, hij had ter zee er weder kunnen inkomen (52). Waarlijk Taxis had gelijk! Spanje was verre de grootste Zeemogendheid, en Philips heeft zijne dwaling te laat ingezien. De Watergeuzen vermeesterden juist het eerst de zeesteden, en dit maakte het berouw van Philips tot een vruchteloos berouw. Alva schijnt zijnen Koning in den waan te hebben gehouden dat alles in zijne landen van Nederland in rust en vrede was. Of hij Philips niet wilde verontrusten, die, van het begin van 1569 af, veel werks had met den opstand der Mooren: of dat de trotsche krijgsman de plunderingen en invallen van enkele ballingen te gering achtte om er zich over te bekommeren: of dat hij niet wilde, dat de Koning aan de kracht van zijn bestuur zou twijfelen, is onzeker. Het kan ook zijn, dat hij te vergeefs naar hulp ter zee uit Spanje wachtte: de vloot van Medina Celi was lang gereed geweest, om naar Nederland over te steken, maar kwam eerst in 1572, en toen, voor Spanje, juist eene maand te laat. Had men de zaak, van den beginne af, als ernstig beschouwd en de Watergeuzen pogen te vernielen, toen ze hunne rooverijen begonnen, het was zeker tot dat uiterste niet gekomen (53). Maar van de invallen in Friesland, te Hinlopen, was in de brieven aan den Koning van hier afgezonden, niets gemeld. Hopperus, die te Madrid bij den Koning was, zou het hem te kennen geven, opdat hij niet meenen mogt dat alles zoo in rust was, als sommigen hem poogden te doen gelooven (54). Nogtans moet de Graaf van Bossu, Stadhouder van Holland eenigen strijd tegen hen gevoerd hebben, in October 1568; ten minsten Viglius verhaalt dat de Friesche en Waterlandsche opstandelingen door Bossu waren uiteengejaagd en eenigen hunner gevangenen opgeknoopt (55). Ons is uit de geschiedenis daarvan anders niets bekend, zelfs ook al moeten wij in plaats van Bossu Boshuizen lezen. Mogelijk is het dat de vrijbuiters een inval in West-Friesland of Waterland hebben gewaagd, en door Bossu of Boshuizen zijn terug gedreven.

De ondernemingen der Watergeuzen werden door straffeloosheid en gebrek aan tegenstand zeer begunstigd, schoon Robles, naderhand Stadhouder van Friesland, toen Bevelhebber der bezetting van Groningen, zoo veel in hem was, hunne aanvallen poogde af te weeren. Zij zwierven vooral omstreeks de Friesche en Noordhollandsche kusten, de zeegaten bezet houdende, schepen plunderende of rantsoenerende, en vooral, waar ze slechts konden, de Friesche havens binnenloopende. Ze drongen zelfs landwaarts in, en rigtten gewoonlijk hunne strooptogten tegen kloosters en kerken. De heilige schatten, zoowel als de uitgelezene wijnen en bieren der kloosterlingen waren hun buit, en de monniken, priesters en nonnen, zoo zij eenige waarde hadden, werden naar Terschelling en Ameland, waar ze zich reeds vroeg nestelden, heengevoerd, om voor een goed rantsoen te worden los gelaten. Een staaltje hunner wijze van handelen volge hier, uit J. Carolus, een bitteren vijand van den opstand, Antwerpenaar, en Fiscaal van den Raad van Friesland; wegens zijn ambt wel met de zaken van Friesland bekend, doch ook daarom, en wegens zijne Catholicismus, vooral niet als onpartijdig te beschouwen. Men neme zijn verhaal zoo als het is. Fokke Abels, de zoon van Jan, een jong mensch, die, in wreedheid, de onmenschelijke woede der Turken niet alleen evenaarde, maar zelfs vele mijlen overtrof (56) (zegt de ijverige Fiscaal met eene vroome verontwaardiging, die ieder zijner woorden scherpt), Fokke Abels gebruikte op zijn schip, bij zijne drinkgelagen, nooit anders dan heilige drinkbekers, en wel rijkelijk gevuld met bier of wijn. Een kostbare hostie-kas werd aan de steng van den hoogsten mast met spijkers vastgehecht, en, werden de priesters gegrepen, men wees hen op dat allerheiligste, zeggende: dat hoe hoog zij het ook vereerden, de Geuzen nog hooger; daarom plaatsten zij dat op het verhevenste gedeelte van hun schip. Ja! wat alle geloof te boven gaat, sommigen lieten de gevangene Geestelijken, in hun dienstgewaad, de plegtigheden hunner Godsdienst uitvoeren, onder het dolle gelach der gemeene schepelingen. De dood door het zwaard of in het water, werd hun, bij weigering bedreigd. Of er eenige liever martelaars werden, zegt onze schrijver niet, en dit geeft mij reden om er volstrekt aan te twijfelen: hij zou het niet hebben verzwegen. Zulke boosheden verdienden straf. Alva wordt gewaarschuwd, doch laat het aan Friesland zelve over zijne kusten te bewaken. Te Dokkum werd eene vloot toegerust, maar veel te zwak zoowel van schepen als manschap en de penningen ontbraken om eene andere in zee te brengen. Men vergenoegde zich dus om de stranden te bewaken, maar moest den Geuzen de zee vrij laten, op welke zij, zelfs in het gezigt der Spaansche Bevelhebbers hunne rooverijen pleegden. De winterstormen en het ijs deden de beide vloten eene veiliger schuilplaats zoeken, de ballingen weken naar de Eems, en de Dokkumsche vloot ging uit een. Naauwelijks is de lente gekomen of de vijandelijke standaart wordt weder opgestoken; de Nederlanders, die te Emden toevlugt hadden gevonden, ondersteunden de zeelieden, naar hun uiterste vermogen, met geld en manschap, en met krachtiger geweld en toerusting werden hunne invallen en rooverijen hervat. Nu toch in het voorjaar en in den zomer van 1569 vervoegden zich op nieuw verschillende krijgslieden naar Emden en op de vloot: vlugtelingen uit Oranjes verstrooide leger, en andere uit de grenslanden van Nederland, van waar ze soms zich, ter sluik in het Vaderland begeven hadden, om geld op te zamelen voor Oranje. Tot de eersten behoorden de Hollandsche Edellieden *Adriaan van Zwieten*, *Lancelot van Brederode*, *Albrecht van Egmond van Merestein*, *Frederik van Dorp* (deze denkelijk reeds vroeger, hij had onder Lodewijk gediend), *Willem van Dorp* misschien, de Bourgondische Baron *de Montfalcon*, *Willem van Imbize*, een Gentsch edelman: — voorts *Nikolaas Ruychaver*, *Adriaan Menninck*, beide onder de getrouwsten en braafsten te noemen, *Dirk van Bremen* en verschillende anderen met hen. De weg was hun gebaand, geen andere bleef open dan de zee. Na Oranjes terugtogt uit de Nederlanden en zijn vertrek naar Frankrijk, om daar zijne pogingen aan te wenden voor de Nederlandsche vrijheid, was iedere ander hoop hun afgesneden. Zij waren meest allen vrienden van Oranje, met onbezweken ijver voor zijne zaak, die des Vaderlands, werkzaam geweest, en hunne komst tot de vloot begon de handelingen der Watergeuzen een meer geregeld aanzien te geven. Bij het aangroeijen hunner krachten begreep Oranje eerlang; dat hij hen tot iets grooters zou kunnen gebruiken.

Het was om deze redenen dat hij, in 1569, zijne bestellingen ter zee gaf aan de genoemde bevelhebbers en aan allen die zich bij hen voegden, tot welke de vroeger gemelde Friesen en andere hunner landgenooten mede behoorden (57). *Adriaan de Bergues*, gewoonlijk *van Bergen* genoemd, Heer van Dolhain, die met zijn broeder, *Louis de Bergues* tot Oranjes maatregelen toetrad, werd tot Admiraal aangesteld. De Engelsche havens gaven eene goede gelegenheid tot toerusting der oorlogschepen, én, wegens de vijandige gezindheid van Elizabeth tegen Alva, én, wegens de menigte van vermogende ballingen, uit de Nederlanden naar Engeland gevlugt, die hen getrouw met hunne middelen bijstonden. Over het regt van Oranje om den Koning van Spanje den oorlog te verklaren, (want dat deed hij reeds bij zijn intogt in de Nederlanden, en zijn last geven aan de zeevarenden bewijst het insgelijks) is veel getwist, en door sommigen is het miskend. Onze geschiedschrijvers kunnen er over worden nagelezen: het onderzoek daarvan ligt buiten ons bestek, het behoort bij de geschiedenis van zijn eersten krijgstogt (57*). Iets anders is het, wat Oranje bewoog tot het geven van last aan de hoofden der Watergeuzen. Gewoonlijk heeft men beweerd dat Coligny, Admiraal van Frankrijk, hem dien raad had gegeven. Onwaarschijnlijk is dit niet; doch dan bestond die raad buiten twijfel daarin, dat hij de reeds bestaande vrijbuiters zou aanwenden tot zijn voordeel. De Hervormden te Rochelle hadden ook hunne vrijbuiters in zee, en Coligny's broeder, Odet de Chatillon, heeft wel degelijk zijne belangstelling ook in de zaken der Geuzen getoond. Bilderdijk zegt (58), dat het niet geschiedde, omdat Oranje er groote uitwerksels van wachtte (dit laat zich begrijpen); niet, omdat hij wezenlijk een aanval van den zeekant beoogde, en van Alva's misslag, om de zeekusten onbezet te houden, gebruik wilde maken (later echter schijnt hij op dat denkbeeld te zijn gekomen); niet, om den raad van Coligny te volgen, maar vooreerst, om een hoop berooide menschen met ledige handen en onrustige koppen werk te geven, en ten tweede, om door vrijbuiten het benoodigde geld aan te schaffen voor eene tweede onderneming te land. Dit laatste zou echter *een groot uitwerksel* zijn geweest; gebrek aan geld was eene der wigtigste oorzaken, die zijnen en zijns broeders togt hadden doen mislukken. Het was ook des Prinsen bedoeling. Daartoe moest het derde deel van den buit aan zijnen Commissaris, *Johan Basius*, worden overgeleverd (59). Doch er bestaat eene zeer eenvoudige reden voor de verordeningen van Oranje. Hij maakte slechts gebruik van wat hij vond. De Watergeuzen bestonden reeds, en de Friesche en Noord-Hollandsche kusten daverden van hun geweld. Hiervan kon de Prins niet onkundig zijn, er waren onder de Friesche edellieden, wien het gelukt was, schoon ze zijne zaak voorstonden, in hun Vaderland te blijven, en gemeenschap met hem te onderhouden. Kon dan het oogmerk, door zijne wijsheid beraamd, niet geweest zijn, de woeste plunderingen der Vaderlandsche kusten te beletten, en de magt der Geuzen tot een ander en beter doel te gebruiken, tot wezenlijk en duurzaam heil van het geteisterd Vaderland? — Zeker is zijn voornemen gedeeltelijk mislukt: hooger Magt en Wijsheid volvoerde met de vrijbuiters Hare plannen, doch, ook zoo, zagen Oranje en Nederland hunne wenschen bekroond. Wat die onvermoeide Vorst als een twijfelachtig hulpmiddel aanwendde, werd het eerste en grootste ter verbrijzeling van het knellendste juk. Zoo was het in den raad des Hemels besloten!

Oranjes oogmerk vond aanmoediging in de vrijbuiters der Hervormden van Rochelle, waar zijn broeder Lodewijk eenigen tijd vertoefde (60), en onze schepen eene veilige haven vonden, als bij hunne lot- en bondgenooten. Nog meer aansporing was er in de vijandige houding van Elisabeth van Engeland tegen Alva. Vijf Spaansche schepen, met veel geld geladen voor Alva, waren uit vrees voor de Fransche zeeroovers onder de Sore of Chatellier Portaud en door hen heftig nagejaagd, in Portsmouth binnengeloopen, en, daar de Franschen op hen bleven wachten, verzocht de Spaansche gezant de Koningin, deze schepen in hare' bescherming te nemen en naar Antwerpen te laten geleiden. Zij weifelde, tot het gerucht haar ter ooren kwam, dat het geld aan eenige Genuesche kooplieden toebehoorde. Anderen verzekeren ons dat Odet de Chatillon, Coligny's broeder, die bij Elisabeth zeer in gunst was, haar zeide dat het geld voor Alva bestemd was. Daarop nam zij het in bewaring of in leening, ten behoeve van haar land. De Gezant verwittigde Alva van dezen roof, en deze liet, natuurlijk uit weerwraak, al de Engelsche kooplieden te Antwerpen in hechtenis zetten, en legde beslag op al de Engelsche schepen en goederen. Hij zond wel zijne Gezanten naar Engeland, maar de zaak werd slepende gehouden. De Koningin behield het geld, en begunstigde nu ook de vijanden van Alva (61). Eindelijk, in het begin van 1572, verzoende zij zich weder eenigzins met hem (de vrede werd eerst later gesloten), en bestemde alzoo, in hare onwetenheid, den eigenlijken werkkring der Watergeuzen. Zij verliet de zaak van Nederland nooit, in haar hart, ons, als Hervormden en tegenstanders van Philips, zeer toegenegen, maar niet als »knechten die »tegen hunnen Heer opstonden," om het kwade voorbeeld, dat zij meende, dat onze voorvaders aan haar volk gaven. Veel is er tot haar lof en laster te zeggen, maar zij heeft ons, het zij met — het zij tegen haar wil, veel goeds bewezen.

Behalven deze voordeelen had Oranje nog eenige hoop op Karel IX, Koning van Frankrijk. Lodewijk van Nassau hield zich op te Rochelle en had het toevoorzigt over de zeemagt der Geuzen. Zij hadden vrijheid om in de havens van Frankrijk binnen te vallen, hunne prijzen te gelde te maken, en hunne schepen te kalfateren (62). De uitzigten werden gunstiger, doch (het doet ons leed dit te moeten belijden) hunne verregaande dwaasheden sloten de harten van Oranjes vrienden voor hunne belangen en ongelukken. In September 1569, was er eene vloot der Watergeuzen in de Engelsche havens toegerust, die, onder den Admiraal Dolhain, spoedig in zee stak. Door eenen hevigen storm, die twee dagen en drie nachten aanhield, overvallen, waren zij genoodzaakt in het Vlie binnen te loopen. Daar vielen hun zestig schepen, uit de Oostzee, in handen, en kort daarna nog veertig, welke zij allen rantsoeneerden of buit maakten. Deze daad streed lijnregt tegen hunne lastbrieven, waarin uitdrukkelijk bevolen was, dat zij de onderzaten des H. Roomschen Rijks, der Koninklijke Majesteit van Engeland, Denemarken, Zweden en Frankrijk, en alle anderen, die den Woorde Gods en hem toegedaan waren, niet moesten aanvallen (63). Moeilijk en hard viel het Oranje, op deze wijze zijne plannen te zien vernielen, en het bleek hem spoedig dat Dolhain de man niet was om zijne beschikkingen uit te voeren. Niet dat het den Henegouwer aan moed en trouw ontbrak, zijn roemrijk uiteinde voor Oranjes zaak heeft het getoond; maar hij was geen zeeman, en miste, buiten twijfel, dat beleid en die hoogere zielskracht, die eenen ongeregelden hoop kunnen beheerschen en tot hare oogmerken dwingen. Zwak en zorgeloos scheen hij te zijn; en geene mogelijkheid ziende, om zich van den buit meester te maken, liet hij den moed zinken, om ooit eene geregelde orde uit al die wanorde te scheppen. Hij was een man om te strijden, niet om krijgsgebied te voeren en tucht te handhaven, niet om gelden te verzamelen en te besturen, een oorlogsman en geen financier. En beiden had Oranje noodig.

Niet lang, na het veroveren van dien rijken buit, maakten de Watergeuzen het plan, om Delfzijl aan te tasten. Zij hadden eenigen tijd de Friesche en Noord-Hollandsche havens bezet gehouden, en waagden zich zelfs op de Zuiderzee. Alles in Holland beefde voor hun geweld. Doch men hoopte dat de herfst-stormen hen welhaast van onze kusten zouden verdrijven. Dit geschiedde (64). Nu zeilen ze naar Delfzijl, en bezetten de Eems. Zij vonden daar echter den man, die, meer dan anderen waakzaam, hunne pogingen, zooveel hij vermogt, tegenstond, Gaspar de Robles, Heer van Billy, een edelen Portugees, van wien reeds vroeger gesproken is. Door zijn beleid en ijver werden ze genoodzaakt weg te zeilen: buiten dat waren zij ook tot het belegeren van steden niet ingerigt. Van hier vertrokken zij naar de eilanden benoorden de Friesche en Groningsche kusten, en, gedeeltelijk, naar de Engelsche havens. Die op deze kusten bleven hielden het land in gestadige onrust, zeilden op nieuw den Dollaert in (65), waagden menigvuldige invallen in het binnenland en sleepten hunnen buit naar Ameland en Terschelling. Van deze beide eilanden hadden ze zich meester gemaakt, en op het eerste, dat toen aan het geslacht der Kamminga's behoorde, het kasteel van Pieter van Kamminga ingenomen en bezet. Op Terschelling hadden ze het huis des Graven van Aremberg vernield, den Drossaard en Pastoor weggevoerd (66). Robles liet hun geene rust. *Viglius van Zuichem van Aytta*, wien het

lot zijns vaderlands zeer ter harte ging, had eindelijk
Alva overtuigd van de noodzakelijkheid om tegen de
Watergeuzen te wapenen, en Robles ontving van Alva
volle magt om te doen wat het meeste tot Frieslands
bescherming kon strekken (67). Deze geeft terstond
bevel om overal op de kusten goeden wacht te houden,
hem te waarschuwen, als de vijand naderde, om zijn
aanval af te slaan en gereed te zijn tot zijne vervolging.
Tot dat oogmerk hield hij vaartuigen gereed, met musketiers bemand, die de Geuzen nazetteden en menig nadeel toebragten. Menigmalen was echter dit vervolgen
vruchteloos, omdat de Geuzen vele verspieders hadden,
die hen bekend maakten met de oogmerken der Spanjaarden. Zij vonden overal hunne vrienden, terwijl de
Spaansche dwingelandij aller harten van Alva afwendde
en hun genegen maakte. Waarschijnlijk was het in
dezen tijd, omstreeks het voorjaar van 1570, dat Robles
soldaten op sommigen der eilanden boven de Friesche
kusten voet aan wal zetteden, en de bezetting der Geuzen
versloegen, zoodat het niemand hunner ongekwetst ontkwam, zegt Carolus, die nooit de overwinningen van
Robles verkleint, maar ze steeds verheft met uitbundigen
lof. Evenwel was de nederlaag niet zeer groot, de Geuzen schijnen toch geen bijzonder sterk verlies te hebben
ondergaan. Bij dien inval sneuvelde, onder anderen, een
edele balling, *Pibo Harda*. Weleer lid van het Verbond
der Edelen, was hij gebannen en had zich bij de Watergeuzen gevoegd. Een afschuw hebbende van hunne
rooverijen, had hij zich nedergezet op Ameland, om van
daar de vaderlandsche kust, die hij niet meer mogt betreden, toch in de verte te aanschouwen. Toen Robles benden landden, was hij ter zelfverdediging ver-

pligt; hij voegt zich bij de benden der Geuzen en sterft den heldendood in eene nog bloeijende jeugd (68). Wreed en onmenschelijk werd deze oorlog gevoerd. Een staal daarvan is het volgende. Vijf van Robles schepen waren van Harlingen onder zeil gegaan om in het Vlie de Geuzen op te zoeken. Deze vloot door storm verstrooid zijnde, geraakt een der schepen slaags met twee van der Geuzen vaartuigen. Een van die schepen, niet met krijgsvolk bemand, wendde den steven, maar het andere door eenen *Spiering* geboden hield stand, en deed zijn geschut met kracht op het Spaansche schip spelen, met dien uitslag dat velen der vijanden sneuvelden. Reeds wilde de vijandelijke bevelhebber wijken, toen hij door zijn volk, onder bedreiging van hem anders te verdrinken, werd gedwongen den Hollandschen Kapitein te naderen. Zijn antwoord was: wat zijne kennis vermogt, zou hij aanwenden om de schepen bij een te brengen, waren ze geënterd, de duivel, kon hij het, mogt ze scheiden. Het gevecht ving aan met vernieuwde woede. Nog houden de Nederlanders vol en doen den Spanjaard wijken, tot eindelijk Robles meer geoefend volk meester, en Spierings manschap tot overgave gedwongen wordt. Hij zelf weigert, uit vrees van de galg, zich over te geven, werpt een paar zakken geld in zee, om den vijand den buit te ontnemen, en beveelt een' soldaat hem met zijn zwaard te doorsteken. De soldaat voldoet aan zijne begeerte. De overige werpen zich in zee, doch worden gedeeltelijk gevangen. De hoofden der gedooden werden afgehouwen en ingezouten, en de rompen in zee geworpen, en bij den plegtigen zegetogt binnen Groningen werden de gevangenen genoodzaakt, de hoofden hunner medgezellen met zich te dragen en den Veldheer (Robles) aan te bieden. Daarna werden ze met vele en strenge pijnigingen gedood (69). — Robles bragt meerdere schepen in zee, maar kon niets uitvoeren tegen zijne vijanden. Te Amsterdam werd insgelijks eene vloot van twaalf schepen gereed gemaakt om de Geuzen uit de Eems te verdrijven (70). Het was misschien dezelfde vloot, doch waarbij zich eenige te Enkhuizen en Hoorn toegeruste schepen voegden, die in Febr. 1570, onder bevel van Jan Simonsz. Rol, Burgemeester van Hoorn, met de vloot der Geuzen, op de Zuiderzee, slaags raakte, waarbij twee van de schepen der vrijbuiters veroverd werden. Rol kweet zich zoo dapper in dezen strijd, dat hij door Alva tot Vice-Admiraal werd aangesteld (70). Hij is later in de zeekrijgen berucht geworden. Ook werden er op bevel van Alva, uit Utrecht, eenige benden gezonden naar Hoorn en Medemblik, ter verhindering van den aanval der Geuzen. Lang reeds had men het kwaad dat zij aanrigtten voorzien, maar de grootheid des gevaars was te dikwijls miskend, omdat zij die er op letten moesten van de gelegenheid der plaatsen onkundig waren (71), en de treurigste zorgeloosheid had alles onbeschermd gelaten, of te weinig ter verdediging gedaan. De brieven van den bekenden Raadsheer Viglius van Aytta, zijn vol van klagten over de plunderingen der zeeroovers, en met reden. Bij de rampen zijns Vaderlands had hij evenzeer zijne eigene te beklagen. Den 20 Augustus 1569 waren de ballingen des nachts in de Grieteny van zijn broeder Rintze gevallen, en hadden het klooster Weerd geplunderd en in den brand gestoken. Zij hadden dikwijls tegen zijne vrienden en bloedverwanten gewoed, maar zijn huis te Zuichem was door de zorg van Robles en de nabijheid van Leeuwarden behouden gebleven, hoe dikwijls ook belaagd. Wat wonder dat hij zich over Alva's zorgeloosheid beklaagde, en in de klagten van zijnen vriend Hopperus een getrouwen weêrklank vond (72).

Intusschen, om schepen te wapenen was geld noodig, en werden de meest geplaagde gewesten het meest belast. De jammeren der ingezetenen namen dus overal toe. Friesland vooral moest al de kosten van den vrijbuiters-oorlog, op zijne stranden, dragen. Hierover ontstonden klagten en tweespalt tusschen de steden en het platte land; de pest sleepte velen weg; de Geuzen grepen priesters en aanzienlijken om ze te rantsoeneren; alle handel stond stil; de Fransche vrijbuiters roofden even zoowel der Nederlanderen schepen, als de Watergeuzen; en het juk des tyrans drukte met onlijdelijke zwaarte. Eindelijk was er aan geen tegenstand meer te denken, tenzij Alva zich met kracht deed gelden (73). En hoewel hij het deed, het was altijd flaauw genoeg. Hij had het land in rust, en liet zijne vonnissen uitvoeren over de ongelukkige gevangenen, het overige zou van zelf worden ten ondergebragt. Doch daar was meer dat hem dwong zorgeloos te schijnen, terwijl hij het misschien niet was: hij was magteloos. De oorlog tegen de wederspannige Mooren deed de Spaansche schepen terug blijven, daar het noodig werd die te gebruiken tegen de Turken. Oranje zelf bemoedigde zich zeer met den afval der Mooren. »Die afval (zoo » schreef hij (74)) was een voorbeeld dat God gaf: want » konden de Mooren, een nietig volk, eene kudde scha-» pen, zooveel doen, wat zou dan niet een volk vermo-» gen als de Nederlanders, dapper en sterk, en dat van

» rondsom hulp kon wachten!" — Zoo was het, en het waren juist de Mooren en Turken die Oranjes en zijner vrienden plannen onwetend begunstigden. Het gejuich over de zege van Lepante werd met de jammeren van 's Konings onderzaten, in deze landen, duur genoeg betaald. Philips zag de gevaren niet en de gedienstige hovelingen wisten alle klagten der Nederlanders den toegang tot hem te sluiten, en zoo brak uit deze nacht de vrolijke dageraad aan.

De genomene maatregelen, door Robles en Bossu, zooveel ze konden doorgezet, noodzaakten de Watergeuzen de wijk naar Engeland te nemen. Op deze reize verloren zij eenige schepen door storm (75), terwijl de vloot hunner vijanden door denzelfden storm in de vervolging werd verhinderd. Niet alleen deze storm en de vrees voor den vijand benadeelde onze zeelieden. Hun Admiraal-schip was verloren gegaan met drie andere groote vaartuigen (76), door hunne zorgeloosheid, dronkenschap en wanorde, zoo als Dolhains brieven aan Oranje getuigen. De Admiraal zelf rekende dit verlies van zoovele aangelegenheid niet, omdat het grootste gedeelte van het geschut en ammunitie er uit geligt was. Deze ongeregeldheden, en vooral het wegblijven van alle deel des Prinsen aan den buit, noodzaakte hem Dolhain door zijnen gemagtigde, Johan Basius, ter rekenschap op te roepen. Treurig stond het met zijne rekening geschapen. Basius kwam te Emden en had een gesprek met Dolhain, maar kon den Admiraal niet bewegen om weder naar de vloot terug te keeren. Hij schijnt een tegenzin tegen zijn last te hebben opgevat, en weigerde ronduit, hoe men hem ook aanspoorde. Evenmin kon Basius hem tot rekenschap brengen. Hij beloofde op zijne terugkeer van Keulen (waarheen hij denkelijk om zijne gezondheid — want hij was krank — meende te reizen) zijne rekeningen open te leggen. Geen beter raad was er dus dan hem te Dillenburg te doen komen, waar Oranje toen zijn verblijf had. Hoe groot echter de buit mogt geweest zijn, Dolhain had niets mede gebragt, maar »hij (zegt Bor in zijn eenvoudigen stijl) leverde » aan Oranje alleen over zekere memorie van 5000 da- » lers, die hij zeide uitgegeven te hebben, zonder eeni- » gen ontvang." Waarlijk dit liep in het bespottelijke! Maar hoe grievend deze dwaasheid Oranje moet getroffen hebben, laat zich moeijelijk beseffen. Hij, met het hart vol zorg en kommer voor het hem zoo dierbare Nederland, moest het met eigen oogen zien, hoe de Nederlanders zelve, roekeloos, de schatten verspilden, welke hij met zooveel angst wachtte, en met zoovele moeite tot heil des Vaderlands wenschte aan te wenden. Wie had het hem ten kwade kunnen duiden, indien hij de hand had terug getrokken? — Dolhain vertrok naar Engeland, waar hij in hechtenis geraakte, denkelijk op Oranjes verzoek: Basius volgde hem daar en handelde de zaak af met den Admiraal, die voorts ontslagen werd, doch van zijn Bevelhebbers-post ontzet. Hem werd wel het bevel over twee of drie schepen aangeboden, doch zonder dat het blijkt of hij dit aannam.

Dolhains broeder, Louis de Bergues, had het bevel over de vloot van hem overgenomen, doch gaf geene de minste verwachting van beter te zullen slagen. Een krachtiger en moediger man was er noodig en dezen vond Oranje in *Guislain de Fiennes, Heer van Lumbres*, een man die dat vertrouwen werd waardig geacht en in de naauwste verbintenis stond met Oranje en zijn broeder, Graaf Lodewijk. Deze laatste gaf zijne lastbrieven voor de zee te Rochelle, terwijl de Fransche kapers de gansche kust van Frankrijk onveilig maakten en dikwijls met de Nederlandsche op de Spaansche schepen kruisten en aanvielen. Van de Oost-Friesche stranden, tot bijna in de Spaansche wateren was de zee met kapers bedekt, van welken, vooral de Nederlanders, niets meer ontzagen. De Prins en zijn broeder gaven al meerdere bestellingen ter zee uit: menigeen kreeg lust tot dit winstgevend werk, en werd er door de omstandigheden toe gedwongen. Maar de bandeloosheid van het scheepsvolk nam hand over hand toe; men ontzag vriend noch vijand en roofde zelfs de schepen weg die voeren onder vrijgeleide van Graaf Lodewijk. Den 16den of 17den Junij 1570 was *Jan van Troyen* en eenige andere zeeroovers, slaags geweest met verschillende Amsterdamsche schepen, naar het schijnt, met een gelukkig gevolg, want de Amsterdammers drongen er sterk op aan dat er eenige booten zouden worden uitgerust (77). Ten dien einde verzochten ze geld van de steden van Holland, opdat men de zeevaart en visscherij, van zulk een algemeen belang, met kracht mogt beschermen. Uit deze gansche beraadslaging blijkt, dat niet alleen de stranden en zeehavens, maar zelfs de binnenwateren door de Geuzen bezocht werden, ten minste dat men er voor vreesde. Gouda, Delft en Dordrecht moesten op hare stroomen vaartuigen houden met geschut en manschap, tot verzekerdheid van de gemeene passanten (zoo als zij aanvoerden) en dat op eigene kosten. Er bleef dus geen hulpmiddel, dan dat de Koning zelf de kosten droeg van de verdediging zijner landen. — Menigvuldiger werden de klagten over de

Watergeuzen. Van rondom zag zich het volk door vijanden omsingeld; (velen die nog in het land konden blijven, hielden die vijanden voor vrienden, want ze wachtten vrijheid van hen) niemand kon in veiligheid het land uitgaan. In Meij 1570 braken de Geuzen te Hinlopen in Friesland in, alles, onheilig en wat men voor heilig hield, wegroovende. Reinier Fritema, Grietman van Dongeradeel, werd bij Holwert, des nachts van zijn bed geligt, en, met den overigen buit, weggevoerd (78).

Die invallen namen al meer en meer toe, in die mate zelfs dat geen Edelman of eenig ingezeten van Friesland, die voor Spaanschgezind gehouden werd (79) zich op het platte land durfde op te houden. Doch de beschermers van Friesland maakten het niet beter. De soldaten van Robles niet betaald wordende, liepen het platte land af, terwijl uit de landlieden de derde man ten oorlog werd opgeroepen (80). Of de kerkrooverij te Leeuwarden mede tot de daden der Watergeuzen behoorde (81) durf ik niet beslissen, (en betwijfel het); want daar schuilde nog een ander kwaad. Eene bende van roovers schuimde langs het platte land van Friesland met vreeslijke en geheimzinnige woede. Aan hun hoofd, (gelijk gemeld wordt (82)) stond een zekere *Hartman Gauma* met zijn broeder *Watze* (naar de wijze dier dagen, vooral onder de Friesche Edelen, met den Latijnschen naam *Valerius* genoemd) beiden van Akkrum. Hartman was een Friesch Edelman, een jongeling die zich met vrucht op de wetenschappen had toegelegd, en wiens voortreffelijke begaafdheden iets groots van hem deden wachten. Zelfs de Poëzij had hem met hare gunsten bedekt en zijn hart gloeide voor de red-

ding zijns vaderlands. Of hij werkelijk zich met de
rooverijen inliet, kan niet worden uitgemaakt: het is
hem nooit bewezen. Maar bij den Raad van Friesland
werd hij er voor gehouden. De jammeren der tijden
hadden hem uit zijn vaderland verdreven, en hij hield
zich gewoonlijk te Emden op, van waar hij zich telkens
in Friesland waagde, zonder dat men hem ooit kon
magtig worden, welke pogingen ook werden aangewend.. Kerken en kloosters werden geplunderd, der
monniken en der aanzienlijken schatten geroofd; geene
waakzaamheid van wachters, dag en nacht; geen pijnigen, hangen of branden van enkelen; geene groote
kosten, verkwist om ze te ontdekken — niets mogt
baten: het kwaad drong overal door, die schrik des
nachts deed alles beven. Hij, die voor het hoofd der
bandieten werd gehouden, had duizenden van listen
en bondgenooten. Friesland werd onder die gewelde-
naars ten roof verdeeld. Met zulk eene schranderheid
en onversaagdheid werden die euvelen gepleegd, dat
men eindelijk begon te begrijpen, dit kwaad was menschelijke wijsheid en kracht te boven gewassen; het was
een geesel Gods. Men wilde zich tegen Gods oordeelen
niet verzetten, niets bleef over dan de bede om redding.
Sommigen werden gevat en ter dood gebragt, doch weinigen. Het huis van *Sixtus (Sytze?) Janszoon*, bij het
dorp Oldeborn, werd, als de schuilhoek der roovers,
bij vonnis van den Raad van Friesland, verbrand en
des bezitters goederen verbeurd verklaard. Het vonnis
was uitgevoerd, maar bij de rookende puinen vond men,
aan een boom, een geschrift met een touw vastgehecht,
waarin de schrijver allen die hem tegenstonden met de
uiterste vernieling bedreigde, en er achter zijne hand-

teekening (het was die van Hartman Gauma) de navolgende verzen toevoegde, die Friesland nog meerdere ellenden, nog meer wee en bloed voorspelden:

> Gij zult der Vorsten strijd en stroomen bloeds aanschouwen;
> De rijken tegen een zich stotende, en de wal
> Der steden gansch ontvolkt, de weligste landouwen
> Een wildernis, en huis en tempel tot den val
> Gedoemd; bedrog, en wee, en woede in top geheven,
> En de Edelsten des lands 't verderf ten prooi gegeven (83).

Het eenige wat er toen overbleef was over hem en zijn broeder aan den Graaf van Oost-Friesland te klagen, en hen op te eischen. Die klagt en opeisching blijkt vergeefs geweest te zijn: beiden komen in de geschiedenis nog later voor.

Ik heb dit eenigzins breedvoeriger willen uiteenzetten, om de uitgebreidheid van der Geuzen werkzaamheden te doen zien, want er blijft, dunkt mij, geene twijfel over, of de beide Gauma's stonden in vereeniging met de Watergeuzen, indien zij namelijk met regt van die misdaden beschuldigd zijn. Niemand meene nogtans dat loutere roofzucht hen aanvuurde; zij beroofden hunne vijanden, hunne vervolgers, die niet ophielden met vuur en zwaard onder hunne geloofsgenooten te woeden; zij stonden Oranje, op die wijze (meenden ze) in zijne pogingen tot 's lands bevrijding bij, schoon deze zeker de middelen niet kende, en, indien hij er al van bewust was, gewis ten hoogsten afkeurde en verfoeide. De Geuzen beschouwden hunnen roof als oorlogsbuit; zij voerden krijg tegen Alva en zijne vervolgende kerk, welker heiligdommen voor hen geene de minste heiligheid hadden (84). En wat eerst nooddwang scheen, werd eindelijk, bij het slagen hunner pogingen, en naar mate hun getal toenam, volstrekte behoefte. Het hart gewende zich aan de misdaad; de ellenden des tijds, de weêrwraak, staken met scherpe sporen, en mannen, die in andere omstandigheden, zich aan vreedzame bezigheden zouden toegewijd hebben, werden door den nood aangedreven om zich aan te sluiten aan de wanhopige en woeste bestrijders van Alva en Spanje. Wee dan ook der dwaze vervolgzucht, die de eenige oorzaak was dier jammeren! Had men den Nederlander zijne Godsdienst in vrijheid laten beleven, geen vuist had naar het zwaard gegrepen, en voor het heerlijk licht des Evangeliums waren duisternis en sleurgodsdienst in het niet verzonken. Doch dit kon Philips niet toelaten, wilde hij in Spanje het Pausdom in eere doen blijven. Hij bleef zichzelven gelijk, en heeft ten minsten Spanje voor Rome behouden, maar, om, bij de uitputting zijner krachten, te aanschouwen hoe dwaas en ijdel het is het doorbrekende licht te willen uitdoven, en God te wederstaan.

Intusschen zij het toch opgemerkt, dat niet allen regelregt schuldig staan aan de genoemde daden van bandeloosheid; de bevelhebbers, schoon er onder hen losbandigen genoeg waren, waren van beter gehalte, maar al te dikwijls buiten staat om de uitersten te vermijden en de woede hunner onderhoorigen in te toomen met wijsheid en kracht. Zij zelven werden soms de slagtoffers hunner braafheid en regtschapenheid (85). Mogten de Edelen, meer aan krijgsbeleid gewoon, die wijsheid en kracht bezitten, koop- en ambachtslieden, in scheepsvoogden herschapen, waren tot gebieden niet geboren. Tijd, ondervinding, en hooger gezag, waaraan ook zij waren onderworpen, kon-

den hun dat eerst leeren, en zij hebben het geleerd.
Het was nu nog geen tijd dat uit dien Chaos geregelde
orde en tucht konden voortgebragt worden. Het oogenblik naderde.

VAN LUMBRES AANSTELLING TOT ADMIRAAL, TOT HET BEGIN VAN 1571.

Het waren niet alleen de strooptogten der Watergeuzen, die Oranje het noodige geld moesten verschaffen. De ondervinding had hem reeds geleerd, dat zij onvoldoende waren: hij vertrouwde deze gewigtige werkzaamheden ook aan anderen. De te zeer miskende Sonoy die de vloot, na Lodewijks nederlaag, bij Jemgum had verlaten, was met vurigen ijver bezig om, zelfs met eigen levensgevaar, alles te doen voor Oranjes zaak. *Pieter Adriaansz. van der Werf*, de naderhand zoo beroemde Burgemeester van Leyden, de Predikant *Jurriaan Epeszoon*, vergaderden geld voor den Prins, en wisten de harten der weldenkenden, die nog velen in het vaderland zich schuil hielden, tot ruime giften te bewegen. De moord aan de vier Hervormde Priesters, in den Haag, gepleegd, 10 Mei 1570, deed de Hervormden zien dat Alva's en zijner helperen gemoed niet kon vermurwd worden; men gaf en hielp waar men vermogt, om eenmaal vrij en veilig te zijn en de toebereidsels gereed te maken tegen den dag des strijds. In dat werk was Oranje bezig, door geene teleurstelling ontmoedigd, door goenen tegenspoed versaagd. Toen de ongeregeldheden der Watergeuzen hem ter oore kwamen, was hij terstond bedacht op de genezing dier wonden: was het hem onmogelijk al het kwaad voor te komen, hij deed wat hij kon. Zijne schepen die, behalve aan de Vaderlandsche stranden, ook aan die van Frankrijk omzwierven, behoefden een degelijk Bevelhebber, die volle magt had, om al wat noodig was te doen en, met wiens aanstelling, alle andere lastbrieven moesten ingetrokken worden, en daaronder ook die, welke Graaf Lodewijk reeds in Friesland had gegeven, in 1568. Dit was de raad van den Kardinaal de Chatillon (86), schoon die moeijelijk, ja onmogelijk was op te volgen; immers was voor de eerste Watergeuzen nog geen ander uitzigt geopend, zij moesten aan het zeeschuimen blijven, edoch altijd nog beter onder het gezag van Oranje dan op hun eigen. Het is waar, liet hij ze varen, dan kon hunne wetteloosheid hem niet geweten worden, maar zoo wilde Oranje zijne vrienden niet verlaten. Hoe het zij, Chatillon meende redenen genoeg te hebben, om Oranje tot krachtige maatregelen aan te sporen. Orde was er op de vloot niet, zoo schreef hij aan den Prins. Indien de Geuzen zoo bleven handelen, al namen zij ook de geheele wereld, voordeel was er voor Oranje en zijne zaak niet in te halen. En, wat nog erger was, in de havens van Frankrijk, waarin hun vrijheid was gegeven om de schepen te voorzien en te herstellen, hadden ze zich zoo slecht gedragen, dat, 23 April, orde was gegeven van wege den Koning, om hen in hechtenis te nemen, daar ze eenige schepen tot in de havens en vrijheden van Frankrijk vervolgd hadden. Men was zelfs genoodzaakt geweest op hen te schieten. De Koning had over hen geklaagd en hij, Chatillon, terstond orde moeten geven dat ze weêr in zee staken. Evenwel Oranjes trouwe vriend zou hen blijven helpen waar hij kon, om der liefde wil die hij hem en der goede zaak toedroeg, doch het was tijd dat er raad werd geschaft.

Ten gevolge van dezen raad ging de Prins over tot het benoemen van *Guislain de Fiennes*, *Heer van Lumbres*, die te voren reeds in zijne dienst gebruikt was, en, hoogstwaarschijnlijk, reeds vroeger, ter zee bij de Watergeuzen zich verdienstelijk had gemaakt. Zijn aanzienlijk geslacht was oorspronkelijk uit Artois; zijn ouder broeder, *Eustache*, had, gelijk hij, het verbond der Edelen onderteekend, en beiden waren, maar vooral Guislain, van Lodewijks getrouwste en werkzaamste vrienden. De Fiennes was een man van moed en beleid. Den 10 Augustus 1570 werd hem commissie geteekend en daarbij gevoegd een brief aan al de vlotelingen, benevens eenige artikelen, aan welke zij gehoorzaamheid waren verschuldigd (87). Wegens het »sobre regiment, »kleine toeverzigt en ongeregeldheden (zoo luidde het »in Lumbres berigtschrift) dat daar geweest is op onze »schepen van oorloge, sedert dat de Edele Adriaan van »Berghes, H^r. van Dolhain, van dezelve vertrokken is" (88), werd Lumbres tot Admiraal aangesteld, alle zeeoversten bevolen hem te gehoorzamen, opdat de voorspoed der gemeene zaak niet falen mogt, *dewijl de eere, dienst en glorie Gods, en de vrijheid en verlichting van zoo menige arme, benaauwde en verdrukte Christenen daaraan kleeft*. Daarom had men alleen Alva en zijne aanhangers te beoorlogen, en de Admiraal was rekenschap schuldig aan zijn lastgever, door middel van diens Commissaris, Johan Basius, den getrouwen bezorger van Oranjes en des Vaderlands belangen.

In zijnen brief aan de Scheepskapiteinen en andere zeelieden, werd hun allen de gehoorzaamheid en orde ten ernstigste op het hart gedrukt. Dit toch was des Prinsen doel, *met des Scheppers hulp het zuiver Woord Gods, ten eenigen tijde, in deze landen herplant te zien;* om die reden had hij schepen uitgerust, maar twisten en partijschappen hadden alles in wanorde en verwarring doen vervallen. Zij hadden dus den nieuw aangestelden Admiraal als zoodanig te erkennen en zijne bevelen te volgen; Oranje vertrouwde op hen, om hunnen goeden wil tot vordering van de gemeene zaak Gods, van hunnen evennaasten en van hun zelven. Vergelding en dank van zijnentwege was er voor den brave en getrouwe, hij zou hunne goede diensten met Gods hulp beloonen.

De inleiding der artikelen bepaalde de Watergeuzen op nieuw bij hun heilig doel. Alle eerzucht en eigenbaat moest uit hunne zielen geweerd zijn; hunne zaak ging de glorie van God aan en de rust der arme geloovigen in Nederland. Deze artikelen hielden verder in, de bevelen om de schepen bijeen te houden tot onderlinge hulp, of van afzending van eenigen tot bijzondere aanslagen: om den eed van Kapiteinen en bootsvolk af te nemen: voorts aangaande de verdeeling van den buit: een derde voor den Prins, waarvan aan Johan Basius rekening moest gedaan worden, een derde voor de Kapiteinen, tot onderhoud der schepen en voor levensmiddelen, en het laatste derde voor de soldaten en het overige volk, waarvan de tienden nog voor den Admiraal waren. Voorts moest er naauwkeurig toezigt zijn op het aannemen van volk, opdat geenen die ter kwader naam en faam stonden, of die door de Justitie gestraft waren, werden aangenomen. En al wie te voren, zonder last van den Prins had ter zee geloopen, had zich onder het bevel des Admiraals te stellen, opdat alle ongeregeldheid werde vermeden, en geene oneer en schande hunne aanslagen bezoedelen mogt. Ook moesten al de Opperhoofden, schippers enz. Nederlanders zijn, uitgezonderd indien Oranje een ander daartoe wilde aanstellen. Nog was er een artikel in gevoegd, waarbij elk Kapitein gelast werd op zijn schip te hebben een Minister, om Gods Woord te verkondigen, gebeden te doen, en de soldaten met de schippers te houden in behoorlijke zedigheid. Of er aan dezen last voldaan is, durf ik niet met zekerheid te beslissen. Ik vind wel later eenen Predikant van Lumey (89) die bij de zoogenoemde regtspleging van Cornelis Musius tegenwoordig was, maar vind geen bewijs dat hij op de vloot is geweest, schoon het waarschijnlijk is. Hij verschijnt daar in geen voortreffelijk licht, en zijne tegenwoordigheid bij die verfoeilijke handeling, strekte zijner waardigheid niet tot eer, tenzij hij, wat we van hem hopen, zijne goede diensten voor den ongelukkigen gevangene heeft aangewend, hoewel vruchteloos. Zijn naam wordt niet genoemd. — Wij treffen nog eenen Predikant aan, *Jan Michielsz*, aan de dienst ván Jr. *Jacob Cabbiljaauw* verbonden, mede een van der Geuzen Scheepsoversten. Naderhand was hij in de dienst van Sonoy overgegaan en werd door dezen in vele zaken, zelfs in zijne geheime beraadslagingen met den Prins gebruikt (90). Hij was een man van beproefde kunde en getrouwheid, der Hervormde leer en het Vaderland zeer toegedaan. Van andere Predikanten valt slechts te gissen, schoon, buiten twijfel, deze en gene Oranjes bevel heeft opgevolgd, en de te Emden zich ophoudende Leeraars, zoo ze niet uit nood met de Geuzen voeren, zeker tot heil van de zielen der schepelingen zijn werkzaam geweest. Wij mogen dan ook vertrouwen dat hunne werkzaamheid, zoo niet geheel, dan toch gedeeltelijk aan Oranjes oogmerk heeft beantwoord. Bij deze schriften was nog van denzelfden 10 Augustus een brief van Oranje aan Basius gerigt, waarin hem gelast werd, aan Lumbres, Bergues en Tseraerts en al de anderen op zijne schepen, op straf van zijne hoogste ongenade te bevelen dat zij Anna van Oostenrijk, de bruid van Philips, ongehinderd hare reis naar Spanje zouden laten voortzetten. Welk eene moeite heeft het Oranje gekost, altijd toe te zien dat men zijne lastbrieven niet te buiten ging, en hoe weinig baatte ze hem! — Of de Watergeuzen het zouden gewaagd hebben de vloot, die de Vorstin overvoerde, aan te tasten, geloof ik niet; Oranje echter vreesde het. Zeker waren zij stout genoeg, doch, al waren zij naar wensch geslaagd, zij hadden daardoor hun bestaan wanhopig gemaakt, Philips doen ontwaken en gansch Europa tegen zich in harnas gejaagd. Sommigen meenen dat Oranjes bezorgdheid en zijn bevel om de bruid van Philips te ontzien, de strekking had om haar, kon het zijn, te bewegen, dat zij het harde hart van Philips, door de genoegens des nieuwen huwelijks verteederd, (ten opzigte der Nederlanders) mogte verzachten (91).

Door alle deze verordeningen kwamen de zaken der Watergeuzen op eenen eenigzins geregelden voet, en het was te verwachten dat er nu met kracht eenige pogingen zouden gedaan worden, tot vermeestering van de eene of andere der zeesteden. Enkhuizen, Vlissingen, Dordrecht, Rotterdam en de Briel waren daartoe aangewezen. Reeds 1 Febr. 1570 hadden zich twee broeders van den heldhaftigen Bevelhebber van Haarlem, *Wybout Ripperda*, *Pieter* en *Asinga Ripperda*, met *Poppo Ufkens ten Dam*, Ommelander Edellieden, aan Sonoy aangeboden, om ten dienste des Vaderlands gebruikt te worden. Zij zouden driehonderd man in de wapenen brengen, vaardig tot den een of anderen aanslag. Geldgebrek noodzaakte Oranje en Sonoy dit aanbod, voor als nog, af te slaan (92). Ufkens echter bezweek niet. In Meij 1570 waren twee aanslagen op Vlissingen en Enkhuizen voorbereid. De eerste was aan Ufkens, de andere aan Sonoy toevertrouwd. Dat het Oranje in die steden aan geene verstandhouding ontbrak, laat zich begrijpen. Ufkens had te Emden krijgslieden en schepen verzameld; alles was aan boord; de vloot lag op stroom, toen de Drost van Emdem, *Oene Frese* (93), alles in beslag nam en niet eer vrij liet, voor de schippers hem met eede hadden gezworen, dat de geheele lading naar Engeland moest worden vervoerd. Door dit vertoeven liep de aanslag te niet. Even zoo liep het af met die van Sonoy op Enkhuizen, aan wien Ufkens schreef, dat de stad geen krijgsvolk wilde innemen, van welke partij dan ook. Dit maakte de welgezinden moedeloos en het plan werd opgegeven (94). Tot deze zelfde plannen behoorde nog een overval van Dordrecht of den Briel, waartoe *Gysbrecht Jansz. Coninck*, een der Watergeuzen, de hand leende. Hij waagde het, ten dien einde, zelf naar Dordrecht te reizen, en vertoefde in het huis zijns vaders, *Jan Gysbrechtsz. Coninck*, die van den aanslag wist, en geloofsbrieven van Oranje had. Een zekere *Pieter Jansen*, oom van Gysbrecht, deelde mede in hunne pogingen. Ook deze aanslag werd verijdeld, en de oude

Coninck moest er te Brussel op den brandstapel voor boeten (95).

Een later overval van Enkhuizen werd den Watergeuzen belet door den vreeslijken storm en watervloed van 1 Nov. 1570. Deze overstrooming, gewoonlijk de Allerheiligen vloed genoemd, omdat hij op dien feestdag voorviel, was een der algemeenste en vernielendste rampen welke deze landen immer ondergaan hadden. Oost- en West-Friesland werden jammerlijk geteisterd. Wel twintig duizend menschen zouden in deze streken zijn verdronken (96). Hoewel de getalen dikwijls overdreven worden, blijkt het uit naauwkeurige opgaven dat de schade onvergelijkelijk was. In Emderland werden de verdronkenen op drie duizend begroot: in andere streken van het tegenwoordig zoo geheeten Oost-Friesland kwamen er zeven honderd om, en van Harlingerland meldt ons SCHOTANUS, dat het getal der omgekomenen zeven honderd zes en negentig had bedragen, volgens goede opgaven; in de omstreken van Dockum twee en vijftig honderd (97). Zeer vele schade rigtte echter de storm onder de schepen der Geuzen niet aan, maar verhinderde hen in den aanval op Enkhuizen. Op deze stad was het gemunt, en te gelijk op Hoorn. De Admiraal de Lumbres had reeds verscheidene schepen in Engeland gereed voor den aanslag. Op de Eems hadden zich eenige Scheepsbevelhebbers tot den togt uitgerust. Met vijf of zes honderd man rekende men zich sterk genoeg, niet twijfelende of de harten der ingezetenen van beide steden waren den Geuzen genegen. Het zelfde vertrouwde of wist men van den Briel en Dordrecht, het eiland van Voorne, Rotterdam en Delft, die allen in genoemden aanslag begrepen waren. Kampen, Zwol,

Deventer, Zutphen moesten te gelijk beproefd worden, en Oranje had daartoe zijne maatregelen te land genomen. De aanval op Enkhuizen was Lancelot van Brederode door de Lumbres opgedragen. Hij stak uit Engeland in zee met Menninck, Albrecht Benningerhof en anderen, als hij, onversaagde zeelieden en oorlogsmannen. In het laatst van September kruisten ze reeds voor onze zeegaten, het gelegen tijdstip afwachtende en nadere bevelen van Oranje, eer men tot den aanval overging. Dit wachten was hun niet onvoordeelig. Terwijl ze in het Vlie zich ophielden, liepen hun tien hulken met stokvisch, drie vliebooten en even zoo vele lootsbooten in den mond, behalven een boeijer met haring. Van daar gezeild vermeesterden zij, in eene andere streek, twee Spaansche schepen en twintig haringbuizen (98). Doch deze was niet hunne eigenlijke bedoeling; wat zij beoogden verkregen zij niet. Entens van Mentheda was met Ruychaver en andere schepen aangekomen, en men wachtte den gezetten tijd om Enkhuizen aan te tasten, toen de vernielende storm hunne vloot uit een sloeg. Evenwel zij ontkwamen het geweld des storms, met het kloekhartige besluit, om op nieuw de uiterste krachten in te spannen. Maar Basius, die alles besturen moest, en de nadere bevelen van Oranje aanbrengen, vertoefde; de Prins zelf werd door den vroeg invallenden winter verhinderd, en toen op nieuw alles gereed was, dwong het ijs hen tot zoeken van een veiliger reede. Vurig om zijn last te volvoeren, beproefde Lancelot van Brederode het eiland Texel te overmeesteren, maar zag zijne schepen door het grond-ijs bezet en ontkwam ter naauwernood het nijpend gevaar. Voor Ruychaver en Entens was bijna alle hoop reeds afgesneden, toen ze gelukkig den nood ontsnapten. Des eersten ramp strekte hem tot geluk. In het Vlie behouden aangekomen, onderschepte hij vier of vijf koopvaarders, die hij plunderde en rantsoeneerde. Entens zeilde naar Ameland, nam op nieuw het slot van Kamminga op dat eiland in, *en heeft aldaar naar zijn appetijt, tot in het laatste van Januarij getriumfeerd*, zegt Bor (99), ons latende gissen wat die moedwillige en verbitterde Overste aldaar hebbe uitgevoerd (100). Ameland en het slot behoorden, zoo als aangemerkt is, aan Pieter van Kamminga, een der verbonden Edelen, een vriend van Oranje en zijn Vaderland. Hij wordt nogtans onder de door Alva opgeroepen en gedoemde Edelen niet genoemd, gelijk dit met meerderen, zoo als met Duco Martena, het geval was. Deze konden in hun Vaderland nog veiligheid vinden; hetzij dat ze voorzigtiger waren en hunne verrigtingen niet ter kennisse des Hertogs waren gekomen; hetzij dat ze bij de Spaanschgezinde Edelen bescherming vonden om der oude vriendschap wil; en Viglius van Aytta betoonde zich, zoo veel zijne vrees dat toeliet, ook voor hun, buiten twijfel, als een regtschapen Fries. Dit geluk was echter het deel van weinigen, en een ongeluk stond er tegenover, dat ze bij hunne vroegere bondgenooten, die het in het land niet konden harden, in verdenking kwamen als of ze de zaak van Godsdienst en Vaderland hadden verraden. Van daar waarschijnlijk Entens onnadenkende verbittering tegen Kamminga, en het geweld aan zijne goederen gepleegd. Wie der Edelen in het land, wie onder Alva's heerschappij kon blijven, zonder het zwaard te ontblooten, die moest de trouw van het verbond en het licht des Evangeliums hebben vergeten, hij moest Spaansch zijn. Verkeerd oordeel, zoo als later bleek. Nu waren zij ook werkelijk van veel nut en bereidden, bedaard maar zeker, alles in het land tot het ontvangen der vrijheid welke de zee moest aanbrengen (101).

Het groote doel was mislukt, doch de moed niet verloren. Friesland en Noord-Holland werden in gestadige vrees gehouden, nu en dan werd een klooster overvallen, eene stins geplunderd, en de bewoners ter rantsoenering medegevoerd. Bij den Graaf van Emden vonden de Watergeuzen nog altijd ongunst en tegenstand. Tien of elf hunner schepen werden in beslag genomen in de Eems, op bevel van Graaf Edzard, onder voorgeven dat ze zijne stroomen en land hadden beschadigd. Niet onwaarschijnlijk, als wij hunne doorgaande handelwijze nagaan. Aan der Geuzen moedwil valt niet te twijfelen, maar het is toch zonderling, en zou zeker het bewijs zijn geweest eene vrij domme roekeloosheid, om zich telkens met hunnen buit in eene haven te wagen, waar ze zoowel den Graaf, als de koophandeldrijvende inwoners zich tot vijanden moesten maken. Dit maakt het mij geloofbaar, dat hun geweten hen hieromtrent vrijsprak. En moge het gemeene scheepsvolk zich aan rooverij of geweld hebben schuldig gemaakt, de Oversten konden den moedwil der soldaten en matrozen niet altijd tegenhouden; Oranje bad den Graaf toch iets toe te geven aan de krijgsgebruiken en de buitensporigheden van een oorlog, die hij voor het behoud des verdrukten volks ondernómen had. Edzard wist zich te dekken met de bevelen des Keizers, die niet toelieten dat het rijk door vreemde wapenen beleedigd werd (102). Hij liet dan nu Hopman *Dirk van Bremen* gevangen zetten, omdat hij misschien hem voor den schuldigste hield, en verloste twee gevangene Groninger Edellieden, Joan Mepsche en Rempt Jensema, benevens Nicolaas Landensis, den Abt van Hemelum, die door de Geuzen gevangen waren en naar Emden overgebragt, op hope van een goed rantsoen, ten minste van vier à vijf duizend gulden, van hen te trekken. Hier sloeg erger ongeluk toe. De soldaten, eene hoop van overal opgeraapt volk, werden oproerig, liepen sommige schepen af, die te Emden waren aangehouden, en verklaarden openlijk, op hunne eigene bestelling, die de beste was, te willen oorlog voeren (103). — Het is eene belangrijke opmerking, dat in weêrwil van al deze rampen, het verijdelen van zoo vele plannen, en de kwaadwilligheid van hen, wier trouw onwankelbaar had moeten zijn, toch niemand van de deelnemers aan de plannen van de bevrijders des Vaderland, den Spaanschen regenten bekend werd; want duizenden op het land en in de steden droegen er kennis van, en hadden hunne liefdegaven voor het Vaderland volgaarne gegeven, wetende dat Oranje niet rusten zou. Maar ieder wist dat zijne eigene stilzwijgendheid alleen zijn leven kon behouden en dat van anderen, die met hem in dezelfde geheimen deelden, en ieder had zijn Vaderland en broederen in den geloove te lief, om aan den dwingeland iets te verraden, en alzoo alle hoop af te snijden. Wie niet zwijgen kon of wilde, verraadde de zaak des Vaderlands, en daarin die van het licht des Evangeliums, dat hem bestraalde. De stadvoogd van Deventer, (dezelfde die naderhand, te Vlissingen, wederregtelijk is opgehangen) Pacieco of Paciotto, had er toen wel eenig vermoeden van, maar kon zelfs door de pijnbank geene de minste wetenschap verkrijgen van de vermoedde zamenzwering (104). Zoo hevig was de haat tegen Alva en de woede zijner dwingelandij. Zijne onbedwingbare drift in den eisch van den tienden penning, maakte zelfs de harten zijner geloofsgenooten van hem afkeerig, en Viglius merkt te regt aan (105): dat door de rooverijen der Geuzen de klagten des volks toenamen, dat zich dagelijks, onbeschermd, aan allerlei aanvallen zag blootgesteld. Men zag zijnen handel en nering te gronde gaan, en geen herstel. Zoo moest Alva, waarlijk zeer onstaatkundig! zich alles ten vijand maken, en bereidde zelf den weg tot Nederlands verlossing, die hij zeker veel moeilijker en bezwaarlijker had kunnen maken, wanneer hij ten minste zijne geloofsgenooten meer ontzien had. Maar Philips had het bepaald, zij hadden allen het leven verbeurd: en hij gehoorzaamde.

Niet minder werd die haat onder de Hervormden aangevuurd door het vermoorden der vier Priesters te 's Gravenhage. Vreesselijk was de indruk door dezen moord op de harten der Hollanders gemaakt. Men zag het, genade was er niet te wachten. Had Alva weleer de gedoemden naar Brussel gesleurd, hij durfde het nu wagen, zelfs in het hart van Holland zijne vonnissen uit te voeren, en zijne verachting voor het onderdrukte volk betoonde zich, in dien moord, als ten top gestegen. Hij vreesde de Nederlanders niet meer: zij waren verpletterd. En terwijl hij woedde, groeide de verbittering welig op. Men wist die door allerlei verhalen te vermeerderen en aan te hitsen. Tot die verhalen behoorde dat van de zamenkomst te Bayonne in 1565, van welke berigt werd, dat Karel IX, Koning van Frankrijk, en zijne moeder, de beruchte Catharina de

Medicis, met de Koningin van Spanje en den Hertog van Alva, aldaar tot de uitroeijing der Hervormden, met eenparigen rade, hadden besloten. Ook de Koningin van Schotland, de bekende Maria Stuart, voegde zich bij hen (106). De Predikanten, die door het land zwierven, om geld voor den Prins te verzamelen, en hier en daar, in geheime bijeenkomsten, met vurigen ijver zijne en des Vaderlands zaak Gode aanbevalen, en de geloovigen tot getrouwheid aan den woorde Gods aanspoorden, hielden dergelijke verhalen levendig en wezen hen op de woede der Keizers, Koningen en Vorsten, tegen de verdrukte Hervormden zaamgespannen, met Rome aan het hoofd. Ze waren van rondsom in gevaar, ze gevoelden den druk, ze zagen het bloed stroomen, geen' anderen steun naast God, dan Oranje en Elisabeth. Krachtige moed bezielde vooral de herders der verstrooide kudde. Franciscus Junius, een der geleerdste en waardigste mannen van dien tijd, had te Antwerpen gepredikt in een vertrek, door welks ruiten de vlammen schitterden, waarin de martelaars omkwamen, om het heilige geloof, dat de vergaderden nog hoorden prediken. Kon die ellende niet morgen ook hun deel zijn? — Wat bleef er over dan te volharden ten einde toe? Tot Zijnen tijd zou God de verdrukten uitredden! — En als of de ernst der prediking niet genoegzaam ware, de bijtende spot en satire der Geuzenliedekens, toen reeds door het land verspreid en bekend, verbitterden de gemoederen boven mate, en deed zoovele heethoofden, bij het zuchten naar uitkomst, zichzelven eene diere wraak beloven, zoo zij eenmaal met de wapens in de vuist tegen den vijand mogten staan. Deze liederen weergalmden van wraakgeschal, en verwisselden soms hunnen spot met bloedigen ernst. Het waren nu de laatste tijden, de dag des Heeren was nabij, de voorspelling van Jezus, Matth. XXIV, stond vervuld te worden, bloedig zou het zwaard zijn over de Babylonische honden. God had het bevolen in Zijn Woord, zevenvoud had men den Antichrist in zijn schoot te vergelden wat hij den Godgetrouwen gedaan had! wee hem, als de dag der wrake aanbrak! (107).

Tot dit alles voegde zich, als om al die jammeren nog een geheimzinniger en akeliger aanzien te geven, het bijgeloof dier tijden, het verhaal van ontzettende voorteekenen aan den hemel gezien, niets dreigende dan hernieuwde ellenden en bloedstortingen. De geschiedschrijvers vermelden ze ons met getrouwheid. Gemma Frisius en zijn zoon Cornelius, beroemde Astrologisten en Mathematici, gaven hunne voorspellingen uit de verschijning van de komeet van 1556, die bange woelingen aankondigde voor het vierde, zevende, negende en elfde jaar na hare verschijning. Zelfs aan Karel V had deze komeet nog hevige angsten gebaard. De Gouvernante, Margaretha van Parma, was door die voorteekenen ontrust geworden. De hemel had, in 1564, zich vreesselijk misvormd vertoond, schrikkelijk gapende als of hij aarde en zee dreigde in te zwelgen. Hongersnood, pest en harde winter waren daarop gevolgd. Ongewone monsters waren geboren; Friesland was vervuld van voorspellingen eener bange toekomst. Men had in eene bloedroode lucht legers zien strijden, uit het Oosten en Westen tegen een hortende. Dit gezigt, in 1568, had Lodewijks nederlaag bij Jemgum voorspeld. Ook de watervloed van 1570 kwam niet onverwacht. Later nog vonden dergelijke beangstigende voorteekenen, vooral der kometen, geloof, en onze geschiedschrijvers zijn niet vrij van dat bijgeloof, zoo weinig toen nog bestreden door de meer heldere kennis eener sterrekunde, die nu naauwkeurig der kometen loop bepaalt, en haren tijdkring zonder falen afmeet (108).

Het is gemakkelijk uit dit alles na te gaan, in welke spanning de gemoederen der Nederlanders zich bevonden. De tallooze ballingen wisten van buitenslands die spanning te onderhouden: op de duinen en dijken van Holland en Friesland zag men de vlaggen wapperen van de stengen der Watergeuzen, en het gedonder van hun geschut verkondigde hunnen landgenooten, dat de vrijheid nabij was, en zij ieder oogenblik haar mogten verwachten. Maar uitgestelde hoop krenkte de harten, en zoovelen werden des wachtens moede, en zonken weg in moedeloosheid en wanhoop. De nood moest nog hooger klimmen, eer de Almagtige redding gebood. Alle andere pogingen werden ijdel bevonden. Dit jaar eindigde met den nutteloozen aanslag op Loevestein, door Herman de Ruiter. Zijne stoutheid was niet zoo wanhopig als men soms gemeend heeft, want hij handelde niet zonder met Oranjes zaakgelastigden, van den Heuvel, Wesembeek, Sonoy en Kant, te hebben geraadpleegd; niet zonder verwachting van ontzet van de benden van den Graaf van den Berg; maar ijs en sneeuw deden alles vertragen, en Loevestein bezweek met zijne heldhaftige bezetters.

VAN HET BEGIN VAN 1571 TOT AAN 1572.

Onder alle deze ellenden en bange verwachtingen was het jaar 1571 aangebroken. Behalven het altijd blijvende plan om Enkhuizen en Hoorn te vermeesteren, dat men het noodzakelijkste rekende, hield Oranje nog vol met het voornemen om de steden aan den IJssel in bezit te nemen, doch niets gelukte. Het eindeloos tegenkanten van Graaf Edzard en zijne Drosten te Emden, was eene der oorzaken van het mislukken der door Oranje overlegde raadslagen. Altijd bleef de klagt des Graven over de ongeregeldheden der vrijbuiters, ook toen zelf des Prinsen Commissaris, Johan Basius, goede orde had gesteld. Wat Oranje ook inbragt, het baatte hem niets. Dirk Volkertsz. Coornhert, naar Emden gezonden, wendde met Sonoy alle zijne pogingen aan, om het uitloopen der vloot, door 's Graven krijgsvolk bezet, te verkrijgen, en beiden bragten het zoover, dat ten minste de vloot voor Oranje behouden werd. Alle aanslagen liepen echter te niet. Sonoy was gedwongen de vloot te verlaten, en zich naar Emmerik te begeven, waar hij zich, door Alva's aanhitsing, in levensgevaar zag gebragt, ter naauwernood door het beleid zijner vrouw, Maria van Malsen, gered (109).

Denzelfden uitslag hadden de waagstukken van *Jaques van Megen* en *Jacob Blommaert*, die zich aanboden om Vlaanderen voor Oranje in opstand te brengen, door middel der schatten, welke men in kloosters en abdijen meende te zullen veroveren. Wel verzamelden zij een hoop volks, waarmede zij de bosschen bezet hielden en herhaalde uitvallen deden, doch zij verliepen eerlang, door Alva's krijgsvolk verstrooid (110).

Niettegenstaande de verijdeling van al deze voornemens, hadden de Watergeuzen redelijken voorspoed. Friesland en Noord-Holland bleven altijd de punten van aanval voor de zwervers op de Zuiderzee, de Wadden en het Vlie, dat zij geheel bezetteden. In Maart maakten zij zich meester van eene koopvaardij-vloot van één en dertig schepen, schoon er acht bodems onder waren, met brieven van vrijgeleide, door Lodewijk van Nassau, voorzien. Zij landden vervolgens op Texel en Wieringen, zetten, 12 Maart, voet aan land, bij Monnikendam, welke stad zij innamen, gedeeltelijk plunderden en in brand staken, en eenige rijke burgers ter rantsoenering met zich voerden. Hier verlosten zij eenen gevangene om het geloof uit den kerker. Zij hielden de omstreken van Medemblik in gestadige onrust, en verscheidene dorpen, in dien oord, betaalden hun geregelde brandschatting. Geld ontbrak den Spaanschen bevelhebbers om hunne stoutheid te fnuiken, en het stond te vreezen dat Friesland geheel ten roof zou worden, en onder de opeenhooping zijner ellenden bezwijken (111). Omstreeks denzelfden tijd werd Workum, in Friesland, door Entens en zijne spitsbroeders overvallen, geplunderd, verwoest en de inwoners in groote getale weggevoerd (112), zoo ze niet van gansoher harte mede gingen, dat niet te verwonderen was. Men legde het er verder op toe om de Bevelhebbers van des vijands schepen, meest allen Noord-Nederlanders, van den Spanjaard af te trekken. Dit gelukte, onder anderen, met *Zeger Franszoon* van Medemblik, die met zijn oorlogschip van honderd vijftig lasten en al zijn volk tot de

Watergeuzen overkwam. Hij behield het bewind als Kapitein, en *Eloy van Rudam*, naderhand in de Zeeuwsche oorlogen beroemd geworden, werd tot zijn Luitenant aangesteld. Alva had eerst later van dezen afval kennis gekregen, en wel uit de bekentenis van Jan Gijsbrechtsz. Coninck (zie bl. 44), met wien hij dus in verbindtenis schijnt gestaan te hebben. Zeger Franszoon werd ingedaagd, en zijne goederen verbeurd verklaard, den 16 Febr. 1572 (113). Onder deze overloopers behoorde waarschijnlijk een zekere *Jan Joosten*, een dapper man, die onder Philips reeds te water had gediend (zegt Winsemius (114)), en later als Scheepsbevelhebber tegen Entens van Mentheda gebruikt is.

Deze vermeerdering van der Watergeuzen magt liet hen toe zich verder te verspreiden en de kusten der Noordzee te verstoren. De Abdij te Egmond ontsnapte naauwelijks hunne plundering, schoon ze reeds eenige huizen van het dorp hadden in brand gestoken. Tot aan 's Gravenhage toe drong de schrik hunner stoutheid door. De ingezetenen vloden met hunne goederen naar veiliger streken, want er was geene de minste bescherming van eenig krijgsvolk te wachten. Maar Bossu had door het doen uitloopen van eenige schepen, den verschrikten ingezetenen weder eenigen moed ingeboezemd (115). — Zij waagden zich eindelijk op de Zeeuwsche stroomen. Te Ooltgensplaat, op het eiland Overflakkee, plunderden zij een biersteker en haalden de klokken uit den kerktoren (116); in November 1570, maakten zij, onder *Ruychaver*, zich meester van het marktschip van 's Hertogenbosch, dat uit Antwerpen kwam, en ligtten daaruit eene som van 4500 dalers. Behalve Ruychaver waren aan dit stuk handdadig,

Gerrit Gerritsen van Ouwater, *Jan Janszoon van der Nyeuwenburg*, benevens *Andries Pietersz. Bié* of *de Bie*, en een schipper toegenaamd *Calfsvel*, denkelijk behoorende tot het scheepsvolk van Hopman Ruychaver (117). Tot meerdere en gewigtiger aanslagen moeten ze, in dit jaar, 1571, nog niet zijn in staat geweest. Het blijkt, in allen gevalle, dat het niet tot het doel van de Geuzen der Zuiderzee behoorde, een vasten voet aan land te krijgen, hoewel het zeker nu de geschiktste tijd was. Holland en Zeeland waren van krijgsvolk ontbloot, en hunne verschrikking had hun den weg bereid, terwijl de gemoederen van de meeste ingezetenen zich hun geneigd betoonden. Misschien bestond er nog verdeeldheid genoeg tusschen de Opperhoofden, en voerden de Watergeuzen, op onze stroomen, meer den oorlog naar eigen goedvinden: ik vind ten minste geen blijk dat het gezag van den Admiraal de Lumbres zich hier bijzonder deed gelden. Evenwel, nadat hij eene vrij aanzienlijke vloot had uitgerust, moet er eene nadere vereeniging hebben plaats gegrepen. Men was de moeijelijkheden, te Emden ondervonden, moede geworden; bouwde meer op de gunst van Frankrijk, van Engeland en Elisabeth, en nam meer zijne toevlugt te Rochelle, in Duins en Douvres. Dit was het geval met *Fokke Abels*, *Dirk Duivel*, *Jan Klaasz. Spiegel*, *Dirk Geerlofsz. Roobol*, *Niklaas Ruychaver*, *Egbert* en *Jurrien Wijbrants*, wier schepen te Rochelle toegereed waren (118). Hetzelfde had plaats in Engeland. De magt der Geuzen groeide merkelijk aan. Lodewijk van Nassau had, met zijne getrouwe helpers, Lumbres, Tseeraerts en anderen, alles opgezet tot heil van het Vaderland. Wel was Bossu op nieuw naar Holland gezonden, om ter verdediging van dat laud, eenige vaartuigen in zee te brengen, maar de Nederlandsche zeelieden waren reeds zoo magtig geworden, dat men twijfelde aan den goeden uitslag van den strijd. Zij speelden den meester ter zee en namen weder eenige bodems, gereed om naar Spanje te zeilen (119). In April was men in Zeeland voor eene landing beducht. De Briel was op zijne hoede. Te Middelburg werd de schutterij in de wapenen gebragt, het geschut op de wallen, de Hertog van Alva werd om bijstand van krijgsvolk verzocht; eenige jagten werden gewapend om acht te geven op de Geuzen en hunne schepen, die, naar het gerucht meldde, ten getale van vijftig, omtrent Duins op de Engelsche kusten lagen, en niets anders voor hadden dan eene landing op Walcheren (120). Vroeger reeds had Antonis van Bourgondie, Gouverneur van Zeeland, het versterken der Zeeuwsche steden behartigd, gelijk een brief te kennen geeft, door hem geschreven aan Bruininck van Wijngaarden, Rentmeester van Zeeland, Beoosterschelde, waarin gesproken wordt van eenige Vlaamsche en Waalsche rebellen, die zich met sommige Engelschen en Franschen in Engeland hadden te scheep begeven, om zich met de zeeroovers van Friesland te vereenigen tot een aanval op Holland of Zeeland (121). Buiten allen twijfel hielden al deze maatregelen van verdediging de Watergeuzen terug van een aanval, welks kwade uitkomst hun een gewigtig nadeel moest toebrengen. Meer tot overval en verrassing ingerigt, konden zij, naar hunne en Oranjes berekening, zich nog niet tot een ernstigen en aanhoudenden krijg in staat achten, eer Oranje eene landmagt geworven had tot ondersteuning van hunne pogingen. Latere gebeurtenissen hebben wel de ijdelheid dezer berekeningen getoond, maar wij

moeten erkennen, dat ze, in die omstandigheden, met
voorzigtigheid gemaakt waren. De vloot der Geuzen was
niet in zulk een toestand dat men er groote gedachten
van vormen mag, en volstrekt niet ingerigt om met
kracht eene daad te wagen, waarbij hunne schepen vele
schade konden lijden. Men denke meer aan genomene of
gekochte koopvaarders, van weinig geschut voorzien, tot
de kaapvaart, zoo veel mogelijk, gewapend. Vooral komen hier in aanmerking de zoogenoemde Vlie- of Vliesche
booten, dus geheeten misschien, naar de plaats waar ze
gebouwd werden, of liever, van waar ze uitvoeren, het
Vlie; schepen met twee masten, een soort van koffen of
smakken. Deze waren de vaartuigen waarmede men de
Noordzee bevoer, en onder welke soms grootere gevonden werden. Later vinden wij, bij den meer binnen-
landschen oorlog, galeijen, roeischepen, laag van boord
en van verschillende grootte, op de Zuiderzee en Haarlemmermeer; roei- en andere baardsen (barken, barges)
jagten, boeijers, waarmede de Zuiderzee bevaren werd
en de Zeeuwsche en andere stroomen; in Zeeland vooral
damloopers, heuden, karvelen en alle dergelijken, voor
de scheepvaart op stroomen en rivieren geschikt: — ziet
daar de arme beginselen dier ontzachelijke vloten, die
later de zeeën beheerschten en volken ten onder bragten (122). Onder de bodems te Rochelle uitgerust,
mogen grootere geweest zijn omdat men, in de zeeën van
Frankrijk en Vlaanderen, meer groote Spaansche schepen, assabres en kraken, ten buit maakte, maar ze waren voor den krijg te water grootendeels ongeschikt.
Daarenboven waren de kielen slecht bemand. Het hier
en daar zamengeraapt volk van allerlei natien, onder
geene krijgstucht te brengen, verliep, zoodra het ge-

legenheid vond. Weinigen der Bevelhebbers vergaderde krijgskundige kennis, hoe hoog noodig ook tot het belegeren van steden, en ter bewaring der eens veroverden. Vandaar ook, dat Oranje eerst geen genoegen toonde in het innemen van den Briel. Hij kende hen en wist dat zijn beleid hunne gangen moest besturen, of alles viel in duigen. En toch, hoe zonderling! zijne plannen en aanslagen (en wij zagen het, hij had er vele en wel aangelegd) liepen allen op niets uit, en een onoverdachte stap voerde tot de eerstelingen der vrijheid. Nemen wij echter in aanmerking dat Oranje naar de regelen der wijsheid niet anders handelen kon. Wij kunnen ons slechts verwonderen over zijne bedaardheid, zijn geduld en, bij zijn krachtig vertrouwen op God, zijne onuitputtelijke middelen om de Vorsten van Europa voor zijne zaak en die der Geuzen te winnen.

Het vermoeden kan niet vreemd zijn dat Oranje, hoe naauw ook aan Frankrijk verbonden, den Koning en zijne beloften niet volkomen vertrouwde: het zou ook moeijelijk in hem te begrijpen zijn, dat zijne schranderheid niets van de listen van Catharina de Medicis, die gezworene vijandin der Hervormden, zou hebben ontdekt. Waarom anders meende hij aan de haven van Rochelle, zoo gelegen voor zijne ontwerpen, en waar men zijne vlotelingen met zoo vele toegenegenheid begunstigde, niet genoeg te hebben, tot uitrusting en herstelling zijner schepen? Moest hij niet vreezen, bij de gesteldheid van het Fransche hof, zoo hij het eenigzins kende (en wie twijfelt er aan?), dat die steun hem ontvallen kon? Wij behoeven nog niet te stellen, dat hij de gruwelen van den Bartholomeus-nacht vooruitzag: het plan daartoe was mogelijk nog niet eens beraamd; maar de zamenkomst van Bayonne, en zoo vele andere lagen tegen de Hervormden waren hem niet onbekend, zoo min als de zwakheid van het karakter van Karel IX (123), de ijzeren standvastigheid zijner boosaardige moeder in het doorzetten van hare besluiten, en de geheime aanhitsingen der Guises en hunne medestanders, onverzoenlijke haters van Coligny en allen, die met hem een even dierbaar geloof lief hadden en beschermden. Van de Koningin Elisabeth wachtte Oranje evenmin blijvende hulp. Of, voorzag hij het niet, dat zij welhaast weder met Alva en Spanje vriendschap zou maken en de ongelukkige ballingen haren grond ontzeggen? (124). — Wij verklaren ons op deze wijze, waarom hij bij Zweden en Denemarken eene hulpe zocht, die hij van anderen niet volkomen vertrouwde of te vergeefs hoopte. Een der getrouwste en ijverigste vrienden van Oranje en Vaderland, Diderik Sonoy, werd met Herman van der Meere en Jean de l'Ecluse, naar de Koningen dier beide rijken heengezonden, met den last niet alleen eene haven in een der twee Koningrijken te vragen, ter bemanning en herstelling van der Geuzen schepen, of tot verkoop van den buit, maar ook den bijstand eener hulpvloot van vijf of zes schepen, of zoo veel het den Koning believen mogt. Dit was vooral het doel hunner zending in Denemarken. Te gelijk moesten ze, in Zweden, trachten om de Schotsche soldaten die aldaar hadden gediend, in Oranjes soldij te nemen, om met dezen iets te wagen tot heil des Vaderlands. In Denemarken vonden ze bij den Koning weinig toegenegenheid, als die door Spanje reeds was overgehaald en nu gereed om eenige schepen in zee te brengen, tot weering der vrijbuiters. Ook Zweden liet hen ongetroost vertrekken (125).

Andere rampen voegden zich bij dit mislukte gezantschap. Willem van Blois van Treslong, zwaar gewond uit den slag bij Jemgum ontkomen, had zich sedert bij den Graaf van Oost-Friesland in dienst begeven. Te Emden zijnde ontving hij bestelling van Oranje, om twee schepen van oorlog aan te koopen. Hij voldeed aan dit bevel door Roobol, zijnen Luitenant. Op eens echter werd hij gevangen, geboeid, op last des Graven, en kwijnde, zonder dat men hem regt deed, in de gevangenis veertien weken lang. Het was de gewone wederstand van Graaf Edzard, altijd in vrees voor Alva, schoon tot de zaak van Oranje geneigd. Eindelijk op borgtogt ontslagen, en nog veertien weken te Emden hebbende vertoefd, ontvlugtte hij na al dien tijd te vergeefs op de beslechting zijner zaak gewacht te hebben, en voegde zich met zijne schepen bij de Watergeuzen. Men verhaalde wel dat de reden zijner gevangenneming was, dat Roobol rooverijen in des Graven landen had gepleegd, doch hij, noch Roobol, was er over beschuldigd of gehoord (126). Dit was het eenige niet. Gedurende Treslongs gevangenschap werd de vloot der Watergeuzen, voor Emden liggende, door den Admiraal Boshuizen besprongen en met zoo veel kracht aangegrepen dat ettelijke schepen in zijne handen vielen. Het gevecht was langdurig en van twijfelachtige uitkomst, tot dat de verbondenen de vlugt kozen. Het grootste deel der manschap van de veroverde schepen had zich in zee gestort en door zwemmen gered. Meer dan vijftig waren er gevangen genomen en opgehangen, of naar Amsterdam gevoerd (127). Dat de Graaf van der Marck bij dezen strijd is tegenwoordig geweest, komt ons waarschijnlijk voor, zoowel als dat hij zich te Emden gered heeft; wij lezen toch dat hij, omtrent dezen tijd, door de burgers van Emden zelve uit hunne stad is verjaagd. De bevochten zegepraal gaf Boshuizen moed. Na den buit te Enkhuizen te hebben verdeeld, voerde hij zijne triumferende vloot de Noordzee in om er de vrijbuiters op te zoeken. Zeventien van der Geuzen schepen lagen bij de Engelsche kust, onder het kasteel van Douvres. Ook dezen sloeg hij op de vlugt, hoewel niet één veroverd werd, en zeilde van daar naar de Zeeuwsche kusten, na de zee alzoo te hebben gezuiverd. Een bewijs wat Spanje had kunnen doen, indien er met ernst aan gedacht was om de vrijbuiters uit een te drijven. Nu waren ze spoedig weêr verzameld en lieten zich op nieuw gelden. Omtrent dezen tijd namen ze vier rijk geladen Hamburgsche koopvaardijschepen, welker Bevelhebber op last van den Nederlandschen Vlootvoogd, gewurgd werd, uit weerwraak over den dood van een hunner hoplieden, Jan Broek, door de Hamburgers opgehangen. Met dezen buit zeilden zij de Eems in; terwijl de vloot van Boshuizen in de haven van Enkhuizen, voor den winter werd opgelegd (128).

Treurig voorzeker was het dat bij het winnen van zoo veel buit, Oranje, tot het verzamelen zijns legers, naauwelijks het noodige geld kon verkrijgen. Hij schrijft zelf, 17 Febr. 1572: hadden wij nu geld, zoo zouden wij, met de hulpe Gods, iets goeds hopen uit te rigten. Hij meende dat de zaken nu zoo stonden, (en hij doelt op zijne verbindtenis met Frankrijk) dat men, zelfs met eene geringe som, iets groots mogt tot stand brengen (129). Sonoy werd dan op nieuw geroepen, om zich trouwelijk te kwijten in het verzamelen van geld, onder de Edelen en ballingen buitenslands. En hij heeft er zich met ijver van gekweten. Oranje had hem voorzien van een berigtschrift, waarbij eene treffende redenering was gevoegd tot aandrang van zijn verzoek, die een nieuw getuigenis is van zijne bedoeling met den krijg tegen Spanje, de verdediging der ware kerke Gods. In dat stuk worden de Nederlanders op hun eigen en Oranjes lijden gewezen, op zijn geduld, zijn moed, op al wat hij gedaan had, tot heil van het zuchtend Vaderland. Zou men dan nu, nu de jammer ten top klom, hem en het Vaderland verlaten? De ware kerke Gods aan den moedwil der vijanden overgeven? Wee hem, die zoo allé Christelijk gevoel had uitgeschud! Vloek en ellende zou hem treffen! Maar wie ook nu nog getrouw was, God zou een welgevallen aan hem hebben, in Zijnen Zoon Jezus Christus, hem verzellen met Zijne goedheid, barmhartigheid en genade; onze vijanden nederwerpende, zal Hij een einde maken aan onze ballingschap en ellendigheden (130). Deze taal had invloed en eene goede som gelds werd bijeen gebragt, schoon altijd nog te weinig voor de behoeften van een leger, dat Oranje voor de penningen uit zijne eigene verpande goederen en voor die van eenigen zijner vrienden geworven had. Het mag vrijelijk worden geloofd, dat onder die vrienden zich verscheidene hoofden der Watergeuzen bevonden, al belooft er ons het getuigenis der geschiedschrijvers niet veel van. Allen wordt het in het algemeen nagegeven; maar inzonderheid Entens van Mentheda, dat hij veel buit won (hij was een onversaagd zeeroover, doch die niet altijd met de wijsheid en zijn geweten te rade ging), veel geld verteerde, en veel geld naliet (131). Zij moeten zich zeker van veel rijkdom hunner vijanden hebben meester gemaakt, doch ze waren niet altijd voorspoedig, zoo als gebleken is. Maar voorspoed strekte hun te dikwijls tot bederf, en Oranje moest zich aanhoudend over geldgebrek beklagen, en menigmalen zien, hoe de buit van den strijd, aan edele bedoelingen geheiligd, in weelde en dronkenschap verteerd werd (132). En toch waren deze vrijbuiters, naast Oranje, de redders van Nederland, de grondleggers der vrijheid, en naderhand de getrouwste dienaars van Vader Willem, aan wiens oogmerken zij zeker, zeer onvolkomen hadden beantwoord, maar die, grooter dan zij allen, ook de zonderlingste en meest woeste menschen aan zijne plannen wist dienstbaar te maken. Had hij zich over velen hunner moeten bedroeven, aan velen heeft hij vreugde beleefd, aan velen die zijn spoor volgden, en later, als hij, hunne trouw met hun hartebloed hebben bezegeld.

Het was omstreeks deze tijden, het einde van 1571, dat, naar het zeggen van O. Z. van Haren, de Geuzen aan Turkschen bijstand dachten, en hij beroept zich, tot ondersteuning van het gestelde, op de honderd vier en vijftigste brief van Viglius aan Hopperus. In dezen brief vond ik niets anders dan een vermoeden van Viglius, of de Hugenoten en Nederlandsche ballingen, met de Geuzen, op aanhitsing der Turken, iets mogten uitvoeren. (*Si Galli aliique vicini quorum ligae foederaque jactantur, exulesque nostri, ac Hugenotti cum Geusiis, incitante Turca, aliquid moliri tentabunt*). Of uit dit gezegde kan opgemaakt worden dat de Geuzen werkelijk zich met de Turken verbonden hadden, of meenden te verbinden, moet ik zeer betwijfelen. Wat van Haren zingt:

> 't Zijn Zeeuwen die naar Cyprus kusten
> Zich reeds, ter krijgsbezending, rusten,
>   Gehard ten oorlog en ten kaap,
> Om Selim weg naar Veer te banen;
> De zeemansmuts toont halve manen
>   Met de omschrift: liever Turk dan Paap (133).

is louter poëtische uitbreiding van hetgene hij bij Viglius had gelezen, of gemeend te lezen. Bij den zeer bekommerden President, wien de ouderdom vreesachtig, en de omstandigheden der tijden neerslagtig hadden gemaakt, was het loutere vrees, uit een los gerucht ontstaan, dat in Frankrijk, misschien, eenigen grond had. Het is moeijelijk zonder duidelijker bewijzen te gelooven dat dit denkbeeld in de hersenen der Geuzen is opgekomen, en zeker niet, dat er een plan was (zoo het denkbeeld al bij sommigen levendig werd) om de Turken tot hulp van het verdrukte Nederland in te roepen. Sultan Selim was toen in oorlog met Spanje en hield Cyprus bezet, ook uit die verovering niet verdreven, na den slag in de golf van Lepante, 7 Oct. 1571, waarin de vereenigde vloten van Spanje, Venetie en den Paus, onder bevel van Don Jan van Oostenrijk, de Turksche vloot vernielden. De vruchten der overwinning gingen wel spoedig verloren, maar dat de Geuzen van een zoo nadrukkelijk geslagen vijand van Spanje, hulp konden vragen of wachten, is niet waarschijnlijk. Men had zich vroeger iets goeds mogen beloven van dien oorlog, omdat Philips daardoor werd afgetrokken van zijn voornemen om deze landen ten onder te brengen; na de nederlaag der Turken was het onmogelijk. Zeker in Frankrijk dacht men er aan, misschien op het voorstel van sommige Hervormde Edelen, en het behoorde tot de maatregelen van Karel IX, of liever zijner moeder, om de Hugenoten te misleiden, dat François de Nouailles, Bisschop van Dax, in gezantschap naar Konstantinopel werd gezonden, om de Turken te bewegen tot den aanval tegen Spanje (134). Onze geschiedschrijvers melden van dit alles niets. De zending van den Bisschop van Dax was louter staatkundig, en diende alleen om den Spanjaard werk te geven, wiens magt Frankrijk vreesde. — Doch er bestaat een zonderling verhaal van den Jesuit Famianus Strada, dat tot deze zaak eenige betrekking heeft (135). Reeds in November 1566 waren er brieven gekomen uit Konstantinopel aan het Consistorie (het bestuur der Nederlandsche Hervormde kerken) te Antwerpen, van eenen *Joannes Michesius* (136), een Jood, een magtig man en een gunsteling van den Sultan. In deze brieven spoorde hij de Calvinisten te Antwerpen aan: dat ze zich haasten zouden met de zamenzwering, welke zij, zoo moedig, tegen de Catholijken gemaakt hadden: de Turk had groote plannen in het hoofd tegen den Christelijken naam; binnen kort zou Philips, Koning van Spanje, zoo zeer in den Turkschen oorlog worden gewikkeld, dat hij aan de Nederlanders zelfs niet zou kunnen denken. — Met dit geschrijf had hij zijne weleer gemeenzame vrienden, te Antwerpen, moed ingeboezemd, namelijk door de hoop op een opstand der Mooren. De gemoederen waren er door opgebeurd, en in het Consistorie te Antwerpen werd besloten eene som gelds, zoo groot mogelijk, te verzamelen, dewijl er nu gelegenheid was, om hunne partij te versterken. Men begon dit werk met grooten ijver. Daarop zou dan ook gevolgd zijn het verzoekschrift der Antwerpsche Hervormden, door den Graaf van Hoogstraten; doch dit hield de bede in om vrije Godsdienstoefening, met aanbod van eene som van drie millioenen guldens. Het bestaan van dit verzoekschrift is waarheid (137), doch kan onmogelijk een gevolg van de brieven des Joodschen gunstelings zijn geweest. Men had dan beter de, voor die tijden, verbazende som gelds kunnen gebruiken om een leger te verzamelen, of zich vrienden en bondgenooten te winnen. Strada heeft misschien gebeurtenissen, die niet bij elkander behoorden, of door onkunde, of door kwaadwilligheid, zamengevoegd. Michesius, of Miquez, kan wel dergelijke brieven geschreven hebben; (hij had vroeger te Antwerpen gewoond, en vele vrienden aldaar) maar de inhoud toont dat hij der Hervormden bedoelingen volstrekt niet kende. Zocht hij in hen begunstigers en helpers van zijne, of zijns meesters plannen, daar is geen zweem van blijk dat zij in die plannen wilden deelen, altijd te dwaas en te stuitende voor het echt Christelijk gevoel. Maar de Turk was altijd een schrikbeeld voor de Roomschen. Vondel profeteerde in zijn tijd nog van dien vijand des Christendoms:

>   Gelijk een ingeborsten stroom
>   Zal 't ingelaten heir
>   Verdrenken al den Duitschen boóm,
>   En bruizen als een meir,
>   En spoelen den bebloeden toom
>   Te Keulen in den Rijn,
>   Die zal zijn wedde zijn.

Het denkbeeld was in hen natuurlijk, dat ongeloovigen en ketters zich te zamen vereenigen moesten om de H. kerk te verwoesten. De aanstalten om de drie millioenen bij een te krijgen (waarvan in het verzoekschrift

gesproken wordt) juist in dien tijd gemaakt, mogen
Strada tot het besluit hebben gebragt, dat de pogingen
van den vermogenden Jood door de Hervormden werden
begunstigd. Dat Miquez (zoo als de gewoonte van dergelijke gelukzoekers is) (138), Sultan Selim veel groots
beloofd heeft van hetgene hij doen zou, om alles tegen
Spanje en zijne bondgenooten in de weer te brengen,
en werkelijk gedaan heeft wat hij kon, laat zich ligtelijk begrijpen. — Maar in de omstandigheden op het
einde van 1571, was het dwaasheid aan Turkschen bijstand te denken: het werd hoog tijd dat de Watergeuzen zich van eene vaste plaats meester maakten. De
Mooren in Spanje moesten bukken en werden onderworpen of verdreven; de slag van Lepante had Philips
gelegenheid gegeven om de vloot onder den Hertog van
Medina Celi gereed te maken en te doen uitzeilen. Ze
was, na jaren sammelens, waarover Joach. Hopperus zich
zoo roerend in zijne brieven aan Viglius beklaagt (139),
eindelijk gereed, en zeilde in Maart 1572 uit, om, helaas! in de handen der Geuzen te vallen. Zij kwam te
laat! —

Oranje, op nieuw bezig met de verzameling van een
leger in Duitschland, gelijk zijn broeder Lodewijk in
Frankrijk, zocht met nieuwen ijver, de eene of andere
havenstad in het Vaderland magtig te worden, doch
het werd spoedig weder bevestigd, dat menschelijke
raadslagen, hoe verstandig ook berekend, menigmalen
tot niet loopen, terwijl onverwachte, ja onbezonnene
daden verzeld worden van de gelukkigste uitkomst.
Duidelijk is het, dat Oranje de redding in het Zuiden
wilde beproeven, zoo het Noorderdeel bevrijden, en
aldus beiden Noord- en Zuid-Nederland bijeenhouden;

maar de Voorzienigheid beschikte het anders. Wij zien het bij de uitkomst dat die vereeniging niet mogelijk was; het Noorden alleen maakte de Voorzienigheid tot een tooneel van Hare wonderen. Daartoe was nu haast de tijd geboren; de gevolgen leeren het ons; noch de gebeurtenissen dier dagen zelve, noch de handelingen der Watergeuzen konden het ons doen vermoeden dat die ure nabij was. Indien nu, na al die vereenigde pogingen, geene redding daagt, is Nederland verloren. Spanje's geduchte oorlogsvloten hadden ligt der Geuzen schepen kunnen vernielen of verstrooijen, en hunne magt (voor hunne plannen reeds veel te groot) met behulp van het bevredigde Engeland ten onderbrengen: het werd eerlang ondoenlijk: de Geuzen hadden welhaast hunne havens in hun eigen Vaderland, en het gevoel van dat geluk, geene ballingen meer te zijn, deed hen strijden met des te vuriger en standvastiger moed. Uit die havens, Briele, Vlissingen, Vere, Enkhuizen waren ze zoo gemakkelijk niet te verjagen, als uit die van Engeland, waar ze steeds de onstandvastigheid eener Koningin te vreezen hadden, die haar belang altijd op den voorgrond zette, en er dat van hare vrienden te vaak aan opofferde. Daarenboven, de Spaansche vloten, in volle zee, met eenige ligte en slecht bemande vaartuigen te bestrijden, louter tot de koopvaart toegerust, en wel met scheepsvolk dat slechts koopvaarders plunderde, en naauwelijks tegen de mindere vloten van Bossu, Boshuizen en Robles bestand was: — waarlijk dat ware te stout een waagstuk! — Maar de zware kielen van Medina Celi op de Zeeuwsche stroomen aan te grijpen, waar niet één Spanjaard de ondiepten kende, en ter naauwernood van het getij eenig denkbeeld had;

waar de Zeeuw alleen en geheel te huis was, en uit Vlissingen en Vere steeds nieuwen onderstand kon ontvangen: — dat waagstuk was niet roekeloos; integendeel, de kundige zeevaarders van de Zeeuwsche eilanden konden zulke gevolgen met reden verwachten. Gods wijsheid had voor de Geuzen een ander strijdperk bestemd, hun eigen Vaderland. Daar zagen zij de woede der vijanden en streden daarom met onvermoeide kracht, door de wraak nog versterkt: daar leerden ze overwinnen, of hunne neêrlagen onschadelijk maken. Zij hadden het Vaderland veroverd, het was hun eenig belang het te behouden. Nu, daar ze den dierbaren grond weder betraden, en de vrije en onbelemmerde Godsdienst naar het zuiver Evangelie, in hunne eigene kerken, mogten uitoefenen; nu het verloste volk en de teruggekeerde ballingen daar God met hen mogten loven, en de woorden des levens uit Zijn woord hooren: — nu gevoelden zij eerst regt wat het is, een Vaderland te missen. Hier vonden ze welhaast vaders en moeders, gade en kinderen, broeders en zusters weder, die de jammeren der ballingschap en het zwaard van den moordenaar hun nog hadden overgelaten. De zeerooverij zou eindelijk de liefde tot Godsdienst en Vaderland hebben uitgedoofd, en de zorgeloosheid had hen noodwendig tot eene groote en goede onderneming ongeschikt gemaakt. Daarom dreven de winden des hemels hen sidderende de Maas in, en de nederlaag van Bossu deed hen den Briel vasthouden, gaf moed om voort te gaan en zich aan te gorden tot den vreesselijken strijd van eene kleine en ongeregelde bende, tegen den magtigsten Vorst van Europa en de beste soldaten der wereld.

VAN HET BEGIN VAN 1572 TOT EN MET DE INNEMING VAN DEN BRIEL

Wij naderden tot het jaar 1572, het gedenkwaardigste in de geschiedenis des Vaderlands. In het begin dezes jaars was de hoop op redding niet grooter dan in vroegere jaren. Want al mogt men iets gissen of wachten van des Prinsen pogingen, zoo vele en harde teleurstellingen hadden reeds doen zien, dat op niets met zekerheid kon gerekend worden, dan op de ontferming des Almagtigen. Evenwel er was iets gewonnen. De woede der vervolging, die noch Roomsch noch Onroomsch gespaard had, deed beiden naar verlossing reikhalzen. Vooral had het bevel van den tienden penning aller harten van Alva afkeerig gemaakt, en de Watergeuzen vonden eene nieuwe aansporing tot handelen in dien maatregel des Hertogs, en eene nieuwe menigte van aanhangers in het Vaderland zelf. Toen Alva met geweld zijn bevel zou ten uitvoer brengen, verkondigden zij het den geweldenaar, dat hij den tienden penning met de punt des zwaards zou moeten halen (140). Niet dat men het er nu eerst op toelegde, om het Vaderland te verlossen om des tienden pennings wil; men had immers ruim vier jaren voor een edeler doel gestreden; deze druk was slechts een toevoegsel, deed de maat overloopen, en de bevrijding van dien druk werd bij de Watergeuzen eene belofte die (om van Harens uitdrukking te gebruiken) in alle zwaar belaste landen altijd het volk trekt. Zelfs de President Viglius houdt het er voor, dat de Geuzen slechts deze gelegenheid (van den tienden penning) aangrepen, om de gemeente tot zich te trekken (141).

De magt der Watergeuzen was sterk aangegroeid. Zij bezetteden altijd nog de kusten der Vaderlandsche zeeën, en hielden zich in het Vlie, het Kanaal, bij Douvres en in de nabijheid van Rochelle op. Nog in het begin des jaars hadden dertien schepen het Vlie verlaten, deels naar Wieringen, deels de Zuiderzee dieper instevenende: met welke oogmerken is onbekend. Zij rigtten eenige schade aan onder de schepen van Hoorn, die tot de vloot van Boshuizen behoorden (142). Bij deze schepen bevond zich Jr. Willem Blois van Treslong, en hij toonde bij deze gelegenheid zijne onversaagdheid. Den 10 Februarij uit het Vlie gezeild, van meening het naar Texel te wenden, werd hij door den vorst gedwongen naar Wieringen te loopen, waar hij zoodanig rondom in het ijs bezet raakte, dat hij dagelijks met zijn volk het noodige levensonderhoud, over het ijs van Wieringen kon halen. Doch dat volk gedroeg zich daarbij zoo woest en moedwillig, dat er wel zeventien door de Wieringers werden doodgeslagen. Zijne magt was te gering om dien moord te wreken, maar bovendien had hij zijne manschap, op zijn eigen schip spoedig van nooden. Jan Simonsz. Rol kwam met vier vendelen soldaten zijn schip belegeren, na bijna hem met al de zijnen te land overvallen te hebben. Zij reddeden zich nog bij tijds, en verdedigden zich aan boord met zulk eene heldhaftigheid, dat, na een hevig schutgevaart, waarbij de vijanden ruim driehonderd schoten op zijn schip deden, Rol tot wijken werd gedwongen. Intusschen had men het schip uit het ijs weten te bevrijden, en met het smadelijk gelach van den behaalden triomf, zeilde Treslong uit het gezigt zijner vijanden, zonder ander verlies dan een overgeloopen Constabel en zijn doodgeschoten schipper (143). Hij wendde daarop den steven naar Engeland, maar vond voor zich en zijne spitsbroeders den toegang reeds gesloten. Elisabeth was nog wel niet geheel met Spanje en Alva bevredigd, doch wilde zich Philips niet ten vijand maken, terwijl zij in de moeijelijkheden met Schotland gewikkeld was (144), en liet de Watergeuzen aan hun lot over niet alleen, maar verbood zelfs aan hare ingezetenen allen handel met de verstootene vrijbuiters. Emden was hun vijandig; Zweden noch Denemarken duldde hen; hunne geloofsgenooten wierpen hen uit; alleen Rochelle bleef hun over. Zelfs ook daar vonden ze weinig gunst meer. Oranjes vriend, Odet de Chatillon, was gestorven, zoo men meent, aan vergif (145). Coligny was door de veinzerij van het hof naar Parijs gelokt, en viel welhaast in den strik hem gespannen. Lodewyk van Nassau had arbeids genoeg tot het werven eens legers in Frankrijk, en kwam daartoe meermalen aan het hof des Konings, waar men hem met de hoogste betuigingen van hartelijke vriendschap overlaadde (146). De Watergeuzen waren nu eenigzins aan zich zelven overgelaten. Lumbres zal zich bij Graaf Lodewyk hebben bevonden; Tseeraerts was, of bij Lodewyk, of, wat waarschijnlijker is, behartigde hunne belangen te Rochelle, van waar hij, op de eerste tijding van het veroveren van den Briel, het Vaderland ter hulpe snelde. Aan het hoofd van de vloot stond toen Willem Graaf van der Marck, gewoonlijk Lumey genoemd naar eene zijner heerlijkheden. Hij was eigenlijk de Onderbevelhebber van de Lumbres, die nog in

September 1572 Admiraal was, en, daar Lumey toen reeds het Stadhouderschap over Holland bekleedde, werden door Oranje, Lancelot van Brederode en Adriaan Menninck als Kapiteinen Generaal over de vloot aangesteld. Van zijne aanstelling lezen wij niets. Wij zagen dat hij in het najaar van 1571 door de burgers van Emden uit hunne stad verdreven was: om welke reden, is niet bekend. Lumbres was een bijzonder vriend van Oranje en Lodewyk, die hem reeds vroeger tot zaken van aanbelang hadden gebruikt. Waarschijnlijk werd zijne hulp vereischt tot de bijeenzameling van het Fransche leger dat eerlang naar de Nederlanden trok. Later nog vertoefde hij in Duitschland, nam daar, vooral te Keulen de zaken van Oranje en het Vaderland waar, en wisselde met Oranje en Lodewyk veelvuldige brieven (147).

Te Douvres in Engeland lag, in het midden van Maart, eene vloot van veertig, deels groote, deels ligtere vaartuigen der Watergeuzen, onder bevel van Lumey (148), toen het gebod der Koningin hen zeewaart heendreef, vrij onverwacht, en terwijl ze nog onvoorzien waren van den benoodigden lijftogt en krijgsbehoeften. Het was weder op Enkhuizen gemunt, of op Texel. Alle onze geschiedschrijvers, denkelijk even weinig van het eigenlijke doel der Watergeuzen wetende als zij zelve, spreken van dien aanslag. Konden ze dien echter mogelijk achten met eene magt van nog geen driehonderd man? — Het komt mij zeer twijfelachtig voor. Bleven ze naderhand op de Maas liggen in groote vreeze (zoo als van Meteren zegt, bl. 63[b].) wat hadden ze dan te Enkhuizen niet te vreezen, waar de vloot van Boshuizen en Rol lag, die hen reeds meer had geslagen? —

Anderen, (en dit komt mij voor, in zoo groote verwarring, het naaste bij de waarheid te zijn) melden dat zij, na lange en twijfelmoedige beraadslaging, overeenkwamen, naar de Sond te zeilen, de koornschepen uit de Oostzee te onderscheppen (ze hadden brood noodig), daarop onder Texel veertien of vijftien van Alva's oorlogsschepen aan te vallen: en dan zou het Enkhuizen gelden (149). Men moest eene haven hebben, de nood drong, zij waren nu ballingen uit alle landen. Ten dien einde werden er vierentwintig schepen, van de grootste, meest vliebooten, afgezonderd, tot volvoering van hun plan. Jacob Simonsz. de Rijk moet (volgens Hooft) ook toen weder tot iets loffelijkers dan zeeschuimen hebben aangespoord, en tot een aanslag ten nutte des Vaderlands. Hopman de Rijk was de eenige niet, die dit wilde: de begeerte der regtschapenen onder de Watergeuzen moest dezelfde zijn. Maar waarheen den steven gewend? Dit besliste Hooger Magt. Zij hadden naauwelijks de Engelsche kust verlaten, of zij ontdekten eene Spaansche koopvaardijvloot, met welke zij, 30 Maart, in een ernstig gevecht geraakten. De uitslag was dat zij een rijk geladen schip weg namen, waarin ze, behalven vele specerijen, twee kisten met geld buit maakten (150). Nog een ander Spaansch schip viel hen kort daarna in handen, gelijk de overige, naar Antwerpen bestemd. De genomene schepen werden ontladen, en terstond ten oorlog toegerust. Marinus Brand werd Bevelhebber op het eene, Hopman Daam of Adam van Haren op het andere. Misschien hadden zij zelve die schepen veroverd. Algemeen wordt het toegeschreven aan het keeren van den wind, tot nu toe voorspoedig, dat men reeds benoorden de Maas gekomen, op

eens het besluit nam de Maas in te loopen, niet nog
om den Briel te vermeesteren, maar eenige koopvaarders, die in de rivier lagen. Waarom voer men dan
eerst den Briel voorbij? of was toen de wind nog goed,
en kwam het plan, om die koopvaarders aan te tasten,
eerst bij den terugkeer op? Tegenwind kon zeker de
togt naar de Oostzee een poos vertragen, doch maakte
die daarom niet onmogelijk, ten zij men een storm had
gevreesd en daarvan bestaan slechts weinige blijken (151).
Op zee is men te zeer aan tegenwind gewoon, dan dat
men zich daardoor alleen van zijn voornemen laat afbrengen. Vooral was dit nog te meer verkeerd, indien
men reeds tot op de hoogte van Egmond gevorderd was.
De zaak is eenvoudig deze. Terwijl men zich te Douvres
bezig hield met de schepen van het noodige te voorzien, overviel het bevel der Koningin de vlotelingen;
zij moesten het anker ligten, zonder den noodigen voorraad tot hunnen togt. Treslong, die met overhaasting
de Zuiderzee had moeten ruimen, kon niet meer in eene
haven binnen komen, en moest de vloot volgen. Nu
ontdekten ze dat de levensmiddelen spoedig zouden ontbreken, indien de wind hen eenige dagen ophield. Het
bewijs voor dit gebrek is voorhanden. Toen Brand en
van Haren, die den voortogt hadden, hunne ankers in de
Maas hadden uitgeworpen, was op beide schepen geene
de minste leeftogt meer, dan een stuk kaas, nog in het
bezit van van Haren, dat hij broederlijk met zijnen
strijdgenoot deelde (152). Ook aan boord van Treslong
moest zich dat gebrek doen gevoelen, en wij mogen
met vele waarschijnlijkheid gissen, dat hij het plan had
aan de hand gedaan om den Briel te verrassen. Hij
had zelf in den Briel gewoond, en er zijne jeugdige

dagen doorgebragt, zijn vader was er Baljuw geweest, en hij er dus zeer bekend. Kon het anders of zijn hart moest hem daar heen trekken? Zijn gesprek met den veerman Koppelstok was de eerste oorzaak van de zoo gemakkelijke inneming eener stad, die door de burgers wel eenigen tijd had kunnen verdedigd worden tegen een handvol Watergeuzen, tot er ontzet kwam. Nu had Koppelstok de schrik onder de inwoners verspreid, welken, vroeger reeds, de vrees voor de vrijbuiters bezield had, en die zich nu gedeeltelijk, door de vlugt poogden te redden.

Zij wenden dan den boeg en stevenen naar de Maas, met het doel de koopvaarders, in die rivier liggende, te nemen. Doch deze ontsnapten hen naar Rotterdam. De wind was heviger geworden en stond in het Noordwesten het weder uitzeilen tegen. Wat nu? Daar lagen ze, en konden zich nergens aan land wagen: de behoefte drong reeds. In Utrecht was Bossu gereed en had reeds troepen naar 's Gravenhage gezonden, zij hadden den vijand achter zich, voor hen de stormen en baren der Noordzee. Wat wonder dat de vrees hen aangreep. Geen andere hoop dan den Briel aan te tasten, en wel spoedig, of ze zijn verloren! Indien Velius (in zijne kronijk van Hoorn, bl. 75) geen misslag begaat, dan moet Boshuizen met zijne vloot, in de wateren van den Briel zijn geweest; hij verhaalt toch dat genoemde Admiraal in Mei 1572, nog vóór het overgaan van Enkhuizen aan de zijde van Oranje, met eenige schepen van den Briel kwam. Doch het kon ook zijn, dat hij in last had den aanval van Bossu te ondersteunen, of liever later gepoogd had den Briel aan de Watergeuzen te ontrukken. Indien Boshuizen omstreeks 1 April daar

geweest is, hoë moest zijne tegenwoordigheid de vrees
der Geuzen vermeerderen! — Het was op Dingsdag,
1 April 1572 (153), des namiddags ten twee ure, dat
de beide Scheepsbevelhebbers, van Haren en Brand, het
anker voor den Briel lieten vallen, terstond door de
geheele vloot, buiten hunne schepen, uit vier en twintig zeilen bestaande, gevolgd. Oogenblikkelijk worden
de poorten gesloten en de Raad der stad vergaderd.
Want dat niemand aan de Watergeuzen dacht is ongelooflijk. Zij hadden reeds langen tijd rondom deze
kusten gezworven, en welke andere vijand was er van
den zeekant te wachten (154)? Dat men aan boord der
schepen kennis had van het gebrek aan bezetting in de
stad, is wel te denken, doch de geringheid van der
Geuzen magt moest hen altijd de pogingen doen vreezen eener burgerij, die zich achter hare wallen kon
verschansen. Zij zetteden dus niet terstond hun volk aan
land, maar wachtten nog op een gunstig oogenblik. Dat was hun reeds bereid. Van de overzijde
der Maas, van Maassluis, komt de stoute veerman, *Jan
Pietersz. Koppelstok* met eene boot vol reizigers naar
den Briel varen. Welke schepen waren het die daar
de zeilen opgijden? vragen de verschrikte reizigers.
Watergeuzen? is des veermans antwoord, die hunne
schepen en vlaggen en wel iets van hunne bedoelingen
kende. Nu laten ze zich met haast weder naar Maassluis roeijen, en hij spoedt zich daarop naar de vloot,
vraagt naar zijn stadgenoot Treslong, en wordt door
deze naar den Admiraal Lumey gebragt. In den moedigen schipper zag men spoedig den man, die hen in
den Briel kon helpen, en met Treslongs zegelring als
geloofsbrief bij zich, (daar was geen tijd, om zulk een

brief te schrijven) stelt hij zich voor den Raad, en eischt uit naam van de Watergeuzen, dat er eenige gemagtigden met hem zouden varen om over de opgave der stad aan Oranje, Lumey en Treslong te handelen. Zij hadden niets te vreezen, men kwam hen van Alva's dwingelandy en van den tienden penning verlossen. Even stout verzekert hij den Raad dat de vloot met vijfduizend koppen bemand was. Radeloos zat de raad, wel gezind om eenigen af te vaardigen, maar in niemand moeds genoeg vindende ter vervulling van dezen moeijelijken pligt. Eindelijk grijpen er twee moed om naar buiten te gaan. Zij ontvangen deemoedig den eisch van Lumey, die reeds aan wal was, dat de stad binnen twee uren aan hem moest worden overgegeven. Intusschen was het van ongeduld brandende volk uit de schepen aan land gekomen, en trok, met vliegende vanen, op de stad aan. Dit gezigt en de tijding van het korte beraad vervult de inwoners met angst en schrik, en terwijl Lumeys benden naar de Noordpoort streven, vlieden de inwoners de Zuidpoort uit. Doch daarheen had zich, onder Treslong, reeds eene afdeeling begeven, welke de vlugtenden stuitte. Het ontbrak evenwel aan wederstand van de burgerij niet, hoe gering die dan geweest zij, het zij aan de Zuid-, het zij aan de Noordpoort (155). Toen liet Treslong de trompet steken en verleende nog eenigen tijd beraad. Terwijl had Roobol, Lumeys of Treslongs Luitenant, allerlei brandstof bijeen vergaderd en voor de Noordpoort opeengestapeld; het vertoeven, het talmen duurde den Geus lang genoeg; de brandstof wordt aangestoken, door pek en teer nog meer aangezet, en eindelijk, daar dit alles hun de toegang nog niet spoedig genoeg opende, het overige met een mast ter neer gerammeid. Men zou zich zelven moeten inhelpen, had de voortvarende Roobol den burgeren op de muren toegeroepen; reeds werden de vesten beklommen; ook de Zuidpoort stond in brand, en waarschijnlijk moest men de Noordpoort nog door buskruid laten springen (156); maar nu openden de Brielenaars gewillig de Zuidpoort, en van beide zijden trokken de Watergeuzen, des avonds tusschen acht en negen uren, de stad in zegepraal binnen. Hun getal wordt verschillend opgegeven, doch het is veiligst te stellen, dat ze niet meer dan tusschen de twee honderd vijftig en drie honderd man sterk waren (157). Niemand der hunnen was gekwetst of gedood, ook niet der burgeren, en zonder bloedstorting was de vrijheid het Vaderland binnengetogen. Men had de stad met storm veroverd, maar misbruikte de verovering niet. Niet een der ingezetenen werd aan zijn leven of eigendom beschadigd, schoon er, bij het eerste geweld, aan de Noordpoort brand was ontstaan, die spoedig gebluscht werd. Alleen moet de Burgemeester, Jan Pietersz. Nickel, van de gelden, die hij van den accijns der wijnen ontving, zijn beroofd geworden, en dat daarbij het een en ander zijner eigene bezittingen verloren ging, laat zich begrijpen. Ook de Rentmeester van Voorne, Johan van Duivenvoorde, zag de Geuzen meester van zijn kantoor, waaruit men hem zes duizend guldens ontvreemdde (158). Men neme echter in aanmerking dat deze gelden beschouwd werden, en met regt, als behoorende aan Alva en zijne regeering, en dus hunne regtmatige oorlogsbuit; en waarlijk de gematigdheid der overwinnaars is te prijzen, als die slechts 's lands geld aantastten en den burger onaangeroerd lieten. Treslong bewees, buiten twijfel, zijne goede diensten aan zijne stadgenooten.

De nacht werd in ruste doorgebragt, maar het vrijbuiters-karakter was niet uitgeschud, en den volgenden dag begon men kerken en kloosters te ledigen, ten minsten met meer geregeldheid. Want het blijkt uit den zang des dichters die er bij tegenwoordig was dat men, bij de inneming der stad, terstond naar de kerken vloog, de beelden stormde, de heiligheden vernielde (159), terwijl de houten beelden der heiligen dienden om de koude van den nacht te verdrijven en hunne spijzen te bereiden (160). Zoo deden zij overal, en zelfs in veel latere tijden werd er bij de veroveringen der Nederlanders in Catholijke landen zoo gehandeld. Zij bragten met zich de gevoelens der Hervormers, en vooral der Zwitsersche; ze hadden geleden en gestreden voor het zuivere geloof, en wie kon het misprijzen dat zij in hunnen ijver zoo ver gingen? Moest dan de taal van het Evangelie, bij den eersten ijvergloed, niet met kracht spreken tegen de dwaasheden van het bijgeloof en de woede der vervolgingen, die men eindelijk ontworsteld was? In Hervormde kerken (en men moest ze zich toeeigenen en kon het met regt) behoorden geene beelden; daar behoorde alleen de levende verkondiging van het woord Gods. Dat voelden de Geuzen, en, zoo ze verder gingen, zich aan de Priesters misgrepen (die evenwel niet altijd zoo geheel onnozel waren, als men dat wel eens wil doen voorkomen) en bloed deden stroomen, dat hun naderhand zooveel onheil en haat op den hals haalde — men wijte dit aan de zoo menschelijke wraakzucht, in de eerste oogenblikken der herwinning des Vaderlands zoo natuurlijk gewend tegen menschen, die de Geuzen als de oorzaken van hunne ballingschap en droefenissen moesten aanmerken. Wie meent dat in die eeuw van kracht, in die gisting, onder dat lijden, bij eene ongeregelde hoop vrijbuiters, *onze* denkbeelden van verdraagzaamheid te vinden waren — vergist zich. Mannen van halve maatregelen waren de Geuzen niet: zij wilden op eens van alles wat hen drukte verlost wezen. Ook duurde het dooden der Priesteren kort; Sonoy deed het reeds in dit zelfde jaar met den dood straffen. De voorbeelden zullen ons later voorkomen. Indien zich echter iemand nog ergeren mogt aan de zoogenoemde heiligschennis der beeldstorming, het wegnemen van beelden, die het Hervormde volk niet meer noodig had; die trooste zich met de woorden van Adolf van Meetkerke, bij den Roomschgezinden Thuanus (161): "Het is "uitgemaakt voor hem die de Goddelijke oordeelen die-"per indringt, en zoover het den mensch geoorloofd is, "navorscht, dat God de staten, het volk en den Koning "door dit gebeurde (de beeldstorming) heeft willen lee-"ren en overtuigen, indien het zoo hoogst zorgelijk bij "de Spanjaarden geacht wordt, steenen en houten stand-"beelden te verbreken en te vernielen, hoeveel zwaar-"der het dan bij God moet gerekend worden, zijne "levende evenbeelden, dat is menschen, die den naam "van Christenen dragen, zonder onderscheid van kunne "of ouderdom, door zoovele pijnigingen, straffen en "ballingschap, zoovele jaren lang, jammerlijk te plagen "en ten gronde te helpen". — Dat hadden de Watergeuzen smartelijk ondervonden; kon men minder wraak van hen wachten?

Of men ook toen reeds Priesters en Monniken geweld aandeed, is niet duidelijk: later zijn er ergerlijke en afschuwelijke tooneelen, bij den Briel en te Gorkum, vertoond, waarvan het gevoel terug beeft, indien slechts de schrijvers die gruwelen niet met te zwarte kleuren hebben getekend (162). De morgen van den tweeden April zag de overwinnaars van den Briel zich verrijken met de geestelijke goederen en zich kleeden met het gewaad der Monniken. Zeker was deze gewoonte aangenomen tot bespotting der geestelijken: maar de nood dreef hen ook tot dergelijke maatregelen. Want de ballingschap had de Nederlanders arm gemaakt, zoo zelfs dat ze van kleederen schaars voorzien waren (163). De Luikerwalen onder de Watergeuzen waren moedwillige boeven, en wel de grootste euveldaders, onder Lumey en Omal, dus minder zorgvuldig in hunne plunderingen; de eigenlijke Nederlanders waren redelijker. Doch zij moesten van den nood eene deugd maken, en het eerste door Treslong opgeraapte volk, dat tot hulp van Vlissingen toog, was geheel in monnikspijen gekleed. Van Haren had een schoon geborduurden casuifel, als zijn deel van den buit gekregen (164); andere opperhoofden ontvingen een minder of grooter gedeelte.

Nadat deze buit verzameld was, begon men de schepen te laden, met geen ander voornemen dan om zoo spoedig mogelijk te vertrekken. Zoo weinig denkbeeld had men om zich hier te vestigen. Dit begreep men ook: spoedig moest Alva van hunnen inval kennis krijgen en hoe konden ze bestand zijn tegen zijne legermagt? Lumey gaf dan bevel tot de inscheping. Hij had ook geen Vaderland te redden; Egmonds en Hoornes dood dubbel te wreken, een ander doel had hij niet. Doch eenige wijzer en braver mannen stelden zich tegen zijn voornemen, met geen ander plan dan om het gewonnene te behouden. En het moet tot eer van Lumey gezegd worden, dat hij voor overreding vatbaar was en voor goeden raad niet ontoeganklijk. Dit is meer dan eens gebleken. Onze geschiedschrijvers noemen verschillende namen dier edelen, die, met hunne nietige magt, den moed hadden stand te houden, en met God te bewaren wat ze met God hadden gewonnen. Allen noemen Treslong. Hadden de anderen voet gezet aan de Vaderlandsche wal, hij had de stad zijner kindschheid, hij het vaderlijke huis herwonnen, wat lag er hem niet aan gelegen om ze te behouden! Bij hem voegden zich *Jakob Cabiljauw*, een vroom en deugdelijk man (165), Jacob Simonsz. de Rijk, Dirk Duivel en Entens, waarbij zich, ongetwijfeld, nog anderen schaarden. Daarenboven: hooger magt hield hen daar, de wind verbood hun nog altijd den aftogt. Plegtig en eenstemmig verbonden zich allen de stad voor den Prins te houden en te beschermen, en hem intusschen om hulp te schrijven. Zooveel men kon, bragt men de stad in staat van verdediging, brandde de voorstad af aan de Zuidpoort, hieuw de boomgaarden om van het Nieuwland, om den vijand den toegang te belemmeren en zich zelven te versterken. Voorts bragt men geschut op de wallen, en krijgsvoorraad uit de schepen, en de inwoners, mannen en vrouwen, die de eerstelingen der vrijheid reeds gesmaakt hadden, ijverden met vurige trouw tot houden van het eenmaal verkregene uit de handen van den getergden vijand (166). Hun ijver was niet vruchteloos. Graaf Maximiliaan van Bossu, de waakzame Stadhouder van Holland en Utrecht, had zich reeds op de tijding, dat de Watergeuzen uit de Engelsche havens gezeild waren, naar 'sGravenhage begeven, en aldaar twee vendelen van het regiment van Lombardijen, dat te Utrecht lag, doen komen, onder bevel van Ferdinand van Toledo, een natuurlijken zoon van Alva. Wij twijfelen geen oogenblik of Bossu trok terstond uit Utrecht en den Haag, zijne benden zamen naar den Briel, zoodra hij de verovering der stad vernomen had, zonder juist Alva's bevel af te wachten. Hij kon dit bevel onmogelijk zoo spoedig ontvangen; want de stad werd den eersten April ingenomen, en den vijfden was Bossu reeds voor den Briel, zoo niet den vierden. *F. van Inthiema*, die waarschijnlijk in den Briel was, zegt dat Bossu den derden dag na het innemen der stad werd verslagen. In dien korten tijd van drie of vier dagen kon Alva onmogelijk te Brussel de tijding hooren, bevel naar Utrecht zenden, en Bossu naar den Briel trekken. Men was te Brussel en in Holland op een of anderen aanslag der Watergeuzen verdacht, en toen Alva eenmaal wist, dat ze uit de Engelsche havens verdreven, noordelijk gezeild waren, begreep hij dat hij op zijne hoede zijn moest. Wanhoop (dit wist de grijze krijgsman), wanhoop, die geene andere keuze had, moest hen in eene der Hollandsche havens binnen drijven, niets anders bleef den ballingen over. Utrecht, dat onder de geweldenarij der Spanjaarden reeds eenigen tijd had gezucht, en welhaast de muiterij der onbetaalde soldaten zou hebben te verduren, werd, door het wegtrekken der bezetting, verlost. De muiterij werd gesmoord en onder Bossu trokken de Spanjaarden op Schiedam en Maaslandsluis, van waar ze met eenige schepen naar Zwartewaal, Heenvliet en Geervliet werden overgevoerd. Men meende de schepen veilig te kunnen leggen in de Bernisse, eene vliet of stroom bij Heenvliet, en trok naar den Briel. De Geuzen hadden zich in de omgehouwene boomgaarden gelegerd, en weerstonden den aanval der Spanjaarden met onkreukbaren moed. Was hunne magt te gering om den vijand het landen te beletten, hier kon ze vast verschanst, zijne woede trotseren. Evenwel het gevecht werd twijfelachtig; der Geuzen strijdkrachten, hoe klein ook, moesten nog verdeeld worden; want Treslong en Roobol voeren met eenig volk, tegen den avond, naar de Bernisse, waar ze de schepen der Spanjaarden in brand staken en hun den terugtogt afsneden. Rochus Meeuwis-Zoon, Stadstimmerman van den Briel, een ijverig vaderlander, neemt het stoute besluit om het sluisje van den Nieuwlandschen polder, waarin de strijd gevoerd werd, open te hakken. Hij zwemt er heen, met een bijl gewapend, houwt de sluisdeuren aan stukken en komt, schoon dikwijls in levensgevaar, behouden weder in de stad. Het water stroomt naar binnen en dwingt de Spanjaarden om op den dijk de toevlugt te nemen. Zij bereiken den dijk die naar de Zuidpoort voerde, van meening die te verrassen, doch worden door het daar geplaatste geschut zoo geweldig beschoten, dat ze terug moesten keeren. Daar zien ze de vlammen hunner schepen opgaan; het wassende water sneed hun den anderen weg ter vlugt af, zij zijn genoodzaakt naar hunne brandende schepen te vlieden, en wisten zich met enkele overgeblevenen nog te redden. Anderen verdronken, anderen ontkwamen naar Nieuw-beijerland: velen waren omgekomen, en twee Kapiteinen en zestien soldaten werden gevangen, en door de verbitterde Geuzen aan een molen opgeknoopt (167). Of de Geuzen vele gesneuvelden hadden, wordt niet gemeld. Dit getal kan niet groot zijn geweest, dewijl zij achter hunne verschansingen en wallen hadden gestreden, en het binnenkomende water hen van de vijanden verlost had (168). De personen die in de dichtstukken van van Haren en Loosjes als gesneuveld voorkomen, hebben hunnen dood aan dichterlijke vrijheid te danken; historische gronden bestaan er niet voor: wel voor het tegendeel.

Zoo waren dan de eerstelingen der vrijheid gewonnen en verdedigd. De Watergeuzen hadden het gezien dat zij, met vereende krachten en onbezweken trouw, meer konden dan koopvaarders plunderen, een vruchteloos werk waarlijk! Onbedreven krijgslieden hadden de Spaansche soldaten, de besten van Europa, doen vlieden; zij hadden daden gedaan die den moed aanvuurden, hunne handen sterkten en de zielen met magtig vertrouwen vervulden, om pal te staan voor de zaak van Godsdienst en Vaderland.

GEVOLGEN

DER

VEROVERING VAN DEN BRIEL.

Onder het vreugdgejuich der zegepraal waren de Watergeuzen, op Paaschavond, den vijfden April, in de dapper verdedigde stad terug gekomen. Zij hadden nu de zekere verwachting van verder te slagen en besloten zich op het eiland Voorne te vestigen. Treslong werd tot bevelhebber der stad aangesteld, en op Paasch-maandag, den zevenden April, zwoeren de Opgezetenen des eilands, in handen van Lumey, voor den Prins van Oranje stad en land te zullen verdedigen. Aan Oranje, toen nog te Dillenburg, werd onverwijld de blijde tijding aangekondigd en hulp van hem gevraagd. Hem was die tijding niet zoo verheugende, ten minste hij toonde er zich niet over te vreden: hij had andere plannen en verzamelde een leger waarvan hij veel groots verwachtte. Het verwondert ons niet; hij kende de Watergeuzen en begreep dat er met Lumey niets bestendigs te verrigten was. Daarenboven kende hij hunne magt als te nietig tot het ondernemen van eenige zaak van belang, of tot behoud van het gewonnene. Van dit zijn ongenoegen moest eerst eenige weken later de tijding in den Briel komen en toen was er reeds zulk een rijke oogst van voorspoed op die eerstelingen gevolgd, dat hij wel berusten moest en kon in al wat gedaan was. Hij erkende de hand der Voorzienigheid, beloofde hulp en bragt ze.

De verovering van den Briel verspreidde zich rondom door het Vaderland, en was spoedig in Engeland bekend. Het gerucht der overwinning deed eene groote menigte uit Zuid-holland naar den Briel stroomen, vrienden van de Hervorming, vijanden van Spanje. Met hen kwam (zoo als het in dergelijke tijden gaat) allerlei geboefte (169) dat slechts roof en wraak zocht. Allen werden in den wapenhandel geoefend, en men was spoedig gereed om zijne magt uit te breiden. Om tot dit plan te geraken waren reeds vroeger *Jacob Simonsz. de Rijk*, *Nicolaas Bernard* en *Eloy van Rudam*, naar Engeland gezonden, om onder de Nederlandsche ballingen geld en soldaten te verzamelen, en, kon het, zelfs Engelschen en Schotten met zich over te brengen. De Rijk had tevens in last de twee genomen schepen te gelde te maken, en met alles weder te keeren naar den Briel en Lumey. Deze reis moet terstond na de inneming van den Briel voortgang hebben gehad; want den negenden April was de Rijk reeds uit Engeland terug en in Vlissingen. Intuschen zat men in den Briel niet stil. Marinus Brand veroverde Delfshaven (170) en bezette het, gelijk waarschijnlijk ook Schiedam. Het eerste werd kort daarna door Bossu hernomen. Johan van Kuyk, Heer van Erpt, die misschien met de Watergeuzen was te lande gekomen, was reeds voor den zesden April te Vlissingen, met de blijde mare der verlossing, en vuurde daar, met blakenden ijver, alles aan om de Waalsche bezetting uit te drijven, en den Spanjaard, gereed om in de stad te komen, daar buiten te sluiten. Hij verkreeg zijn wensch. Van Kuyk handelde blijkbaar op eigen gezag; of op de algemeene bestelling van Oranje, om het Vaderland voordeel te doen, waar hij kon. Misschien gaf hij eenen bijzonderen last voor, tot bespoediging der zaak. Oranjes plan was geheel anders, zoo als reeds getoond is; maar van Kuyk handelde, even als de anderen, naar de inspraak van zijn moedig hart en naar de omstandigheid van het oogenblik, meer als door een verborgen aandrift, dan door bezadigd overleg geleid. Moest het bij nadenkenden niet eene dolheid schijnen in van Kuyk en de aangevuurde Vlissingers, zich tegen den Koning te verzetten, zijn soldaten te verjagen? Maar de zucht naar vrijheid had de zielen ontgloeid, de stroom liep buiten zijne boorden, geene dammen baatten meer. Zonderling dat alles juist op den regten tijd geschiedde! Dat was de vinger Gods! Één dag later, en de Spanjaarden, die op stroom lagen, waren binnen Vlissingen geweest, van Kuyk had buiten moeten blijven, en het Vaderland had misschien weder in de handen van Spanje terug moeten vallen. Zooveel lag er aan het bezit van Vlissingen! Van Kuyks geheele onderneming aldaar en zijne verdere werkzaamheden doen hem kennen als een schrander, stout, rusteloos en bekwaam man. Even zoo werkzaam toch was hij te Veere (171). In beide plaatsen ontving men tijdige hulp van de Watergeuzen, tot wie alle ballingen der Nederlanden uit Engeland, Frankrijk en Emden toevloeiden.

Het behoort tot ons bestek niet, de verschillende pogingen op te halen, waardoor de Zeeuwsche en Hollandsche steden zich van het juk van Alva ontsloegen, dan voor zoover de Watergeuzen daaraan deel hadden. En dit behoort eigenlijk meer tot ieder hunner in het bijzonder, dan tot hunne hoedanigheid als een verbonden lichaam van vrijbuiters. Het Vaderland was gewonnen; tot bewaring van den Briel waren allen niet noodig, en slechts enkelen bleven aldaar om de nieuw aangekomenen in den wapenhandel te oefenen, en, waar zij konden, hunne krachten aan te wenden ter vermeestering der naburige plaatsen. Lumey en Entens bleven nog eenigen tijd in den Briel, zich door de lustige genoegens, welke het Vaderland hun aanbood, schadeloos stellende voor de jammeren der ballingschap. Zelfs waren er verhalen in omloop, die hun niet tot eer strekten. Maar het is moeijelijk deze zaken na te gaan, en Lumey heeft ten minste gepoogd zich te verdedigen tegen het gene waarvan men hem beschuldigde (172). Men wane echter niet dat hun onrustige geest den krijgshandel vergat, en de Briel voor Lumey een Capua werd. Integendeel. Zijne vrijbuiters stevenden weder naar Texel en de Friesche kusten, om den vijand een kans af te zien, en vereenigden zich met hen die in die wateren nog omzwierven. De Friezen verlangden ook naar de vrijheid van hun land, de Westfriezen niet minder. Maar voornamelijk was Zeeland, en bovenal Walcheren, het voorwerp van de meeste zorgen, omdat de Spaansche magt dat eiland het meeste nabij was, en, schoon Vlissingen en Veere Oranje trouw hadden gezworen, Middelburg, door de Spaanschen bezet, aan de zijde van Alva bleef. Naar Walcheren stevenden de Koninkklijke vloten; Vlissingen krachtig ondersteund, kon de Schelde sluiten, Antwerpen benaauwen, en de wateren van Zeeland voor Spanje onveilig maken. Reeds den zesden April was het den dwang van Spanje ontkomen, en verkreeg spoedige hulp uit Frankrijk, Vlaanderen, Engeland en den Briel. In de haven van Rochelle bevonden zich nog eenige vrijbuiters, die op het hooren der tijding van Nederlands verlossing, met hunne schepen naar Zeeland zeilden, onder bevel van *Jerome Tseraerts*, door Oranje later tot Gouverneur van Walcheren aangesteld. Met hem kwamen eenige Fransche hulptroepen, meest vurige Hugenoten, met *Janin*, en sommigen uit het Prinsdom van Oranje, mannen die door den band der Godsdienst en der gezamenlijke verdrukkingen en strijden, naauw aan de Nederlanders verbonden waren, en hun bloed stortten voor onze zaak. Met hen kwamen de Geuzen-Kapiteinen *Tongerloo*, *Adriaan Menninck*, en *Gysbrecht Jansz. Coninck*. Uit Vlaanderen kwamen volgens Hooft (B. VI. bl. 237) de Heeren *van Schoonewal*, *Watervliet*, *Haverschot*, (*Maarten Houweel*) en *van den Casteele*, elk met een deel hunner boeren. *Blommaert* (*Jan* of *Jaques*) kwam ook van dien kant, zoo hij niet uit den Briel kwam en tot de Watergeuzen moet gerekend worden. Uit Engeland kwamen onder de Kapiteins Eloy van Rudam en Nicolaas Bernard vijfhonderd Engelschen en Schotten die op de vloot en in de steden van Vlissingen en Veere werden verdeeld. Lumey zond uit den Briel eenige Bevelhebbers met hunne schepen. Van al deze genoemden werden sommigen in de dienst te land gebruikt, anderen ter zee, en weder anderen naar het schijnt, ter zee en te land tegelijk, naar de gelegenheid zich aanbood. Menninck b. v. had eene oorlogsheude en een vendel knechten onder zijn bevel, en diende later te Veere als Vice-Admiraal van de Rijk. Nog later ontmoeten wij hem weder als Overste Luitenant van het Friesche regiment van den toenmaligen Stadhouder onder Oranje, Bernard van Merode. Ruychaver diende als Kapitein met een vendel (eene compagnie) knechten, en zijne vlieboot werd nog altijd in Zeeland *zijne* boot genoemd, schoon hij zelf in Noordholland was. Die uit den Briel naar Veere togen, waren *Homme Hettinga*, een edele Fries, met zijn zoon *Duco: Treslong*, die met tweehonderd man naar Vlissingen trok, en eene poos Admiraal van die stad was: Fokke Abels, en den Admiraal van Veere, Jacob Simonsz. de Rijk. Soms treffen wij den Heer *van Zwieten* aan, en behalven anderen ook Entens (173). De Rijk echter behoorde in Zeeland niet. De wijze waarop hij te Vlissingen was gekomen, mag zijn menschelijk hart tot eer strekken, maar bewijst de verregaandste ongeregeldheid en ongehoorzaamheid, waarvan de vrijbuiters zelden vrij waren, en die in een zoo beroemd man zeer onverklaarbaar is. In Engeland geland, werd hij spoedig aangetast, als hebbende de stellige bevelen der Koningin overtreden. Hij werd zelf (zegt Hooft) voor Elisabeth gebragt, en wist er zich wel te verdedigen, doch moest terstond vertrekken. Zijne zending was daarom nog niet vruchteloos. Marcus en Salvador della Palma, Spaansche Nederlanders en Hervormden, wisten hem zes duizend guldens te bezorgen, waarvoor hij allerlei oorlogsbehoeften aankocht en eindelijk met drie schepen en vijf honderd uitgewekene Nederlanders en Engelschen wegzeilde. Daar vindt hij, bij het voorland van Douvres, eenige Vlissingsche vaartuigen, geladen met vlugtelingen uit die stad, het

Spaansch geweld vreezende en op de vlugt naar Enge: land. Zij bidden de Rijk niet naar den Briel, maar naar Vlissingen te varen, en hij, na gehouden krijgsraad, neemt het op zich, schoon hij aan het bevel van Lumey, als zijn opperhoofd, verbonden was. En niet alleen dat hij zijne benden en krijgsvoorraad aldaar aanbragt, hij blijft er, vergeet zijn last, strijdt er, zeker met kloeken moed en ijver, maar mogt het toch zijn Opperbevelhebber Lumey niet ten kwade duiden, dat deze last gaf hem in hechtenis te nemen, en zijn naam openlijk, als dien eens weêrspannigen en verlaters van zijn standaart, liet aanplakken (174). Indien toch ieder naar welgevallen handelde, hoe zou dan de pas herborene vrijheid des Vaderlands worden beschermd? Hoe kon ze opwassen, als niemand gehoorzaamde en iedereen wilde bevelen? Verdeeldheid kon niet anders dan haar in de beginselen onderdrukken en vernietigen. De vijf honderd mannen, door de Rijk aangebragt, zijn hoogst waarschijnlijk de zelfde, die door Eloy en Bernard waren geworven, ten minsten het getal, het doel hunner zending, en de plaats en tijd hunner aankomst komen zeer wel overeen. In dat geval waren zij aan de ongehoorzaamheid mede schuldig: de gehouden krijgsraad mogt toch geene besluiten nemen, lijnregt inloopende tegen den last des Opperbevelhebbers. Hoe het zij: indien het zijn kan, hun aller braafheid en moed in Zeeland betoond, heeft een deel hunner schuld uitgewischt.

De inneming van den Briel en het gebeurde op Walcheren had een krachtigen invloed op de Hollandsche steden. Enkhuizen was de eerste stad van Holland die Alva afviel. De vrijbuiters die weder het Vlie bezet hielden, zwierven rondom de haven van die stad en loer-

den op de schepen van Boshuizen, die Enkhuizen voor
Alva dacht te verzekeren. Zij konden echter niet binnen de wallen komen, voor de burgers zelve het juk
hadden afgeschud, doch ze verbrandden een oorlogschip
van Boshuizen dat aan den grond zat. Oogenblikkelijk
na de bevrijding der stad kwamen met hunne vrijbuiters binnen *Tiete Hettinga*, *Willem Lievensz.*, *Gilles
Steltman*, *Nicolaas Holbeek* en *Wybe Sjoerds*, die allen, behalve den eerste, den Briel hadden helpen
veroveren. Enkhuizen was voor Holland van het grootste gewigt; het was meester over de Zuiderzee en lag
zeer geschikt om van daar Friesland te hulp te komen.
Om die reden zond er Lumey van zijne beste hoplieden,
Jacob Cabiljauw, *Nicolaas Ruychaver*, *Cornelis Loefsz.*
en *Roobol*. Hoorn en de overige steden van Westfriesland en Waterland volgden. Medemblik alleen scheen
wederstand te willen bieden, doch Ruychavers en Cabiljauws beleid wisten stad en kasteel te winnen zonder
bloedstorting (175). Sonoy kwam terstond, met Oranjes
bevelschrift, over Emden, te Enkhuizen, en werd Stadhouder van Noord-Holland en West-Friesland. Deze
bragt er de zaken welhaast in geregelde orde, stelde
Gouverneurs over de steden aan en deed al wat in zijn
vermogen was om Friesland en Overijssel voor Oranje te
bemagtigen. Veel deed tot den afval der steden, het
aanrukken van Graaf Willem van den Berg, met een leger dat welhaast Overijssel en Gelderland overstroomde;
het verrassen van Bergen in Henegouwen door Lodewijk
van Nassau, en eene aanzienlijke hulpbende van Franschen, benevens de tijding der naderende komst van
Oranje zelven, met een wel toegerust leger. Alva had al
zijne benden in het Zuiden noodig, en van die omstan-

digheid maakte Holland. zulk een gebruik, dat Alva, welke krachtige pogingen hij naderhand ook aanwendde, nimmer de Hollandsche steden, behalve Haarlem — en dat nog met ontzettende inspanning en zwaar verlies verkregen — weder kon magtig worden. De steden in Zuid-Holland vielen welhaast den bevrijderen des Vaderlands toe. Jr. *Adriaan van Zwieten* maakte zich meester van Gouda en Oudewater; Gorinchem en zijn kasteel bezweek voor Marinus Brand.

De schepen der Watergeuzen streefden de rivieren op; *Dirk Wor* hield met eenige vaartuigen, Dordrecht en Rotterdam in het oog, nu en dan ten platten lande plunderende, en onder anderen het klooster Eemstein beroovende en in den brand stekende. De Spanjaarden uit Rotterdam gekomen om het klooster te beschermen, werden door Kapitein Wor met verlies te rug geslagen (176). Spoedig werd Entens meester van Dordrecht (177); Lumey bezette Rotterdam en stortte nu met al zijn geweld Holland in. Overal waar het geruchte zijns naams hem vooruitvloog, stoven de bevreesde monniken en nonnen uit de kloosters (178) en juichten de Hollanders zijne komst te gemoet. Waar hij kwam was vrijheid van plundering der klooster- en kerkenschatten en tot erger nog. Doch er mag veel op zijn naam gezondigd zijn waarvan hij zelf niet wist. Hij was in Zuid-Holland, waarover hij, 20 Junij 1572, tot Stadhouder werd aangesteld door Oranje, bij de ingezetenen zeer gezien en bemind, vooral om zijn onbesuisden ijver tegen het Pausdom en voor de Hervorming (179).

Geweldig nam de magt der Watergeuzen vooral ook te water toe. Zij bezetteden nu al de kusten der Noord- en

Zuiderzee; al de zeegaten en eilanden. Uit Holland, waar zij de stroomen met hunne galeien vervulden, sneden ze allen toevoer naar Braband af, die gewoonlijk over Dordrecht daarheen werd gevoerd. Geen schip kon veilig naar Brussel varen. Ook daar vreesde men en wist naauwelijks waarheen te vlugten. Het zijn de klagten van den ouden Viglius van Aytta, die zich zeker het gevaar niet te gering voorstelde, en waarlijk reden tot klagen had. Te Dordrecht hadden de Watergeuzen hem voor meer dan duizend guldens aan Rynsche wijnen afhandig gemaakt, welke de Raadsheer voor zich uit Duitschland ontboden had (180). De Friezen zagen Holland bevrijd, voegden zich in menigte bij hunne oude vijanden, en verbroederden zich met hen ter redding des Vaderlands in den algemeenen nood. Wij kunnen ze allen niet opnoemen, eene schaar van echte edelen, even dapper als getrouw. Een hunner mogen wij niet vergeten, een der eersten en grootsten, *Duco Martena.* Hij had in de dagen van druk, in stilte gearbeid om der vrijheid den weg te banen, nu verhief hij zich, en toonde wie hij was (181); een man zoo edel van ziel als van afkomst, met een krachtige vuist en een gevoelig hart, in wien de krijgs- en staatsman met den dichter door eene zeldzame vereeniging was verbonden. Met hem voegden zich bij der Geuzen vloot, menigvuldige anderen uit Frieslands eerste geslachten, de Grovestins, Burmania's, Rollema, Aylva, die al spoedig het besluit namen ter bevrijding van de Friesche steden. Niet gemakkelijk gelukte deze aanslag, en toen men eenmaal gedeeltelijk meester was van Friesland deed de koenheid en werkzaamheid van Robles, eerlang, van 's Konings wege, Stadhouder van Friesland, en de lafheid van Graaf Joost van Schouwenburg alles mislukken. Martena had naderhand het opperbevel over de vloot in de Zuiderzee, die nog altijd langs de Friesche kusten bleef zwerven en den vijanden veel afbreuk deed. Doch kort vóór den slag op de Zuiderzee, waarin de Admiraal der Noord-Hollanders, Dirkszoon, de zege op Bossu behaalde, waren zijne schepen door Robles galeien uiteen gejaagd en verstrooid, en hij belet om de Noord-Hollanders bij te springen (182). De Walen van Robles bewezen wat Alva vroeger had kunnen doen, indien hij op de Watergeuzen beter acht had geslagen. Zoodra Robles meer magt bezat, bleek het dat hij juist de man was, wiens vastberaden en volhoudende moed hen had kunnen vernielen. Zijne Waalsche soldaten zeilden naar Vlieland, namen de schepen van Gerrit Sebastiaansz. van Gorcum en Jelmer van Vlieland (183) en versloegen de Geuzen op dat eiland. Maar zij bleven Friesland en Robles in ontzag houden, drongen soms binnen en plunderden al wat onder hun bereik was. Onder hen was *Jacob Andrieszoon*, een dapper man, die bij den storm in 1573, welke Friesland teisterde, zijn schip met veertien man verloor; Pieter Ariens van Bolsward werd later met zijn broeder door hun muitend scheepsvolk vermoord, omdat hij hunne moedwillige en bandelooze rooverijen niet langer kon dulden en krachtig tegenstond. Zoo zeer bleef daar dat zeeroovers-karakter bewaard, en die ongeregeldheid duren, de daden bezoedelende der Nederlandsche krijgslieden, (waaronder zeker eene menigte vreemdelingen) dat er, behalve Klaarkamp en Gerkensklooster, niet een der Friesche kloosters aan de vernieling ontkwam (184).

In andere streken werd der Geuzen voorspoed door tegenspoed afgebroken. *Jelte Eelma*, *Vriese* en *Seger Sprieckloe*, met een deel volks uit Gouda en Dordrecht naar Schoonhoven gezonden, werden met verlies van drie honderd dooden en zestig gevangenen geslagen (185). Uit Bommel, dat bij verdrag was overgegaan, werden ze als woordbrekers en beeldstormers door de hulpbenden van Duitschers en Walen verdreven (186). Kapitein Roobol, die reeds tot Sparendam was doorgedrongen en de vereeniging tusschen Holland, benoorden en bezuiden het Y had bewerkt, werd, te weinig op zijne hoede, geslagen en gevangen door eene stoute bende Spanjaards. De honger, namelijk had hen gedwongen om, dwars door het vijandelijk land, van Rotterdam naar Amsterdam, om koren te trekken, en zij kwamen behouden terug, schoon men hun den terugtogt te Katwijk meende af te snijden. De aanval van Lumey op Amsterdam was even zeer te vergeefs, hetzij dat hij door de noodige magt en wijsheid niet ondersteund werd, hetzij dat de begunstigers der vrijheid in de stad zelve niet bij magte waren om den bijstand te bieden zonder welken de stad moeilijk te nemen was, als nog aan Alva's partij te zeer gehecht. Lumeys naam was, vooral bij de Spaanschgezinden, te zeer gehaat dan dat men, om zijnen wil, al was men het ook genegen, Oranje zou toevallen. Lumey weet het den Staten dat ze hem de noodige krijgsbehoeften onthielden en de Staten waren zeker zijne vrienden niet. Oranje had ook dikwijls genoeg over hen te klagen; ze schenen veeltijds in het denkbeeld, dat de krijg zonder geld kon gevoerd worden. Ook waren de Staten buiten staat om het leger van Lumey te verzorgen, dat boven dien voor een onverhoedschen aanval, met hulp van hen die binnen waren, groot genoeg was, maar niet geschikt om eene stad, zelfs zoo als Amsterdam toen was, geregeld te belegeren (187).

Wij wenden nog eens het oog naar Zeeland waar een heerlijke voorspoed de wapenen der Zeeuwsche Geuzen bekroonde. Met vier en vijftig of meer schepen zeil gegaan in Spanje, zeilde de Hertog van Medina Celi, na jaren toevens, onwetend van het gene in Zeeland was voorgevallen, in kalme rust en voor den wind, naar Antwerpen. Hij, zachter van aart, en den Nederlanders reeds langs als Stadhouder, in plaats van Alva, beloofd, zag zich, op het onverwachtste, door de Geuzen voor Sluis besprongen, en zette het na verlies van vijf schepen, naar Middelburg. Maar van de koopvaardijvloot, zes en twintig bodems sterk, ontkwamen er slechts drie, waarvan er nog een achterhaald en genomen werd, te Antwerpen. Groot was de buit der rijkgeladene schepen. Van de soldaten, door Juliaan de Romero op de vloot aangevoerd, moeten er velen zijn gebleven. Oranje spreekt wel van duizend (188). Het berigt van eenen Louis du Gardin, die op dat tijdstip te Vlissingen was, spreekt van vijf en dertig Assabren, die voor Sluis op de droogte bleven liggen, en van dertien Biscaaische schepen, die met wol en cochenille geladen, meest allen verbrand waren (189). Indien de Vlissingers twee uren vroeger waren gekomen zou hun alles in handen zijn gevallen. Men vreesde dat de Lisbonsche koopvaardijvloot Vlissingen voorbij en naar Hamburg zou opzeilen. Doch den volgenden dag, 11 Junij, kwam ze opdagen. Drie en twintig schepen werden er genomen, en daarna nog twee uit Barbarije.

De buit die op 500,000 kroonen werd geschat, was genoegzaam om daarvoor twee jaren oorlog te voeren (190). Een later berigt begroot den buit der Portugeesche vloot op 600,000 dukaten in gemunt geld. Het schijnt zelfs dat de schepen die de overgeblevene troepen, op duizend of elf honderd man geschat, te Arnemuiden hadden aan wal gezet, even zoo door de Vlissingers en Verenaars genomen zijn. Vijf en twintig van de voornaamste Kapiteinen werden gevangen. Veertig Spanjaards waren opgehangen, de vloot te niet gemaakt (191). Een schoone zegepraal, die tot nut der goede zaak treffelijk werd aangewend, en de harten der strijdenden voor het Vaderland te naauwer aan een verbond. De Ryk en Blommaert waren bij de overwinning werkzaam geweest en hadden aanzienlijken buit met zich gebragt. Daarenboven hadden de Vlissingers een veroverd schip, de vliegende Valck, gevoerd door Joos Janss. van Antwerpen, met zijne geheele lading den Verenaren tot onderstand toegeschikt. De lading bestond uit foelie, nagelen, katoen, specerijen, peper, suiker, gember, aluin en bakelaar (*Laurierbezie*). Nog had Jaques Smidt H^r. van Baarland naar Vere gezonden de ontvangst van buitgemaakte wede of pastel, die toen groote waarde had, en ontvingen de Verenaars nog menigen buit den Spanjaard ontnomen, ten behoeve der talrijke benden, welke de stad, gedurende den tijd van Middelburgs beleg betaalde. Ook was de liefde tot het Vaderland toen zoo krachtig en getrouw, dat het scheepsvolk van Joost de Moor meer dan dertig zakken geld, uit een der door hun geplunderde schepen, aan Tseraerts te Vlissingen bragt, op voorwaarde dat men die tot 's lands dienst gebruiken zou (192).

In korten tijd was der Geuzen magt in Zeeland ontzachlijk aangegroeid. De ijver voor Godsdienst en Vaderland had de zielen sterk aangegrepen, en op de Zeeuwsche stroomen werd eene teelt van helden aangekweekt, die welhaast de wereld van hunne daden deden gewagen. De verklaring van den Jesuit Strada klinkt vreemd, maar is opmerkenswaardig: »Zoo groot eene menigte vloeide er uit Frankrijk en Brittanje toe uit hoop op buit, dat er binnen vier maanden (te weten van April af) in de haven van Vlissingen eene wel toegeruste vloot van honderd en vijftig schepen gereed lag, die het meermalen waagde de steden en schepen, den Spanjaarden toebehoorende, aan te vallen, met welke vloot, later, binnen tien jaren (in welken tijd er dikwijls ter zee gestreden is) de Nederlanders slechts eenmaal overwonnen zijn, anders altijd overwinnaars, hetgene de Spaansche schrijvers zelve bevestigen. En op zoodanige wijze rees deze Staat uit de wateren op, door een plotselingen schrik, als door een donderslag, vóór den tijd ter wereld gekomen, daar ze de heerschzucht tot moeder, de ketterij tot vroedvrouw had" (193). Was het zoo te Vlissingen, ook Vere had eene aanzienlijke magt en vloot. De rekening dier stad (reeds meer aangehaald) noemt bij de honderd scheeps- en landkapiteinen die te Vere te huis behoorden of in bezetting lagen. Deze waren het, met de magt der Geuzen in Noordholland en op de Zuiderzee, welke aan de vroegere Watergeuzen hunnen oorsprong hadden te danken, en wier welgeslaagde pogingen eindelijk Oranje drongen om, in dit Holland zelve, den opstand te besturen, en met die helden het Vaderland te redden van den druk en de rampen des oorlogs, nu naderende met al zijne verschrikkingen. Het was toch niet zoo zeer het innemen van den Briel dat het Vaderland bevrijdde, neen! het was de moed en ijver dier onversaagde vrijbuiters, die, met Oranje aan het hoofd, den gloed in de zielen der radelooze Nederlanders ontstak en aanwakkerde, en het hun leerde dat de zegepraal over Spanje en Alva niet onmogelijk was. De arme en berooide ballingen, die met hen te land kwamen, stonden naderhand aan het hoofd van benden, of aan boord van schepen, waarmede zij den Spaanschen hoogmoed knakten, en te dikwijls een leven vol van strijd met een heldhaftigen dood besloten. Maar sommigen hunner, (hunne geschiedenis zal het leeren) jongelingen vol van vuur voor Godsdienst, vrijheid en Vaderland, toen ze, als zwervers uit hun Vaderland verdreven, de baren beploegden, hebben de vruchten van den strijd gezien, Nederland aanwassende in grootheid en sterkte, en het begonnen werk, hoe nietig ook in den aanvang, voortgaande tot eene heerlijke voltooijing.

Ik ben mijn bestek reeds te buiten gegaan; het valt moeijelijk van die dagen van moed, en trouw, en kracht te scheiden. Zoodra de Watergeuzen zich, uit den Briel, Noord- en Zuidwaards verspreidden, houdt hunne geschiedenis op. Ze hielden, als zoodanigen, op te bestaan, of werden te water of te land, in dienst des Vaderlands gebruikt, of keerden tot hunne vorige bezigheden terug. Oranje kwam, maar was nog eens genoodzaakt zijn leger af te danken en zich aan de Vaderlandsche mannen toe te vertrouwen, om aan hun hoofd, niet aan de spits van Fransche of Duitsche hulpbenden, het groote werk te aanvaarden. Nu sloten zich de werkzaamheden der Watergeuzen en

die van Oranje aan één; hunne woeste plunderzucht werd, onder zijne leiding, verzacht; wat ze nu met hem verrigtten, gaf bestendige vrucht, en beider arbeid is met een schat van zegeningen en roem gekroond, zoo als een volk dien zelden gekend heeft. De eer van dit alles komt Gode toe, die uit nietige beginselen wat groots deed groeijen; Wiens wijsheid de dwaasheid en ondeugden zelfs zoo bestuurde, dat ze een heil aanbragten, zoo als de wijsste en heilzaamste plannen en maatregelen het niet konden aanbrengen. Onze geschiedschrijvers en al wie de geschiedenissen dier dagen onderzoeken, erkennen het uit éénen mond wat de eenvoudige en opregte Bor zoo schoon uitdrukt (194): »Dat Godt dese landen altyt, in den meesten en uyt-
»tersten nood, uyt haere groote swaricheyden, de men-
»schelyke hulp faelgeerende, heeft verlost ende ghe-
»holpen, ende ter contrarie, so wanneer wy ons
»verlatende op de hulpe ende groote macht van men-
»schen ende onse groote gheweldighe heerlegers, dat
»wy dan minst hebben uyt gerecht; opdat waerachtigh
»blyve 't ghene ick gheseyt hebbe, dat Godt alleene
»den loff, prys, eere toekomt van onse verlossinghe,
»voorspoet ende welvaart."

II. STUK.

BIJZONDERE LEVENSBESCHRIJVINGEN

DER

WATERGEUZEN.

II. STUK.

BIJZONDERE LEVENSBESCHRIJVINGEN

DER

WATERGEUZEN.

Wij hebben de lijst der Watergeuzen, zooveel ons dat mogelijk was, uit de geschiedenis opgemaakt, wel verzekerd dat die lijst met nog eene menigte namen kon verrijkt worden, indien wij de zulken er wilden toevoegen, die na de verovering van den Briel zich bij hen gevoegd hebben. Even zoo hadden wij dit kunnen doen met hen, die wij, bij gissing, tot de Watergeuzen kunnen brengen, doch waarvoor geene bijzondere bewijzen bestaan. Enkelen zeker staan op de naamlijst, die er louter bij gissing plaats vonden, maar hunne namen waren dan ook reeds voor 1572 bekend. Dit was bijv. het geval met *Joannes Andriesz.*, *Foppe Annes* en enkele anderen. *Jan Joosten* en *Gisbertus* staan er weder om andere redenen, bij het verslag hunner daden gemeld. Een paar namen hebben, hunne plaats aan de overlevering te danken. Wij hebben aan alle Geschiedschrijvers van vroeger of later tijd, om niemand te verzuimen, die namen ontleend, schoon wij weleens moesten twijfelen: maar het mogt ons niet van het hart, *C. Musius* en *Van Tol* (*Joost* of *Justus* denk ik), twee eerzame Priesters, tot het getal der Watergeuzen te brengen, zoo als zulks van Wijn doet (door welken misslag is ons onverklaarbaar) in zijne Bijvoegsels op Wagenaars VI D. bl. 87. Zij waren twee, door Lumey en Omal jammerlijk gedoodde Roomsche Geestelijken.

Zij die ons bekend werden en buiten twijfel onder de Watergeuzen waren, voor dat de Briel werd ingenomen, zijn de navolgende, gesteld in alphabetische orde. (Ik heb hen die bij den Briel tegenwoordig waren met eene B geteekend).

Focke Abels. B.
Jan Abels. B.
Tamme Abels.
Joannes Andriesz.
Foppe Annes.
Jacob Antoniszoon. B.

Albrecht Benningerhof.
Peter van Berchem.
Jr. Adriaan van Bergues Heer van Dolhain.
Louis van Bergues.
Nicolaas Bernard. B.
Andries Pietersz. Bié of Bye of de Bie.
Jr. Willem van Blois gezegd Treslong. B.
Jan Bonga.

Boske, of du Bosk of van den Bosch.
Geleyn Bouwensz. B.
Marinus Brand. B.
Lancelot van Brederode. B.
Dirk van Breemen.
Jan Broek.
Bruin. B.

Jr. Jakob Cabiljauw. B.
Calfsvel.
Gijsbrecht Jansen Coninck.
Michiel Croocq. B.
Ananias Bastaart van Crueningen.

Frederik van Dorp. B.
Willem van Dorp. B.
Dirk Duivel. B.
Arent van Duivenvoorde. B.
Johan van Duivenvoorde. B.

Jelte Eelsma.
Jr. Albrecht van Egmond van Merestein. B.
Jr. Barthold Entens van Mentheda. B.
Cornelis Lousz. van Everdingen. B.

Guislain de Fiennes, Heer van Lumbres.
Baltus Franszoon. B.
Zeger Franszoon.
Meinert Friesse.

Jelmer Gabbes. B.
Lodewyk van Gend. B.

Gerrit Gerritsen van Ouwater.
Gisbertus.
Douwe Glins. B.
De Goede. B.
Guillaume de Grave. B.

Pibo Harda.
Adam van Haren. B.
Jaques Hennebert. B.
Gautier Herlin. B.
Duco Hettinga. B.
Homme Hettinga. B.
Salomon van der Hoeve. B.
Niklaas Holbeek. B.
Hero Hottinga.

Willem van Imbize.
Frederik van Inthiema. B.

Jan Joosten.

Jr. Dirk van der Laan. B.
Willem Lievensz. B.
Cornelis Loufsz. B.

Willem, Graaf van der Marck. B.
Jacob Martens. B.
Adriaan Michielsz. Menninck.
Maarten Merens. B.
Baron van Montfalcon.

Jan Jansen van der Nieuwenburg.

Johan Omal. B.
Hans Onversaagd. B.

Rengers. B.
Cornelis Geerlofsz. Roobol. B.
Eloy Rudam. B.
Niklaas Ruychaver. B.
Jacob Simonsz. de Ryk. B.
Antonis van Rynen. B.

Jaques Schoonewal. B.
Gerrit Sebastiaansz. van Gorcum.
Jan Simonsz. B.
Wybe Sjoerdsz. B.
Crispinus van Solbrugge.
Diederik Sonoy.
Jan Klaasz. Spieghel. B.
Spiering.
Gillis Steltman. B.
Jo. Vigerus a Sytsma.
Jan Syvertsz. B.

Hendrik Thomasz. B.
Philippus Tongerloo.
Jan van Troyen.
Jerome Tseraerts.

Poppo Ufkens.
Antonis van Utenhove Antonisz. B.

Ellert Vlierkop. B.

Dirk Wor. B.
Egbert Wybrants.
Jurrien Wybrants.
Wyger.

Adriaan van Zwieten. B.

Behalven dezen had ik er nog verscheidene namen kunnen toevoegen, vooral van de zulken die, korter of later na de inneming van den Briel, voorkomen als Schippers, Luitenants, Vaandrigs of Schrijvers van den een of ander der genoemde Watergeuzen, doch welke ik wegliet, omdat ik geene de minste bewijzen vond dat ze vroeger tot hen behoorden. Zoo vond ik in de rekening van Vere, *Verstelle*, Schipper, en *Claas Jansz.*, Luitenant op het Admiraalschip van de Rijk, *Hugo Adriaansz.*, schrijver op Ruychavers boot, *Pierre Macre*, Luitenant van Menninck en *Adriaan Pietersz*, zijn Hoogbootsman: *Joos van Hende* of *van den Ende* (een naam later in de Zeeuwsche krijgen niet zonder roem), Vaandrig van Rollé en Junius. In dezelfde rekening vond ik nog, behalven de namen van verscheidenen op mijne lijst, als van de Rijk, Menninck, de twee Hettinga's enz. nog eene menigte andere Kapiteinen, waaronder eenigen, die naderhand zich bekend hebben gemaakt, gelijk Kapitein *Ouwen*, in de zaken van Treslong gemoeid; Kapt. *Junius*, naderhand Gouverneur van Vere; Kapt. *Hans Krom*, in de oorlogen tegen Rennenberg bekend geworden; *Pieter van Leeuwarden*, later bij Lingen gesneuveld; Kapitein *Cloot* (*Nicolaas Jacobsz.*), die aan den aanslag van Haeck op Middelburg in 1567 had deel gehad, door Alva gebannen was, en zich bij het

veroveren van Zierikzee, en in den aanval op Tholen,
waar hij den heldendood stierf, met eere onderscheidde: — voorts nog anderen, maar meer onbekend, of
van welke ik met zekerheid wist dat zij tot de Watergeuzen niet hadden behoord, als de Kapiteins *Oudart
van Zonneveld*, *Lieven de Vos*, *Middelaer*, *Steven Pruys*,
Antoni van Waveren, *Jaques van Almonde*, de Heer
van *Haverschot*, die uit Vlaanderen naar Zeeland kwam.
Met eenige waarschijnlijkheid konden nog onder de
Watergeuzen gesteld worden *Jan Robert*, Luitenant van
Cabiljauw en *Michiel Samplon* van Hennebert, later
dappere Kapiteinen onder Sonoy: *Erasmus van Brederode*, de moedige Vaandrig van Lievensz.; *Seger
Sprieckloe*, die bij den ongelukkigen aanval op Schoonhoven zich bevond; *Wolter Heegeman*, een Harderwijksche banneling en een dapper en getrouw voorvechter
van het geredde Vaderland: — doch de geschiedenis
noemt hen eerst na de bevrijding van den Briel, en wij
moesten hen dus achterlaten. — Of de lijst der Kapiteinen
voor den Briel bij O. Z. van Haren, wezenlijk historische waarde heeft, durf ik niet te verzekeren. Hij kon
ze in zijn geheugen (en dit moet zeer sterk zijn geweest)
bewaard hebben uit het verloren of verbrandde journaal van zijnen voorvader Adam van Haren, en dan
willen wij aan de echtheid der lijst niet twijfelen,
waartoe anders redenen genoeg bestaan. Want daar
waren eigenlijk zes en twintig schepen, met de twee
pas veroverden, waarop Brand en van Haren het bevel
voerden. Zoo is het ook zonderling dat Lancelot van
Brederode, een der vroegere Watergeuzen, hier zonder
scheepsbevel voortkomt; even zoo is het met Adriaan
van Zwieten. Ook weten wij, uit andere berigten,

dat zich nog andere Kapiteinen bij die vloot bevonden, die zelve een bodem onder hun bevel hadden, als S. van der Hoeve, J. Antoniszoon en Dirk Wor. Het is niet meer mogelijk dit uit te maken, en het laat zich denken dat daaromtrent wel eenige verwarring op de vloot kan hebben plaats gehad. Eene menigte van Kapiteinen, Luitenants en Vaandrigs, later te lande bekend geworden, dienden buiten twijfel als vrijwilligers op de vloot, en rigteden, na hunne landing, verschillende vendels op, waarmede zij Oranje en het Vaderland dienden. Voorbeelden zullen ons daarvan voorkomen, bij de berigten aangaande ieder van hen, waartoe wij nu moeten overgaan.

FOCKE ABELS.

Focke Abels. Een Fries uit Dokkum, de zoon van Jan Abels, volgens Carolus (1), volgens O. Z. van Haren zijn broeder (2). Wij houden ons liefst aan den eersten, omdat hij een tijdgenoot van Abels was niet alleen, maar ook omdat hij, in die dagen, in Friesland verkeerde als Procureur Generaal des Konings, en dus met naauwkeurigheid de opstandelingen, die voor de regtbanken werden geroepen, kennen moest. Nog zeer jong begaf hij zich met zijnen vader, in 1568, op zee en voerde naderhand zelf het bevel over een schip van oorlog. Wat Carolus van hem met grooten ophef verhaalt, en reeds in ons eerste stuk gemeld is (bl. 36), is waarschijnlijk uit de berigten der getuigen opgemaakt, misschien wel van door hem geplaagde monniken en priesters. Dit alles kenmerkt hem als een woesten en losbandigen vrijbuiter; doch wat zijne wreedheid betreft, daaromtrent is de beschuldiging van Carolus te onbestemd, en er zijn bij dien Schrijver zelfs geene blijken dat hij der priesteren bloed heeft vergoten: mij dunkt, de schrijver die hem een Godlooze en Godslasteraar noemt, zou zulke misdaden niet hebben vergeten.

Het is ons leed, dat wij bijna niets weten van het gene zulk eene jeugd in later tijden heeft opgeleverd. Gelukkig weten wij dat de verzen van van Haren in zijne *Geuzen*, waarin hij voorkomt als in den slag tegen Bossu bij den Briel sneuvelende, niets meer dan eene dichterlijke vrijheid zijn:

> Maar Fokke, daar hij 't licht gaat derven,
> Roept uit al woedende, onder 't sterven:
> Ik sterf, en 't land is nog verslaafd!

bl. 51. Hij werd na dezen dag eerst door Alva ter ballingschap veroordeeld en wel 17 Mei 1572, als een der Kapiteinen van Lodewijk van Nassau, wiens schip te Rochelle was uitgerust (3). Het is waar: Alva kon van zijn dood onkundig zijn, doch wij weten stellig dat hij omstreeks en na dien tijd nog leefde, dronk en streed, aangezien de rekening van Vere vermeldt van twee tonnen biers voor het schip van Focke Abels, de Galei genoemd. Onze berigten eindigen hier; of hij den dood des dapperen gestorven zij, is ons onbekend.

JAN ABELS.

Jan Abels moet als een der eerste Watergeuzen genoemd worden. In het eerste stuk is dit reeds betoogd (bl. 29). Hij was een inwoner van Dokkum en een beroemd zeeman, die voor de beroerten reeds ter zee had gediend. Aan de zaak des Vaderlands en der vrijheid ten sterksten verknocht, had hij Lodewijk van Nassau gediend, bij zijne togt in Groningerland. Hij behoorde tot de scheepsbevelhebbers die, onder Sonoy, met hunne schepen de Eems bezetteden, en had met drie anderen in last om volk te ligten, het zij voor de vloot, het zij voor het leger van Graaf Lodewijk. In Mei 1568 werd hij naar de haven van Delfzyl gezonden, om de vloot van Alva's Admiraal François van Boshuizen, in het oog te houden. De gelukkige uitslag van het gevecht met deze vloot is bekend. Boshuizen werd geslagen, maar het was onmogelijk om Alva's leger tegen te staan, en al de ondernemingen van Graaf Lodewijk en zijne getrouwe helpers hadden een ongelukkig einde. Abels begaf zich dus verder met zijn broeder Tamme en zijn zoon Focke tot het vrijbuiten ter zee. Overal vergezelde hem het geluk op zijne togten langs de kusten der Oostzee en der Nederlanden, Vlaanderen en Frankrijk. Menigte van zeeschuimers en daaronder Oostfriezen voegden zich bij hem. Altijd werkzaam evenwel om het geschokte Vaderland te verlossen, wist hij zijne gemeenschap met Friesland te onderhouden, en de verslagene gemoederen op te beuren. Van daar zijn zeggen, dat de verdrukte Nederlanders hulp van Elisabeth, Koningin van Engeland konden wachten en eene vloot van meer dan vijftig Engelsche oorlogschepen den Geuzen ter hulp gezonden werd. Dit was geen ijdel voorgeven; ook Graaf Lodewijk sprak er van, en niet onwaarschijnlijk was het dat Elisabeth die hulp had toegezegd (4). Dat die hulp niet opdaagde weten wij, schoon in Friesland toebereidselen gemaakt werden om het geweld der Geuzen en Engelschen tegen te staan. Vereenigd met Jan Bonga en vele andere Friesche edelen deed hij den vijanden afbreuk waar hij vermogt. Ook waren met hem verscheidene zijner stadgenooten gebannen, van welken het te denken is dat ze zich met hunnen medebanneling te scheep hebben begeven. Van een hunner zal het zoo straks blijken (5). Of hij aan de wettelooze plunderingen der Watergeuzen zich mede schuldig maakte, wordt noch gezegd, noch ontkend. Waar hij zich ophield is onzeker, maar in 1572 was hij bij de vloot die in den Briel de vrijheid voor het Vaderland heroverde. Van daar (zoo als men gissen kan; de zekerheid ontbreekt) begaf hij zich misschien met anderen naar Friesland of Noord-Holland, schoon wij zijn naam in den bevrijdings-oorlog van die streken niet genoemd vinden. In 1575 was hij op Hollandsche wateren en Zeeuwsche stroomen. Dit kon ons doen denken, dat hij even als zijn zoon Focke in Zeeland is gebleven. Op de tijding, namelijk dat vijf scheepskapiteinen, Marinus Brand, Swartgen van Gorinchem en Pieter van Hoorn, met nog twee andere ongenoemden, tot den vijand waren overgeloopen, ontving Jan Abels bevel om met vijf galeien en roeijagten de wacht te houden waar dat noodig zou zijn. Men vreesde de woeste onderneemzucht van den beruchten Brand, en wachtte misschien een aanval der Spanjaarden op de Zeeuwsche eilanden, waar hij als Zeeuw bekend was, of op de Hollandsche wateren. Van daar dat de Admiraliteit aan den Zeeuwschen Admiraal Boisot en zijne Kapiteinen van dat overloopen terstond kennis had gegeven, opdat zij op hunne hoede zouden zijn (6). Abels deelde zijn post met eenen Leonard Adriaensz. Boon. Het was niet onwaarschijnlijk dat de togt der Spanjaarden door het water, van Philipsland op Duiveland door dat overloopen van Brand is bevorderd geworden, zoo niet aan de hand gegeven, en het is mogelijk dat Abels zich met zijne afdeeling bij de schepen bevonden heeft, welke dien togt maar zonder goeden uitslag, poogden af te weeren. De geschiedschrijvers brengen geene van zijne volgende lotgevallen ter onzer kennis, maar zijn naam prijkt met eer in de geschiedenis van het geredde Vaderland.

TAMME ABELS.

Tamme Abels is ons weinig meer dan bij name bekend. Hij behoorde tot het geslacht der reeds genoemde Dokkumsche zeelieden, en was de broeder van Jan Abels. Wij twijfelen niet of hij hield zich bij hen, gedurende hunne strooptogten, en het kan zijn dat hij mede bij den Briel was. Mogelijk had hij het bevel onder zijn broeder. Eer men ontdekt had dat Hopman Daam niemand anders was dan Adam van Haren, hield de Hoogleeraar Te Water onzen Tamme voor dien Hopman. Carolus noemt hem ook Tamus: aan den laatste danken wij het weinige dat we van hem weten (7).

JOANNES ANDRIESZ.

Joannes Andriesz. of *Andreas*, zoo als hem Winsemius noemt, blijft ons onbekend wat zijne geboorteplaats aan-

gaat. Omdat Winsemius hem bijzonder vermeldt, zou
ik vermoeden dat hij een Fries was geweest. Het kon
echter zijn dat hij een Hollander uit Gorinchem was,
en ik reken mij verpligt te melden, dat bij vonnis van
Alva, van 4 Jan. 1568, een zekere Johan Andrieszoon
van Gorinchem ter eeuwige ballingschap verwezen is,
als beschuldigd van onder Hendrik van Brederode de
wapenen te hebben gedragen. Dat deze dezelfde was
met J. Andreas van Winsemius kan ik niet bewijzen:
het blijve eene gissing tot de waarheid aan het licht
komt. Deze geschiedschrijver noemt hem Kapitein van
een Geuzen-schip, en een dapper man. In den hevigen
storm van 1573 verloor hij zijn schip en veertien man
van zijn scheepsvolk, op de kusten van Friesland. Van
hemzelven wordt niets gemeld. Of hij behouden of
omgekomen zij, is onzeker (8).

FOPPE ANNESZ.

Foppe Annesz. behoorde onder de inwoners van Dokkum die met Jan Abels door Alva, in 1569, voor altijd
uit het gebied des Konings verbannen en wier goederen
verbeurd verklaard waren, omdat hij Graaf Lodewijk,
bij zijn inval in de Groninger Ommelanden, gevolgd was.
Zoo hij Abels zelven op zijne togten niet verzeld heeft,
was hij echter een Watergeus. Wij treffen hem later,
in 1573 waarschijnlijk, aan als den Luitenant van Wigger of Wyger van Dokkum, op Ameland, bij gelegen-

heid dat Monceau, een van de onderbevelhebbers van Robles, toen 'sKonings Stadhouder over Friesland, de Geuzen aldaar bestookte. Hij wordt beschuldigd van eenen Deen, Overste van zijns Konings geschut, weleer op een koopvaardijschip gevangen, de scheenbeenen gekwetst te hebben, omdat hij weigerde met de Geuzen te vlugten, toen Monceau hen verstrooid had. Wij wenschten hartelijk iets beter van hem te kunnen melden, doch de geschiedenis zwijgt (9).

JACOB ANTONISZOON.

Jacob Antoniszoon was een Haarlemmer, en heeft met moedigen ijver het Vaderland helpen winnen en blijven verdedigen. Hij komt ons het eerste voor als Scheepsbevelhebber bij de verovering van den Briel, en was dus te voren reeds een Watergeus (10). Van daar vertrok hij met anderen zijner spitsbroeders naar Noord-Holland. Heldhaftig kweet hij zich als Kapitein van de zoogenoemde kleine Galei op de Haarlemmermeer, bij het beleg van Haarlem door de Spanjaarden. Den 18 Febr. 1573 was het de kleine galei van Antoniszoon, die bij het Penningsveer, waar de Amsterdammers den dijk wilden doorsteken, hen op de vlugt sloeg en een damlooper met Spanjaarden nam, die allen werden opgehangen. Eenige dagen later bedreef hij een ander heldenstuk. Kapitein Gerard de Jong, die de groote

Galei voerde, meende alleen de Amsterdamsche vloot te wederstaan, doch zag zijn schip genomen en ontvlugtte ter naauwernood. Jacob Antoniszoon met andere Kapiteinen deze ramp vernemende, stuift met geweld op de Amsterdamsche schepen in, herovert de groote Galei, waarop nog eenigen der vijanden gevonden en dadelijk aan de raas opgehangen werden door het woedende scheepsvolk. Terstond zettende ze de vlugtende Amsterdamsche schepen na en veroverden nog een schip waarop al de Spanjaards en Walen doorstoken werden, op drie of vier na, die zij met het hoofd eens Kapiteins naar Haarlem zonden (11). Hij bleef de zaak des Vaderlands getrouw en diende onder den Admiraal Duivenvoorde met een boeier van zestig last met vijftig koppen bemand, waarmede hij uit het Vlie naar Duinkerken zeilde, met de vloot des Admiraals, toen de onoverwinnelijk Spaansche vloot onze zeeën naderde. Later werd hij Vice-Admiraal der oorlogschepen die voor de haven van Duinkerken kruisten ter verhindering van het uitzeilen der Spanjaarden. Hier werd hij in 1590, door eenige Duinkersche zeeroovers aangetast, en geraakte met zijn schip alleen in een hevig gevecht. Eindelijk omsingeld en aangeklampt, op de hoogte van Calais, streed men nog, hand aan hand, tegen de vijanden, toen zijn wanhopend volk den brand in het kruid stak, en de moedige krijgslieden met vriend en vijand in de lucht vloogen. Nogtans werden eenige schepelingen behouden. Dit is het berigt van Le Petit, die niet heeft geweten dat de Vice-Admiraal bij dat gevecht, in persoon, niet tegenwoordig was. Hij was krank, en waarschijnlijk aan land. Anders komt dit berigt met dat van Bor en van Meeteren geheel overeen. Het kan zijn dat zijne krankheid ter dood was en van daar het verhaal is verspreid geworden dat hij mede was opgevlogen (12).

ALBRECHT BENNINGERHOF.

Albrecht Benningerhof, onzeker van waar oorspronkelijk en weinig bekend. Hij hield zich met andere Geuzen-Hoplieden meest op voor de Hollandsche zeegaten, en was een der eersten die op vrijbuit voeren. Wij vinden hem meer dan eens deelnemen in de aanslagen van Lancelot van Brederode, Adriaan Menninck en anderen. Zoo had hij deel in den buit, in 1570, bij het Vlie behaald waar verscheidene koopvaardijschepen genomen en zeven of acht grootere bodems gerantsoeneerd werden. Misschien is hij kort daarna gestorven, of in zijne verdere daden gestuit door Graaf Edzard van Oostfriesland, die eenige Kapiteinen, waaronder Dirk van Bremen, gevangen nam. Doch het is loutere gissing, en wij kunnen niets meer dan zijn naam aan de vergetelheid ontrukken. Bij de schraalheid der berigten aangaande Benningerhof en anderen, wier namen slechts onder de eerste Watergeuzen en naderhand niet meer genoemd worden, viel mij in gedachten het zeggen van De La Pise aangaande die vrijbuiters, dat sommigen hunner zich buiten het land onthielden en niet weer te voorschijn kwamen, te vreden dat zij door den buit hunne verliezen hersteld zagen. Ik mag Benningerhof noch iemand anders beschuldigen, maar het was zoo geheel onwaarschijnlijk niet, dat hij en anderen tot dezulken behoorden (13).

PETER VAN BERCHEM.

Peter van Berchem. Schoon onze Geschiedschrijvers alleen van eenen *Berchem* spreken, zonder zijn voornaam te noemen, waag ik het echter dezen voor den zelfden te houden met onzen Peter. En hij is hoogst waarschijnlijk dezelfde met dien Berchem, die door Alva werd veroordeeld wegens misdaad van gekwetste majesteit, en lijf en goed te hebben verbeurd (14). Hij was uit een adelijk Brabandsch geslacht, en Hendrik van Berchem, Burgemeester van Antwerpen, maar die zich altijd zeer Catholijk en Spaansch had gehouden (volgens van Meeteren, bl. 55), was denkelijk zijn bloedverwant. P. van Berchem wordt door Te Water (15) gehouden, in dienst van Graaf Lodewijk te zijn geweest, in 1568. Zijn Hooggel. gist dat hij het verbond der Edelen had geteekend, hetgeen uit eene memorie in de *Archives de la maison d'Orange*, zekerheid ontvangt (16), uit welke Werk het ook duidelijk blijkt dat Peter van Berchem Kapitein was in het leger van Graaf Lodewijk. Als zoodanig had hij zich op de vloot van Sonoy en Abels vervoegd, en had deel aan den zegepraal, op de schepen van der Spaanschen Admiraal, François van Boshuizen bevochten, en in ons eerste stuk vermeld. Bevel op een schip kan hij later hebben gehad, doch hij was toen Kapitein te land. Evenwel het was den Geuzen vrij onverschillig waar zij het Vaderland hulp konden aanbrengen. Wij zullen vele voorbeelden aantreffen van mannen die zoowel te land als te water oorlog voerden. Met Bonga, Entens, Menninck en eene menigte anderen was dit het geval. Voor het overige blijft Berchem ons een onbekend persoon, ten zij hij dezelfde zij met een Kapitein Berchem, die in 1596, in de verdediging van Hulst, tegen de Spanjaarden, sneuvelde (17). Niet onwaarschijnlijk, doch onbewezen.

ADRIAAN VAN BERGUES.

Adriaan van Bergues (somwijlen *Bergen*), Heer van Dolhain, is meer bekend, al wordt zijn naam ook door sommigen verward met dien van Johan Hinckaart, Sr. d'Ohain, zoo als de Hoogl. Te Water aanmerkt (18), aan welke verwarring Fr. Haraeus zich somtijds schuldig maakt, die uit dien hoofde genoodzaakt was zijn leven langer te rekken, dan het werkelijk geduurd heeft. Hij was een Edelman uit Henegouwen en wordt genoemd onder de ijverigste voorstanders van het verbond der Edelen. Ook bevond hij zich onder de negen Edelen die te Breda het eerste verbondschrift samen stelden, in 1566, en met Nicolaas de Hammes, Jan van Marnix Heer van Tholouze staat hij bekend als een vurig liefhebber des Vaderlands, stout en forsch. Zijn naam komt, met dien van Jan van Marnix, voor in een welsprekenden brief van de Hammes, waarin deze meldt dat men (Bergues, Marnix en anderen) een besluit had genomen om de zaken op eens te verhelpen en de lijdende Nederlanders te redden. De algemeene Staten, volle magt hebbende, moesten het eenige geneesmiddel der kwalen zijn. Niet tegenstaande Oranje tot zachtere maatregelen raadde, had Bergues meer dan eens een gewigtig deel in de hevige raadslagen door de Edelen genomen, in hunne vergaderingen te Breda en Hoogstraten gehouden. Toen Graaf Lodewijk in de Ommelanden viel, was aan hem last gegeven, om aan den kant van Westvlaanderen op te staan, en door dit middel de magt der vijanden af te wenden. Het blijkt niet, in hoeverre hij aan dien last voldaan heeft. Hij hield zich meest in Frankrijk op, en werd in 1569 voor den Prins van Oranje tot Admiraal der Watergeuzen aangesteld. Op zijn beleid bij dit bevelhebberschap viel niet te roemen, gelijk vroeger reeds is aangetoond. Oranje schreef 17 Jan. 1570 aan zijn broeder Graaf Jan van Nassau dat hij hem melden zou, of zijn geheimschrijver (vermoedelijk Jo. Basius) niets gehandeld had met den Heer van Dolhain. Dit betrof stellig de buitgelden, van welke toen en later nog geene rekening gedaan werd. De zorgeloosheid, dronkenschap en wanorde (*nonchallance, yvroingerie et grand desordre*) namen zoodanigen toe onder de Watergeuzen, dat Oranje zich verpligt zag Bergues zijn post te ontnemen. Doch hij diende daaromtrent met de noodige wijsheid werkzaam te zijn; want hij vreesde of het den Admiraal aangenaam zou wezen, en indien Bergues om die reden een ongeluk overkwam, zou iedereen Oranje als de oorzaak daarvan beschuldigen. Evenwel het moest geschieden; Oranje tastte door, maar met wijsheid en goedheid. Bergues had geen lust meer om scheep te gaan, vooral toen hij in Engeland eenigen tijd in de gevangenis had doorgebragt. Hij trok weder naar Frankrijk en bleef aan de goede zaak getrouw tot hij voor haar het leven liet. Zijn uiteinde wordt verschillend verhaald. Haraeus verhaalt dat hij, 17 Julij 1572, met honderd-en-acht krijgslieden, waaronder Formais, Esquerdes en Noyelles, Henegouwsche Edelen, van Genlis leger, te vergeefs tot ontzet van Bergen in Henegouwen opgetrokken en verslagen, nog in die stad aankwam. Bor schrijft dat hij in Bergen zich redde, doch zwaar gekwetst, en dat hij aldaar stierf. Maar Le Petit meldt dat hij in de handen der boeren viel, aangevoerd door een kalen (*maigre*) Edelman, die zich beroemde hem aan Alva ten geschenke te zullen brengen. Hij eischte dat men hem zijne wapenrusting zoude ontnemen om te voet te kunnen gaan, en terwijl men aan zijn verzoek voldeed, greep hij met de vuist een jagtmes van een hunner, waarmede hij zoodanig met zijne geleiders schermutselde, dat hij er drie of vier ter neêr wierp, en men genoodzaakt was hem te dooden. Zoo stierf hij, strijdende, den heldendood (19).

LOUIS VAN BERGUES.

Louis van Bergues, bij Meeteren ook *Louis de Treslon* geheeten, was Adriaans broeder, en deelde in zijne

ballingschap en verstandhouding met den Prins van
Oranje (20). Na Adriaans vertrek van de vloot was het
opperbevel, bij voorraad, hem aanbevolen, doch Oranje
waagde het niet hem het gebied over de Watergeuzen
op te dragen, maar droeg het op aan den Heer van
Lumbres. Of dit voorbijgaan van Louis de Bergues hem
vertoornd heeft, dan of hij, zonder zijn broeder niet
op de vloot wilde dienen, dit is zeker dat we zijn naam
verder niet meer op de lijst der Watergeuzen vinden.
Zelfs was het ons vermoeden, dat hij weder tot de
Spanjaarden overliep. Zijn toenaam van *Treslon* of *Treslong*
gaf tot dit vermoeden aanleiding, wij vinden een
Overste van het geschut van dien naam, in 1578, onder
den Hertog van Parma (21). Waarschijnlijker evenwel
is deze Lodewijk Blois van Treslong, die in 1577
het kasteel van Antwerpen onder zijn bevel had, en
het voor Don Jan van Oostenrijk wilde bewaren, doch
door zijne onderbevelhebbers genoodzaakt werd, na een
moedig gevecht, te ruimen (22). Deze Spaanschgezinde
Overste behoorde buiten twijfel tot de stamgenooten van
Jan en Willem Blois van Treslong.

NICOLAAS BERNARD.

Nicolaas Bernard, ook *Bernaart* wiens afkomst in
het duister schuilt, heeft echter zijn naam met eere gekroond.
Ik heb hem met vrijmoedigheid onder de
Watergeuzen, en wel onder de innemers van den Briel

geplaatst, omdat hij naar het verhaal van Reyd, bl. 12,
kort na het bevrijden van Vlissingen, met Hopman Eloy,
en vijfhonderd Engelsche soldaten uit Engeland in genoemde
stad aankwam. Daar hetzelfde van J. Simonsz.
de Rijk wordt verhaald, zoo hebben we reeds aangetoond
in ons eerste stuk, dat deze drie hoplieden met
denzelfden last naar Engeland, door Lumey gezonden
waren, namelijk om de buit gemaakte schepen te gelde
te maken, en hulptroepen te werven. Eloy wordt door
alle geschiedschrijvers erkend bij de verovering van den
Briel te zijn geweest. Daar wij nu op dien zelfden tijd
Bernard bij hem vinden, mogen wij niet twijfelen of
hij verzelde hem bij den Briel en vroeger. Behalve
dat vinden wij hem zeer dikwijls in de Zeeuwsche krijgen,
met Eloy tegelijk genoemd. Misschien waren ze
land- of stadgenooten, Brusselaars mogelijk en zeer waarschijnlijk
Brabanders. Schoon wij den naam Bernard,
in deze oorlogen meer ontmoeten (23), vinden wij redenen
genoeg, om den onzen met den voornaam van
Nicolaas te benoemen, dewijl een, alzoo geheeten, zich
in de Zeeuwsche oorlogen heeft beroemd gemaakt. Indien
Kapitein Nicolaas Barnaarts dezelfde persoon is, dat,
bij het eindeloos verkeerd schrijven der namen in die
dagen, zeer wel het geval kan zijn, waaraan ik niet
twijfel, dan was hij een korten tijd te Haarlem, gedurende
het beleg. Van Oranjes wege was hij in de belegerde
stad gezonden, en werd den 6 Julij 1573 weder
met geweld naar 's Prinsen schepen geholpen, met zich
nemende vier duiven, tot brievenposten bestemd, en
een brief der belegerden aan Oranje, wien zij, in den
uitersten nood, baden dat hij hun levensmiddelen
mogt toezenden. Daags daaraan kwam een der duiven

met het troostwoord van Oranje aan de lijdende dapperen, en Bernard had er een woord van bemoediging toegevoegd: nog een paar dagen geduld, en Oranje zou, met Gods hulp, het Spaansche leger doen opbreken (24). Helaas! beloften die bij het Mannenpad in damp verdwenen! Het eigenlijk strijdperk van Bernard was Zeeland; bijzonder werd hij in het beleg van Middelburg gebruikt, en waar daden van moed en trouw te verrigten waren, vinden wij zijnen naam gewoonlijk gevoegd naast die van zijnen vriend Eloy. Wanneer in de nacht van 23 Junij 1572 de Spaansche bezetting van Middelburg ondernam het kasteel van Westsouburg, door de onzen met tweehonderd Walen bezet, te overrompelen en, dit mislukt zijnde, met grof geschut bestookte, werd Kapitein Bernard aan het hoofd van driehonderd man uit Vlissingen gezonden om hen van daar te verdrijven. Een hevig gevecht had hij daar uit te staan. Voor en na den middag was men handgemeen, en Bernard was bijna tot den terugtogt gedwongen, toen hij tijdig ondersteund werd door een Engelschen Kapitein met honderd en vijftig man hem uit Vlissingen ter hulp gezonden; zij waren echter genoodzaakt terug te trekken en lieten ruim dertig dooden op het slagveld, hoewel der Spanjaarden verlies grooter was. Den 25 Aug. van hetzelfde jaar lag Bernard met Eloy nog te Vlissingen, niet mede getrokken zijnde tot den togt naar Antwerpen, waarheen talrijke benden uit Vlissingen en Vere trokken; de aanslag had een ongelukkigen afloop. In het volgende jaar (17 Mei) had er eene scherpe en woedende schermutseling plaats tusschen driehonderd Spanjaarden uit Middelburg getogen, waarschijnlijk om ten voordeele van d'Avila's vloot eene afwending te maken, en eenige soldaten van Bernard en Eloy. Deze tastten den Spanjaard aan zoodra hij onder het geschut van Vlissingen kwam, met dat gevolg dat hij, na een gevecht van vier uren, met verlies van vele dooden en gekwetsten verjaagd werd. Er wordt opgegeven dat de Vlissingsche bezettelingen geene dooden of gewonden hadden. Zonderling zeker! doch de Vlissingers hadden achter hunne verschansingen gestreden, en dergelijke voorvallen zijn in onze geschiedenis meer opgemerkt. Men denke slechts aan het gevecht van drie uren, door den Admiraal C. Tromp volgehouden tegen de Engelschen, in den slag van Kijkduin, zonder dat toen nog iemand der zijnen gekwetst of gesneuveld was. De verschillende belegeringen van steden leveren meerdere voorbeelden van dergelijke Goddelijke bescherming op. — Wij keeren tot Bernard terug. Hij werd met Eloy den 30 Julij gezonden om Arnemuiden van Middelburg af te snijden, en ten dien einde Rammekens te belegeren. Deze plaatsen waren allen nog in der Spanjaarden magt. Rammekens werd den 31 Julij van drie zijden te gelijk beschoten, en was aan Bernard met zijn vendel bijzonder de zorg opgedragen om de Middelburgsche bezetting tegen te staan, zoo zij iets tot ontzet van Rammekens wagen mogt. De mijn was gereed, de storm bepaald, toen de sterkte den avond van 3 Aug. aan de Zeeuwen werd overgegeven, waarop Eloy tot bevelhebber werd aangesteld. Terstond daarop werd Gods genade gedankt in het veroverde kasteel. Men beschouwde deze verovering als een groote aanwinst voor het beleg van Middelburg. Oranje zelfs gebruikte de tijding dezer overwinning om den neêrgeslagen moed van Sonoy op te beuren, in dien bekenden brief van 9 Aug. 1573, waarin Oranjes grootheid zich van zulk eene roerende zijde vertoont (25). De Zeeuwen hielden moed, en hadden het kasteel Rammekens met Gods hulpe den vijand afgenomen. Hij zelf zag daarin een bewijs van verderen zegen: »niet twijfelende Godt »Almachtigh hen luyden voorder gheluck ende victorie »verleenen zal." Even zoo verzekert ons Bor dat het innemen van Rammekens den moed van de Gereformeerden (toen door het verlies van Haarlem zeer geschokt) weder om had doen wassen en toenemen. Onder Bernards en Eloy's volk behoorden ook de dapperen, die bij een aanslag tegen Middelburg, 25 Oct. 1573, moedig in eene verschansing pal stonden, zwerende liever op de plaats te sterven dan ze over te geven, schoon ze slechts tachtig man konden uitmaken en door hunne strijdgenooten reeds waren verlaten. Zij behielden de schans, die evenwel later ontruimd werd (26).

Het leven van Bernard werd in de aanhoudende en dagelijksche gevechten op Walcheren doorgebragt, tot dat eindelijk, in het volgend jaar, de koene Mondragon gedwongen was Middelburg aan Oranje en de Zeeuwen op te geven. Door deze overgave werd de rust van Walcheren verzekerd, en Zeeland voor een groot deel van de Spanjaarden verlost. Doch, in 1575, werd Zierikzee door de Spanjaarden belegerd. De stad was, onder den bevelhebber Arend van Dorp, voorzien met twaalfhonderd soldaten, bij welker Kapiteinen wij op nieuw Bernard en Eloy aantreffen. De belegering werd met kracht voortgezet, de middelen tot ontzet mislukten, en Zierikzee viel, bij verdrag, in de handen van Mondragon. De bezetting had veiligen aftogt bedongen, doch beloofd zich weder gevangen te geven, indien zij de vrijheid van zeven burgers van Zierikzee niet konden verkrijgen, welke (Spaansgezinde) burgers naar Walcheren waren gevoerd (27). Wij mogen dus gelooven dat ook Bernard de ingenomene stad verliet, en zich aan andere plaatsen verdienstelijk maakte; hij heeft ten minsten het verdrag der overgave mede geteekend. Maar onze berigten aangaande zijn persoon houden hier op. Naauwelijks toch durf ik den Kapitein der ruiterij, Bernard, die in den slag van Nieuwpoort tegen de Spanjaarden sneuvelde, voor een persoon te houden met Nicolaas Bernard (28). Het kon zijn zoon zijn geweest. Nicolaas Bernard was een man van moed en beleid, getrouw aan de belangen des Vaderlands verkleefd; het was mij aangenaam een min bekenden naam zijnen regtmatigen roem te geven. Nog altijd blijft mij de hoop over dat die naam meerdere bekendheid ontfangen zal.

ANDRIES PIETERZOON BIÉ.

Andries Pieterszoon Bié of *Bye* of *de Bie* woonde weleer te Dordrecht en was, om zijne zamenzwering met andere bannelingen, om koopvaardijschepen weg te nemen, door Alva gebannen, bij vonnis, juist den dag voor dien, die Alva's vonnissen zou zien vernietigen en toen onze Watergeus reeds voor den Briel lag. Ik kan dit wel niet met volle waarheid verzekeren; maar hij was, blijkens zijn vonnis handdadig aan hetzelfde feit waarbij Ruychaver, Duivel en Spiegel tegenwoordig waren, hoplieden die den Briel hielpen veroveren, bij het nemen van eenige schepen en het plunderen van het Marktschip van Antwerpen op 's Hertogenbosch, op de Zeeuwsche stroomen, in Nov. 1570. Hieruit valt ligt het besluit op te maken, dat hij onder een der genoemde Hoofden diende. Hij bekleedde, schijnt het, een ondergeschikten rang en van daar dat men geene andere daden van hem vindt (zoo hij er meerdere en grootere verrigt heeft) dan de genoemde, geen bijzonder roemrijk stuk (29).

WILLEM VAN BLOIS VAN TRESLONG.

Willem van Blois van Treslong, (liever *gezegd Treslong* het schijnt een bijnaam aan zijn geslacht eigen, dat van de Fransche Graven van Blois afstamde) een Hollandsch Edelman, heeft den roem nagelaten van een der eerste en getrouwste bevrijders des Vaderlands te zijn geweest. Of hij in den Briel was geboren, waar zijn Vader Baljuw was, dan of hij er slechts in zijne jeugd woonde, is niet zeker. Zijn naam staat aan het hoofd van drie-en-tachtig inwoners van den Briel en Heenvliet, allen door Alva gebannen (30), en is met eere bekend in de oorlogen van die dagen. Waarschijnlijk is hij de Treslong, Kapitein in 's Konings zeedienst, (aant. 21) want, nadat hij aan het Hof van

Maximiliaan van Bourgondie, Markgraaf van Vere, in zijne jeugd had vertoefd (31), trad hij in de krijgsdienst in 1556, volgde den Keizer naar Spanje, en den Admiraal Boshuizen naar Denemarken. Van zijne krijgstogten tegen Frankrijk en de Turken teruggekeerd, kwam hij weder in het Vaderland en stond aan de zijde van Hendrik van Brederode als een getrouw medelid van der Edelen Verbond. Hem diende Treslong in het bijzonder en van daar noemde hem Alva een Edelman des Heeren van Brederode. Doch bij het overgeven van der Edelen verzoekschrift aan de Landvoogdesse, April 1566, is hij niet tegenwoordig geweest, indien hij namelijk eerst in den zomer van dat jaar, in Holland terugkeerde. Is deze beschuldiging in zijn vonnis dus van waarheid ontbloot, wij hebben echter reden om hem voor een ijverig Hervormde te houden, die in de dagen des druks de predikatien der leeraren bijwoonde. Met zijne gansche ziel verkleefd aan de zaak der vrijheid, hield hij zich vast aan Brederode, toen de steun der Hervormden en vrijheidsgezinden. Treslong was te Amsterdam, met vele andere Edelen, deelgenoot geweest van het plan om den Secretaris der Landvoogdesse, de la Torre, zijne commissiebrieven en geheime papieren te ontnemen. Deze was namelijk naar Amsterdam gezonden om tegen de werkzaamheden en aanslagen van Brederode te waken. De Edelen daarvan bewust hadden hem overvallen en van al zijne papieren beroofd. Maar Brederode was de man niet om het groote werk tot stand te brengen, en toen hij Amsterdam verliet, volgden hem al zijne aanhangers, van welke Treslong de woede der vijanden in Oostfriesland ontkwam, en zich bij de standers voegde van Lodewijk van Nassau, bij zijn inval in Groningerland, in 1568. Hij had den zegepraal bij Heiligerlee helpen bevechten, maar ontkwam met groot gevaar den dood, bij de nederlaag te Jemgum, zijnde hij zwaar gekwetst, de handen des vijands te Emden ontvlugt. Nadat hij daar eenigen tijd den Grave voor Edelman had gediend, nam hij bestel van Oranje, om ter zee te varen, dat hem, eerst na vele moeijelijkheden en eene lastige gevangenis, gelukte. Wij hebben daarover reeds in ons eerste Stuk gehandeld. — Overeenkomstig hetgene onze geschiedschrijvers van hem verhalen, geloof ik hem boven allen te moeten houden voor den aanrader van den aanslag op den Briel (31*). Want, zoo als reeds is opgemerkt, de nood drong hem en zijne spitsbroeders ten sterkste; en het laat zich daarenboven nog vermoeden dat hij verstand binnen de stad hield. De geheele handeling met den Veerman Koppelstok draagt er de blijken van. Het behoud van de stad zijner geboorte moet meest aan hem worden toegekend, hoewel er velen zich aan zijne zijde voegden. In den strijd tot verdediging der stad, 5 April 1572, toonde hij zijn beleid en moed; hij was het die met zijn Luitenant Roobol de Spaansche schepen in brand stak, en alzoo de nederlaag der vijanden voltooide. Uit alles blijkt het dat hij zeer bezorgd was voor den Briel, zoowel om dat die stad hem dierbaar was, als omdat ze eene plaats was van het uiterst gewigt voor de gemeenschap van Holland en Zeeland. Spoedig werd Treslong verkozen tot Gouverneur en Kapitein-Generaal van den Briel. Maar zijne roeping lag verder. Naauwelijks was de stad verzekerd, of hij heeft reeds eene hoop van ruim tweehonderd man uit Holland bij een verzameld, op stroom gemonsterd, en bij gebrek van andere kleederen, in monnikenpijen gehuld, naar Vlissingen gebragt. Hier had toen reeds Don Pedro Pacieco zijne onkunde van den opstand der Vlissingers met de gevangenis geboet, en het wordt algemeen aan Treslong toegeschreven, dat deze Spaansche Kapitein of Overste, zoo niet op zijn bevel, dan toch op zijn aandrang is opgehangen. Pacieco echter had zich aan de Ryk gevangen gegeven en deze had dus voor zijne veiligheid zorg moeten dragen. Want dat hij een neef van Alva was, en eene lijst van Vlissingers bij zich had, die hij ter dood moest brengen; dat hij die lijst nog tijdig verscheurd had, zijn duidelijk volksgeruchten, en gedeeltelijk naderhand uitgevonden tot verschooning van den moord aan hem gepleegd. Indien de geschiedschrijvers de wraak van Treslong, over den dood zijns broeders Jan, in 1568, te Brussel onthalsd, niet als de oorzaak van dien moord opgaven, mogt men denken dat zijn bandeloos volk aan die misdaad alleen schuldig stond; in hoe verre Treslong nu te verschoonen is, beslis ik niet (32).

De magt der Watergeuzen nam in Vlissingen en Vere spoedig toe. Kapitein Blommaert bragt tweehonderd man uit Antwerpen over; uit Rochelle kwamen Tseraerts, Menninck, Tongerloo en anderen met Fransche hulptroepen, ijverige Hugenoten; vijf Zeeuwsche Zeekapiteinen met hunne schepen tegen de Geuzen uitgerust, heeschen onder het geroep van *Vive les Gueux!* de Geuzen vlaggen op en voegden zich bij de bevrijde Zeeuwen (33). Engelschen en Schotten vloeiden er dagelijks toe, en het ontbrak slechts aan een bekwaam aanvoerder en opperhoofd om geheel Walcheren en Zeeland voor Oranje te winnen. De betaling van het krijgsvolk ging dikwijls moeilijk, de woede tegen de Spanjaarden ging alle palen te buiten, de onbedrevenheid en roekeloosheid van sommige hoofden deed vele aanslagen op niet uitloopen; daar waren er geene tegen den bevelhebber van Middelburg, Mondragon, opgewassen, die later het bevel dier stad op zich nam. De moed en onversaagdheid van Treslong dreef hem op den zelfden dag van zijne aankomst te Vlissingen, 20 April, om een aanval te beproeven op Middelburg. Maar de Spanjaard was er op zijne hoede, en schoon Treslongs volk een hevigen aanval deed op de Noorddampoort (34), en ze werkelijk in brand stak, de dubbele, met aarde gevulde poort dwong hen tot den terugtogt. Eene latere storm op Middelburg, 26 Oct., veel gelijks hebbende met den reeds gemelden, moet niet aan Treslong maar aan Tseraerts en Entens worden toegeschreven. Den 4 Mey kwam Treslong voor Middelburg om het nader te beschieten en in te sluiten. Doch slechts drie dagen daarna werd hij, door de benden van Sancio d'Avila, bij nacht geland, aan eene streek waar niemand hen verwachtte, met verlies van vierhonderd mannen geslagen en teruggedreven. Het is meer dan waarschijnlijk dat deze tegenspoeden Treslong een weêrzin tegen den oorlog in Zeeland deeden opvatten. Ook waren de Vlissingers met zijne handelingen zeer te onvreden, hetzij dat zijn tuchteloos volk ondraaglijk werd, hetzij dat men zijne nederlagen als een blijk zijner onbekwaamheid aanmerkte. Dit laatste was even zoo het geval met den braven Tseraerts, Gouverneur van Walcheren. De gronden van den haat, waarmede men naderhand Treslong vervolgde, schijnen toen reeds gelegd te zijn. Hij was een poos Admiraal van Vlissingen, en had nog deel aan de roemruchte zege, op de vloot van Medina Celi behaald, doch hij werd zijn verblijf in Zeeland moede, en verkoos naar den Briel te trekken, gaf zijn Admiraalschap over in de handen van Ewout Pietersz. Worst, en werd zelfs (*zoo men wil*, zegt 's Gravezande) uit Vlissingen verdreven. In den Briel teruggekeerd, werd hij Gouverneur van deze stad, Baljuw en Dijkgraaf van den lande Voorne, en betoonde zich in deze waardigheden, een getrouw beschermer van de belangen der ingezetenen, door de verzorging der soldaten tot groote armoede vervallen (35). Reeds vroeg in 1573 werd Treslong Admiraal van Holland, en was als zoodanig in zee, gedurende de zeeslagen tusschen de vloot van d'Avila en die der Zeeuwen onder Worst. Vooral moet hij tegenwoordig zijn geweest bij het langdurige gevecht van 22 April en eenige volgende dagen, waarin de Zeeuwen, schoon met vele schade van de zijde der Spanjaarden, niet in staat waren te beletten, dat d'Avila Middelburg van spijs en krijgsvoorraad voorzag. Hij, Treslong, kwam zelf 5 Mey te Delft, het berigt van het gevecht aan Marnix brengen (36). Wij vinden zijnen naam genoemd onder die genen die van de algemeene vergiffenis waren uitgesloten, in 's Konings Pardon van 8 Maart 1574, in welken tijd hij nog als Admiraal van Holland, zijne dienst wijdde aan den Prins van Oranje, die hem in hooge waarde hield (37), en hem buiten twijfel ook heeft geraadpleegd, omtrent de middelen tot afwering der Spaansche vloot, in Spanje toegerust, in 1574, doch door eene vreeslijke sterfte onder het scheepsvolk, en den dood des Admiraals, Don Pedro de Menendes, niet uitgeloopen. Toen in 1575 Requesens het met veel beleid en ijver op Holland en Zeeland toelegde, werd Treslong met de Kapiteinen Michiel en Bastiaan en den Colonel De La Garde naar Goeree gezonden om de gelegenheid der plaats te bezien, en ze te bevestigen en bezetten, zoo het noodig was. Het gevolg was dat deze Stad versterkt werd tot weering van een mogelijken aanval der Spanjaarden. Na het omkomen van den Zeeuwschen Admiraal Lodewijk van Boisot, bij het vruchteloos ontzet van Zierikzee verdronken, in 1576, werd Treslong door Oranje tot Admiraal van Zeeland aangesteld, en later nog, zoo als het genoemd werd, Superintendent van het Westerkwartier van Vlaanderen. In deze hoedanigheid lag hij met de vloot op de Schelde, en, behalven dat hij tegen de vijanden waakte, hield hij het oog op den Hertog van Aerschot, toenmaals bevelhebber van Antwerpen, wien des Prinsen vrienden zeer mistrouwden. Treslong geeft van dat wantrouwen bewijzen in een brief aan Oranje. Hij was de eenige niet (Arch. T. VI. p. 67, 178). Om den Hertog te leeren kennen en doorgronden, wiens vriendelijkheid hem zeer verdacht voorkwam, ging hij soms op het kasteel van Antwerpen, bij hem ter maaltijd en ontving hem met andere Edelen aan zijn boord. Alexander de Hautain echter begreep Treslongs bedoeling niet, en hield dit maaltijd houden voor te groote zorgeloosheid in den Admiraal, in deze gevaarlijke tijden waarover Oranje hem te bestraffen had. Zijne werkzaamheid, ijver, moed en trouw verdienden grooten lof, en, indien ook hij het geluk niet had dat zijne ontwerpen allen slaagden, men wijte dit aan de omstandigheden der tijden: aan zijnen moed of ijver niet. Hij deelde met zoovelen zijner groote tijdgenooten in hetzelfde lot. Zoo mislukte het plan door hem gevormd, in 1578 om den Koning van Spanje op zijne eigene kusten te bestoken, met eene vloot van acht en twintig schepen. Oranje en de Staten hadden toegestemd; de overeenkomst was gemaakt tusschen den Admiraal en sommige steden en bijzondere personen, die de kosten zouden dragen; maar de inwendige twisten der gewesten verhinderden alles. Wanneer Parma het oogmerk had om den gevangen Veldheer der Hugenoten, La Noue, ter zee naar Spanje te vervoeren, had Oranje met Treslong, den vriend van La Noue (38), besloten den onmisbaren held te verlossen. De maatregelen waren genomen, doch Parma ontdekte hun oogmerk en hield La Noue in zijnen kerker. In hetzelfde jaar, 1580 werd hem bevolen zorg te dragen dat geene Kapers der Franschen in Zeeland werden uitgerust: — in het volgende had hij te waken tegen de nijverheid der kooplieden die hunnen handel op Spanje en Portugal bleven voortzetten, en om de winst der nering de belangen van het Vaderland vergaten. In 1582 had hij in last de overkomst van den Hertog van Anjou te beveiligen, en het geschut zijner oorlogschepen verwelkomde den Hertog, bij zijne komst te Antwerpen. Na het kwetsen van den Prins van Oranje, in die stad, 1582, waagde het Anastro, een der medepligtigen aan den bedoelden moord, in den waan, dat Oranje dood was, Treslong tot afval en verraad te verleiden: Parma zelf voegde er een brief bij met dezelfde bedoeling; te vergeefs! noch Treslong, noch iemand der aangezochten wankelde in zijne trouw. Denzelfden uitslag had, een jaar later, de herhaalde en vleijende poging van den Gouverneur van Grevelingen, Valentin Pardieu de la Motte. Treslong stelde Oranje den brief des verleiders ter hand en waarschuwde hem ernstig tegen de aanslagen van Spanje. Want eene in die dagen zeer gewone kwaal had Treslongs scheepsvolk aangetast, muiterij wegens gebrek aan betaling. Honger en gebrek waren de treurige gevolgen; de bootsgezellen begonnen te verloopen, en wat moest men wachten indien de vijand tot verraad aanlokte? Oranje maakte van des Admiraals waarschuwing een regt gebruik, wist de Staten tot betaling der achterstallen te brengen en de wond werd gelukkig geheeld. Te Duinkerken had de Admiraal met de Franschen te worstelen, en wel met den Hertog van Anjou, die hem en zijn scheepsvolk van zeerooverij beschuldigde. Dit ging zelfs zoo ver, dat een zekere Chamoys hem nagaf dat hij Duinkerken aan La Motte had willen verraden, ja zelfs Anjou vermoorden. Dat alles had hij te danken aan een paar ellendelingen, Chamoijs en Kapitein Blocq die hij weleer weldaden had bewezen en in hunnen nood ondersteund. Krachtig en van regtmatige verontwaardiging vol, is zijne brief aan Oranje, waarin hij zich met edelen moed tegen de snoode aantijgingen verdedigt (39). Gedurende zijn bevelhebberschap over Oostende werd hij nog geraadpleegd of het oorbaar was, Oostende en Sluis voor de schepen van Don Antonio Koning van Portugal open te zetten, hetgeen werd toegestaan. Naderhand is hij nog meer in deze zaak gemoeid geweest en kweet zich daarin met eere.

Treslong ondervond het eerlang welk eene ramp de dood van Willem van Oranje voor het Vaderland en zijne vrienden was. De Hertog van Parma lokte het krijgsvolk der Nederlanden tot zich, en had bijna zijn oogmerk te Oostende bereikt. Geweldig was de muiterij aldaar uitgebroken, en niet zonder gevaar zijns levens kon Treslong het oproer bedaren en de bezetting verwisselen. Minder gelukten hem zijne pogingen, met zooveel beradenheid en ijver aangewend, tot ontzet van Antwerpen en opruiming der Schelde. De braafsten onzer zeehelden, Treslong, Duivenvoorde, Admiraal van Holland, Joost de Moor, Vice-Admiraal van Zeeland spanden met Maurits en Philips van Hohenlo hunne krachten in tot verlossing der benaauwde stad. Treslong werd van Oostende ontboden om het bevel der vereenigde vloot op zich te nemen; de Staten van Braband drongen sterk aan op de komst van hem zelven en zijne schepen, terwijl ze hem voor 's vijands lagen waarschuwden, want deze had de gansche rivier bezet, en het stond er geschapen dat Antwerpen bezwijken zou, zonder tijdige hulp. Den 11 Febr. 1585 kwam Treslong te Middelburg, en ging van daar met Hohenlo naar Tholen tot gereedmaking van al wat noodig was ter bevrijding van de Schelde. Hij vertrok weder naar Middelburg, waar Prins Maurits toen vertoefde, om op het ontzet van Antwerpen acht te geven. Bij die gelegenheid moet hij in heftige redenen tegen de leden der Admiraliteit van Zeeland zich hebben uitgelaten, ten minste zijne krijgsmans loopbaan neemt hier een einde; hij werd gevangen gezet, zonder toegang, van al zijne ambten beroofd, aan den Baljuw van Middelburg overgegeven, en de jeugdige Maurits moest het aanzien, hoe een der edelste bevrijders van het Vaderland, een der innigste vrienden zijns Vaders op de onwaardigste wijze verguisd werd. Dat Maurits toch, schoon het gevangen nemen van Treslong door den Raad van State ook op zijnen last geschied is, meer als gedwongen of overgehaald, dan uit vrijen wil handelde, of omdat hij aan de misdaden hem opgedigt geloofde, is dunkt mij, wel te begrijpen. De geschiedschrijver Bor, die een uitvoerig verslag van het regtsgeding des Admiraals geeft, toont in zijn eenvoudigen stijl, zijne verontwaardiging en droefheid over het gebeurde met Treslong: — hij is waardig dat men hem naleze (40). Een paar woorden staan ons daarover te zeggen. Eerst noemt Bor de lasteringen op door verschillende geschiedschijvers tegen Treslong aangevoerd, van Eytsinger, R. Dinothus, Caes. Campano en Adr. van Meerbeek, en tegen hetgene van Meeteren (kwalijk onderrigt) van deze zaak meldt. Dan volgt het verslag van zijne hevige redenen den 25 Febr. in den Raad van State gehouden, met de eigene aanteekeningen en verwering van Treslong zelven. Zijn verzoek om voor een krijgsraad, zijne competente regters, te regt te staan, ondersteund, behalve door den Grave van Hohenlo, door eene menigte der voortreffelijkste en achtenswaardigste bevelhebbers werd afgeslagen (zijne regters waren meest kooplieden); na lang dralen werd eindelijk een Advocaat en zijne huisvrouw bij hem toegelaten. — Men pijnigde zijn' Secretaris Pieter van Laren, doch kon niets dan eene beschuldiging tegen hem verkrijgen, waarop Treslong zich echter mannelijk verdedigde. Gruwelijk en niets dan verfoeilijke laster was de beschuldiging van den Baljuw van Middelburg, die zijn hoofd eischte en het drie uren lang wilde hebben ten toon gesteld. Toen men eindelijk ook met den beschuldigde tot de pijnbank zou overgaan, kocht Treslong den Cipier om, dat hij hem zou laten uitgaan. Doch deze trouwelooze booswigt had alles met den Baljuw te voren overlegd en verraadde hem. Ook de verdediging van Treslong in deze zaak is voortreffelijk, en de Cipier is naderhand in regten gedwongen, de reeds genotene gelden terug te geven. Moedig stelden zich zijne aanverwanten voor hem in de bres; Koningin Elisabeth zelve schreef tot zijne voorspraak, en krachtig vooral is de wijze waarop de Graaf van Leycester zich zijner zaak aantrok, die het zoo ver bragt, dat hij ontslagen werd onder belofte van, geroepen, weder voor het geregt te verschijnen. Zoo kwam zijne zaak voor het Provinciaal-Hof van Holland, waar hij ten laatste, 11 Maart 1591, volkomen zuiver werd geoordeeld van al de hem aangetijgde misdaden. Zijne verdediging op de allerjammerlijkste beschuldigingen getuigt van zijne braafheid, en het is duidelijk dat alleen haat en vijandschap dien trouwen vriend des Vaderlands vervolgde. Welke redenen echter zijne haters tegen hem mogten hebben, is niet volkomen bekend. Vermoedelijk had zijne ronde krijgsmans inborst niet kunnen instemmen met de bekrompenheid zijner lastgevers, of had hij getoond hunne eigenlijke, maar geheime, bedoeling doorgrond te hebben: ten minste hij had krachtige taal gesproken tegen den Fiscaal Valerius, den Pensionaris Roels, en den Raadsman Heins, die zijne grootste vijanden waren. Hij had de Majesteit der Staten aangerand, die, na Willems dood, het trotsche hoofd opstaken, maar in Willems vrienden, de eigenlijke bevrijders des Vaderlands, die gedweeheid niet vonden, die zij zich zoo gaarne wenschten. Doch laat de edele krijgsman eens daarin misdaan hebben, hetzij zoo! maar moest men daarom verspreiden dat zijne grootste misdaad nog verzwegen was? —

Moesten daarom aantijgingen worden uitgevonden, gelijk die van de gewelddadige rantsoenering eens landmans in Duiveland en der schending zijner vrouw, wier namen of woonplaats zelfs de Baljuw niet wist te noemen? Een laster die onder de anderen den braven man het meest heeft gegriefd. Moest men daarom de bespottelijke beschuldiging voor den dag brengen, dat Treslong zich in zijne jonkheid zoo gedragen had, dienende in het hof van Beveren (van Maximiliaan van Bourgondie), dat hij verkregen en verdiend had den naam van *quaet Willeken?* — Welke regters! — Wie bemerkt niet dat de haat slechts voorwendselen zocht? — Gansch anders dacht men over hem in die plaatsen, waar hij gewoond had en bevel gevoerd; daar was men hem zeer genegen. Een treffend blijk daarvan lezen wij in een brief van de Regenten van Oostende, van 28 Aug. 1590, behelzende een verzoek om Treslong op nieuw tot Gouverneur te hebben, en eene lofspraak van zijn aldaar gehouden gedrag. Zijn vriend Willem van Oranje was ook hem te vroeg ontvallen; nu hadden woede en heerschzucht gelegenheid om los te barsten, door Oranje vroeger bedwongen.

Dat Treslong geen werk genoeg gemaakt heeft om Antwerpen te ontzetten, heeft men hem vooral nagegeven; doch zij mogen het verantwoorden, die 's lands krijgsbevelhebbers te dikwijls de middelen onthielden, om in dergelijke ondernemingen te handelen, zoo als noodig was. Daartegen wist weleer Oranjes wijsheid te zorgen. — Waarheid is het ook dat al de Kapiteinen de onmogelijkheid van Antwerpens ontzet betuigden: Parma was hun te listig en te magtig. De WEw. Z. G. Heer Broes spreekt bijna beslissend aangaande het gebeurde met Treslong, en dit geeft mij vrijmoedigheid, om hetgene ik vermoedde voor zekerheid te houden. Hij schrijft namelijk in zijn *Marnix aan de hand van Willem I*. D. II. St. H. bl. 151, na gehandeld te hebben over het kwade vermoeden ten laste van Marnix, na de overgave van Antwerpen: — »Doch het is, in »mijn oog, onheusch jegens een braaf man aan den »geest van boos vermoeden toe te geven; en deden dat »destijds mede en vooraan de Staten van Zeeland, zij »mogten toezien, dat niet met meerder schijn op hen »of op sommigen hunner een kwaad verdenken viel: ik »meen, of ook het bij goeden wind werkeloos blijven »liggen der vloot (eene duisterheid) hunne groote schuld »ware, doch van zich lasterend afgeworpen op den »braven Admiraal W. Blois van Treslong." — Misschien is die duisterheid niet zoo zwart, als men bedenkt dat toen reeds begrepen werd, hoe de koophandel van het door Parma veroverde Antwerpen naar Zeelands en Hollands koopsteden moest heenvlugten. Doch dwalen wij niet te ver af! — Aldegonde heeft, na Antwerpens overgave, bijna dergelijk lot ondergaan, en daar zijn er meer geweest die den grievendsten hoon hebben moeten verduren, als het loon hunner trouw; eer — gelijk O. Z. van Haren zoo treffelijk zingt, Maurits het leerde:

> Hoe 't kindren paste vrienden te eeren,
> Om hunner oudren wil gehaat (41).

De dichter had ook in het lot van Treslong gedeeld. — Doch het is onmogelijk geworden de verborgenheid der ongeregtigheid op te dekken. Wat zou het ook baten! Zulke boosheden schijnen tot de geschiedenis der volken te behooren en mogen het doen zien dat de vergelding des loons van opregte trouw zelden aan deze zijde des grafs wordt gevonden.

Gelijk Blois de schending zijner eer niet kon dulden, was hij ook gevoelig voor die van anderen. Een bewijs daarvan is dat hij bij Lord Buckhorst de eer van den Graaf van Hohenlohe handhaafde, die beschuldigd werd van eenige booswigten te hebben opgemaakt tot den moord des Graven van Leycester.

Na Treslongs volkomene zuiver verklaring, hield nog de laster niet op, ja na zijn dood zweeg ze niet. Zelfs de pen der geschiedenis had zijne eer aangetast, en zijn Zoon Jaspar van Treslong was nog genoodzaakt, lang na den dood zijns Vaders, zijne eer te verdedigen tegen de aanmerkingen van den Franschen afgezant Maurier. Hij deed dit in een boek: getiteld: *Corte en waerachtighe verantwoordinghe van Jonckheer Jaspar van Bloys gheseyt Treslong, teghen de onwaerachtighe, valsche ende versierde injurijen, in druck uytgegeven tot nadeel en oneere van de memorie van Jonckheer Willem van Bloys gheseyt Treslong.* Op zijn verzoek om herstelling van eer, bij vernieuwden laster, werd hem door de Staten van Holland eene jaarwedde van zeven-honderd gulden geschonken; Maurits herstelde wat hij kon, en stelde hem in 1592 aan tot zijn Luitenant houtvester in Holland en in 1593 tot Luitenant Groot Valkenaar van Holland; posten die wel eervol waren, maar zijne zucht tot de krijgsdienst en tot een edeler werkkring niet konden voldoen. Het was daarom dat hij een aanzoek van Koning Karel van Zweden aannam, om Generaal te worden in zijne dienst. Doch alles liep tot niet, en de sommen gelds, tot ligting van krijgsvolk uitgegeven, werden hem door Zweden nimmer vergoed. Hij woonde toen op het huis te Zwieten bij Leyden (42), en overleed, der moeite en der kwellingen zat, in het jaar 1594, nalatende drie kinderen Jaspar, Willem Karel en Catharina, uit zijn eerste huwelijk met Adriana, dochter van Otto van Egmond van Kenenburg. Later is hij nog gehuwd aan Wilhelmina Kaarl. Zijn nageslacht is lang in stand gebleven: zijn achterkleinzoon Otto van Treslong, Zeekapitein, sneuvelde in den vierdaagschen zeeslag in 1666 (43). Ja, de Vice-Admiraal Blois van Treslong, door den zeeslag van 1797 beroemd geworden, was zijn afstammeling; terwijl zijn geslacht nog niet is uitgestorven. — Indien de afbeelding van Willem van Blois gez. Treslong echt is, dan regtvaardigt zij de getuigenissen onzer geschiedschrijvers, dat hij een man van grooten en standvastigen moed was. Kracht en beleid kenmerken zijne daden; ijver voor de bevordering der algemeene belangen, en bekwaamheid in den oorlog ter zee worden hem toegeschreven: even zoo, regtschapenheid, braafheid en haat tegen alle onderdrukking en mishandelingen zijnen medemenschen aangedaan. Achtbaar en gestreng waar het noodig was, handhaver der krijgstucht was hij ten allen tijde; en zoo zijne haat tegen het onderdrukkende Spanje soms te ver mogt gaan, hem pleit de geschiedenis vrij van die euvelen, welke te dikwijls de daden der bevrijders van het Vaderland hebben bezoedeld. Een hartelijk vriend van Oranje, vond hij ook in zijne bitterste smarten, hartelijke vrienden. Hij was een Hollandsch Edelman van den echten stempel.

JAN BONGA.

Jan Bonga, een edele Fries, Grietman van West-Dongeradeel, was, zoo al niet de eerste der Watergeuzen, ten minste onder de eersten. Van de vroegste beginselen des opkomenden oorlogs af had hem de liefde tot de Vaderlandsche vrijheid aan de betere partij (die van Oranje) verbonden (44). Van daar zijn vonnis van altoosdurende ballingschap en verbeurdverklaring zijner goederen, door Alva (45). Doch hij was reeds vroeger zijn Vaderland ontweken, en stond, met eene menigte van Friesche Edelen, aan de zijde van Graaf Lodewijk, dienende als Kapitein van een vendel knechten toen de Graaf zijn zoo treurig geslaagden togt, tot redding des Vaderlands ondernam. Hij overwon mede bij Heiligerlee, maar moest, zelfs met wegwerping van zijne wapenen, den dood, na de nederlaag bij Jemgum, over de Eems ontzwemmen. Nu bleef geen andere weg hem open dan de zee, en hij koos dien. Abels, Entens, Jelte Eelma, Homme Hettinga vereenigden zich met hem, en zij slaagden naar wensch, voor zoo ver ze namelijk buit begeerden. Maar ze begeerden meer, vrijheid en Vaderland. Mogten ze evenwel soms voet aan land zetten, de waakzaamheid van den Overste Robles was te groot, dan dat ze iets van gewigt konden ondernemen, voor de verovering van den Briel en het overgaan van Enkhuizen tot de partij van Oranje. Geheel ongegrond is het vermoeden niet, dat Bonga mede den Briel hielp innemen, dewijl zijne genoemde krijgsmakkers meest allen daarin deel hadden: zijn naam echter wordt niet bij de hunne genoemd. Zoodra Enkhuizen overging en de Geuzen van daar Friesland konden bedreigen, was er geen vuriger wensch in Bonga's ziel dan dit zijn Vaderland aan de magt van Spanje te ontrukken. Dan deze taak was niet gemakkelijk, en kostte veel tijd en bloed. Van nu af werd zijn leven, tot aan zijn smartelijk uiteinde, vol van moeite en gevaren, aan een rusteloozen krijg gewijd. Robles, nu nog Colonel, maar weldra bij voorraad en eindelijk geheel Stadhouder van Friesland, wist met weinig middelen veel te doen, en het gebrek aan beleid en de lafhartigheid van Graaf Joost van Schouwenburg, eersten Stadhouder van Friesland van Oranjes wege, deed het spoedig gewonnene weer in 's vijands handen vallen.

Bonga had te Emden soldaten geworven met oogmerk om in Friesland te landen en Doccum te vermeesteren. Naauwelijks echter vernam hij, dat de vijand naderde met eenige schepen, of hij verliet met zijn volk zijne vaartuigen, en trok, hoewel vervolgd, veilig door Friesland, en ontkwam te Enkhuizen, denkelijk, aan eene andere plaats, schepen der vrijbuiters ontmoet hebbende, die hem daar heen voerden (46). Het mislukken van dezen aanslag ontmoedigde Bonga niet. Terwijl hij te Enkhuizen in bezetting lag, werd hij, niet lang na zijn eersten togt, door de inwoners van Sneek genoodigd om de stad te bezetten. Zij hadden het volk van Robles niet willen inlaten, en moesten zich dus als weerspannig tegen den Koning beschouwen. Hij vereenigt zich met Tiete Hettinga en Aedo Gabbema, en in spijt van den tegenstand des Spaanschgezinden Magistraats wordt hij onder het gejuich der burgers, als een zegepralend veldheer ingehaald, 19 Aug. 1572.

Dit geluk voerde hem tot een nieuwen aanslag en reeds den volgenden dag, is hij — nu Bevelhebber der Geuzen in dien hoek — met drie-honderd man voor Bolsward. De schrik voor zijne wapenen verspreidde zich door het land; in de uiterste angst vloden de kloosterlingen voor zijne aankomst, en waarlijk hij was den kloosteren zeer ongenegen. Van moord der monniken echter beschuldigt hem zelfs Carolus niet. Op zijne opeisching der stad in naam van Oranje ontving hij een spijtig antwoord van den koningsgezinden Burgemeester Hobbe Ottes, die een nieuwen eed aan Philips van de burgers afeischte en zich ter verdediging toerustte. Ziende dat hij de stad met zijne weinige manschap niet winnen kon, week hij terug en legerde zich in het Oldeklooster, waar hij door de hem toegenegene Bolswarders van de noodige spijze voorzien werd. Winsemius verhaalt dat Bonga, na zijnen terugtogt, overal het vee weg dreef, het klooster der Joanniten en Groendijk afbrandde, toen naar Sneek terugkeerde, en Tiete Hettinga naar Oranje, te Dillenburg om hulp zond. Evenwel hij toefde niet lang te Sneek. Intusschen was de Heer van Nederwormter, Dirk van Bronkhorst, tot Oranjes Stadhouder bij voorraad aangesteld, van de Kuinder mede voor Bolsward gekomen en eischte 21 Aug. de stad op, niets wetende van het verrigtte door Bonga. De stad vroeg twee dagen beraad. Hiervan wist Bonga weder niets, en 's anderendaags doet hij zijne tweede opeisching. Waarschijnlijk heeft hij toen kennis gekregen van de maatregelen van Bronkhorst, die te Balk was gelegerd en uit de ontvangst van een aam wijns uit de handen der burgeren, hunne goede gezindheid begreep. De Regering van Bolsward had een bode aan Robles gezonden om raad en hulp, en ontving hem zonder beiden terug. Maar Bonga was zelf reeds binnen, en weigerde aan het bevel der Regering om weg te trekken, zijne gehoorzaamheid. De burgerij was voor Oranje, verbrandde openlijk het formulier van den eed, door den Burgemeester ontworpen, en gaf Oranjes Stadhouder de veste over, in welke Bonga met zijn volk, 26 Aug. onder het bulderen van het geschut, als overwinnaar binnen trok. Nadat hij de kerk der Minorieten van de beelden had laten zuiveren, werd de Hervormde Godsdienst aldaar openlijk door hem ingevoerd en de Predikant Joannes Jansonius deed er de eerste predikatie (47).

Bonga was naar Sneek gegaan en bereidde zich tot nieuwe pogingen. De stad Doccum was door Sippe Scheltama op aansporing van een stouten Hollandschen Zeekapitein, Gisbertus genoemd, — en door de welgezinde burgerij en omliggende boeren voor Oranje gewonnen. De vijand hield evenwel den toren in, verdedigde zich daar, en hielp het volk van Robles binnen, dat de stad met plundering en moord vervulde. Bronkhorst had hulp toegeschikt onder bevel van Bonga en Sicke Tijssens, die met eene onverklaarbare traagheid (meenende misschien dat ze nog vroeg genoeg komen zouden, en dat de stad niet op eens kon worden verrast) zich des nachts legerden in de nabijheid der stad (*ad tertium ab urbe lapidem*). Aan hulp en ontzet voor de jammerlijk vernielde en in brand gestokene stad viel niet meer te denken. Bonga en Tijssens verfoeiden hunne dwaling en traagheid, en pogende te herstellen wat zij konden, wachtten ze de aftrekkende vijanden (Walen van Robles) af, sloegen een deel dood, de overigen op de vlugt en ontnamen hun den roof.

Dit waren de beginselen van Frieslands bevrijding, helaas! te spoedig verloren! De Graaf van Schouwenburg, werkelijk als Stadhouder naar Friesland gezonden, beantwoordde aan Oranjes verwachting niet, en was in het geheel geen man om het beleid en den moed van Robles tegen te staan. Zijne regering was slap, de krijgstucht werd niet onderhouden, en hij wordt beschuldigd van zware schattingen te hebben opgelegd, waarmede hij slechts zich zelven verrijkte (48). Trouweloos vlugtte hij, en liet het pas herwonnen land aan den vijand over: de Geuzen werden met een verlies van twee-duizend dooden en acht-honderd gevangenen, door Robles, bij Staveren, geslagen; de gewonnen steden vielen weder in zijne handen, en eer het jaar der vrijheid, 1572, ten einde was, bukte Friesland weder onder Spanje. Bonga was met vele anderen gevloden; waarheen is onbekend. Misschien nam hij weder toevlugt op zee, en vervoegde hij zich op de vloot, waarmede Martena de Zuiderzee bezet hield, of, wat waarschijnlijker is, hij zal naar Noord-Holland zijn getrokken, en onder Sonoy een bevelhebberschap hebben gehad. Wij vinden daar meer Friezen, onder anderen Tiete Hettinga (48*). Van zijnen rusteloozen ijver laat zich dit denken, maar de geschiedenis zwijgt van hem tot in 1578. In dat jaar kwam Bonga met Johan van den Korput, aan het hoofd van eenige hulptroepen, de belegeraars van Deventer te hulp, en trok na het innemen dier stad door Rennenberg en Sonoy, weder naar Friesland, waar hij zich in het volgend jaar een groot voorstander der Unie van Utrecht toonde. Bij de jammerlijke twisten die Friesland in 1580 verdeelden, werd Bonga, door den Graaf van Rennenberg, die toen reeds aan zijn afval dacht, maar nog veinsde, naar Bolsward in bezetting gezonden, doch werd gebeden buiten te blijven, en deed het; Rennenberg zou hem met een ander bevel voorzien. Hij gehoorzaamde, maar werd reeds spoedig overtuigd van Rennenbergs neiging naar Spanje. Deze ontdekking werd weldra algemeen in Friesland, en er werd besloten, de zoogenoemde blokhuizen of stadskastelen te vernielen. Eer was men niet vrij, vooral toen men zag, dat Rennenberg ze wilde bezetten om de steden in zijn afval mede te slepen. Oranje zelf was voor dit plan, schoon hij den Graaf nog niet geheel durfde te mistrouwen, het was in allen gevalle goed, aan den Graaf de stof tot verzoeking te ontnemen. Agge van Albada had uit Keulen mede tot die verwoesting der kastelen aangeraden (49), en de Tyrannen-nesten werden ter vernieling gedoemd. Rennenberg zond dan acht Vendelen naar Friesland af, in schijn om het voornemen der Friezen te helpen, maar eigenlijk tot bezetting der blokhuizen. Dat begrepen de Leeuwardensche burgers, en zij wonnen gemakkelijk de drie Vendelen van Jan Bonga, Oene Grovestins en Jan Vervou. Maar het krijgsvolk van het slot weigerde af te trekken, en door een list werd Bonga en de zijnen meester van het kasteel. Zij zetten namelijk de monniken met de vrouwen en kinderen der bezettelingen voor aan, opdat deze niet op hen schieten zouden. Het gelukte, en in weinig tijds was het blokhuis, door de verheugde inwoners met den grond gelijk gemaakt. Toen trokken Bonga en Vervou naar Harlingen en het scheen dat men het slot aldaar moeilijk zou meester worden, want de bezetting bragt het geschut op de wallen en begon de stad te beschieten.

Doch eindelijk gaf ze zich over op goede voorwaarden. Het blokhuis van Staveren volgde.

Na Rennenbergs verraderlijken afval diende Bonga onder den Graaf van Hohenlo; en was misschien tegenwoordig bij diens nederlaag op de Hardenbergsche heide, waar hij door Schenk verslagen werd. Doch dit is niet zeker en waarschijnlijk was hij het, die, hoewel te laat, naar de Schans van den Opslag, door Schenk belegerd, werd gezonden met levensmiddelen. (Schotanus noemt dien Kapitein Jan Buninga, en zegt dat hij te Harlingen in bezetting lag, Te Water verzekert uit Winsemius, dat dit onze Bonga was) (50). Maar Bonga trok met zijn Vendel, benevens eenige anderen in voorhoede van Hohenlo op, tot het beleg voor Groningen, en werd door dien Veldheer met Hopman Reyn Idtzen in de Schans te Auwerderzyl, in de nabijheid ven Groningen in bezetting gelegd. Den 16 Aug. 1580 werd hij aldaar door het volk van Rennenberg aangevallen, doch sloeg het manmoedig af. Den volgenden dag werd de aanval met grooter geweld hernieuwd, en de onversaagde Bonga werd, wegens gebrek aan kruid en lood, door zijn volk verlaten. Hij zelf werd in zijn been hevig gekwetst, doch ontkwam des vijands handen en werd naar Leeuwarden vervoerd, waar hij na een lang en smartelijk ziekbed, den geest gaf. Was dit het wat de Fiscaal van Friesland bedoelde, als hij zegt dat toen Bonga de neerlaag bij Jemgum ontvlugtte, de Goddelijke Voorzienigheid de wraak over hem slechts uitstelde tot een ander geval? Het was bij hem slechts een ijdele wensch, een blijk van zijn bitter gemoed tegen de vrijheidminnende Friezen, zegt de Hoogl. Te Water, en wij twijfelen daaraan niet, ten zij wij het voor eene Profetie wilden houden, en dit viel niet in Carolus (51). Bonga was den dood des dapperen gestorven, tot op het laatste toe aan het Vaderland getrouw. Hij had het begonnen werk, waarvan hij een der eerste aanvangers was geweest, zien optrekken en weder in puinen vallen, maar uit die puinen op nieuw zich verheffen. Zag hij dan het einde niet, hij zag Friesland vrij, en mogt ontslapen in hope, dat het werk zijner handen door Gods zegen zouden worden bekroond. Hij is wel minder bekend dan anderen, die minder deden, maar hij verdient onder de voornaamsten van de bevrijders des Vaderlands te worden genoemd.

BOSCH, of DU BOSCH, of BOSKE.

Bosch, of *du Bosch*, of *Boske*, misschien *van den Bosch*, al zijn ook deze verschillende benamingen die van den zelfden man, is, voor het grootste gedeelte, nog onbekend. Monseigneur Boske (zoo noemt hem Bor) was deelgenoot van de verovering van een groot Groninger schip, bij Emden door Sonoy, Thomasz. en Gerrit Sebastiaansz. vermeesterd. Bij eene oproeping van de verbonden Edelen, ten einde gedeputeerden naar Brussel te zenden, vind ik eenen de Bosch genoemd. De Hoogl. Te Water geeft iets over dezen de Bosch, en gist of het Jan du Bosch (wien v. Leeuwen Jan van den Bosche noemt) mag geweest zijn, of zijn neef Antoni du Bosch, die in dienst was van den Graaf van Egmond. De naam komt anders niet voor (52): behalve dat zekere Jan van den Bossche, in Oct. 1576, den Prins van Oranje verwittigt van den innerlijken toestand van Brussel (Groen, *Archives*, V. 454).

GELEIN BOUWENSZ.

Gelein Bouwensz. is hoogst waarschijnlijk de Hopman *Geleyn*, wien onze Geschiedschrijvers noemen als een der Kapiteinen bij de vermeestering van den Briel. Doch het is niet gelooflijk dat hij een Luikerwaal was, zoo als Van Haren meent, als hij zingt:

Lumeis gevolg zijn Luikerwalen
 Gevoerd door Jelmer en Geleyn (53).

De voornaam Gelein was, vooral in Zeeland toen vrij algemeen en misschien was hij een Zeeuw. Dat deze Gelein Bouwensz. de eigenlijke Watergeus was, heeft mij de Wel Eerw. Zeer Gel. Heer Schotel geleerd, uit de Dordsche Tresoriers rekeningen, in zijn werk *Kerkelijk Dordrecht*, bl. 56, 57. Hij komt daar voor als Kapitein onder den Graaf van der Marck, die, nadat hij met vijf-en-veertig pond lonten voorzien was, op kosten van de stad Dordrecht, met Marinus Brand de rivier naar Gorcum opzeilde. Hij zal dus die stad mede hebben veroverd. Zijne verdere lotgevallen liggen in het duister. — Eerst dacht ik aan eenen *Jacques Gileyns* van Audenaarden, volgens eene manuscripte lijst, van het pardon van 8 Maart 1574 uitgesloten (54); maar vooral aan *Jan van Galeyn* uit het land van Valkenburg, die onder Gysbrecht en Dirk van Batenburg, hoplieden des Heeren van Brederode, gediend had. Hij kon, als landgenoot van Adam van Haren, hem zijn gevolgd (55).

MARINUS BRAND.

Marinus Brand was een der meest beroemde Watergeuzen, bij welken hij zich echter niet vroeger dan in het laatst van 1570 gevoegd heeft. Hij is toch dezelfde als die Marinus Brandt, die in het najaar van 1570, met zes anderen, te Middelburg op 's Gravensteen gevangen zat, en van daar uitbrak (56). Volgens de Publicatie waarbij hij door den Rentmeester bewester Schelde werd ingedaagd, was hij geboortig van *Chaeftinge*, hetzelfde als Saeftinge, een nu verdronken polder in Zeeland. Zijn geslacht (en misschien hij zelf reeds) is van daar naar Veere gekomen, en was er in 1792 nog in wezen, maar in deerlijk verval (57). Op den beroemden eersten April 1572, had Brand met Van Haren den voortogt, en wierpen deze beiden het eerst hunne ankers voor den Briel. Brand hielp den dag voor Paschen de gewonnene stad verdedigen en zette verder zijne pogingen voort met rusteloozen ijver tot bevestiging der vrijheid. In de volgende week nam hij, met Lumey, Delfshaven in, en was in Junij bij de vloot van Entens, die Dordrecht voor Oranje verzekerde. Van daar zeilde hij met een deel der vloot naar Gorcum, en kwam zonder eenigen tegenstand binnen de stad. Op de markt vergaderde hij de burgerij, en deed ze onder het geroep van *vive les Gueux!* Alva af-, Oranje en den Koning trouwe zweren. Doch het kasteel waarop de geestelijkheid met eenige Catholijke burgeren gevlugt waren, moest met geweld worden aangevallen, zoodat de bezetting in den blaauwen toren, (het binnenste deel van het slot) terug gedrongen, genoodzaakt was zich op te geven. Sommigen willen dat ze levensbehoud bedong (58): anderen, dat zij op genade en ongenade zich overgaf. Hoe het zij, Brand deed zijne ongenade gelden, hing twee burgers, Dirk Bommer en Arnout de Koning, openlijk op de markt, en liet de overigen vrij; maar de geestelijkheid moest, na zware mishandelingen, in nog erger handen vervallen en werd door Brand naar den Briel gezonden, waar Lumey hen jammerlijk liet ombrengen. Het krijgsvolk dat Loevestein bezette, verliep uit vrees, en Brand veroverde die sterkte (59), gelijk ook Liesveld tegen over Schoonhoven, bij nacht. Dewijl Brand bijzonder onder het bevel stond van Entens van Mentheda, werd hij in Aug. 1572 naar Zeeland geroepen en had een bevelhebberschap over een deel der tweeduizend man, die door Lumey aan Tseraarts werden ter hulp gezonden, tot bemagtiging van Goes. Door Mondragon van voor die stad met geweldige nederlaag terug geslagen zijnde, hadden Tseraarts en Entens het gewaagd, met het overschot van hun volk Arnemuiden aan te grijpen. Ook deze togt, door Brand bijgewoond, had dezelfde uitkomst. Entens vlood naar Lumey, Brand begaf zich naar Delfshaven. Hij is evenwel spoedig teruggekeerd, want in September van hetzelfde jaar dreef hij, met den Admiraal Worst, tien Spaansche schepen, met acht-honderd koppen bemand, terug. Deze vloot was met levensmiddelen en buskruid voor het belegerde Goes bestemd (60). Later trok hij met Lumey Holland in. Wij treffen hem in 1573 aan als Admiraal van 's Prinsen schepen op de Haarlemmer Meer. Zijne bedrevenheid in hetgene den krijg te water aanging bragt hem tot dien post, dien hij met weinig geluk bekleedde. Zijne dapperheid was wel niet twijfelachtig, maar hij miste die bedaardheid en dat beleid, een' zeeoverste zoo zeer noodig. Eene bijzondere woestheid en onberadenheid kenmerkt zijne daden. Den 28 Mei geraakte de vloot onder zijn bevel slaags met die van Bossu, drie-en-zestig schepen sterk. De ontzachlijke en triumferende houding van de Spaansche vloot schijnt den Zeeuwschen Overste den schrik te hebben in het hart gejaagd, zoowel als den bevelhebber van het krijgsvolk, den Heer van Batenburg. Zij vloden, lieten een- of twee-en-twintig schepen in 's vijands handen, en Haarlem aan de woede van Don Frederik (61). Tot hunne verschooning mag gezegd worden, dat hunne schepen in slechten toestand, klein en weinig bemand waren, terwijl die van Bossu rijkelijk van alles waren voorzien. Na deze nederlaag begaf Brand zich weder naar Zeeland, en diende daar te water, in het beleg van Middelburg. Ten minste het is te vermoeden dat hij de Kapitein Marinus was, die van boord gegaan, terwijl hij voor Arnemuiden op stroom lag, met Kapitein Evert Hendriksz., door de bezetting dier plaats

12*

werd gevangen genomen, 24 Jan. 1574. Beiden werden eenige dagen later tegen den Kapitein van de Middelburgsche bezetting, Trenchant, uitgewisseld (62). Maar hij heeft aan het Vaderland geen dienst van belang meer gedaan. Want in de nacht van 23 Junij 1575 liep hij tot den vijand over, met eenen Hendrik Fransz. Cruytdaen, die aangesteld was om bootsvolk te werven; met Swartgen van Gorinchem en Pieter van Hoorn en nog twee Kapiteins die niet genoemd worden. Zij lieten zich van Dordrecht, waar zij eenigen tijd hadden vertoefd, naar de Swalue overzetten. Of dit overloopen in verband staat met een aanslag der Spanjaarden op de Klundert, waarvan de Staten, omstreeks dien tijd kennis hadden gekregen, blijkt niet; evenmin welke de redenen dezer verraderlijke handeling geweest zijn. Men achtte deze daad bij de Admiraliteit van eenig gewigt, en er werden voorzorgen genomen tot voorkoming van de mogelijke kwade gevolgen. Daarover hebben wij reeds het een en ander in het leven van Jan Abels aangeteekend (63). Zoo eindigde de loopbaan van Marinus Brand in schande. Zijn naam werd niet meer genoemd, en zijn leven nutteloos voor het Vaderland, zoo al niet in vijandelijke aanslagen tegen dat Vaderland doorgebragt. Zijn voorbeeld is eenig onder de Watergeuzen. Zijn geslacht bleef nog in Zeeland bestaan, en het is mogelijk dat de Kaper-Kapitein Brand, in den eersten Engelschen oorlog 1651-1654, een zijner nakomelingen was (64).

LANCELOT VAN BREDERODE.

Lancelot van Brederode, de natuurlijke zoon van Reinout, en dus een halve broeder van Hendrik van Brederode, met Montigny voor den schoonsten man der Nederlanden gehouden (65), had eene korte, schoon roemrijke loopbaan. Hij woonde waarschijnlijk, buiten Haarlem, op het huis ter Kleef, dat aan het geslacht van Brederode toebehoorde. Een vurig voorstander der Hervormde leer, was hij een der voorstanders van de Predicatien op het open veld, bij zijne woonplaats gehouden; en stemde hij in al de maatregelen zijns broeders, wien hij volgde, tot hij met hem vlugtte in 1567. Als Willem van Zonneberg aan de Pastoren onder Brederodes jurisdictie, het opzeggen der Mis, en het prediken in hunne koorklederen verboden had, zal dit zonder Lancelots toestemming niet geschied zijn. Hij had met vele andere Edelen de hand geleend aan het berooven der papieren van den Secretaris des geheimen Raads, de la Torre, te Amsterdam (66), en wordt genoemd onder diegenen met welken Oranje vertrouwde briefwisseling hield. Lid van het verbond der Edelen, bleef hij aan zijne beginselen getrouw, en hield goeden moed, toen alles hem tegen was, gelijk uit de verbindtenis blijkt met nog eenige Edelen gesloten, 15 Aug. 1569, waarin de zuivere Evangelie-verkondiging als het groote doel zijner pogingen en zijns strijds voorkomt (67). Ten gevolge van dit verbond, begaf hij zich onder de Watergeuzen met bestelling van Oranje, en wordt bij vriend en vijand als een der beroemdsten onder hen erkend (68). In 1570 had hij den voortogt toen het op Enkhuizen losging, maar hij ontkwam naauwelijks het gevaar van schipbreuk, zijnde door het grond-ijs bezet. Hij was bij al de aanslagen een der eersten, en had eenigen tijd met Adriaan Menninck het opperbevel over de vloot der Watergeuzen, liggende op de Ooster- en Wester Eems (69). Dit was reeds na het innemen van den Briel, waarbij hij zijn moed en ijver toonde. Eenigen tijd daarna was hij Kapitein binnen Haarlem, gedurende het beleg. Toen de stad bij verdrag overging, werd hij 20 Julij 1573 te Schoten, buiten Haarlem, onthoofd. Zoo eindigde, reeds vroeg, een leven geheel aan het Vaderland en der gezuiverde Godsdienst gewijd. Hij liet eene weduwe na, Adriana van Treslong en verscheidene kinderen, waarvan een, Reinout van Brederode, Hr. van Veenhuizen, in de geschiedenissen des Vaderlands niet onbekend is gebleven (70).

DIRK VAN BREEMEN.

Dirk van Breemen behoorde onder de eersten, die, op Oranjes last, zich tot de kaapvaart toerustedeu, en met veel geluk op onze Noorderkusten daarin slaagden, tot dat hij, voor Emden geankerd, en in het bijzonder (zoo schijnt het ten minste) bij den Graaf van Oostfriesland in verdenking, door hem werd gevangen genomen, eenigen tijd nadat hij met zijne spitsbroeders den storm en vloed van 1 Nov. 1570 was ontworsteld.

Of hij in den kerker omkwam of de lust tot vrijbuiten daar na heeft verloren, moet ik onbeslist laten; ik vind zelf zijn naam niet meer. Dit gevangen nemen moet ons niet ongunstiger van V. Breemen doen denken. De Graaf nam ook tien of elf schepen in beslag: eerst heette het, omdat de Geuzen zijn land en volk beschadigden, daarna, op last van den Keizer, en uit vreeze voor Alva. Hij werd van beide kanten in het naauw gebragt (71).

JAN BROEK.

Jan Broek, een Amsterdammer, had een treuriger lot. Is hij dezelfde met Jan Broek Valentynsz., dan zien wij in hem een moedig verdediger van de Hervorming binnen zijne Vaderstad Amsterdam. Kort voor Brederodes komst in Amsterdam, in 1567, had de Regeering van die stad het er op toegelegd, om de Calvinisten den voet op den nek te zetten, en daartoe in stilte, eenige honderd mannen in soldij aangenomen. Daarbij komt de tijding dat de Graaf van Megen op Amsterdam aantrok. Jan Broek, een *zeer behart man*, zegt Hooft, verstout zich, laat de trom roeren, om de zijnen op te roepen, en ziet welhaast negen duizend man rondom zich, op allerlei wijze gewapend. Een bewijs dat de Hervormden toen reeds grooten opgang te Amsterdam gemaakt hadden. Moed en hopeloosheid vuurde hen aan; de bangheid der tijden, de wreedheid der nu welhaast triumferende Catholijken, deed hen tot het uiterste overgaan. Het kloekhartig gedrag van Jan Broek, zijn vermeesteren van het Bushuis, zijn moedig wederstaan van de benden der regering, bezorgde den Hervormden een verdrag, en eenigen tijd van kalmte, welhaast te jammerlijk gestoord (72). Dat hij, na Brederodes vertrek — met wien de laatste hoop op menschen den Hervormden ontzonk — te Amsterdam niet meer veilig was, is duidelijk. Hij ontvlugtte zijn Vaderland en behartigde de zaken van Graaf Lodewijk in Groningerland en te Emden. Wij zouden uit zijne zending naar Emden bijna opmaken dat hij een koornkooper of bakker was. De Graaf zond hem toch daarheen om te onderzoeken, hoe veel beter en gemakkelijker hij den voorraad van meel (voor het leger in de Ommelanden) hield dan die van beschuit (73). Lodewijks leger werd verslagen, zijne volgelingen vloden naar Emden, en rustten zich ter zee uit. Onder hen was Jan Broek een ijverig voorvechter, zonder het te buiten gaan van zijn lastbrief te ontzien. Hij had de dwaasheid van zelfs de schepen der vrienden van Oranje, hunne eigene vrienden, weg te nemen. De schepen der Hamburgers en Bremers werden geplunderd en gerantsoeneerd, terwijl de eigenaars dier bodems openlijk weigerden geld te leenen aan Alva en zijne dienaren, tot vernieling van Oranjes magt (74). Jan Broek geraakte in de handen der Hamburgers, en werd, als een zeeroover, onthoofd (75).

BRUYN.

Bruyn van Utrecht was een der innemers van den Briel, volgens het getuigenis onzer Geschiedschrijvers, en heeft het begonnen werk helpen voortzetten, als Kapitein over een vendel voetvolk, onder Sonoy, schoon zijn naam zeer weinig voorkomt. In 1580 diende hij onder den Graaf van Hohenlo, in Friesland en de Groninger Ommelanden, en lag met van den Korput in bezetting te Dokkumerzijl, later ook in de schans bij Collumerzijl. Zoo hij één mogt wezen met *Robert de Bruin*, (dat ons onmogelijk is zeker te bepalen) dan is hij in den slag bij Nordhorn, waar de Nederlanders onder Norris door de Spanjaarden, onder Verdugo, geslagen werden, gevangen genomen. Ik gis dat *Bruin*, die te Kuilenburg woonde, op den Havendijk, volgens zijn vonnis, geen ander dan Bruin van Utrecht was. Genoemde Bruin van Kuilenburg had wijlen den Heer van Brederode met de wapenen gediend tegen den Koning, de kerken vernield, en was in Friesland een der Geuzen Kapiteinen, terwijl het leger van den Prins van Oranje (onder Graaf Lodewijks bevel) in dat land was (76).

Jr. JAQUES CABILJAUW.

Jr. *Jaques Cabiljauw*, Heer van Mulhem, een Vlaamsch Edelman (77) uit Gend of omstreken, had de partij des

Prinsen van Oranje gekozen, als een ijverig Hervormde,
en zich vereenigd met de Watergeuzen, met welken hij
zich bij den Briel bevond. Hij wordt evenwel onder de
verbonden Edelen niet gevonden, ten minste de Hoogl.
Te Water noemt hem niet. Zijn eigenlijke werkkring
lag in Noordholland, waar hij door zijn onbezweken
moed en zijn bijzonder minzaam karakter, dat hem
echter de naauwgezetheid eens bevelhebbers niet vergeten deed, de harten won. Hij werd door Lumey met
zijn vendel naar Enkhuizen gezonden, benevens eenige
andere Kapiteinen, zoodra deze stad zich voor Oranje
had verklaard. Kort daarna trok hij met Ruychaver
en eenig krijgsvolk naar Medemblik, doch kon, niettegenstaande de krachtige opeisching van Ruychaver, het
stads-kasteel, waarop de Spaanschgezinde burgers gevlugt waren, niet in zijne magt krijgen, dan door eene
toen zeer gewone krijgslist, het plaatsen van de vrouwen
en kinderen der gevlugte burgers voor het geschut, dat
de bezetting het schieten belette (78). Cabiljauw werd
door Oranje tot Gouverneur van Medemblik aangesteld.
Te Hoorn kwam hij gemakkelijk binnen, door vriendelijke onderhandeling. Hij bleef te Medemblik, waar
16 Nov. 1572 een gevaarlijk oproer ontstond; zoo zelfs
dat de burgerij de soldaten meester werd en velen
hunner deed vlugten. Cabiljauw had namelijk een
burgers zoon, die over de wallen was geklommen, doen
vangen. Deze daad was hoofdmisdaad, omdat Medemblik eene frontier- en zeestad was. De twist werd echter
bijgelegd door de Commissarissen van Oranje gezonden,
Herman van der Meere en Hopman Ruychaver. Men
beloofde wederzijds allen twist te vermijden, en Cabiljauw beloofde bij handteekening de eendragt te zullen be-

waren. Zoo deed ook de Regering der stad (79). In 1573, na het innemen van Haarlem door de Spanjaarden, had hij eene legerbende verzameld, waarmede hij Egmond en Heilo bezette ter bescherming van Alkmaar. Toen evenwel Don Frederik op die stad aantoog, was hij genoodzaakt binnen te trekken, hoewel eene groote partij uit de regering en burgerij hem wilde buiten houden, en dwaaslijk eischte, dat hij versterking zou ontbieden, en de Spanjaarden verdrijven. Cabiljauw, door Oranje tot Bevelhebber van Alkmaar benoemd, weigerde dien voorslag der Regering — hij wilde weten of hij daar toevlugt kon vinden, ten minsten geene dubbelhartige stad achter den rug hebben — en trok met Ruychaver en zijne benden naar de stad. Zij stelden zich beiden voor de vergaderde Magistraat, en eischten dat men hun volk inliet. Reeds had een deel der burgers zich vijandig betoond en zijn Commissaris, Willem Mostart, in het been geschoten. De moedige Burgemeester Floris van Teylingen staat eindelijk op, nadat de Raad lang had gewelfeld, zweert met den Prins te willen leven en sterven, en zendt den stads timmerman Maarten Pietersz. van der Mey, om de poorten te openen. Door zijne hulp en de bijlen van Cabiljauws soldaten opende zich de poort, en oogenblikkelijk trokken de krijgsbenden door de stad heen, de andere poort uit en verjoegen de voorhoede der Spanjaarden. Het beleg van Alkmaar is hoogst merkwaardig, wegens den moed der ingezetenen en der bezetting, vooral in dien gedenkwaardigen storm van 18 Sept., waarbij de Spanjaarden meer dan vijf honderd man verloren. Cabiljauw hield moed en verklaarde liever te sterven dan de stad verlaten, waartoe eenigen zijner Kapiteinen hem aanraadden. Maar het was de moed der getrouwen niet alleen, het was het krachtig gebed des regtvaardigen dat de aangevochten vesten redde, slecht van krijgsvolk, en levensmiddelen voorzien. *Jan Arends*, de eerste Evangelieprediker der Hervorming in Holland, lag op zijn uiterste als Alkmaars belegering begon. Toen, onder het gedreun der alarmtrommen, hief de stervende, met zijn huisgezin rondom hem, de handen naar God op, om het behoud zijner dierbare vaderstad. *De Almagtige mogt zijn Vaderland den vijand ter plundering en verwoesting niet overgeven, maar liever voor den geloovigen en Godvreezenden aldaar eene hutte behouden!* In die hope ontsliep hij, en zijne hope werd niet beschaamd (80). Zelfs Cabiljauw, hoewel krank, hield vol, en liet zich naar de wallen voeren, om door zijne tegenwoordigheid den zijnen moed in te storten. Hij werd ook hoog geacht door de inwoners van Alkmaar, die voor een goed deel, naast God, aan hem hunne verlossing dankten. Enkelen zijner Kapiteinen werden naderhand wel van wangedrag beschuldigd, doch vrijgesproken; op hem echter had geen smet gekleefd. Wat er na dezen tijd van hem geworden is, en of hij te Alkmaaar in bezetting bleef, meldt ons niemand der Geschiedschrijvers. Misschien is hij later naar Vlaanderen en Gend terug gekeerd. Het verwondert ons toch, dat hij zoo geheel in vergetelheid zou gebleven zijn. Meer zeker schijnt Cabiljauws vertrek, als wij zijn Predikant Jan Michielsz., niet lang na Alkmaars verlossing, in dienst van Sonoy vinden. Dat de krankheid, waarmede hij gedurende het beleg, bezocht was, hem doodelijk werd, is niet te denken, maar zij dreef hem mogelijk naar zijn Vaderland terug, en dwong hem tot verlaten van de krijgsdienst. Doch reeds gissingen genoeg. In 1579 was een Jaques Cabiljauw te Gend lid der Regering, en als zoodanig, van de Commissie die met Oranje over de verzoening der Gentenaars met de Malcontenten zou handelen. Zelfs wordt nog een Vlaamsch Edelman, strijdende onder Prins Maurits, met name Cabiljauw opgegeven als gekwetst in den slag bij Turnhout (81). Zoo het de Watergeus zelf niet was, kan het een zijner bloedverwanten geweest zijn. Hun geslacht bleef dus aan Oranje getrouw, en heeft naderhand gedeeltelijk in Holland gewoond, waarschijnlijk om hunne gehechtheid aan de Hervormde Godsdienst. De Bevelhebber van Alkmaar en Medemblik was, naar het getuigenis zijner tijdgenooten en van hen die hem kenden, een beminnelijk en goedaardig man, en, zoo iemand (het zijn de woorden van Nanning van Foreest, die hem gedurende het beleg van Alkmaar gekend had) van een zachtmoedigen en gemakkelijken aart, een karakter dat zeker zeldzaam was onder de Watergeuzen (82).

CALFSVEL.

Calfsvel of *Calffvel*, zoo als de Sententien hem noemen (het kan louter een bijnaam zijn), was van Rotterdam, maar had te Dordrecht gewoond. Schipper zijnde, mag hij als zoodanig op een schip van Ruychaver, Duivel of Spiegel hebben gevaren, en de eenige daad die van hem gemeld wordt, is het berooven van het marktschip van 's Hertogenbosch, toen het, vrij goed geladen, van Antwerpen terug kwam en in de handen der Geuzen viel (83).

GIJSBRECHT JANSZ. CONINCK.

Gijsbrecht Jansz. Coninck staat op de lijst der Watergeuzen wegens hetgene van hem Alva's Sententien berigten, dat hij namelijk met zijn' vader en oom het plan had gevormd om Dordrecht en den Briel te overvallen. Daartoe had onze Coninck (die toen dus afwezig was uit de stad) zich naar Dordrecht begeven. Zijnen vader hadden deze plannen het leven gekost. Te meer vermoede ik dat hij een Watergeus was, omdat hij toen reeds een balling was uit zijn Vaderland. Dit evenwel zou mij niet tot het besluit gebragt hebben, om hem als Watergeus te erkennen, indien ik in de Rekening van Vere niet een Hopman *Coninck* had gevonden, die daar in bezetting lag in 1572 of 73, of met zijn schip onder den Admiraal van Vere, J. Simonsz. de Rijk diende. Deze gissing heeft vele waarschijnlijkheid voor zich. In hoe ver wij mogen stellen, dat hij met Gisbertus (van wien straks nader) dezelfde persoon is, mag ik niet beslissen. Deze Gisbertus kwam om bij de verovering van Dokkum door Robles den 20 Sept. 1572, of daaromtrent. Is hij en onze Coninck één, dan heeft hij Vere verlaten om op de Friesche kusten met zijn schip te verrigten wat voor het Vaderland noodig was. De naam van Coninck wordt later niet meer genoemd (84).

MICHIEL CROOCQ.

Michiel Croocq of *Krock* moet, naar alle waarschijnlijkheid, voor een Luikenaar of Waal worden gehouden, en staat met eene zwarte kool geteekend in de geschiedenis dier dagen, als een der hevigste vijanden der geestelijkheid en een woeste plonderaar van vriend en vijand. Onder het gevolg van Lumey in het land gekomen, is zijn naam genoemd onder de innemers van den Briel. Maar zijne krijgsdaden zijn niet vele, en zijn moed en beleid waren niet boven alle bedenking verheven. Ten minste zijne overhaaste vlugt van Amsterdam — dat hij met drie honderd man aan de overzijde van het IJ bezet hield, gedurende de korte belegering door den Graaf van der Mark — was een blijk dat hij voor den wezenlijken krijg niet geschikt was. De gemakkelijke wijze waarop men rijk geladene koopvaarders meester werd, vormde geene krijgslieden, maar laffe vrijbuiters die in het gevaar zelden stand leerden houden. De omstandigheden moesten die vrijbuiters eerst bedaren en tot goede soldaten maken. Bij allen ging dit niet even voorspoedig. Alleen eene goede en streng volgehoudene krijgstucht kon de loszinnigheid beteugelen, en de liefde tot het Vaderland zelve de zielen tot daden van waren moed aansporen. Sonoy hield, zooveel hij kon, goede krijgstucht. Croocq verliep zich zoover, dat eindelijk zijn Luitenant en verdere soldaten weigerden te dienen onder zulk een Hopman. In Noord-Holland, aan den Langendijk, had hij, in dronkenschap, een Priester neus en ooren afgesneden, aan de staart van zijn paard gebonden, en ten laatste doorstoken. Zulke euvelen (en zij waren de eenige niet) riepen luide om wraak. Sonoy vergaderde het geheele vendel van Croocq, beschuldigde den Kapitein voor al zijn volk van verscheidene gruwelen, en gebood oogenblikkelijk zijn dood. Het was de kieschheid zijner soldaten, die wenschten dat zijn doodvonnis niet in hunne tegenwoordigheid mogt worden voltrokken. De Gouverneur liet hem dan naar het hof van Schagen voeren en 10 of 11 Febr. 1574 verloor Croocq, naar een regtvaardig vonnis, zijn hoofd en leven (85).

ANANIAS, BASTAART VAN CRUENINGEN.

Ananias, Bastaart van Crueningen, — zoo genoemd waarschijnlijk omdat hij een natuurlijke zoon was uit een der Heeren van Crueningen; een adelijk Zeeuwsch geslacht: — is mij alleen bekend geworden uit zijn vonnis dat Mr. G. van Hasselt ons bewaard heeft in de *Stukken voor de Vaderlandsche Historie*, II D. bl. 105 volgg. In hem zien wij tot welk een ongelukkigen levensloop menigeen door den druk van Spanje, en den dwang der omstandigheden als gedwongen werd. Duizenden zijner tijdgenooten waren hem gelijk, velen gelukkiger dan hij. Volgens zijne eigene bekentenis had hij eerst gediend in het vendel van Brederode, waarover Longueval (Robert de Longueval, Hr. van la Tour en Warlain) Kapitein was. Terwijl hij als soldaat diende, had hij

deel aan eene poging om Jan Grovels, gezegd de Roode
Roede, in de Abdij te Marienweert op te ligten. De
poging mislukte, maar hij had de pistolen die aan de
zadelboomen van twintig paarden hingen, weggenomen
en onder zijne makkers verdeeld; een boek met zilver
beslag, en den knop van den staf des Abts gevrijbuit,
maar roemde dat de Abt aan hem het leven had te
danken, en erkende, het gestolene ter waarde van zes
of zeven honderd guldens, aan de vrouwe van Brederode
te hebben terug gegeven, die het den Abt weder had
ter hand gesteld. Van Vianen naar Amsterdam trekkende met het volk des Heeren van Brederode, kwetste
hij zich met zijn roer aan het been, en moest te
Ouderkerk (aan den Amstel) blijven. Genezen zijnde ging hij naar den Briel en begaf zich naar Engeland, waar hij Watergeus werd. Van daar was hij
met den Heer van Dolhain, 's Prinsen Admiraal, met
zeven schepen, naar de Eems gestevend, waar zij tachtig
of negentig Hollandsche schepen hadden genomen. Zijn
deel aan den buit bedroeg slechts twintig of dertig dalers. Vroeger echter had hij onder den Prins
van Oranje de wapenen gedragen, bij zijne togt over
de Maas. Dit moet zeker geschied zijn voor hij naar
Engeland trok, want Oranjes togt was in 1568, en
Dolhain werd Admiraal in 1569. Maar hij was tegenwoordig geweest bij den moord te Berchem, aan den
Landdeken en zijn Kapelaan gepleegd, schoon hij be-
leed, aan den moord zelven onschuldig te wezen. Een
der deelgenooten van dien gruwel (zij waren dertien
sterk) spoorde tot die daad aan, omdat de Landdeken
oorzaak was geweest van den dood zijns stiefvaders, in
de laatste beroerten, op den weg naar Lier, opgehangen.

In den buit had hij nogtans medegedeeld. Verder had hij zich gevoegd bij hen, die Deventer wilden verrassen; later, eenen Kapitein Jan Jansz. van Delft, als soldaat gediend, die volk te Wezel vergaderde, en het oog had op een beitelschip te Emmerik, om met dat veroverde schip naar Holland te varen, Rotterdam en Delftshaven te plunderen, en naar Engeland te zeilen. Doch de aanslag miste. Hier eindigde zijn onrustige levensloop. Te Arnhem gevat en ter dood veroordeeld, verklaarde hij, als een goed Christenmensch, in het geloof zijner voorouders te willen sterven, en hij verloor zijn hoofd en leven nog voor dat de dag der bevrijding was aangebroken, in Jan. 1572. Zijn vonnis was 10 Jan. geteekend.

FREDERIK VAN DORP.

Frederik van Dorp heeft een eervollen naam aan het nageslacht achter gelaten. Indien iemand, dan heeft hij in de oorlogen ter bevrijding des Vaderlands krachtige diensten gedaan, veel meer dan anderen. Hij en Johan van Duivenvoorde zagen beiden in bloeijende jongelingschap het Vaderland, door hunne hulp bevrijd, de vrijheid bevestigd, en beiden ontsliepen eerst in gezegenden ouderdom, toen zij de vruchten hunner zegepralen gezien hadden, en het Vaderland magtig geworden, dat zij aan den afgrond van ellende hielpen ontrukken. Van Dorp koos den krijg te land, Duivenvoorde ter zee, en beiden bereikten op hunne loopbaan de hoogste eereposten. — Het zou ons moeijelijk zijn een geregeld levensberigt van hem te geven; niet, omdat de historie hem eigenlijk heeft vergeten, (schoon ze van zijne eerste daden zwijgt en zijn naam eerst voorkomt, toen hij tot een hooger trap van aanzien gestegen was); verscheidenen zijner stamgenooten hebben dien naam eere aangedaan. Doch dewijl de geschiedschrijvers den voornaam niet altijd noemen, zijn wij dikwijls in tweestrijd aan wien der v. Dorpen wij hebben te denken. Arent van Dorp, Frederiks oom, een voortreffelijk krijgs- en staatsman, is beroemd, en wij vermoeden wel dat hij onder de Watergeuzen was, doch hebben geene zekerheid. Willem van Dorp (die volgt) heeft ook zijn hart en hand aan het Vaderland gewijd, en daar zijn er nog meer geweest van dien naam, doch niet altijd van elkander te onderscheiden. Het mag daarom waarlijk gelukkig heeten dat wij eene levensbeschrijving, of liever eene korte kronijk van zijn leven hebben, van de eigene hand van Frederik van Dorp, die zoowel van zijne menigvuldige werkzaamheden, als van zijne braafheid en nederigheid getuigt (86). Met deze levensbeschrijving in de hand kunnen wij zijnen levensloop, ook volgens de geschiedenissen, geregeld nagaan.

Frederik van Dorp, Hollandsch Edelman uit het geslacht van Wassenaar gesproten, werd in 1547 geboren uit Philips van Dorp en Dorothea Nellink (87). In den ouderdom van 21 jaren had hij reeds deel aan de overwinning bij Heiligerlee: hij zelf noemt dit zijn eerste uitvlugt. Jemgums nederlaag ontkomen, had hij zich

op de Geuzen vloot begeven, en kwam den 1 April
1572 met den Graaf van der Marck in den Briel, hielp
die stad tegen Bossu verdedigen (88), en schijnt verder
naar Zeeland te zijn getogen, waar hij onder den Admiraal Louis Boisot, zijn neef (89), in 1574, deel had
aan de roemrijke overwinning der Zeeuwen, bij Roemerswaal. Met Boisot hielp hij Leyden ontzetten, en
verliet toen zijne dienst, om onder zijn oom Arent
krijg te voeren. Hij was toch gedurende het beleg van
Zierikzee, in 1575, in die stad, waarover A. van Dorp
bevel voerde. Tot nu toe was hij vendrig geweest,
doch verkreeg in 1577 een vendel soldaten van twee
honderd en vijftig man, als Kapitein. Met dezen lag
hij in 1579, in bezetting te Maastricht, maar werd,
bij het stormerderhand veroveren der stad door Parma,
en den vreesselijken moord, wonderlijk door God bewaard, wien hij daarvoor lof prijs en eere toebrengt.
Hij was namelijk (zelf vermeldt hij dit niet) met Kapitein Tollenaar en een paar andere bevelhebbers, door
de soldaten van Parma gevangen genomen, en werd
onbekend door hen voor een zeer gering losgeld vrijgelaten (90). De stoute veroveraars van Aalst, de Heer
van Thiant, Olivier van den Tempel en de bekende
Colonel de la Garde telden van Dorp onder hunne banieren. Fr. Haraeus verhaalt van éenen v. Dorp, een
der bezettelingen van Heerentals, die door de Spanjaarden uit Lier gevangen werd, nadat vier benden voetvolk, uit Heerentals naar Brussel trekkende, op het
Ruggeveld, tusschen Lier en Antwerpen, door de bezetting van Lier geslagen waren (91). Is deze Frederik
van Dorp, dan moet hij spoedig ontslagen zijn, want
in 1585 was hij in het belegerde Brussel, dat wegens

hongersnood aan Parma overging, en kort daarna hielp hij Liefkenshoek overvallen tot hulp van het benaauwde Antwerpen. In 1586 Luitenant Kolonel geworden, stond hij bij het leger van Prins Maurits, onder wiens beleid hij, in 1590, mede het zijne toebragt tot het innemen van Breda. Hij was niet in het turfschip, maar onder de benden die de stad bezetten, na het winnen des kasteels. In het volgende jaar is hij misschien Overste Luitenant geweest te Nijmegen van Graaf Philips van Nassau, na de overgave dier stad aan Maurits (92). Maar vier of vijf jaren later, nadat hij nog, 1593, als Sergeant Majoor Generaal van Zeeland, het gebied over dertig vendelen soldaten verkregen had, werd hij als Kolonel over tien vendelen, naar Frankrijk gezonden, waar hij negen maanden met zijne hulptroepen diende in het leger van den Koning Hendrik IV. Bij de belegering en het nemen van la Fère moet hij zich bijzonder hebben gekweten; want de Koning sloeg hem tot Ridder en vereerde hem met een gouden keten. Hij zelf echter spreekt van zijne dappere daden niet (93). Naauwelijks vier en twintig uren uit Frankrijk teruggekeerd, moest hij, als Luitenant Generaal van Graaf Joris van Solms het bevel van het belegerde Hulst op zich nemen. De Kolonel Piron, die in die stad voor Maurits het bevel voerde, was, bij het vermeesteren van het ravelijn der Begijnen poort door de Spanjaarden zwaar gekwetst, en v. Dorp was daarom noodig in die vesting. Hoewel hij krachtigen ijver toonde en zijn pligt zeer getrouw betrachtte (94), zag men zich echter gedwongen de zwakke stad aan den vijand, op redelijke voorwaarden op te geven. Deze overgave werd door de Staten van Zeeland den Grave van Solms zoo kwalijk genomen, dat men hem als Opperbevelhebber ontsloeg en zijne benden onder drie bevelhebbers, waarvan F. van Dorp een was, verdeelde. Waarheid was het echter, dat de krijgsraad te Hulst zelve de overgave der stad had gewenscht, als niet meer te houden, en v. Dorp had met anderen zijn naam onder eene resolutie ten dien einde, geteekend. Als een bijzonder blijk van vertrouwen in hem gesteld, mag worden aangemerkt dat hij, in plaats van François Vere, Gouverneur werd van het belegerde Ostende 19 Febr. 1602. Anderhalf jaar bekleedde hij dezen moeijelijken en zeer vermoeijenden post, eer men hem afloste. Hij werd door de Staten van Zeeland met een (zilveren?) schaal, waarin de belegering gegraveerd was, voor zijne trouwe diensten beschonken. Nog eens diende hij, reeds in gevorderden ouderdom, buiten s'lands, en wel in het beleg van Brunswijk. Als Overste van een regement en Generaal de Artillerie, genoot hij van den Hertog een jaargeld van veertien honderd guldens. Hier eindigen de berigten van Frederik van Dorp. Wij weten dat hij naderhand Gouverneur van Tholen was, en in 1612 in den ouderdom van vijf en zestig jaren ontsliep. Zijne weduwe, die hij zeker niet lang voor zijn dood had getrouwd, bleef met eene dochter en een pasgeboren zoon achter, gelijk zijn vader Frederik genoemd, en niet onberoemd in de letterkunde en de geschiedenis des Vaderlands. Maar uit zijn vorig huwelijk waren nog verscheidene kinderen, van welken een zijnen dapperen vader zeer ongelijk was. Tertulliaan van Dorp, oudste zoon van Frederik, gaf, in 1629, Amersfoort lafhartig aan de Spanjaarden over. Philips van Dorp, zijn tweede zoon, werd Admiraal van Holland. Doch wij moeten eindigen. — Frederik van Dorp, doet zich kennen als een regtschapen bevrijder des Vaderlands, een vroom en eerlijk Watergeus, gelukkig krijgsman, ervaren bevelhebber. Het was wenschelijk dat meerder beroemde mannen, zoo eenvoudig en nederig, hun leven hadden beschreven, de geschiedenis van het Vaderland zou er bij winnen, en eene menigte daden en mannen zouden bekend worden, die nu ter vergetelheid gedoemd schijnen. De geschiedschrijvers noemen hem naauwelijks, en het is alleen de Spaanschgezinde Franciscus van der Haar, die hem en anderen van zijne geslachtgenooten met name noemt (95).

WILLEM VAN DORP.

Willem van Dorp, een stamgenoot van Frederik, moet de zoon zijn geweest van Cornelis van Dorp en Maria van Bronkhorst: volgens eene geslachtlijst door den Hoogl. Te Water geraadpleegd; — volgens van Leeuwen heeft Cornelis van Dorp slechts één zoon, mede Cornelis geheeten, nagelaten, die stierf zonder kinderen (96). Hoe het zij, Willem van Dorp, wordt gerekend onder de verbonden Edelen, en dat hij bij den Briel is geweest, getuigt ons Van Wijn. Na dezen tijd verliet hij de krijgsdienst en werd Baljuw van Delfland en Schout van Delft, doch was in 1592 Kolonel onder Prins Maurits in het beleg van Steenwijk, waar hij 3 Julij, in het dik van zijn been werd geschoten, en den volgenden dag aan zijne wonden overleed (97).

DIRK DUIVEL.

Dirk Duivel wordt opgenoemd onder eenige Amsterdammers, die onder bevel van Lodewijk van Nassau, schepen ten vrijbuit, te Rochelle uitgerust hadden ter beschadiging van de onderdanen van Philips. Om deze reden had hij een banvonnis ten zijnen laste, toen hij zelf met zijne krijgsmakkers reeds een deel des Vaderlands aan den dwang van Spanje ontrukt had. Dit vonnis was van 5 Junij 1572. Hij had zijn vuist en zwaard geleend tot verovering van den Briel, en hield met anderen, tegen Lumey, stand om die stad te verdedigen, in welke verdediging hij zich manhaftig kweet. Onder bevel van Lumey Holland ingedrongen, was hij later, in 1573, een der moedigste beschermers van het woedend bestormde Alkmaar. Na het verlaten dier stad door de Spanjaarden, werd Duivel en eenige zijner medebevelhebbers heftig beschuldigd van eene zamenspanning tot overreding van den Gouverneur Cabiljauw om de stad, bij den aantogt der Spanjaarden, aan haar lot over te laten. Cabiljauw zelf beschuldigde hen van dat opzet, en het is niet onmogelijk dat men waarlijk beproefd had het uit te voeren, de onweerbaarheid der stad in aanmerking nemende. Duivel werd in hechtenis genomen, doch eerlang los gelaten en bij openbaar vonnis in zijne eer hersteld. Zijne soldaten en de burgerij der stad hadden eenparig getuigenis afgelegd van zijn moed en ijver vooral in den storm van 18 September, in welken hij en Koenraad van Steenwijk (een hopman in deze oorlogen beroemd geworden) vooral, groote slagting onder de vijanden hadden gemaakt (98). Zijn naam is sedert in de geschiedboeken ongenoemd gebleven; een vroege dood, of verlaten van de krijgsdienst kan daarvan de oorzaak zijn geweest. Niet onwaarschijnlijk echter is het, dat de krijgscommissaris *Duvel* (bij V. Hasselt gemeld) niemand anders is dan onze Dirk Duivel. Deze was namelijk in 1581 gecommitteerd om vier vendelen van het volk des Oversten IJsselstein in Doetinchem te brengen, op bevel van Z. Ex. (Oranje) en gedeputeerden der vereenigde Provincien. Dezelfde last was hem opgedragen te Elburg en Hattum, wat het vijfde vendel betrof, doch deze steden schenen onwillig om die benden te ontvangen (98).

ARENT VAN DUIVENVOORDE.

Arent van Duivenvoorde, Ridder, uit Wassenaars oud adelijk geslacht gesproten, was volgens eene aanteekening in de geschrevene Genealogie der Wassenaren, Kolonel der Watergeuzen. Eene hoogklinkende titel, dien hem zeker de overige scheepshoofden niet hebben toegekend. Hij was aan Lumey verwant en vergezelde hem uit dien hoofde op de vloot, maar ook omdat voor hem geen veiligheid in het Vaderland was. Want hem werden door Alva zware misdaden te laste gelegd, in het vonnis, 29 April 1568, over hem uitgesproken. Vijand van de oude Godsdienst (het Pausdom), had hij de nieuwe (de Hervorming) bijzonder begunstigd. Eene daad die Alva niet vergeven kon, maar voor ons een bewijs is dat hij, bij zijnen strijd voor het Vaderland, uit het regte beginsel handelde. Zelfs moet Duivenvoorde een ijveraar zijn geweest. Dezelfde sententie toch beschuldigt hem van de verleiding eeniger Geestelijken in de Abdij te Egmond, die daarna weinig eerbied meer hadden voor hunnen Bisschop en Abt. Indien het volle waarheid is, waarmede hij en Raaphorst verder worden beticht, van het verkwisten der Abdijgoederen, toen hij haar bezette, van de oneerbiedigheid jegens de klooster-heiligdommen, dan is dit slechts het kenmerk van zijnen tijd: zoo handelde men algemeen, en velen nog woester. Doch op deze aantijging valt niet te rekenen. Dat men de kloosterkelders aansprak, en voor het zoogenoemde heilige geen eerbied koesterde, is beide zeer natuurlijk in mannen als Duivenvoorde en Raaphorst. Hun matig gebruik moest bij een vijandigen Abt voor misbruik gelden. Ook bestaat er een gerucht dat Arent van Duivenvoorde den beeldenstorm te Leyden zou bevorderd hebben. Misschien is dit gerucht daaruit ontstaan dat hij eene zelfde sententie met Jacob van Wijngaarden heeft, wien dat beeldenbreken te Leyden uitdrukkelijk wordt te last gelegd.

Duivenvoorde had, met anderen zijner stamgenooten het Verbond der Edelen geteekend, had zich bij Brederodes vlugt, aan wiens dienst hij verbonden was, buiten het Vaderland in veiligheid gesteld, en hervond in den Briel de vrijheid en zijn Vaderland. Getrouw aan Lumey, werd hij van zijnen wege afgezonden naar de eerste vergadering te Dordrecht, en had daar zitting als Gecommitteerde van Lumey, Stadhouder van Holland, terwijl hij tot krijgscommissaris bevorderd werd, toen eene meer geregelde orde onder het krijgsvolk werd ingevoerd. Als Hopman werd hij met zijn vendel naar Woerden gezonden, toen die stad tot de zijde van Oranje was overgegaan. In zijne hoedanigheid als lid der Staten, wendde Duivenvoorde zijne diensten aan tot verlossing van het benaauwde Leyden, en verzelde, toen hij zijne pogingen bekroond zag, de prachtige optogt bij de inwijding der Leydsche Hoogeschool. In 1576 lezen wij zijne handteekening onder eenen brief der Staten van Holland aan die van Nijmegen geschreven, om ze aan te sporen tot eene nadere vereeniging tegen de Spaansche dwinglandij. De brief had eene gewenschte uitwerking. In 1580 werkte hij ijverig mede om aan Oranje de Souvereiniteit op te dragen, en zijn naam staat vermeld onder de Edelen die het eerst Philips den eed opzegden en Oranje trouwe zwoeren. Van deze vreedzame bezigheden heeft hij zich somtijds verwijderd en een krijgsbevel op zich genomen; indien namelijk de Kolonel Arent van Duivenvoorde, met zijn eigen vendel, den Grave van Rennenberg in het beleg van Kampen ter versterking toegezonden, dezelfde is met den Watergeus. Daar waren onder zijne talrijke aanverwanten meer die den naam van Arent voerden. De Kolonel, toen onder Sonoy dienende, bewees goede diensten, en Kampen ging welhaast aan de Staten over. Maar in 1587, gedurende de woelingen in Noordholland die de vriendschap braken tusschen Sonoy en de Staten, werd hij met zijn vendel naar Medemblik afgevaardigd, doch door Sonoys Luitenant afgewezen. Doch hier reeds wordt het meer onzeker wie deze Arent van Duivenvoorde was. Wagenaar en Te Water twijfelen. Even zoo is er onzekerheid omtrent zijn dood, schoon die met waarschijnlijkheid moet gebragt worden tot het jaar 1600.

Ik voor mij twijfel desgelijks of de krijgsman A. van Duivenvoorde en de Staatsman meer dan den naam gemeen hadden, en waag naauwelijks de beslissing, wie hunner de Watergeus was. Beider werkzaamheden loopen te ver uit een. Daar bestond in dien zelfden tijd een Arent van Duivenvoorde, natuurlijke zoon van den Domdeken Adriaan van Duivenvoorde, wiens naam mede bekend is in de geschiedenis des Vaderlands. Deze Arent was in 1593 Gouverneur van Geertruidenberg en van Schenkenschans. Hij stierf volgens zijn grafschrift, op eene zerk in de oude kerk te Delft, aan de pest te Oostende, in 1602. Indien dat grafschrift waarheid spreekt, was hij een man zeldzaam van wege zijne deugd; in Godsvrucht, geloof en dapperheid evenzeer uitmuntende, en wien het geluk en eere was voor Christus te leven en te sterven (99).

JOHAN VAN DUIVENVOORDE.

Johan van Duivenvoorde, Heer van Warmond en Woude, moet, gelijk reeds is aangemerkt, met Frederik van Dorp, geteld worden onder de eerste en gelukkigste bevrijders van het Vaderland. Beiden afkomstig uit Hollands oudste geslacht, dat der Wassenaren (v. Dorp uit eene zijlinie, Duivenvoorde meer regelregt) waren van den zelfden ouderdom, en de eerste overleefde den laatste naauwlijks twee jaren. Hunne loopbaan liep echter uit een, en gelijk v. Dorp het land koos, toonde Duivenvoorde zijnen heldenmoed ter zee. Geboren in 1547 uit Jacob van Duivenvoorde en Henrica van Egmond, nam hij volvaardig de gevoelens aan, die velen zijner stamgenooten bezielden, meest allen voorstanders der vrijheid, vijanden van Spanje. Zijn vader had het Verbond der Edelen geteekend, en werd bij het overgaan van Woerden aan der Staten zij, in 1572, van Oranje daar heen gezonden om de zaken te rigten. Hij stierf als Raad in het hof van Holland, in 1577. Of Johan tot de Hervormden behoorde is te betwijfelen: zijn nageslacht bleef Catholijk. In 1567 moest hij zijn Vaderland verlaten, hij diende met trouwhartigen ijver op de vloot der Watergeuzen, won mede in den Briel de vrijheid des Vaderlands (100), en bleef nog eenigen tijd zijn vrijbuiters karakter getrouw. Gedurende Leydens beleg, in 1574, lag hij daar in bezetting als Kapitein der vrijbuiters (*Capitaine des enfans perdus et aventuriers* zegt Le Petit) en hielp met anderen de Boshuizensche Schans op de Spanjaarden veroveren.

Doch hij werd spoedig tot hoogere posten geroepen, en 20 Jan. 1576 aangesteld tot Admiraal van de Haarlemsche en Leydsche Meeren. Een post, nu zeker zonderling klinkende, toen echter van groot gewigt, daar Amsterdam en Haarlem in handen der Spanjaarden waren, en eene vloot van ligtere schepen daar zeer noodig was, om met den Gouverneur van Noord-Holland Sonoy, die het IJ bezette, in overeenstemming te handelen tegen den algemeenen vijand. Het duurde niet lang of hij werd in plaats van Treslong nog in het zelfde jaar, tot Admiraal van Holland benoemd, en vereenigde dus zijne krijgsmagt met die van Sonoy. In welken toestand zich zijne vloot, in 1577 bevond, en hoe treurig 's lands geldmiddelen toen gesteld waren, blijkt daar uit, dat de Admiraal genoodzaakt was de klokken uit de toren van Spaarnwoude te ligten, om die, benevens meer anderen tot geschut te doen gieten (101). De Zuiderzee werd toen het perk zijner werkzaamheden, waartoe de hitte des krijgs in Overijssel en Friesland, en de afval van Rennenberg later aanleiding gaf. In 1580 verscheen de Admiraal van Duivenvoorde, met zijn Vice-Admiraal Jan Gerbrandsen op de Eems, ter bevordering van Hohenlo's pogingen tot ontzet van Delfzijl. Maar Hohenlo (gelijk hij te dikwijls groote misslagen beging) had het noodigst vergeten, brood voor de uitgehongerde vesting, die genoodzaakt was zich aan Rennenberg op te geven. Gelukkiger slaagde zijne hulp voor het belegerde Steenwijk in 1581. Hij werd namelijk gezonden naar Holland en rustte daar eenige jagten uit, om den vijand werk te geven, de kusten langs te zwerven, en kon het, Delfzijl, Staveren of andere plaatsen aan te tasten. In dat zelfde jaar hielp Duivenvoorde de Kuinder van de benden van Rennenberg verlossen. Schoon hij een krijgsman was, werd hij ook in staatszaken gebruikt. Na den moord aan Willem I gepleegd, werd hij van wege de Staten van Holland aan den Graaf van Hohenlo gezonden om hem tot trouw en moed aan te sporen, met wederzijdsche belofte, dat men elkander in den nood des Vaderlands niet zou verlaten. Eerlang werd ook Duivenvoordes hulp vereischt bij de belegering van Antwerpen door Parma. Het beleid van al de bekwame krijgshelden werd ingeroepen tot ontzet dier stad. Hohenlo, Treslong en Duivenvoorde spanden alle krachten in, de twee laatsten waren bij de verschillende gevechten op de Schelde tegenwoordig, vooral bij dien hevigen strijd aan den Kouwensteinschen dijk, maar konden Parma niet tot terugkeer dwingen. Marnix, wien Antwerpens verdediging was opgedragen, moest de stad opgeven, en geraakte daardoor zoodanig in onverdienden haat, dat Duivenvoorde uitdrukkelijk bevel ontving, om hem noch in Holland noch in Zeeland toe te laten, ja hem, des noods, wanneer hij het wagen mogt, in den kerker te werpen. Hoe deze handelwijze den Admiraal smaakte, laat zich opmaken uit het krachtig betoog, dat hij met andere Edelen onderteekende, ter afwering van den laster, Treslong, zelfs na het bewijzen zijner onschuld, aangewreven. Waarom zou hij over de zaak van Marnix niet eveneens hebben gedacht? Hij was getuige van zijn moed en trouw geweest, en wist zelf te goed dat Antwerpen aan Parma niet kon ontsnappen. Het gevoel van eer was sterk in zijne ziel, schoon het den indruk had van de woestheid der tijden. Een voorbeeld daarvan gaf hij later, toen hij eenen Dirk Josefsz. met eigen hand doodde, wegens grievende lasteringen tegen zijn geslacht en persoon. Zijne erkende verdiensten waren oorzaak dat hij geene straf voor deze daad ontving niet alleen, maar ook zelfs al zijne ambten behouden bleef. Waarschijnlijk vertoefde Duivenvoorde eenigen tijd aan land, zijne vloot latende onder het bevel van zijn Vice-Admiraal Jan Gerbrandsen, een man wegens moed en beleid in de toenmalige zeekrijgen beroemd. Ook werd hem, in 1588, nog een gezantschap opgedragen naar Denemarken. Hij moest den zoon en opvolger van Frederik II over zijns vaders dood, den rouw beklagen, en hem tot instandhouding der vroegere verbonden met Nederland bewegen, en tot eene nadere vereeniging van al de Protestantsche mogendheden van Europa. Dit was het plan van den Koning van Navarre, naderhand Hendrik IV, reeds het begin zijns grooten voornemens, het brengen van geheel Europa tot één vereenigden Staat. Maar bij het naderen der geduchte Spaansche vloot, de onoverwinnelijke geheeten, ontving Duivenvoorde den last met Justinus van Nassau, den Admiraal van Zeeland, schepen ter bescherming des Vaderlands uit te rusten, en bezette met hem en zijne vloot, de haven van Duinkerken, zoodat Parma gedwongen werd zijne vloot en benden binnen te houden, en de Spanjaarden niet kon te hulp komen. Duivenvoorde schijnt zelf wel niet in het gevecht te hebben gedeeld, maar zijn zwager, Pieter van der Does, een zijner Vice-Admiralen, veroverde den St. Mattheus, welks wimpel in de Pieters kerk te Leyden, als bewijs van den triumf werd opgehangen. Na nog eenigen tijd het bevel der vloot te hebben gevoerd, begaf zich de Admiraal tot vreedzamer bezigheden.

Hij huwde in 1590 zijne gemalin, Odilia Valckenaer, eene Geldersche Jonkvrouw en ontving haar op zijn prachtig herbouwde Slot te Warmond, dat in het beleg van Leyden door de Spanjaarden verwoest was. Omstreeks dezen tijd nam hij ook den naam van Wassenaar aan, zijn eigenlijken geslachtnaam, en wijdde zich aan de zaken der regering en aan de pligten van zijn ambt als Houtvester van Holland.

In 1596 hadden Engeland en de Nederlanden het plan beraamd om Spanje gevoelig te straffen, en er werd eene magtige vloot uitgerust onder het bevel van Charles Howard, (Hume noemt hem Lord Effingham) terwijl de landingstroepen onder het gebied stonden van Robert d'Evreux Grave van Essex. Bij deze voegde zich eene Hollandsche vloot onder den Admiraal Duivenvoorde, Jan Gerbrandsen en den Zeeuwschen Vice-Admiraal Cornelis Lensen of Lynsen. Cadix was het doel van den togt, die met kracht en moed volbragt werd. Onder een geweldig vuur zeilden de Engelschen en Hollanders de haven in, versloegen de Spaansche schepen en verbrandden of namen verscheidene. Essex spatte vooruit, en de Hollanders en Zeeuwen van Duivenvoorde veroverden stormenderhand het fort van het Puntaal, waarop de banier van Duivenvoorde en Holland het eerst geplant werd. De nederlaag der Spanjaarden was geducht en de roem der bevelhebbers en vlotelingen klonk door Engeland en Nederland. Velen onder de Engelschen waren van oordeel de stad Cadix bezet te houden, Duivenvoorde voegde zich bij hen en bood aan, zelf met twee-duizend man de vesting in te houden; doch de Engelsche Opperbevelhebber weigerde volstandig dezen voorslag. Het aanbod was misschien meer de vrucht van de vreugde des triumfs en van ridderlijken heldenmoed, dan van bezadigd overleg en beleid. Hollands vlootvoogd oogstte hooge eere in. Hij werd door Essex tot Ridder geslagen met andere Hollandsche vrijwilligers. Eene brief van Koningin Elisabeth, aan hem gerigt, prijst niet alleen ten hoogste zijn moed en beleid, maar dankt hem ten sterkste voor zijne trouwhartigheid aan Essex in het bijzonder betoond, die met twee genomene schepen, na een hevigen storm, op de Portugeesche kusten, door de zijnen verlaten was. De Hollandsche vloot bleef hem ter hulpe tot het laatste toe, en geleidde hem tot aan de haven van Plymouth (102). De meeste buit was in de handen der Engelschen gebleven: evenwel bragt de vloot, behalven eenigen buit, zestig stukken veroverd geschut naar het Vaderland terug.

Zulk eene overwinning gaf moed en lust tot nieuwe aanslagen. Het volgend jaar zag Duivenvoorde op nieuw in zee met eene vloot van tien schepen, vereenigd met eene Engelsche van zestien, onder Essex. Doch hevige stormen beletteden hunne voornemens, en dreven de schepen naar de havens terug. Het hervatten van den togt gaf evenmin voorspoed en werkte niets uit dan het plunderen en verbranden van Fajol en eenige andere kleine plaatsen op de Spaansche kust. — Bijzonder deelde Duivenvoorde in de gunst van Elisabeth en haren gunsteling Essex, wegens de zege bij Cadix bevochten. (*Illic*, in Anglia, *etiam gratiosus ob Gaditanae expeditionis memoriam* zegt Grotius). Uit dien hoofde werd hij waarschijnlijk ook benoemd tot gezant naar Engeland in 1598, met Joan Hottinga en Joan van der Wercken. Hun oogmerk was de Koningin van Engeland te bewegen tot voortzetting van den oorlog tegen Spanje. De moord aan Anneke van den Hove, martelares van haar Evangelisch geloof, te Brussel in dit zelfde jaar gepleegd, had de Nederlanders met nieuwen ijver tegen de Spaansche moordenaars bezield en zij wenschten dien zelfden ijver aan te vuren in hunne bondgenooten, Engeland en Frankrijk. Duivenvoorde slaagde beter in Engeland, dan Justinus van Nassau en Joan van Oldenbarneveld in Frankrijk. Elisabeth hernieuwde het verbond met Nederland, Frankrijk sloot vrede met Spanje.

Veelvuldig waren dus des Admiraals werkzaamheden, zoowel in Staats- als in krijgszaken: een blijk hoe hoog hij in waarde werd gehouden. Nieuwe blijken en ambten werden er nog toegevoegd. Prins Maurits inzonderheid stelde groot vertrouwen in hem, en benoemde hem tot Generaal van het geschut, in 1599, een post in welks getrouwe bediening hij zeer veel belang stelde, vooral nu hem berigt was, dat de Spanjaard zijne krachten verzamelde. Jr. Pieter van der Does, die dezen post had, was als Admiraal met de vloot naar Indie. Nog eens trad Duivenvoorde als vlootvoogd op, bij den inval van Maurits in Vlaanderen, kort voor den slag van Nieuwpoort. Zijne oorlogsvloot geleidde de schepen met mondbehoeften voor het leger geladen, en had het geschut en de krijgsammunitie aan boord. Een deel dezer schepen uit winzucht zijn geleide verlatende, om te eerder te Oostende te zijn, werd door Spinola's galeien genomen, die ze wegens de stilte niet konden ontvlugten. Doch bij het opsteken des winds zeilt Duivenvoorde op de Spaansche galeien in, en verslaat ze met een bloedigen slag (*multa caede cruentavit* volgens Grotius). Hij bragt al de overige en zijne eigene schepen behouden binnen Oostende. — Van toen af schijnt hij zich buiten krijgsbewind te hebben gehouden, doch hij werd niet vergeten. Hij werd geroepen om aan het hoofd van een aanzienlijk gezantschap naar Engeland te gaan, ter begroeting van Koning Jacobus, en om hem dank te zeggen voor zijne hulp tot het bestand. Doch de dood hield hem terug toen hij zich tot de reize gereed maakte. Hij overleed te 'sGravenhage in den ouderdom van drie-en-zestig jaren, den 15 April 1610, aan het einde eens eervollen levens, geheel aan het Vaderland gewijd, gedurende een onrustigen tijd van veertig jaren. Want zoo lang had hij in den krijg ter zee gediend, en den roem achtergelaten van de vrijheid met zijn zwaard te hebben gewonnen, bevestigd en verdedigd. Hij genoot de achting zijns Vorsten, der Staten en zijner landgenooten: en verdiende ze. Een vriend van Oranje, voegde hij bij de dapperheid eens Edelmans, de trouwhartigheid van den Hollander, die, al was hij van de gebreken zijner eeuw niet vrij, met eere moet geplaatst worden op de lijst der Vaderlandsche helden (103).

JELTE EELSMA.

Jelte Eelsma van Sexbierum heeft den roem van een vurig ijveraar voor de zaak van Hervorming en Vaderland te zijn geweest, zoo als, behalve uit zijne daden, overvloedig blijkt uit zijne handteekening onder het verbondschrift, waarvan reeds gesproken is in het eerste Stuk, en op Lancelot van Brederode. Hij had deel aan der Edelen verbond, en werd uit dien hoofde door Alva gebannen en ingedaagd. Met Homme Hettinga nam hij de wapens op en rustte zich een schip toe te Embden om op vrijbuit uit te gaan. Buiten allen twijfel slaagde hij zeer goed in dit voornemen, en de Fiscaal van Friesland, Carolus, haalt booze stukken genoeg van hem aan, waarvan een groot gedeelte vrij wat overdreven zal zijn. Schoon Carolus zeer vinnig tegen hem gezind was, moet hij echter erkennen, dat Eelsma in adeldom, rijkdom en zielsvermogens uitmuntte. Daar Alva bevel had gegeven eene vloot tegen de Watergeuzen te wapenen, werd Eelsma die de Friesche kusten bezet hield, van daar genoodzaakt de ruime zee te kiezen en zette daar zijne werkzaamheden krachtig voort. Later werd hij nog eens gedwongen tot het verlaten der Noord-Hollandsche kust. Ik durf niet stellig verzekeren dat hij mede in den Briel kwam, doch vermoede het, dewijl hij eenigen tijd in Zuid-Holland, met zijn vendel onder de bevelen van Lumey stond. Vandaar dat hij met de vendelen van de Kapiteins Vriese en Sprieckloe, benevens de bezettelingen van Dordrecht en Gouda, den 7 Julij 1572, naar Schoonhoven trok met de hoop op eene gemakkelijke overwinning. Het schijnt dat er eenige grond voor die hoop van de ingezetenen dier stad was gelegd, ten minste de belegeraars waren slecht op hunne hoede, en de burgerij die door Bossu van de noodige krijgsvoorraad en van soldaten onder Hopman Lozekoot voorzien was, overviel de benden van Eelsma en de zijnen en sloeg hen, die met twaalf-honderd man aanrukten, op de vlugt met verlies van drie-honderd dooden. Lozekoot gebood slechts over vijf-honderd krijgsknechten.

Eelsma trok eerlang Friesland, zijn Vaderland, te hulp, en bezette met Hero Hottinga het eiland Ameland in het begin van 1573. Op het gerucht dat eene sterke magt van Walen, onder Bustamante, naar dat eiland opdaagde, weken ze vandaar en zeilden naar Emden, doch kwamen terug, nadat de benden van Robles het eiland hadden verlaten. Zij wachtten daar eene gelegenheid tot den inval in Friesland, dat welhaast geheel weder in de magt der Spanjaarden geraakte. De ijver tot redding van Friesland deed Eelsma een vroeg en treurig einde vinden. Hij had het op den 13. Junij 1573 gewaagd voet aan land te zetten, en werd te Holwert, met zijn reisgenoot, door de Spaansche wacht van Robles aangegrepen, en naar zijn naam en het oogmerk zijner reis gevraagd. In plaats van antwoord wendt hij zich om en vlugt naar het strand, en terwijl zijn medegezel wordt gegrepen, beproefde hij naar zijne boot of schip te zwemmen, doch kwam jammerlijk in de golven om, naauwelijks vier-en-dertig jaren oud. Een even treurig lot trof, het volgende jaar, zijne weduwe en dochter, tusschen Appingadam en Delfzijl (104).

ALBRECHT VAN EGMOND VAN MERESTEIN.

Albrecht van Egmond van Merestein stamde uit het beroemde Hollandsche geslacht van dien naam af, en van grootmoeders zijde uit het niet minder beroemde der Martena's in Friesland. Door zijn huwelijk met Sara van Brederode, natuurlijke dochter van Reinout, was hij aan de Brederodes verwant, en wij behoeven ons dus niet te verwonderen, dat hij deel nam in de pogingen tot bevrijding van het Vaderland en de herstelling van de zoo wreed vertrapte Godsdienst naar het Evangelie. Hij was reeds in 1567 gevlugt, nadat hij met Brederode nog eenigen tijd te Amsterdam vertoefd had, en werd door Alva ingedaagd en gebannen met nog eenige inwoners uit de Beverwijk, zijne woonplaats, onder welken ook de bekende Dirk Volkertsz. Coornhert genoemd wordt. Men telde hem onder Oranjes vertrouwelingen en onder de eerste hoofden der Watergeuzen, met welke hij in zegepraal, den Briel binnen trok. Vandaar voort getogen hielp hij Lumey Holland bemagtigen. Van zijne bijzondere daden wordt vooreerst niets gemeld. Alleen geeft ons Fr. Haraeus op, dat hij met Lumey te velde trok tot ontzet van Haarlem en bij de nederlaag der zijnen door de Spanjaards werd gevangen genomen (105). Hij is echter of gerantsoeneerd of ontkomen, want hij werd in Oct. 1573, met Arent van Duivenvoorde en Mr. Jacob van Wesembeek tot krijgscommissaris aangesteld. Zijne regt tijdige aankomst te Gouda, aan het hoofd van een vaandel Nederlandsche voetknechten, sterk honderd-en-vijftig man, redde die stad van de booze plannen van eenige verraderlijke burgers, die haar bijna in de handen van den Stadhouder van Utrecht, Noircarmes, gespeeld hadden. Egmonds komst, naar het scheen, louter toevallig, tenzij Oranje, die hem zond, iets van het plan geweten heeft: — brengt de zamenzweerders in verlegenheid. Een zonderling bewijs van Gods zorgende Voorzienigheid is deze redding van Gouda, welke te verhalen tot ons bestek niet behoort (106). Tot meerdere verzekering der stad, verzocht de Gouverneur aan Oranje dat Egmonds vendel tot drie-honderd man mogt gebragt worden. Of dit geschied zij wordt niet gemeld. Maar zijne soldaten werden later vrij bandeloos, (eene kwaal toen zeer gewoon en dikwijls door wanbetaling veroorzaakt) zoo zelfs dat zij met de soldaten van Kapitein *Gonsvoort* of *Gronsvoort*, de schans van Alexanderveen (waarschijnlijk nabij den IJssel of de Gouwe gelegen) vijandelijk aantastten, de buisluiden en schippers tollen afeischten en allerlei gewelddadigheden pleegden. Uit dien hoofde werd Egmond door de Staten *wel scherpelijk belast* tegen dit kwaad te waken. Men vreesde namelijk dat, gelijk dit te Dordrecht en Gouda reeds ontdekt was, eenigen met den vijand handelden. Onder de Schotsche hulpbenden te Krimpen en in het Elshout scholen dergelijke verraders, en het liet zich van Egmonds knechten, om hunne ongeregeldheden vermoeden (107). Veel wordt ons niet meer aangaande Egmond berigt: wij weten slechts dat hij in 1584 te Vianen in bezetting lag, en aldaar Petrus Dathenus toen weder in het land gekomen, in de kamer der Paltsgravin (Amelia van Nieuwenaar, eerder weduwe van Hendrik van Brederode) gevangen nam. De Advocaat Fiscaal had last gegeven om hem te Gouda te grijpen, van waar hij reeds vertrokken was, en waarschijnlijk droeg Egmond kennis van dien last. Als de Predikant kort daarop over de Lek vertrok, liet Egmond hem te Vreeswijk op nieuw grijpen, en geraakte door deze aanmatiging met de Staten van Utrecht in geschil, dat door de overlevering van Dathenus spoedig vereffend werd. Dathenus beklaagde zich in een request zeer over Egmond, terwijl hij te Utrecht gevangen zat; en, daar niemand opkwam om hem te beschuldigen, liet men hem in vrijheid heengaan. Eene zeer vreemde handelwijs waarlijk! — Egmond overleed zonder kinderen na te laten, in 1596 (108).

BARTHOLD ENTENS VAN MENTHEDA.

Barthold Entens van Mentheda, Jonker tot Middelstum, Dornema en Engelboort, is een der meest bekende Watergeuzen. Zijn karakter en zeden dragen geheel het kenmerk van de helden dier onrustige en bange dagen. Getrouwheid aan de zaak van Godsdienst en Vaderland blinkt in al zijne daden door. Zijne onversaagdheid heeft hij veelmalen getoond, maar zij was weinig met bedachtzaamheid en beleid gepaard. Voor zijne vrienden trouw en goed, was hij woest, tot wreedheid toe, tegen zijne vijanden, en vooral tegen de Groningers; trotsch, stout, roekeloos van gemoed, voortvarend, maar zelden meester van zijne driften, vrolijk en losbandig, een held in den strijd, en bij de vreugde der maaltijden: een dier losse en luchtige karakters, die, onbezorgd voor ieder gevaar, vatbaar zijn voor iedere vreugde; gehaat en bemind, geprezen en verguisd; doch die met al zijne deugden en ondeugden, onder de eerste grondleggers en verdedigers van den Nederlandschen Staat nooit mag worden vergeten. Hij is waarschijnlijk kort voor 1540 geboren, en was lid van een talrijk geslacht, van hetwelk verscheidene zijner broeders zich in deze oorlogen vermaard hebben gemaakt. Als jongeling heeft hij zich, te Groningen, eenigen tijd op de wetenschappen toegelegd, maar wordt beschuldigd van daar zeer losbandig te hebben geleefd. Van zijne eerste verrigtingen is reeds in het eerste Stuk het een en ander verhaald. Lid van het verbond der Edelen en door Alva gebannen, hielp hij Graaf Lodewijk, overwon met hem bij Heilgerlee, en behaalde kort voor de nederlaag van Jemgum, de zege op het vendel Groningers van Joachim Panser, dien hij versloeg met verlies van vele dooden en gevangenen. Bijna naakt ontzwom hij de handen der Spanjaarden, toen Graaf Lodewijk geslagen was, maar wankelde niet. Hij teekende het verbond, waarvan gesproken is, met Brederode, Eelsma, Egmond en anderen, tot handhaving der gezuiverde Godsdienst, verrigtte als Watergeus, daden van gewigt, nam en plunderde Ameland en Workum, maakte zijn naam gevreesd, en hielp als Onder-Admiraal van Lumey den Briel innemen. Aan hem werd Dordrecht overgegeven en hij lag er een poos met eene bezetting van tweehonderd man. Maar spoedig trok hij als Luitenant van den Stadhouder Lumey Holland in. Vroeger reeds had zijn volk onder Brand Schiedam voor een poos ingehad, en zijne soldaten hadden er al de beelden, altaren en sieraden der Parochie-kerk stuk geslagen, waarvan de puin, door de kwaadgezindheid der Regering, in December nog niet was weggeruimd. Hij deelde voorts in den mislukten aanslag op Amsterdam. De Regering van Naarden wenschte dat Sonoy Muiden, Entens Weesp zoude innemen ter hulpe van de stad. Maar spoedig daarna werd hij door Oranje met twee-duizend man, Tseraerts ter hulpe toegeschikt, om ter Goes te bemagtigen; doch zij werden door Mondragon en Sancio d'Avila van voor die stad terug geslagen, met verlies van zeven-honderd man; terwijl er nog even zoovelen in de vlugt verdronken. Entens vlugtte met zijne benden naar Ter Veer, waar hij in October 1572, aankwam en eenigen tijd vertoefde (109). Doch het was hem onmogelijk werkeloos daar te blijven, en hij waagde dus een aanslag op Arnemuiden, 22 Oct., dat hij meende te verrassen. Maar het ontijdig afschieten van een musket, door een zijner soldaten deed zijn plan mislukken. De soldaat werd wel opgehangen, maar Entens kon Arnemuiden niet winnen. Toen liep hij het platte land af, plunderde en verbrandde eenige landhuizen, onder anderen Westhoven, dat den Bisschop van Middelburg toebehoorde. Het wordt vermoed dat Entens met Tseraerts een aanval op Middelburg heeft beproefd, omtrent dezen zelfden tijd, doch het is onzeker (110). De aanval gelukte echter niet, zoo die al heeft plaats gehad. Entens werd al deze wederwaardigheden moede en trok met het overschot zijner benden weder naar Holland, naar Lumey. Kort voor de vernieling van

Naarden lag hij met een leger in de Ronde Veenen, in de nabijheid dier stad, welker inwoners hij slechts met beloften kon troosten, eer ze door het Spaansche zwaard en vuur trouweloos werden uitgeroeid. De onwilligheid van zijn volk, wegens wanbetaling, was, naar Entens schrijven aan Hopman Broekhuizen, dien hij meende te Naarden te zijn, de oorzaak dat hij, zoo min als Lazarus Muller te hulp kon snellen (111). Evenmin kon hij het belegerde Haarlem helpen, waarheen hij met Lumey ter hulpe toog. Zijn roekelooze moed deed hem ook hier zich te ver wagen, zonder het overige leger af te wachten. Hij vlood met schande en verloor er weinig minder dan duizend man. Of hij, door deze tegenspoeden vergrimd, zich aan buitensporige daden overgaf, dan of het alleen om de onbeschoftheid zijns Betaal- of Quartiermeesters geweest zij, die de Staten of hunne bewindslieden te hevig geld afvorderde tot betaling van het krijgsvolk, en hun booze verwijten deed: — hij werd te Delft voor de Staten ontboden met zijn Opperbevelhebber Lumey en, toen hij daar in woeste uitvallen losbarstte, niettegenstaande Lumey hem poogde te redden, met dien wilden Luikenaar in verzekerde bewaring genomen. Lumey had veel tegen zich; de moord aan de Geestelijken, en nu laatstelijk aan Musius gepleegd, was een zwaar punt van beschuldiging. Doch aan deze feiten had Entens geen deel, zij worden hem ten minste niet te last gelegd, en aan Musius dood was hij geheel onschuldig. Regtstreeks werd hem niets aangetijgd, dan zijns Betaalmeesters en zijne eigene hevigheid tegen de Staten. Ook is de geschiedenis vrij zorgeloos geweest in het verhaal zijner gevangenschap: ze laat hem rusten en handelt over Lumey. Het is zelfs onzeker, hoe lang hij in hechtenis was. Dat hij in die hechtenis, waarschijnlijk te Delft, al zijn gewonnen en buit gemaakt geld verteerde, behoort mede tot de beschuldigingen, waarmede Van Meteren hem aanklaagt, die ze uit Fresinga putte, een gezworen vijand van Entens. Beide deze schrijvers hebben het geweldig op hem geladen. Inthiema daarentegen verdedigt hem en verhaalt dat zijne beschuldigingen valsch waren, dat men hem zijne goederen ontnam en hem een zaakverzorger weigerde. Het schijnt ook dat er geen vonnis tegen hem geslagen is. De regtspleging tegen beiden is verre van regelmatig te zijn, en geeft te veel gelegenheid tot het vermoeden dat er bijzondere wraakzucht onder vermengd was. Ik wil zijne handelwijze niet verdedigen, maar vraag toch, of zulk eene hevigheid tegen de Staten, die wij bij bezadigder mannen, bij Treslong bijv., ontmoeten, in zulk een karakter als dat van Entens niet wel eenige verschooning vindt? Dat de soldaten slecht betaald werden is waarheid. Wie daarvan de schuld droeg is om het even, maar Entens moest dat den Staten wijten, die er voor zorgen moesten. Kon het dan anders, of mannen, die goed en bloed voor Godsdienst en Vaderland hadden opgezet, die als ballingen hadden omgezworven, en eindelijk het Vaderland bevrijd en herwonnen hadden, moesten eenigzins hunne waarde gevoelen, en in hunne drift vergeten hoe moeijelijk de toestand der Staten was; hoe bezwaarlijk, om in een land overal door vijanden bezet en bedreigd, geld tot den krijg te vinden. Maar de Edelen haatten de Staten, die, behalven eenige weinige Edellieden, meest afgevaardigden der steden waren, waarvan er velen slechts van partij waren verwisseld, toen Oranje en de vrijheid in het land kwamen, het Catholicismus nog aankleefden, en zeker niet in de ellenden hadden gedeeld, door de Watergeuzen met onwankelbaren moed gedragen. Het was ook onmogelijk dat de leden der Staten, allen voor hunne roeping bekwaam konden zijn. Waarlijk Oranje alleen was de ziel van alles, en het is ons nog niet genoeg bekend, welke moeite hij moest aanwenden, opdat alles in eenige orde kon blijven. Indien hij niet die man geweest ware, die hij was, of spoedig aan het Vaderland ware ontvallen, de nieuwe Staat had oogenblikkelijk voor de tweedragt der ingezetenen en het zwaard des vijands moeten bezwijken. Hij wist met zijne nooit genoeg geprezene goedheid en wijsheid zeer veel weder goed te maken, en stuurde het schip, door allerlei stormen telkens over stag geworpen, met wijzen moed, door de razende golven naar de haven. Toen de stuurman stierf zeilde de kiel reeds door kalmer zeeën, en zijn onderwijs had toch enkele bekwame opvolgers gevormd (111*).

Het was deze wijsheid van Oranje, die de buijen liet overwaaijen, welke zich over Entens hoofd hadden zamengepakt, en hem toen weder tot dienst van den lande gebruikte. De Friesche ballingen hadden in 1575 reeds aan Oranje verzocht, dat hij hen helpen mogt tot herwinning van hunnen geboortegrond. Duco Martena zwierf nog, als weleer de Watergeuzen, op zee, en Robles was meester in Friesland. Oranje droeg aan Entens op, om iets tot heil van Friesland te doen, en uit dezen gewigtigen last mogen wij toch opmaken, dat Oranje, die zijne mannen kende, hem iets van belang durfde toevertrouwen. Tegen den dapperen en verstandigen Robles Entens over te stellen, duidde toch aan dat Oranje hem er bekwaam toe achtte. Misschien hoopte hij, op hulp van de ballingen zelve. Entens wierf volk tusschen de Elve en Wezer, en monsterde het op Terschelling, dat hij bezette. Robles rustte schepen en manschappen toe, zijn eigen regiment zelf moest optrekken, maar vernemende de sterkte van Entens, trok hij terug, en legde zijne vloot op in de haven te Harlingen. Nu had Entens de handen ruim. Sonoy en Hegeman hielden Texel, Vlieland en Wieringen in en waren meesters van de zee. Nadat hij eene vloot van acht en twintig schepen te Bremen en in West-Friesland had verzameld, landde Entens aan de Noordkust van Friesland, te Oostmahorn, en omschanste zijn leger daar in haast. Robles verzamelde zijne benden en tastte Entens aan, doch werd teruggeslagen, met verlies van vijftig of zestig man. Robles over deze neerlaag verwoed, riep nog twaalf honderd boeren op en besprong Entens met nieuwe krachten. Op nieuw teruggeworpen, sloot hij Oostmahorn in. Schoon Entens zijn gevaar kende, twijfelde hij aan de hulp van Sonoy niet. Die kon hem volk en krijgsvoorraad zenden, of een inval in Friesland doen, dewijl Robles de gansche kust van volk ontbloot had. Zoo werd Entens geducht. Friesland vreesde en gevoelde hem, zegt Schotanus. Doch Sonoy kwam niet te hulp. Toen eischte de benarde Overste slechts geld en levensmiddelen voor zijne soldaten, en beloofde te zullen volharden, zoo lang er geest en leven in hem was. Sterven wilde hij liever dan uit zijne wallen wijken, voorzag men hem slechts van het noodige voor zijn krijgsvolk.

Hij riep te vergeefs. Hij was dus genoodzaakt met zijn volk, twaalf honderd en zeventig man sterk, de schans te verlaten en zijne onbetaalde benden spreidden zich uit een (112). Ik mag niet verzwijgen wat ik van hem verder verhaald vind, schoon ik betwijfel of het eenig geloof verdient. Entens verkreeg het regiment van den Overste IJsselstein, die om twee doodslagen van zijn krijgsbevel ontzet was, doch, toen dat regiment drie maanden daarna werd afgedankt, liep Entens met het geld weg, en zou bijna te Antwerpen gegrepen zijn, zoo hij niet spoedig ontvloden was (113).

In 1577 herleefden de twisten tusschen Groningen en de Ommelanden, en dreigden het land in vuur en vlam te zetten (114). De Groningers gingen met vrij wat geweld te werk en vertoornden de Ommelanders zoodanig, dat Wigbold van Eusum, en eenige andere Edelen Entens magtigden tot aanwerving van twaalf vendelen knechten, om de gevangenen der Ommelanders, uit de handen der Groningers te verlossen. Entens was nog niet gereed, toen een deel van zijn volk door vijftien honderd Groningsche burgers met zes stukken geschut, op de vlugt werd geslagen. Een deel van zijn volk werd bij Assen gevangen en anderen bij Dalen verjaagd. Hij zelf met honderd twintig man, waarvan er hem nog veertig afvielen, vlugtte naar het toen onhoudbare Koeverden, en daar Hegeman hem nazette, werd hij door zijn volk gedwongen zich over te geven, en te Groningen een jaar lang gevangen gehouden. De Gedeputeerden uit de Ridderschap en steden van Overrijssel gaven bij eenen plegtigen brief hunnen hartelijken dank voor de weldaad van Koeverdens bevrijding, aan die van Groningen te kennen. Zij ook vreesden Entens, en nog te meer omdat zijn volk niet geheel verdreven was. Want Groningen had den Drost van Vollenhoven berigt, dat er nog Schotten, Entens aanhangers, op zee zwierven; men had dus te zorgen dat er toezigt gehouden werd te Blokzijl en elders (115). Entens had het zeker aan Rennenberg te danken dat hij door de woedende Groningers niet gedood werd. Bij het verdrag van 1578 ontslagen, was zijne haat tegen Groningen sterk toegenomen. Vandaar dat hij het volgende jaar door Rennenberg, Stadhouder van Friesland en Groningen, als zijn Overste Luitenant, met zijne benden uit Friesland geroepen werd om de Groningers te dwingen, tusschen welken en de Ommelanders nieuwe twist ontstaan was over de vergaderplaats der opgeroepenen, ter handeling over de Unie van Utrecht. Aan het hoofd van tien vendelen voetvolks plunderde hij de landen der Groningers, sloeg hunne troepen en dwong, met Rennenberg, de stad tot onderwerping. Bij dien slag waren vijf honderd maagden uit Groningen, tot bewaring van het geschut, tegenwoordig, en twee van haar sneuvelden in het gevecht. Fresinga die bij het beleg van Groningen tegenwoordig was, spreekt van zes honderd maagden, (*Memorien*, in Dumbar's Anal. T. III. p. 150). Een bewijs van de hevigheid van den haat tusschen de stedelingen en landbewoners. De benden van Entens werden verder op het platte land verdeeld, en, daar ze de Drentensche landlieden zeer tot last waren, stonden de boeren op en dreven twee van zijne ruiterbenden op de vlugt. Doch de boeren werden welhaast door Entens zelven bij Zuidlaren geslagen, die tot Koeverden toe het land afliep en den Drentenaren eene brandschatting van achttien duizend goudguldens oplegde. De ongelukkige landlieden rustten niet, en ontvingen eene nieuwe nederlaag. Het was meer dan waarschijnlijk dat de boeren, meest Roomschgezind, door Rennenberg, die reeds tot den afval had besloten, werden opgehitst. Even voor dien tijd, Oct. 1579, trok Entens met eenige vendelen, over de Zuiderzee naar Muiden en verder op Utrecht, tot hulp der Bondgenooten, die een aanslag voorhadden op 's Hertogenbosch. Doch de zaak had geen voortgang, en Entens trok weder naar Drente, al het platte land in roer brengende. Kort daarop werd aan Entens door de Friezen, reeds bewust van Rennenbergs voornemen, het bevel over des Stadhouders regiment, bij voorraad opgedragen, doch de brief werd onderschept te Groningen. Terwijl hij te Delfzijl was en die plaats omschanste naar zijn verstand, lijnregt tegen de aanwijzingen van den ervarenen Korput; had hij het geluk dat eene Elleth Dongia, de vrouw van een Herman Pellen of Pollen, weleer goud- of wapensmid van Robles, door zijn volk gegrepen werd. Zij had brieven van Robles aan Rennenberg bij zich, die getuigen droegen van zijne dubbelhartigheid, en door zijn scherp en streng vragen dwong Entens de vrouw om alles te ontdekken. Nu was hij op zijne hoede. Het mislukte den afvalligen Graaf de Ommelanders tegen hunnen landgenoot op te hitsen, en aan den avond van den zelfden dag, waarop Rennenberg afviel en Groningen aan Spanje verraadde, had de ijver van Korput reeds verscheidene vendels voor de stad gebragt. Den volgenden dag was er Entens met zijne benden, waarmede hij eerst het huis te Wedde had verzekerd tegen de Walen van Rennenberg. Al de Ommelanden raakten in beweging. Eenparig besloot men in eene vergadering te Winsum, de klokken tot geschut te gieten, het goud en zilver der kloosters en kerken te munten, tot ondersteuning van Entens; maar de burgerij verhardde zich des te meer, omdat zij in Entens haren doodvijand zag, en het uiterste van hem vreesde. Dat hij door Rennenberg voor vijand verklaard werd, verbitterde hem nog te sterker, en hij vertoonde zich welhaast in den vollen trots van zijn hart. Hij alleen zou de stad met zijne benden dwingen. Het was hem grievende smart dat Graaf Willem Lodewijk van Nassau, Graaf Philips van Hohenlo en de Overste IJsselstein, met hun leger tot versterking der belegeraars kwamen, en zijne dwaasheid werd alzoo oorzaak dat het beleg werd vertraagd en hij zijn roem verloor. Zijne uitspattingen werden verregaande; zijn bandeloos volk plunderde te land en ter zee, zoodat men genoodzaakt was, een oorlogschip onder eenen *Jan Joosten (Joannes Jodocius* volgens Winsemius) voor Oostmahorn te doen post vatten om de rooverijen te beletten. IJdel was de ernstige bestraffing van Martena en Frankena: hij hoorde niet, en ging voort met de mishandeling der Groningsche uitgewekenen, aan wie hij vooreerst zijne woede moest koelen. Zijn hoogmoed kon het niet verkroppen dat Groningen voor hem alleen niet bezwijken zou; hij wist het dat de honger welhaast de stad tot het uiterste moest brengen. Hij droomde en praalde nog in volle hoop, helaas! zijn uur was gekomen! zijne overmoed bedroog hem en voerde hem ter dood! Terwijl hij met Graaf Willem en Philips aan den maaltijd zat, en de wijn hem het hoofd doorgloeide, valt hij op nieuw aan het roemen, men zou iets vreemds van hem hooren.

Oogenblikkelijk steeg hij te paard en reed naar het leger, hitst eenige hoplieden aan om hem te volgen, hij zou de Voorstad aan het Schuitediep afloopen. Daarop vliegt hij vooruit, en neemt eene loopschans in. Het wordt verhaald dat hij, of in dronkenschap, of om de lafheid der zijnen te beschimpen, het deksel van eene karnton tot zijn schild aangreep. Hoe dit zij, zijne dwaasheid was reeds groot genoeg; of men hem betuigde het was onmogelijk de voorstad te winnen, hij wijkt niet, en terwijl hij door een schietgat naar het schermutselen ziet, treft hem een kogel uit een vogelroer dwars voor het hoofd, en hij stort levensloos ter aarde (116). Zijn dood verblijdde de Groningers, maar bedroefde Rennenberg, omdat hij vreesde dat de burgers zich te liever aan der Staten bevelhebbers zouden overgeven, nu Entens dood was. Later muitten zijne soldaten en zijne vrijbuiters plunderden elkander en de bagaadje van Sonoy en den Graaf van Nassau; vermoordden den schrijver van Sonoy, en vlugtten naar de Eems. Doch Sonoys behendigheid bragt de muitende soldaten tot hunne pligt, voor een poos ten minste; want spoedig toonden ze hunne onwilligheid, weigerden hunne posten te bewaren, trokken naar Dokkum, dreigden Graaf Willem Lodewijk van Nassau met overlevering aan de Groningers en werden met veel moeite tot staan gebragt. De Graaf schreef dit zelf aan zijn vader in een brief te vinden in de *Archives* T. VII. p. 371.

CORNELIS LOUSZ. VAN EVERDINGEN.

Cornelis Lousz. van Everdingen, door Bor en Hooft onder de Watergeuzen genoemd, was van Utrecht, volgens Van Haren, die hem onderscheidt van Cornelis Loessen of Loefszoon, die een Amsterdammer was. Of hij evenwel deze beiden niet verward heeft, durf ik niet te verzekeren. De Wel-Eerw. Heer Ab Utrecht Dresselhuis, Predikant te Wolphertsdyk, houdt Cornelis van Everdingen voor den kleinzoon van Frederik van Renesse van Baar, die zich ook, naar eene heerlijkheid *van Everingen* liet noemen (117). De naam van Cornelis van Everdingen staat op de lijst van hen die den Briel innamen, en hij diende daarna te land, onder Sonoy, en later als Hopman in het regiment des heeren van Nyenoord. Hij had een werkzaam aandeel in den strijd voor de vrijheid in Noord-Holland, van wege Lumey ter bezetting in Enkhuizen gezonden, tenzij wij hier aan Loefszoon moeten denken. Wanneer Bossu in 1572 een aanslag voor had op Haarlem, trok Everdingen met een vendel van driehonderd soldaten, onder den Overste Lazarus Muller tot hulp van die stad. Mullers benden, eerst overwinnaars, werden kort daarop bij de Zandpoort overwonnen en verslagen. Sonoy gebruikte hem somwijlen tot gewigtige zaken, onder anderen bij gelegenheid dat er gehandeld werd om den gevangen Graaf van Bossu, in het geheim, uit zijn kerker te verlossen. Dit plan liep op niet uit, door de zorg van Sonoy. Aan Bossu's gevangenschap was veel gelegen. Wij vinden later weinig meer van hem gemeld, dan dat hij in 1581 het leven liet in den strijd bij Nordhorn, waar Norrits door Verdugo geslagen werd. De geschiedschrijvers noemen hem daar Cornelis Loeveszoon van Utrecht, zoodat wij weder aan zijn naamgenoot kunnen denken.

GUISLAIN DE FIENNES.

Guislain de Fiennes, Heer van Lumbres, is in de geschiedenis te weinig voor zijne verdiensten bekend. Zij noemt hem alleen als lid van der Edelen Verbond, en als Admiraal over de vloot der Watergeuzen. Doch ook in deze betrekking verhaalt zij weinig van zijne daden. Het schijnt ook dat hij de zaken meer te lande bestuurde, en, ten minste van het begin van 1572 af, het bestuur der vloot aan zijne Onderbevelhebbers Lumey, Brederode en Meininck overliet. Ook is hij meer door zijne werkzaamheden voor Oranjes zaak bekend, dan door zijne krijgsdaden. Van aanzienlijken geslachte uit Artois geboren, had hij met zijn broeder Eustache zich begeven aan de zijde der Edelen en was een ijverig lid van het Verbond en vurig vriend van den edelen Lodewijk van Nassau. De *Archives* door Mr. Groen van Prinsterer uitgegeven, zijn de beste bron om hem te leeren kennen. Wij kennen hem daar uit zijne brieven. In 1566 was hij met Charles de Revel Heer van Audrignies, naar Valenciennes gezonden tot bedaring van de onrustige gemeente in die stad. Zij hoopten nog wel een goed gevolg van hunne maatregelen, maar de uitkomst leerde dat zij zich te veel hadden gevleid. Valenciennes moest later, bij haren openlijken opstand, voor Noircarmes bukken. Beide genoemde Edelen gaven de sterkste bewijzen van hunne trouw aan Graaf Lodewijk, wien zij raadden in het Vaderland te blijven, zij zouden hem ondersteunen. Zij beloofden hem op hun woord als Edellieden, dat zij, wie ook zijn pligt verwaarloosde, lijf en goed voor de regtvaardige zaak besteden wilden, en in iedere andere, waarin het Lodewijk mogt behagen zich van hunne geringe magt te bedienen, al moesten zij zelfs voor zijne voeten sterven (*jusques à morir à vos pieds*) als voor de verdiensten van een Heer, aan wien zij bekenden hun geheel geluk verschuldigd te zijn (118). Buiten twijfel deelde hij in de verschillende aanvallen tot bevrijding des Vaderlands, en vertoefde hij meest in Frankrijk. Reeds terstond nadat Dolhain had geweigerd weder op de vloot te gaan, wilde Oranje hem tot het oppergebied verheffen, en wisselde daarover met hem eenige brieven. In een lateren brief van Odet de Chatillon, wordt gesproken van een last aan Lumbres opgedragen door Lodewijk van Nassau, die echter niet volbragt was zoo spoedig als men begeerd had. Doch het had aan Lumbres niet gehaperd, die zich wel had gekweten, maar Oranje wist hoe moeijelijk het volk te bewegen is. Waarschijnlijk had deze last betrekking op de Watergeuzen, toen zwervende langs de Fransche kust en zich overgevende aan allerlei wanorde (119). Kort daarna werd hij, met een uitvoerig berigtschrift van 10 Aug. 1570, tot Admiraal aangesteld. Deze aanstelling werd denkelijk eerst geheel ingetrokken door die van Treslong tot Admiraal van Holland. Dat hij in Febr. 1573 in Oost-Friesland was, blijkt uit een brief van zekeren David, een dienaar en vertrouwde van Graaf Lodewijk, en uit een anderen van eenen Charles de Meijere, aan denzelfden Graaf, die met hem en den Heer van Carlo naar Holland zou scheep gaan. Wat Lumbres daar verrigtte is onbekend, hij was er met verscheidene Edelen en vele soldaten. Mogelijk hadden de zaken der vloot hem aldaar bezig gehouden. Lancelot van Brederode, een zijner onderbevelhebbers, was in het belegerde Haarlem, en de andere Vice-Admiraal, Menninck, was weder naar Zeeland vertrokken. Oranje zond hem in Mei van dat zelfde jaar, met Doctor Tayaert naar den Koning en de Koningin-moeder van Frankrijk, ter behandeling van sommige punten aangaande de bevrediging met zijne onderdanen, en het toeschikken van eenige hulp voor het bedrukte Nederland (120). In Augustus was hij te Keulen, altijd werkzaam in de dienst van Lodewijk van Nassau en zijnen broeder Willem van Oranje, welke laatste hem dankte voor de in Frankrijk bewezene diensten. Zijn verblijf te Keulen was niet altijd aangenaam. Hij leefde steeds als balling. Wie der Nederlanderen zijn Vaderland zich veroverd zag, de Edelman uit Artois zag zijn land en goederen altijd nog in de handen der Spanjaarden. Van daar dat hij dikwijls in treurige omstandigheden verkeerde. Gelasterd, dat hij zich tot de handeling met Frankrijk liet gebruiken, om zich aan den oorlog in Holland te onttrekken: — krank en arm, ja bijna aan alles gebrek hebbende, en met een onkundigen geneesheer geplaagd, zoo was hij te Keulen in Sept. 1573, waarom hij zich gedwongen gevoelde, in dezen

uitersten nood, de hulp van Graaf Lodewijk, om Gods
wil in te roepen, zonder welke hij moest omkomen (121).
Zijn getrouwe vriend liet hem aan zijn lot niet over;
maar zond hem eerlang honderd rijksdalers, die zijnen
nood eenigzins verligtten. Lodewijk had hem daarenboven, gedurende geheel zijn leven twee voeders Rhijnwijn tot een pensioen (jaarlijks denk ik) toegezegd.
Waarom Oranje hem niet in de krijgsdienst gebruikte,
laat zich moeijelijk gissen. De briefwisseling tusschen
hem en Oranje en diens broeders bleef aanhoudend,
doch de zaken waarover gehandeld werd schijnen niet
van zooveel gewigt te wezen, als men zou vermoeden.
Dat hij de zaken waarnam voor Oranje en zijne broeders Johan en Lodewijk, waarvan de eerste gewoonlijk
in de vaderlijke landen vertoefde, laat zich begrijpen,
doch zijne brieven behelzen niet veel meer dan het
nieuws uit Holland, naar de Graven van Nassau overgeschreven (122). In het begin van 1574 arbeidde hij
met ijver om Maastricht tot Oranje over te brengen,
en maakte hij den Prins met de middelen bekend die
dien aanslag konden doen gelukken. Doch de onderneming gelukte niet. Hoewel zijne krankheid (de jicht)
hem bleef kwellen, reisde hij evenwel tot behartiging
der belangen van de Nassausche broeders en van het
Vaderland, waar hij geroepen werd, en maakte zich
in Oct. 1574 weder gereed tot den togt naar Frankrijk.
Hem werd een jaar later, met vele andere Nederlandsche Edellieden Engeland ontzegd, doch het blijkt uit
latere brieven, dat hij niet, zoo als Prof. Te Water
meende, korten tijd daarna overleden is; hij leefde
nog in 1577, en was toen diep ingewikkeld in de
handelingen met het Fransche hof. Hij was in April

van dat jaar te Parijs, en krank. Men wilde zijn diensten aldaar aanwenden, om Oranje nader aan Frankrijk te verbinden, en Lumbres, een zeer bekwaam man (*bien fort habil homme*) wilde dat aan Oranje een huwelijk van zijn zoon (Philips Willem, *son filz qui est Catholique*) met de tweede dochter van den Hertog van Lotharingen zou worden voorgesteld. Nog een lateren brief vinden wij van Lumbres aan Oranje van 7 Oct. deszelfden jaars, betreffende de verbindtenis met Frankrijk. Of de handelingen hem te moeijelijk vielen, dan of het verblijf in Frankrijk hem tegenstond, hij verzocht Oranje tot andere zaken te worden geroepen, en uit dat land te vertrekken (123).

WOUTER of BALTUS FRANSZOON.

Wouter of *Baltus Franszoon* was, naar het getuigenis der meeste geschiedschrijvers, een Watergeus, en rukte met zijne spitsbroeders den Briel binnen. Hij had een werkzaam aandeel in den omkeer van Dordrecht, en was waarschijnlijk in die stad geboren en vroeger woonachtig. Hij lag reeds, eer de stad overging, met zijn schip op de rivier, en had gemeenschap met zijne stadgenooten, even als Hopman Dirk Wor, van wien nader. Vermoedelijk is hij te Dordrecht gebleven; de geschiedenis zwijgt van hem: alleen zegt ons Ds. Barueth, dat hij de vader was van den beruchten onzinschrijver Frans Baltensz. Hij zelf moet naderhand Ouderling zijn geweest bij de Gereformeerden te Dordrecht (124).

ZEGER FRANSZOON VAN MEDENBLIK.

Zeger Franszoon van Medenblik was uit de vloot van Boshuizen, Admiraal van den Koning, met zijn schip van honderd-vijftig lasten, overgeloopen tot de Watergeuzen. Wat het voorgevallene daar omtrent aangaat, verwijzen wij tot het verhaalde in het I. stuk, bl. 72. Of hij in bloedverwantschap stond met Wouter Franszoon is onbekend. Het laat zich gissen dat hij in den aanslag op Dordrecht deel had in 1571, ten minste Jan Gijsbrechtsz. Coninck, een der eersten in dien aanslag, had hem als zoodanig beschuldigd. Dit zal geschied zijn nog voor zijn overloopen, en de vrees voor ontdekking kan daarvan de oorzaak zijn geweest. Voor het overige schuilt zijn naam in het duister (125).

MEINERT FRIESSE.

Meinert Friesse, wordt Kapitein genoemd en was denkelijk een Fries. Hij is alleen bekend door zijne onderteekening van het Contract reeds meermalem genoemd, waarbij sommige Edelen zich verbonden Spanje allen afbreuk te doen en de vrijheid der Hervormde Godsdienst te handhaven en voort te planten. Hij zelf kon niet schrijven, zoo als blijkt uit het teeken, waarmede hij dit stuk bekrachtigde. Indien hij dezelfde is met Kapitein Vriese (en dit is niet onwaarschijnlijk) die bij den mislukten aanval op Schoonhoven tegenwoordig was met Eelsma en Sprieckloe, dan was hij werkelijk een Watergeus en kan geplaatst worden onder de innemers van den Briel. Ik vermoede het, om den naam en omdat ik hem juist bij Eelsma vind (126).

JELMER GABBES.

Jelmer Gabbes is hoogstwaarschijnlijk de Hopman Jelmer, bij onze geschiedschrijvers en bij Van Haren, die hem voor een Waal houdt. Carolus schrijft dat hij in Ameland is geboren, dat mij in twijfel brengt of hij dezelfde zij geweest met Jelmer van Vlieland (*Jelmerus Flevolandius*) bij Winsemius. Jelmer Gabbes was dan onder de Watergeuzen die den Briel aan Alva's tijrannij ontrukten, en vertrok daarna met zijn schip naar de Friesche kust. Hij was mede bij de zoo treurig afgeloopene verovering van Dokkum in Sept. 1572. Wel had hij zijn volk geweigerd, die tegen geene musketiers bestand waren, maar Sippe Scheltema, een moedig voorstander der vrijheid, had hem eindelijk overgehaald. Is Jelmer van Vlieland dezelfde met onzen Gabbes, dan verloor hij kort daarna zijn schip en misschien zijn leven bij een inval in Vlieland door twee-honderd Walen van Robles (127).

LODEWIJK VAN GEND.

Lodewijk van Gend staat op de lijst, omdat ik niemand wilde achterlaten die door een onzer geschiedschrijvers genoemd is. De eenige die hem noemt is Barueth. Het is zeer mogelijk dat deze verkeerd heeft gezien. Op de lijsten der Watergeuzen staat gewoonlijk achter den naam van Guillaume de Grave, van Gend, de geboorte- en woonplaats van de Grave, en Barueth zal dit voor den naam eens Geuzen hebben aangezien. Heeft Barueth echter regt, dan kunnen wij denken aan Lodewijk van Gend, bij Hooft, Lodewijk Hoorenmaker van Gent genoemd, doch bij Theod. Schrevelius zoo als zijn naam hier aan het hoofd is geplaatst. Deze was Luitenant van den Gouverneur van Haarlem gedurende het beleg, Wijbout Ripperda, en werd met hem, na het overgaan der stad, onthalsd (128).

GERRIT GERRITSEN VAN OUWATER.

Gerrit Gerritsen van Ouwater is alleen als vrijbuiter bekend uit de vonnissen van Alva, als die een koopman vijf-honderd dalers had ontstolen, en daar en boven deel gehad aan de plundering van het marktschip van Antwerpen naar 's Hertogenbosch. Hij zal behoord hebben tot het scheepsvolk van Ruychaver (129).

GISBERTUS.

Gisbertus is ons alleen bij zijn voornaam bekend. Hij was een Hollander volgens Winsemius, en het vermoeden rees daar om bij mij op, of hij dezelfde kon zijn met Gijsbrecht Jansz. Coninck. Deze bevond zich wel een tijd te Vere in 1572, doch kan ook reeds voor Sept. 1572, naar Friesland met zijn schip zijn heen gezonden. Van dezen Gisbertus kennen wij alleen zijn kloekhartigheid en zijn jammerlijk uiteinde. Hij lag in September met een oorlogschip, bemand met zestig koppen, onder Ameland voor anker. Naar dat eiland was de koene Fries Sippe of Scipio Scheltema gevlugt, om het volk van Robles te ontwijken. Hem spoorde Gisbertus aan tot de vermeestering van Dokkum.

Robles was midden in het land bezig, de kust lag open, met haast en moed was veel uit te werken. Scheltema moest zich zijne verwoeste Stins herinneren, en het wreken. De bezetting der stad was gering, de burgerij tot de Geuzen geneigd, en zou zich gaarne aan een gezagvoerend Bevelhebber overgeven. Zelfs de bewoners van het platte land waren tot hunne hulp gereed. Hij zelf had ook dappere mannen aan gevaren gewoon, mannen die voor het Vaderland niets hoe zwaar ook, weigerden. Scheltema laat zich overreden, Gisbertus ligt de ankers en zeilt naar Oostmahorn. Daar zet hij dertig man aan land, waarbij zich de boeren voegen uit Dongeradeel en omliggende plaatsen. Deze komen onder bevel van Scheltema te Dokkum, slaan de bezetting en drijven haar op den toren. Het wordt door ooggetuigen verzekerd dat ze zacht met de vijanden handelden en een billijk gebruik maakten van de overwinning. Doch de stad werd spoedig weder door Robles volk ingenomen, en het was bij die gelegenheid dat Gisbertus een jammerlijken dood vond. Bij zijne vlugt raakte hij met zijne boot, door de vallende ebbe, op den oever der Lauwers vast, en werd door den vijand omringd en gegrepen. Men sneed hem de neus en ooren af, en doorstak hem; zoo als gezegd wordt, tot straffe omdat hij eenen Gerrit van Dokkum, een bitter Spaanschgezinde, door Douwe Glins gevangen, aan de mast had doen binden en met een kogel gedood had (130).

DOUWE GLINS.

Douwe Glins een Edelman uit Friesland, door des Konings Raad, in 1568 gebannen, vond zich gedwongen de toevlugt te nemen op de schepen der Geuzen, en werd onder hen een aanvoerder en een zeer bekende aartszeerover (*inter suos dux et archipirata notissimus*, zoo drukt zich Carolus uit). Ik houd hem voor dien Watergeus wiens naam door sommigen *d'Ovelens*, door anderen *la Douve* genoemd wordt. Van Meteren maakt hem zelfs één met dien van Oom Hedding, en heet den schipper van het Spaansche schip, even voor het innemen van den Briel veroverd, *Oom Hedding d'Ovelens*. Zonderlinge verwarring, door niets anders veroorzaakt dan door het telkens verkeerd schrijven der eigen namen, in die dagen zeer gewoon. Geene de minste eenparigheid werd daar omtrent in acht genomen, gelijk het ons zelfs uit zoogenoemde officiele stukken gebleken is (131). Soms werden de Hoplieden alleen bij hun voornaam genoemd, en van daar heeft de naam *la Douve* zijn oorsprong. (De Hoogl. Te Water wist voor dien naam eenigen raad bij een Brabandsch adelijk geslacht, in zijne lijst der Watergeuzen achter zijn *Eeuwfeest van Vlissingen*). *Douwe* wordt ook *Douve* en *Dove* geschreven, en wat dit *la* betreft, het zal uit een vorigen even slecht geschreven naam, misschien dien van Hetting*ha* (dikwijls Hetting gesteld), daarbij zijn gekomen. Dat de G. is verloren gegaan heeft zijn oorzaak of in het schrijven van zijn naam door Douwe Glins zelven, of misschien dat hij, naar eene slecht verstane uitspraak is opgeteekend. Van het jammerlijk naamteekenen kunnen de facsimilés in de Archives ons proeven opleveren. Behalve dat: geen d'Ovelens of la Douve is bekend; Douwe Glins des te beter. Is mijne gissing waarheid, dan moet hij onder de eerste bevrijders des Vaderlands in den Briel met eere prijken, schoon hij die daad niet lang overleefd heeft. Hij trok spoedig met zijn schip naar de Friesche kusten, was er een poos werkzaam tot bevrijding van zijn Vaderland, maar werd door de soldaten van Robles gevangen, hoewel hij zich op allerlei wijze poogde te verbergen, naar Groningen gevoerd en met vier zijner medgezellen onthoofd (132).

DE GOEDE.

De Goede staat hier louter, omdat Barueth hem onder de Watergeuzen stelt. Niemand echter kent hem, en wij laten dus den naam (meer is hij niet) der vergetelheid over.

GUILLAUME DE GRAVE.

Guillaume de Grave was een Gentenaar en als Watergeus bij den Briel. Voor dien tijd vinden we van zijne daden niets gemeld, dewijl hij geen bevel over een schip had, en slechts, gelijk velen met hem, zich op de vloot had begeven, om dienst te doen aan het Vaderland, zoodra de gelegenheid zich daartoe aanbood. Aan land gekomen werden velen dezer vlotelingen spoedig tot bevelhebbers van een schip of van een vendel soldaten benoemd. De Grave moet onder de zijnen hebben uitgemunt. Wij zien hem onder Sonoy in Noord-Holland en Overste van Edam. Dezelfde Sonoy had hem zelfs als zoodanig naar Leyden gezonden, maar die stad verkoos geen vreemdeling tot bevelhebber, schoon ze naderhand Jan Eilofsz. van Groningen, even zoo een vreemdeling, aannam. Maar De Grave vertoefde niet lang in Noord-Holland, en, zoo hij al niet tegenwoordig was bij het veroveren van Oudenaarden, met Blommaert en anderen, hij was ten minste onder de Nassauschen, die voor Alva's leger de vlugt kozen, en de stad aan des Spanjaards genade overlieten. Doch zijne vlugt redde hem niet, al meende hij met Blommaert en van Rijne een beteren weg naar Zeeland te weten dan Imbize en Utenhove. De Spanjaarden zaten de drie eersten op de hielen. Zij waren in een huis gevloden of op eene hofstede nabij Eeclo waar ze zich moedig verdedigden, doch hun verblijf, door de Spanjaards omsingeld, werd door henzelven of de vijanden in brand gestoken. Bevreesd voor de overgave en den beul, kwamen zij in de vlammen om. De geschiedenis verbindt weinig lof aan zijn naam. Meursius zegt, dat zijne gierigheid onverzadelijk was, dat hij geene heiligdommen der kerken eerbiedigde, en om zijne misdaden in Holland in den kerker was geworpen. Deze gevangenis had hij aan zijne woeste plunderzucht te danken, en aan de handhaving der krijgstucht door Sonoy. Bor beschuldigt hem van openbaren roof. Hij had in het kwartier van Edam op de dorpen overal het koper uit de kerken en huizen doen wegrooven, in meening om het te vervoeren, doch was daarin door Sonoy belet. Dit en zijne geweldige handelwijze maakte hem in Holland zeer gehaat, waarom hij zijn geluk in Vlaanderen, zijn Vaderland, wenschte te beproeven. Doch het mislukte hem, want naderhand losgelaten, begaf hij zich naar Vlaanderen, waar hij zijn treurig einde vond (133).

PIBO HARDA.

Pibo Harda, een regtschapen Friesch Edelman, behoorde wel niet eigenlijk tot de Watergeuzen — hij had uitdrukkelijk getoond dat hij hunne daden afkeurde — maar mag niet worden vergeten, omdat hij met hen en ter hunner verdediging streed en viel. Lid van het Verbond der Edelen, had hij zich in het gevolg van Brederode te Amsterdam bevonden; en was medepligtig aan het nemen der papieren van den Secretaris de La Torre. Hij ontkwam het lot dat Beima en Galama trof, doch werd door den Raad van Friesland gebannen. Terwijl hij zich te Emden ophield, zond hij met vele andere ballingen een geschrift aan de afgevaardigden van Friesland, waarin allen zich bitter beklaagden over het onregtvaardig vonnis der verbanning en verbeurdverklaring hunner goederen. Bij dit geschrift was eene betuiging hunner onschuld gevoegd, doch deze was niet overgegeven. Eene andere poging tot redding van eer en goed baatte zoo weinig als de eerste. Andere en geweldiger middelen wilde Harda niet aanwenden; niet omdat het hem aan moed ontbrak, maar omdat hij de handelingen der Watergeuzen wraakte. Hij woonde later op Ameland, met het weemoedig voornemen om van daar ten minste de Vaderlandsche kusten te aanschouwen, die hij niet meer betreden mogt, en waar zijne gade en kroost verlaten omzwierf. Bij een inval van Robles op Ameland, was hij genoodzaakt het zwaard te trekken en sneuvelde in het gevecht. In het Eerste Stuk, is dit reeds breedvoeriger gemeld (134).

ADAM VAN HAREN.

Adam van Haren, dezelfde als Kapitein Daam, die met Brand den voortogt had, bij het innemen van den Briel, was een Edelman van ouden geslachte (reeds in 1276 was er een Adam, Heer van Haren) en had tot op het naderen van Alva's gevreesde komst in zijn Vaderland, het land van Valkenburg gewoond. Toen Alva kwam, redde hij zich door de vlugt, want, zoo hij al niet zelf het Verbond der Edelen geteekend had, stemde hij toch te zeer met hunne plannen en de Hervormden in, om zich veilig te achten als de dag van

Alva's gerigten kwam. Hij voerde het bevel over een
schip der Watergeuzen en bleef in den Briel, ten minsten tot in 1573. Er bestaat echter eene onoplosbare
verwarring naar het schijnt, van twee Adams, vader
en zoon. De Weleerw. Zeer Gel. Heer J. H. Halbertsma,
die de geschiedenis van het geslacht der Van Harens
met zoo veel ijver en liefde geboekt heeft, geeft breedvoerig verslag van deze verwarring. Zij ontstond door
het verschil in de geslachtlijst der Van Harens (door
W. en O. Z. Van Haren zelven bewerkt) bij Ferwerda
in zijn Wapenboek, en het verhaalde in Z. Hubers
lijkrede op Willem van Haren, den bekenden Ambassadeur in de 17de eeuw. Wat de geslachtlijst aan
Adam van Haren toekent, gevolgd door den Hoogl.
Te Water, kent Huber toe aan den zoon ook Adam
geheten. Halbertsma poogde die strijdigheid op te lossen, door te stellen dat vader en zoon, om de gelijkheid der namen, met elkander verward zijn en voor
één persoon zijn gehouden. Dit is de beste oplossing.
Wij houden het er voor dat de jongere Adam onder
de Watergeuzen moet gesteld worden. Misschien is
zijn vader in dienst van Graaf Johan van Nassau geweest, en de zoon later Raad en Hofmeester van Willem I; na wiens dood hij overging in de dienst van
Willem Lodewijk, Stadhouder van Friesland, waar hij
in 1590 stierf en te Leeuwarden begraven werd. Adam,
de vader was den 3 Mei 1589, te Arnhem overleden.
Het geslachte dier Edelen heeft zich bij het Vaderland
bij uitstek verdienstelijk gemaakt. Drie der zonen van
Adam, de vader of zoon, hebben hun leven voor het
Vaderland gelaten; anderen uit dien stam, vooral Willem van Haren, bekend door zijne talrijke gezantschap-

pen, in de zeventiende eeuw, zijn door hunne menigvuldige werkzaamheden voor den Staat beroemd geworden, en onder onze geleerden en dichters bekleeden de twee broeders Willem en Onno Zwier eene eerste plaats. De eerste gaf aan Nederland, in zijn Friso een heldendicht, de andere, de rampspoedige Onno Zwier van Haren, bezong de Geuzen, en stichtte zich, behalve met zoovele andere gedichten, een gedenkzuil, welke het nageslacht zal vereeren, zoo lang Nederland der vaderen deugd en rampen niet geheel vergeten heeft. In de mannelijke linie stierf hun geslacht uit, en dat uitsterven was even roemvol als de komst hunner vaderen hier te lande. Een van de zonen van Onno Zwier, Carel Willem, sneuvelde in 1793, bij Meenen, als Ritmeester bij de Garde Dragonders, en diens eenige zoon Charles Frederic Sigismond offerde bij Waterloo zijn leven voor het Vaderland, in een jeugdigen leeftijd, die hernieuwden bloei aan zijn geslacht beloofde (135).

JAQUES HENNEBERT.

Jaques Hennebert begaf zich uit Sluis in Vlaanderen, zijne geboorteplaats, op zee, onder de Watergeuzen, wordt onder de innemers van den Briel genoemd, en onder de verdedigers van Alkmaar. Hij deelde, na de dappere verdediging van die stad tegen Don Frederik, in hetzelfde lot met Dirk Duivel, beschuldigd van meer dan eens den bevelhebber Cabiljauw te hebben willen dwingen tot het verlaten der stad. Zij werden gevangen, doch vrijgesproken. Cabiljauw was echter van hunne onschuld niet zoo geheel overtuigd. Dewijl wij kort daarna, Henneberts Luitenant, den dapperen Michiel Samplon, als Kapitein vinden, zou dit ons doen besluiten, dat Hennebert de krijgsdienst had verlaten, en zijn vendel aan den genoemden Luitenant was overgedragen (136).

GAUTIER HERLIN.

Gautier Herlin, uit Valenciennes, was de zoon van Michiel Herlin den Oude, een ijverig Hervormde, en gedurende het beleg zijner vaderstad, Kapitein der burgeren. Toen de stad in 1567, door Noircarmes werd genomen, moest de oude Herlin zijnen ijver met den dood boeten. Zijn oudste zoon, mede Michiel geheeten, werd acht dagen na zijn vader, om het getuigenis van Jezus Christus onthoofd. Zijn uiteinde moet bijzonder treffend zijn geweest (137). Nog drie broeders bleven over, van welken Gautier een was. Zij begaven zich, in de uiterste radeloosheid, onder de wilde Geuzen. In het volgende jaar door den Provoost Spelle gegrepen, werden Gautiers broeders beiden aan een boom opgehangen; hem zelven werden neus en ooren afgesneden, en de brandstapel wachtte hem. Evenwel hij wist te ontkomen en was sedert gewoon, alle Priesters en Spanjaarden, die hij grijpen kon even zoo te behandelen en voorts te verbranden. Dit is het verhaal van Van Haren in zijne Geuzen, (bladz. 267, der uitgave van Bilderdijk) waarvan het ons spijt, dat hij den eersten verhaler niet noemt, want bij Thuanus vonden wij wel de geschiedenis van het beleg en de overgave van Valenciennes, niet het treurig lot en de gruwelen van Gautier. Hij was onder de opperhoofden der Watergeuzen bij den Briel, en het geheel verdwijnen van zijn naam uit de geschiedenis doet ons denken of hij bij den aanval van Bossu mogt gesneuveld zijn, of wel dat hij verder geene daden verrigt heeft der opteekening waardig (138).

DUCO of DOECKE HETTINGA.

Duco of *Doecke Hettinga*, de zoon van Homme, die volgt, werd met zijn broeder Taco of Taecke gebannen als die beiden onder Graaf Lodewijk, gelijk ook hun vader, de wapenen tot bevrijding des Vaderlands hadden opgevat. Schoon de naam van Duco in de geschiedenissen weinig of niet voorkomt, blijft er geen twijfel over of hij verzelde zijn vader op de vloot der Watergeuzen en bij den Briel. De meer genoemde Rekening van Veere maakt dit duidelijk. Duco was daar, nadat de stad tot Oranje was overgegaan, zoowel als zijn vader, en diende ér als Vaandrig in het vendel van Rollé, gewezen Baljuw van Veere. Of hij spoedig, in eene der menigvuldige gevechten in Zeeland gesneuveld is, dan of hij er soms door wordt aangeduid, als we den naam Hettinga, zonder voornaam lezen, moet ik in het onzekere laten. Zijn broeder, wiens naam meer bekend is, en die waarschijnlijk onder de Watergeuzen behoort, schoon er geene bewijzen voor bestaan, had een eervolle loopbaan. Taco Hettinga rigtte in 1580 een vendel op voor Hohenlo's dienst in Dantumadeel, en werd met hetzelve naar het leger van dien Graaf opontboden. Later lag zijn volk in de schans van den Opslag, terwijl hij met Hopman Jelsma naar Leeuwarden ging om ontzet te vragen. In dien tusschentijd gaven de twee overgeblevene hoplieden Stamler en Idtsen, de schans lafhartig aan Rennenberg over. In 1589 werd hij Overste Luitenant van Graaf Willem Frederik, en in 1593 lag hij met eene bende van achthonderd man op de Drenthsche grenzen, om Friesland te bewaren tegen Verdugo; veroverde de kerk te Midwolda, door de Spanjaarden bezet, en was twee jaren later Luitenant van den Grave van Solms gedurende het beleg van Hulst. Hij deelde in den zegepraal bij Nieuwpoort, en had het bevel over het derde bataillon van de tweede divisie, den middentogt van het leger van Prins Maurits. Doch aangaande zijn broeder kon ik niets meer ontdekken (139).

HOMME HETTINGA.

Homma Hettinga, Grietman van Baerderadeel, was van het begin der woelingen af een ijverig voorstander van Vaderland en Hervorming. Lid van der Edelen Verbond, werd hij door Alva ingedaagd en gebannen. Hij voegde zich aan Lodewijks zijde, en hoewel het werven van volk door Hylke Martens of wilde Hylke, op last van Hettinga, weinig voorspoed had, had hij echter een vendel onder zijne bevelen bij Lodewijks intogt in Groningen. Hij had zelf op eigen kosten te Dokkum en in Dongeradeel volk geworven, waarmede hij niet alleen bedoelde Lodewijk ter hulp te komen, maar misschien Friesland tot hulp des Graven te doen opstaan. Want reeds voor Lodewijks inval werd Quiryn Lacey van Buren aan het hoofd van twee-honderd man tegen hem gezonden, waarop hij wijken moest en zich tot den Graaf vervoegde (140). Na het mislukken van diens krijgstogt, nam hij de toen gewone toevlugt op zee, van beide zijne zonen, ten minste van Duco, vergezeld. Van Wyn heeft het reeds ontdekt dat onze Hettinga de *Oom Hedding* onzer geschiedschrijvers is. Zijn verblijf in Zeeland heeft denkelijk de *H.* aan zijn voornaam ontroofd. Hiermede vervalt dus Van Harens gestelde dat hij een Zwollenaar was. Dit wist hij uit eene overlevering door den Zwolschen Rector C. W. Duker hem medegedeeld, die straat en huis wist te noemen waar Oom Hedding zou hebben gewoond (141). Het kon zijn dat Hettinga na de inneming van den Briel, (waarbij hij tegenwoordig was) eenigen tijd te

Zwol gewoond had, daar Friesland voor de bannelingen weldra ontoeganklijk werd. Doch het is zeer onwaarschijnlijk. Want hij vertrok van den Briel naar Zeeland en wel bepaaldelijk naar Veere, waar hij over een vendel knechten bevel voerde, die hunne betaling van die stad ontvingen. Zoo leert ons de Rekening van Veere, die hem ook Commissaris heet, hetzelfde misschien als Krijgscommissaris in Holland. Al wat van Oom Hedding gezegd is, moet dus vervallen en deze geheele persoon behoort tot de poëzy van Van Haren en Loosjes; tot de geschiedenis niet. Het kan evenwel zijn, dat Hettinga reeds in jaren gevorderd was; hij overleefde de herovering des Vaderlands niet lang, in 1574 wordt reeds van Trijn Ringe of Rinia, als zijne weduwe gesproken (142). Hij was een getrouw vriend van Godsdienst en Vaderland, aan welke hij al zijne bezittingen had toegewijd, zoodat hij zijnen kinderen niets dan een eervollen naam en het erfdeel hunner moeder naliet.

SALOMON VAN DER HOEVEN.

Salomon van der Hoeven of van der Houve, door de ellende der tijden gedwongen zijn Vaderland te verlaten en zich bij de Geuzen te begeven, wordt door Cleyn in zijn *Dankoffer* enz. bladz. 38. opgenoemd bij de veroveraars van den Briel. Zijn vader was Frank van der Houve en in dienst des Graven van Hoogstraten.

Salomon, de zoon, werd Baljuw van Schiedam, en spoedig martelaar om zijn geloof. Niet alleen werd hij om zijne Godsdienstige gezindheden van zijn ambt ontzet, maar hij moest zelfs eene zevenjarige gevangenis verduren op de gevangenpoort te 's Gravenhage, waar hij nog zat toen de vier Pastoren om den geloove gedood werden. Dit geschiedde 30 Mei 1570. Van der Houve had zich waarschijnlijk hetzelfde uiteinde voorgesteld, doch hij werd (op welke wijze is onbekend) uit de gevangenis verlost, begaf zich tot de Watergeuzen en werd onder hen Scheepskapitein. Hij bleef echter de krijgsdienst niet volgen, maar keerde tot zijne burgerlijke ambten terug, werd Baljuw van 's Gravenhage en overleed zonder kinderen na te laten (143).

NIKLAAS HOLBEEK.

Niklaas Holbeek, schijnt, naar zijn naam te oordeelen een Noord-Nederlander te zijn geweest, en heeft dien naam, bekend geworden omdat hij bij den Briel was, door zijne misdaden bezoedeld. Een wilde, niets ontziende vrijbuiter, bleef hij aan zijn karakter getrouw: de Noord-Hollandsche ingezetenen ondervonden het nadeelige zijner plonderzucht, toen hij Kapitein was onder Sonoy. Men heeft zich deze booze mannen spoedig weten kwijt te maken, denk ik, en schrijf het daaraan toe, dat zijn naam voorts der vergetelheid is overgegeven (144). Hij was nog onder de vrijbuiters, welke na het overgaan van Enkhuizen die stad bezet hebben.

HERO HOTTINGA.

Hero Hottinga is dezelfde met Hero Hettinga in Alva's Sententien bl. 289. zoo als de Hoogl. Te Water reeds vermoedde. Ik maak dit op uit vergelijking zijner Sententie met een vroeger bevel (van 18 Mei 1568) door Aremberg Stadhouder van Friesland gegeven, waarbij aan acht-en-twintig inwoners van Leeuwarden bevolen werd binnen een uur de stad, en binnen den volgenden dag geheel Friesland te ruimen. In dat bevel heet hij Hottinga, en er komen nog enkele andere namen in voor die in de Sententie mede worden gelezen. Hij was dus toen reeds als een verdediger der vrijheid bekend, wien Aremberg bij zijn vertrek naar het leger, niet in de stad wilde achterlaten. Hottinga zelf begaf zich naar het leger van Graaf Lodewijk, de verzamelplaats der Friesche Edelen die reeds door het teekenen van der Edelen Verbond, 's lands vrijheid en Godsdienst onder hunne bescherming hadden genomen. Na Lodewijks nederlaag, koos hij zee en werd een der meest gevreesde zeeroovers. In 1573 werd hij deelgenoot van Eelsma's mislukte plannen, en hij was misschien de medgezel van zijnen vriend, die door de Spanjaarden gevangen werd, toen Eelsma ontvlood, maar verdronk. Ik giste dat Hottinga, een der Kapiteins van Rennenbergs leger voor Deventer, in 1578, dezelfde was met onzen Watergeus; doch meende later, dat we daar Hettinga lezen, en er Taecke den zoon van Homme door verstaan moesten, doch het is mij duidelijk geworden dat die Kapitein Jarich Hottinga was. Voor het overige zwijgt de geschiedenis van Hero. Wij treffen denzelfden naam later aan, doch te laat, naar het schijnt, om met grond te beweren, dat de Watergeus daardoor bedoeld wordt (145).

WILLEM VAN IMBIZE.

Willem van Imbize of *Hembize* was de zoon van Jan van Imbize, den stouten Voorschepen van Gent, in de beroeringen dier stad zeer bekend geworden. Willem zelf was een der eerste Watergeuzen niet alleen, maar behoorde ook onder de vertrouwden die met Oranje briefwisseling hielden. De Hoogl. Te Water vermoedt dat hij lid van het Verbond der Edelen was. Onder de innemers van den Briel wordt hij niet vermeld, schoon er bijna geen twijfel overblijft of hij was daar tegenwoordig. Bij Oranjes togt in 1572, tot ontzet van Bergen in Henegouwen, hielp hij Dendermonde en Audenaarden veroveren. Het treurig einde van die togt was oorzaak dat na het veroveren van Bergen, de Vlaamsche steden weder in handen van Alva vielen. De moord te Mechelen deed de bezettingen der twee genoemde steden op den aftogt bedacht zijn, die ze, voor het grootste gedeelte, wel volbragten. De Grave, Blommaert en Van Rijne, Hoplieden kwamen bij Eeclo in de vlammen om. Imbize koos met de meesten een veiliger weg naar Zeeland of Engeland. Hij was, in de nabijheid van Ostende, scheep gegaan, maar de vijand overviel hem, eer zijne boot vlot werd en hij zee kon kiezen. Toen sprong hij in zee en vond zijn einde in de golven (146).

FREDERIK VAN INTHIEMA.

Feico of *Frederik van Inthiema*, een Friesch Regtsgeleerde en dichter, staat op de lijst der Watergeuzen, op zijn eigen getuigenis, dat hij, na door Alva gebannen te zijn, zich bij den Graaf van der Mark en Entens voegde en hen met al zijn vermogen bijstond (147). Het dorp Coudum in Geesterland was zijne geboorteplaats; te Leuven werd hij der beide regten Doctor, en zette zich als Advocaat te Workum neder, waar hij Burgemeester werd. Van daar ging hij naar Leeuwarden en huwde er Margaretha Heslinga, bij welke hij zes kinderen gewon. De bangheid der tijden dreef hem van daar, en voerde hem naar Lumey, wien hij zich met al zijne kunde en hartelijke genegenheid toewijdde. Het blijkt wel niet dat hij eenige krijgsdaden verrigt heeft, doch hij deelde in het lot dier vrijbuiters en betrad met hen weder den Vaderlandschen grond. Getrouw aan deze beide krijgshoofden, bijzonder gehecht aan Lumey, verdedigde hij hen tegen de beschuldigingen hen aangewreven, niet alleen met de taal der poëzy, maar waarschijnlijk ook met het prosa der regtsgeleerdheid. Hij noemt zich ten minste de Advocaat des Graven uit zijne gevangenis. Ook had hij eene geschiedenis geschreven van hetgene onder den Prins van Oranje in deze landen gebeurd was. Doch het blijkt niet dat hij aan zijn belofte voldaan heeft van ze te zullen uitgeven. Even min blijkt dit van de drie boeken, welke hij over de Regering van slechte Koningen (*de malorum Regum gubernatione*) geschreven had. Hij werd in 1572 Fiscaal van den Provincialen Raad, door Graaf Joost van Schouwenburg te Franeker opgerigt, en heeft zeker nog lang na dien tijd geleefd, ten minste tot 1593, toen hij Raad was van Johan, Graaf van Emden, waar heen hij getrokken was, nadat Lumey Holland had verlaten. Ja, in 1608 dichtte hij nog (147*). Zijne *Elegiae de arcis Lynganae deditionis causa*, zijn eerst in 1610 te Groningen uitgegeven. Doch dit kan ook na zijn dood geschied zijn. Het is mij niet mogen gebeuren dit, zeker zeldzaam, boeksken magtig te worden. Behalve dit heeft hij nog een werk nagelaten, mede in Latijnsche verzen, getiteld: *Querela Hollandiae ad illustrem ac fortissimum heroëm Guilielmum Comitem de Marca* etc., behalve een gedicht over de geboorte, begrafenis en opstanding van Christus, mede in Latijnsche verzen. Hij wordt geroemd als een der voortreffelijkste vernuften, tot alle wetenschap en beoefening der letteren geschikt. Van zijne trouw aan de zaak des Vaderlands en der Godsdienst, en van zijn edel en Christelijk gemoed heeft hij in de *Querela Hollandiae* de sprekendste bewijzen gegeven (148).

JAN JOOSTEN.

Jan Joosten wordt zeker niet vroeger genoemd dan in 1580, toen hij bij Oostmahorn, het bevel had over een oorlogschip, en de zeerooverijen van Entens en Jeldert Wygers belette. Doch Schotanus verzekert ons dat hij vroeger reeds naam had gemaakt in de zee-oorlogen, en Winsemius, dat hij reeds onder Philips II. Scheepsbevelhebber geweest is; hetgene ons doet vermoeden, dat hij overgeloopen is tot de Geuzen, zoo als dat met sommige anderen, en onder deze met Zeger Franszoon, geschied was. Dit is alles wat wij van hem weten (149).

DIRK VAN DER LAAN.

Dirk van der Laan mag niet vergeten worden, al is zijn naam alleen bekend door een Grafschrift in de Groote Kerk van den Briel, en door de overlevering.

Zijn Grafschrift vindt, (of vond) men, zegt Dr. Cleyn, op een bord in gezegde kerk: »Hier leyt begraven »Jonker Dirk van der Laan, overleden op den 2 Maart »1590." — en de overlevering zegt dat hij onder de Watergeuzen was. Uit dit grafschrift blijkt hij ten minste een Edelman te zijn geweest. Daar waren Van der Lanen te Haarlem toen en later: Gerrit van der Laan was een bekend vrijbuiter te Leyden; of Dirk tot hun geslacht behoorde, wat en wie hij was, alles is onzeker (150).

WILLEM LIEVENSZ.

Willem Lievensz. Kapitein en Watergeus is misschien dezelfde met dien welken V. d. Haer *Rivius* noemt, en dan een Vlaming. Want V. d. Haer plaatst hem bij het opnoemen van der Geuzen hoofden tusschen Cabiljauw en de Grave, en noemt ze allen *Flandri*. Deze Rivius is mij anders niet bekend. Men kon aan Rijne of Van Rijne denken, doch die staat te boek als een Overijsselaar. — Ook vond ik op eene lijst van Middelburgsche ballingen, reeds in 1568, door Alva gebannen, eenen *Willem Lievenszoon*. Zoo staat die naam op eene lijst door den geleerden J. van Iperen, Predikant te Veere, ons nagelaten (151). Zijn ambacht is er bijgevoegd; hij was een stoelendraaijer. Het kon zijn dat deze zijn vreedzaam handwerk verwisseld had met de handeling des zwaards. Onwaarschijnlijk was het in die tijden niet. Hoe het zij, daar was een Willem Lievensz. onder de bevrijders des Vaderlands bij den Briel, en deze zal wel dezelfde zijn met W. Lievensz., een der eerste vrijbuiters die te Enkhuizen kwamen, zoodra die stad Oranje had trouw gezworen. Zij hadden reeds eenigen tijd rondom die plaats gezworven en kort te voren eene vlieboot van den Admiraal Boshuizen genomen en verbrand. Hij was later Kapitein onder den Gouverneur Sonoy, en veroverde het slot Tautenburg in Overijssel. Hij bleef er echter niet in bezetting. Het slot zelve werd een twistappel tusschen Sonoy en den Graaf van den Berg, en eindelijk door den laatste bezet (152). In 1573 was Lievenz. waarschijnlijk tegenwoordig bij de nederlaag door de benden van Sonoy geleden, aan den Diemerdijk. Bij die gelegenheid toch wordt de rustige koenheid van zijnen jeugdigen Vendrig, Erasmus van Brederode, verhaald. Of Lievensz. nog lang het Vaderland diende, behoort onder de twijfelachtige zaken: zijn naam wordt niet meer genoemd.

CORNELIS LOUFSZ.

Cornelis Loufsz. staat als Watergeus op mijne lijst, omdat Van Haren onder de Geuzen bij den Briel eenen Cornelis Loessen noemt en dien onderscheidt van Cornelis Lousz. van Everdingen. Ik zou beiden voor volstrekt denzelfden persoon houden, zoo de Sententien van Alva niet eenen Amsterdammer Cornille Louffsz. noemden, die met Nicolaas Reijersz. en Wybout de Wael gebannen werd. Zijn misdaad was een helper en aanhanger van Hendrik van Brederode te zijn geweest, dat hij hem bijgestaan had tot zijne geheime komst in Amsterdam, en in zijn huis had geherbergd, waar overigens de aanhangers van Brederode hunne zamenkomsten hielden. Zeer natuurlijk was het dus in hem, dat hij, het Vaderland ontvloden, op de vloot der Watergeuzen was. Het is niet zeker of Van Haren dezen Louffsz. heeft bedoeld. Cornelis Louveszoon die in den slag bij Nordhorn sneuvelde, wordt uitdrukkelijk gezegd van Utrecht te zijn: men mogt anders meenen dat hij en Louffsz. één waren (153).

WILLEM VAN LUMEY, GRAAF VAN DER MARCK.

Willem van Lumey, Graaf van der Marck, eigenlijk Willem, Graaf van der Marck, Baron van Lumey, Serain en Borset enz. maar bij den naam Lumey het best bekend, een der hevigste vijanden van Spanje, Alva en de Roomsche geestelijkheid, heeft in zijne daden een karakter ten toon gespreid, dat door de Spaanschgezinde geschiedschrijvers met sterke kleuren geteekend is, en van het welke de Nederlandsche, niet veel lofs hebben gezegd. De religie-oorlogen, zoo genoemd, hebben meer dergelijke karakters opgeleverd. Streng, ja wreed tegen hunne wederpartij, zijn zij niet eens zacht jegens hunne medestanders, die niet met denzelfden woesten ijver ijveren als zij. Nooit wordt de oorlog met meer woede gevoerd, dan wanneer Godsdienstige gevoelens in het spel komen; hetzij dat het gevoel van voor de heiligste belangen te strijden, daarom tot uitersten drijft en men toonen wil niet slappelijk te handelen, wanneer men meent te ijveren voor de eere Gods en het eeuwig heil der onsterfelijke zielen: — hetzij dat het denkbeeld de waarheid aan zijne zijde te hebben, het harte des menschen te meer verbittert tegen hen, die de waarheid niet kennen of aanhangen. — Maar gewoonlijk wordt de woede door de woede gescherpt, en wanneer mannen als Lumey zich te buiten gingen, dan was er zeker oorzaak genoeg toe gegeven in de ontzettende bloedplakaten tegen de Hervormden zoo vreeslijk uitgevoerd. Zij zeker hadden niet eerst het zwaard aangegrepen, maar toen een Alva, eene Catharina de Medicis hen geheel ten verderve wijdde, en hun bloed als water deed stroomen, toen raakte het geduld ten einde, en zulke ellenden konden niet anders dan mannen verwekken als Lumey en die hem gelijken. Is de wraak ten allen tijde zoet, hoezeer moet ze dan niet worden goedgekeurd, als ze met het kleed van Godsdienstigen ijver bemanteld wordt. Lumey was een van die wrekers en handhavers der vertrapte martelaren, maar deed, als menig een voor en na hem, niet anders dan te treden in de plaatse van Hem, die gezegd heeft: Mij komt de wrake toe, Ik zal het vergelden! — Hij heeft zeer vele gelijkheid met Johan Ziska, het bekende Opperhoofd der Boheemsche Hussiten, en nog meer met zijne tijdgenooten onder de Fransche Hervormden,

Montgommeri, die Hendrik II, bij ongeluk gedood had, en den Baron Des Adrets, beide hoofden der Hugenooten (154). Doch Lumey staat, met deze laatsten vergeleken, op niet zoo hoogen trap van boosheid of betere eigenschappen. Hij was niet zoo wreed en niet trouweloos; maar hij bezat hunne krijgskunde en beleid niet, hoewel zijne dapperheid genoeg is gebleken (155). Misschien heeft men hem ook meer aangewreven dan hij werkelijk gedaan heeft. Hij geraakte hier te lande in bitteren haat, vooral toen hij de Staten had aangetast: doch bij het volk bleef hij zeer geliefd.

Wat de lotgevallen van Lumey betreft ze zijn grootendeels reeds in het voorgaande gedeelte dezer geschiedenissen opgegeven. Hij was de zoon van Johannes, Graaf van der Marck en van Margaretha van Wassenaar, en had, dewijl zijne moeder een Hollandsche was, zeer vele goederen en betrekkingen in de Nederlanden. Daar en boven was hij een volle neef van Hendrik van Brederode, wiens vader met de zuster van dien van Lumey was gehuwd. Ook was hij aan Egmond vermaagschapt, en onderteekenaar van het Verbond der Edelen. Zijn overgrootvader was de beruchte Willem van der Marck, de moordenaar van Lodewijk van Bourbon, Bisschop van Luik. Hij werd, om zijne bandelooze woest- en wreedheid, *het wilde zwijn der Ardennes (le sanglier des Ardennes)* genoemd, en wegens zijne zamenspanning tegen den Aartshertog Maximiliaan te Maastricht onthoofd (156).

Getrouw aan het Verbond met de Nederlandsche Edelen gesloten, had Lumey terstond reeds in 1567 de wapenen opgevat, en het verhaal luidde, dat toen Brederode troepen verzamelde, Lumey, Escaubeque,

Villers en Malbergen met vijftien-honderd ruiters naar Vianen op weg waren. Zoo dit gerucht waarheid was, liepen echter Brederodes aanslagen op niet uit. Maar bij Oranjes togt in Nederland was Lumey bevelhebber van een bende ruiters in zijn leger, nu nog meer verbitterd door zijne ballingschap, en tot vreeslijke wraak aangehitst door den moord aan Egmond en Hoorne gepleegd. Toen had hij gezworen haar nog baard te zullen scheren, voor hij den dood dier Edelen gewroken had. Dat is krijgsmanstaal, zegt de Hoogl. Te Water, en geen onwedersprekelijk bewijs van zijn woesten aart. Het zij zoo, maar de gewoonte zelve was die van vroegere barbaarsche volken. Strada wijst terug op het voorbeeld van Claudius Civilis. De gewoonte was zeer in gebruik onder de Germanen, Saxen, Galliers en Franken (157). Bor meldt dat de gansche ruiterbende van Lumey die gelofte had gedaan, en veel wreedheid tegen de Geestelijken bedreef, eer ze in het leger van Oranje aankwamen. Een ander geschiedschrijver beschuldigt hem van het plonderen van een nonnenklooster bij Huy en van een monnikenklooster aan den oever der Maas, behalve nog van een vrachtschip, waarop hij een monnik vond, dien hij aan de staart zijns paards gebonden, langs bergen en dalen heensleurde, tot aan Huy toe (158). Doch wij willen aan het getuigenis van den Spaanschgezinden schrijver niet te veel hechten, en de misdaden der soldaten moeten, vooral in die tijden, niet altijd aan de hoofden worden geweten.

De togt van Oranje liep, zoo als bekend is, ongelukkig af. Zijne benden gingen uit een, en de Nederlanders beproefden hun geluk. Waar Lumey zich daarna ophield is onzeker, doch waarschijnlijk was hij reeds kort daarna op de vloot der Watergeuzen. In 1571 werd hij door de Emdenaars uit hunne stad verjaagd, waar hij de nederlaag der vloot voor Emden ontvlugt was. Zelfs, wat zonderling is, moet hij 3 Nov. van dat zelfde jaar in den Briel zijn geweest, waar hij op dien dag eene verklaring teekende dat de Heeren de Jonge te Zierikzee uit een jonger zoon van het geslacht Van der Marck oorspronkelijk waren (159). In het volgend jaar was hij Admiraal van der Geuzen vloot, daartoe door den Opper-Admiraal Lumbres aangesteld. Van daar dat wij zijne aanstelling van wege Oranje zelven niet vinden. Lumbres was nog Admiraal in Sept. 1572, toen Lancelot van Brederode en Adriaan Menninck onder hem geboden. Zij kwamen in de plaats van Lumey, die 20 Junij als Stadhouder van Holland door Oranje werd benoemd. En waarlijk hij was die eer en dat vertrouwen waardig. Hij had met de zijnen de eerste grondslagen der vrijheid gelegd; aan het hoofd der Geuzen, de Spanjaarden verslagen, en onder zijn bevel waren reeds verschillende plaatsen onder anderen Dordrecht en Rotterdam, voor Oranje bemagtigd. Zijn hoofdkwartier (gelijk wij nu zeggen) hield hij tot in Junij, in den Briel, deed zich door de eerste Staten-Vergadering te Dordrecht als Gouverneur van Holland erkennen, verkreeg van de volgende te Haarlem de belofte van veertig-duizend guldens tot de belegering van Amsterdam, belegerde die stad werkelijk, doch was gedwongen het beleg op te breken; zoo als hij zelf zeide, omdat de Staten hem geld en hulp onthielden; — zoo als anderen (volgens Hooft) te kennen gaven, wegens zijn wanbeleid, versmading van krijgstucht en smooden handel. Niet onmogelijk was het dat beide oorzaken zamen liepen; het was in die dagen niet vreemd en is nog lang onderwerp der klagten geweest. Krijgstucht te houden ging even bezwaarlijk, en het gebrek daarvan was niet altijd des bevelhebbers schuld. De Tassis evenwel schrijft het opbreken van het beleg van Amsterdam alleen toe aan het aankomen der krijgsbenden door Bossu naar Amsterdam gezonden. — Bij gelegenheid van dit beleg leden de Amsterdammers eene geduchte schade, door het verbranden van tachtig koopvaardijschepen die hun toebehoorden. En toch wankelden zij niet in hunne trouw aan de oude Godsdienst en den Koning, zegt Mendoce. — Doch daar rees ten dezen tijde nog een ander vermoeden tegen hem op. Sommigen wilden dat Lumey ook het Gouvernement over Zeeland begeerde, en daarom in het heimelijk tegen Tseraerts, Gouverneur van Walcheren arbeidde. Wat daarvan is, valt moeijelijk te beslissen. De beschuldiging grondt zich op eenige uitdrukkingen in brieven van dat tijdperk (160).

Gelukkiger dan voor Amsterdam, (de Spaansgezindheid van welker regering de voornaamste oorzaak van zijn kwalijk slagen was) slaagde Lumey in den aanval op Schoonhoven, in Herfstmaand van 1572, dat hij, na driemaal herhaald stormen, en na het afslaan van Bossu die tot ontzet kwam, met verdrag veroverde. Ook hier weder wordt hem de moord van twee monniken te last gelegd (161). Zijne laatste daad van eenig gewigt hier te lande was de poging om de Spanjaarden van voor Haarlem te verdrijven. Het gebrek aan het noodige beleid, de wanorde in het volgen van zijn volk, de dikke sneeuwvlagen, en de drift van Lumey en Entens zelven, de kracht en het beleid van Bossu, Noircarmes en Romero, dit alles te zamen maakte zijne poging vruchteloos. Schoon hij zich met dapperen moed verweerde, zoodat hem twee paarden onder het lijf werden doodgeschoten, hij was tot wijken gedwongen. — Niet lang leed het na dezen tijd, dat de daad door hem gepleegd werd, die hem in verdienden haat bragt, het dooden van Cornelis Musius, Prior van het klooster van St. Agatha te Delft. Deze, ongelukkig in de handen van Lumeys krijgsvolk gevallen, werd door hem naar Leyden gevoerd, en op een zeker onbewezen voorgeven als of hij den Prins had willen vergiftigen, jammerlijk gepijnigd en opgehangen. Bor verhaalt stellig dat de Prins, die Musius kende en achtte, een bode naar Leyden zond om hem te doen loslaten, doch dat Lumey verbood de poort te openen, en zich in tegendeel haastte om hem ter dood te brengen. Zulk eene handelwijze vervreemdde de harten van alle braven van hem, en schoon wij niet kunnen bemerken dat hij om deze redenen van zijn Gouvernement ontzet is, heeft het buiten twijfel veel toegebragt tot het nemen van krachtige maatregelen tegen hem. De eerste aanleiding tot zijne gevangenis gaf echter zijn gedrag jegens de Staten van Holland te Delft vergaderd. De Proviandmeester van Entens beschuldigde de Staten dat ze den benden zijns bevelhebbers geld en voorraad lieten ontbreken, en waagde het zelfs de Staten als verraders te schelden. Men begreep dat de kwaal dieper zat, en ontbood, op raad van Oranje, Lumey en Entens beiden. Entens liet zich niet neêrzetten, en men besloot hem te grijpen, maar zijn bevelhebber verloste hem met geweld uit hunne handen, openlijk zijne weerbarstigheid tegen de Staten toonende. Oproerig en woest schijnt deze zaak, doch ik twijfel altijd of Lumey de Staten als zijne Opperheeren beschouwde, ja zelfs, of hij hen als zoodanig beschouwen kon. Zijne last als Stadhouder over Holland had hij van Oranje, niet van de Staten, en Oranje gaf zijne bevelen in naam des Konings, des Graven van Holland. Bilderdijk zegt duidelijk dat Lumey de Staten deed bij een komen, en dit geeft zeker oppermagt te kennen. Maar wezenlijke orde bestond er nog niet. Oranje stelde alle pogingen in het werk tot verzoening, en toen deze niets baatten, vond men zich genoodzaakt beiden Lumey en Entens te grijpen, het gene geschiedde. De eerste werd naar het slot van Gouda vervoerd, waar hij zijne verdediging schreef. Reeds 24 Jan. 1573 werden al de commissien en bestellingen door den Graaf als Stadhouder gegeven, door Oranje ingetrokken, en hem werden eenige beschuldigingen opgenoemd, waar tegen hij zijne verdediging reeds den 20 Febr. inzond (162). Krachtig en stout is zijne taal in dat geschrift, en, of het invloed uitoefende op den Prins en de Staten, en men den man, aan wien men zich hooglijk verpligt rekende, niet als een misdadiger wilde behandelen; of dat er eenige vreze voor het volk bij kwam, bij hetwelk Lumey zeer gezien was; men gaf hem zijne vrijheid terug. — Een bewijs van die genegenheid is een *Nieuw liet van den welgheboren Heere en Grave van der Marck vrijheere van Lumey* enz. in het Geuzen Liedeboek, waarin de Staten grovelijk worden aangevallen als huichelaars en landverraders, en Lumey met den vervolgden David wordt vergeleken (163). Een treurig blijk van de ellenden dier tijden, waarin binnenlandsche twist en haat de jammeren nameloos vermenigvuldigden. Duidelijker wordt het ieder oogenblik wat er van het Vaderland zou geworden zijn, indien Oranje de zaken niet had bestuurd! — Op het gerucht dat Lumey met zijne Waalsche soldaten het een of ander tot nadeel der Staten meende uit te voeren, werd hij op nieuw in hechtenis genomen en het slot Honingen, nabij Rotterdam hem tot gevangenis gegeven. Spoedig echter wist hij zich te redden, en liet openlijk te Rotterdam op de markt een protest aflezen tegen de handelingen met hem gehouden. En waarlijk, wat hij aanvoerde was waarheid. Dat herhaalde pralen met zijne daden is vervelend, maar dat hij over de zonderlinge wijze klaagde, waarop men hem dan gevangen nam, dan weder losliet en op nieuw aangreep, zonder hem in de vormen des regts te vervolgen, daartoe had hij redenen genoeg. Toen eischte Oranje van hem dat hij de wapenen zou afleggen, zijne knechten uit een laten gaan, en zich als een gevangene door Rotterdamsche schutters laten bewaren. Wel was het te wachten dat hij, een Rijksgraaf en geen onderdaan van Oranje, aan dezen eisch niet voldoen zou. Hij weigerde en liet zich verluiden dat hij geweld met geweld zou keeren. Gematigder en zachter is zijne memorie aan Oranje van 19 Aug. 1573 waarin hij vorderde dat aan de Edelen (zijne gelijken, Pairs) zijne zaak tot onderzoek werd overgegeven. Van daar ook dat men op andere wijs met hem begon te handelen, en de Edelen de zaak met hem in vrede wenschten te schikken. Men vreesde den onversaagden Luikenaar, en meende dat de beschuldiging niet geheel ten onregte was; dat hij zich zou hebben vermeten te zeggen, drie-duizend soldaten en tachtig oorlogschepen tot zijn wil te hebben om de Staten *naar zijne pijpen te doen dansen*. Ik twijfel of Lumey dit ernstig meende, maar dat de krijgsknecht en het volk hem aanhing was bekend, en indien hij wilde, wat al kwaads kon hij niet brouwen, hoezeer kon hij den onvasten Staat op zijne grondvesten schokken? Men had uitgestrooid dat hij met de afgedankte en andere vrijbuiters de zee wilde onveilig maken, en onder anderen met Hopman Eloy veel ongeregeldheid in het hoofd had. Dat gerucht werd versterkt, omdat men eenigen tijd niet wist waar hij zich bevond, en er bestonden zelfs lastbrieven van Oranje om overal goede wacht te houden tegen hem, zijne aanslagen en medehelpers. (Bor had verscheidene dezer lastbrieven gezien van 16 Oct. 1573 door den Prins en Nic. Bruininck onderteekend). De valschheid van dit gerucht bleek eerlang; hij verscheen weder in het openbaar, doch bleef van zijne ambten vervallen. Eindelijk werd hem Mei 1574 toegestaan met al zijne goederen te vertrekken, vooral om het aanzien zijns geslachts en door gunstig voorspreken van den Prins. Hij vertrok naar zijne goederen, vertoefde langen tijd te Aken, wachtende op de afdoening zijner zaak, hangende voor de regtbank des Keizers, en behield eenen wrok tegen den Prins en de Staten, schoon hij later nog voor een poos in den krijg tegen de Spanjaarden gediend heeft. Zijn wrok tegen Oranje ging zoo verre dat hij (volgens hetgene Graaf Jan van Nassau vernomen had) zich uitliet, met het eigen handschrift van den Prins te kunnen bewijzen, dat deze bevolen en geraden had door vergif hem te doen ombrengen. Evenwel Graaf Jan kon het zelf niet gelooven, en het laat zich denken, dat Lumeys vijanden dergelijke geruchten uitstrooiden. Lumey schijnt echter altijd eene zekere vrees voor vergif te hebben gekoesterd (164). Bij den slag van Gemblours in 1577, waarin de Staatsche troepen door Don Jan en Parma werden geslagen, was Lumey nog tegenwoordig, of, gelijk anderen willen, had hij het leger reeds voor den slag verlaten. Meer anderen der Nederlandsche legerhoofden waren afwezig, zijnde ter bruiloft van den Heer van Bersele en Margaretha van Merode, te Brussel; of, gelijk het door anderen weder wordt opgegeven, omdat ze op Oranje vergramd waren, dewijl hij Stadhouder van den Aartshertog Matthias was geworden (165). Hoe het zij, Lumey vertrok naar Luik en vergaderde eenige benden, zonder last der Staten, om zich vergoeding te bezorgen voor zijne achterstallen. Met dit legertje veroverde hij 's Hertogenrade en het dorp Heerle. Nu meende men dat hij naar Don Jan wilde overloopen, en zond een deel der bezetting van Maastricht tegen den woeligen Graaf. Deze poogde zijne soldaten te verleiden, welke hem den smaad klaagden, dien zij lijden moesten. Men riep hun namelijk toe, dat hun Colonel een schelm was, en hen naar den vijand voerde. Hij vertoornde zich zeer tegen den Prins van Oranje en de Staten, die troepen tegen hem zonden, maar vooral op Aldegonde, dien hij als oorzaak daarvan beschouwde. Maar hij vertrok naar Luik, en liet zijne ontwerpen varen. Van overloopen tot den vijand is geen de minste schijn. Eens ter maaltijd zijnde geweest bij den Graaf van Rennenberg, Domheer te Luik (oom van den afvalligen Stadhouder van Friesland en Groningen), klaagde hij te huis gekomen, dat hij vergeven was. Na zeven dagen ontsliep hij den 1 Mei 1578. Zijn lijk werd geopend en de geneesheeren verklaarden de waarheid van zijn vermoeden. Hij is in zijne Baronie te Lumey, bij zijne voorzaten, door zijn broeder Philips, Domheer te Straatsburg, deftig en eerlijk begraven (166). Hij stierf ongehuwd en zonder kinderen.

Lumey heeft weinigen gevonden die een goed getuigenis van hem gaven. Nederlandsche en Spaansche schrijvers stemmen overeen, en dikwijls zijn de laatsten nog gematigder dan de eersten. Hij had evenwel getrouwe vrienden, Vervou, die hem tot aan zijn graf getrouw bijbleef, en de Friesche dichter Frederik van Inthiema, die hem met ijver verdedigd heeft. Beiden hadden met hem gemeenzaam verkeerd en waren hartelijk aan hem verkleefd. Een bewijs dat hij niet altijd „hard tegen zijne vrienden" was, en zekerlijk zijn deel goedhartigheids niet miste. Deze verliet hem alleen wanneer de wraak hem aanvuurde en hij het bloed der martelaren te wreken had aan de Roomsche Geestelijkheid, wier onnozelheid echter dikwijls te sterk is aangevoerd. En ook dan nog, wanneer zijn ijver bloedig werd, was hij niet onhandelbaar. Burgemeester Cornelis van Beveren, een voortreffelijk man, had Lumey, te Dordrecht, met zooveel vuur bestraft en bewogen om het leven van Heer Andreas Waltheri, Pastoor van Heinenoord, te sparen, dat de ijver zijner redenen hem van ontsteltenis in flaauwte deed vallen, eene kwaal waaraan Van Beveren meer onderworpen was. Lumey rigtte den gevallene op zeggende: *Herr, ich schenck Ihr den Pfaff*, en liet den gevangene in het leven (167). Wie weet welke snoode raadslieden den Graaf ter zijde stonden! en hoe veel zouden mannen als Van Beveren niet op hem vermogt hebben! Doch hij was niet altijd van dergelijke mannen omringd, en eene groote menigte dacht en handelde als Lumey. Zijne denkbeelden omtrent Priesters en Monniken vinden wij in zijn verdedigingsschrift door Bor ons nagelaten. Hij beschuldigt hen van den moord der Hervormden niet alleen, maar zelfs van verraderij. En waarlijk de geestelijkheid had veel tot haren laste bij een volk, dat eenmaal tot het licht gekomen, zag hoe lang het door haar was blind gehouden. Hadden niet de monniken de duizenden van martelaren tot hun uiterste gekweld? Waren ze niet de aanklagers der Hervormden? Hadden ze niet een welgevallen in hunnen dood gehad, dien ze te dikwijls veroorzaakt hadden? Moest dan de wraak niet vallen op de hoofden van de ongelukkigen die het arme volk in jammerlijke blindheid hielden, zij zelve blinde leidslieden der blinden? En als de Bartholomeusnacht duizenden der edelste menschen den moord wijdde, zoo verraderlijk, zoo duivelsch, als ooit eene vervolging der Hervormden geweest was: en als kerken en kloosters weergalmden van lofzangen over dien moord, moeten wij ons dan over Lumeys woede verwonderen, of eerder daarover, dat niet allen zoo woedden? Bij dit alles kwam het gebruik van de Heilige Schriften gemaakt, een misbruik zeker, maar zeer natuurlijk voor hen die het licht zich pas ontstoken zagen, en wien het te dikwijls de oogen deed schemeren. Dat: *vergeldt haar gelijk als zij u vergolden heeft, en verdubbelt haar dubbel naar hare werken; in den drinkbeker daarin zij geschonken heeft, schenkt haar dubbel.* Openb. XVIII. vs. 6 en verv. was hunne last. Babel, door Joannes genoemd, was het Rome van dezen tijd, en, waren het nu de laatste tijden, dan mogten ze in de vernieling van Babel en den Antichrist niet flaauwhartig wezen, maar het werk met kracht volvoeren. Zoo was de denkwijze van velen in die dagen, en gelukkig dat de meesten onder de de voorgangers en leeraars bezadigder en wijzer dachten en handelden. Tachtig jaren daarna werd hetzelfde tooneel, maar in veel grooter mate hernieuwd in Engeland en in Ierland, en welke dolle wraakzuchtige plannen in de borst van Cromwel, Harrison, en anderen woonden, mag de geschiedenis dier dagen ons leeren. — Op de geestelijkheid moest de verbittering vallen, en die was niet onverdiend. En indien het waarheid is dat in die dagen, waarin het Vaderland zich aan Spanje en Rome begon te ontworstelen, nog zoo vele regeringsleden in Holland Rome waren toegedaan, (zoo als Lumey schrijft) dat zelfs een uit de Staten met vier-en-twintig-duizend gulden, geschikt tot het betalen der soldaten, uit Dordrecht naar de vijanden was overgeloopen; dan kunnen wij hieruit den haat der Vaderlands-gezinden tegen de Staten verklaren, van welke echter Lumey niet allen beschuldigt. Pater Musius (zoo verdedigt Lumey zich verder) had gezworen Delft niet te verlaten, en deed het, van meening om met zijn schat naar den vijand te gaan: dus was zijn dood regtvaardig geweest. Men had zijne soldaten niet betaald, terwijl hij, uit eigen middelen, zoo vele uitrustingen voor het Vaderland gedaan had, en hoeveel geld hij zich mogt hebben toegeëigend, konden zij weten, die de kisten en kasten van hem, gevangene, hadden opgebroken. — Zeer veel is er in deze verdediging dat den Graaf verontschuldigt, en dewijl hij nimmer vonnis tegen zich gehad heeft, moeten wij de zaak hierbij laten blijven, en het gegronde of ongegronde zijner redenering laten rusten. De Hoogl. Te Water is zeer geneigd tot zijne verdediging en doet het met billijkheid. Vooral wat hij uit Inthiema's *Querela Hollandiae* aanhaalt is vrij sterk, en wij mogen dezen Frieschen vriend en Raadsman des Graven alle geloof niet ontzeggen, al stellen wij dat hij voor Lumey ingenomen was (167*). Wat den laster aangaat van het verkrachten eener jonge dochter in den Briel, hierin houde men hem voor onschuldig: hij heeft in deze zijne onschuld gehandhaafd. Zonderling dat men dit Treslong even als Lumey te last legde. De wijze waarop men met beide deze bevrijders des Vaderlands handelde is vreemd, maar helaas! niet ongewoon, zoo min in ons Vaderland als onder andere volken. Lumey zeker had aanleiding gegeven, doch de wijze waarop zijn twistgeding eindigde, pleit voor hem. Indien hij waarlijk (gelijk hij plegtig betuigt) voor de eere Gods en de gezuiverde Godsdienst ijverde, dan betreuren wij het dat hij de voorschriften dier Godsdienst niet beter beoefende, maar schrijven veel op rekening zijner opvoeding misschien, en vooral van de gesteldheid der tijden en oorlogen, en laten het oordeel over aan Hem, die de harten en nieren proeft. —

JACOB of JAQUES MARTENS.

Jacob of *Jaques Martens*, een jongeling vol van vuur en geestdrift voor de goede zaak, koos eene geheel andere partij dan tot welke zijn vader behoorde. Deze was President van den Raad van Vlaanderen en was zelfs eenigen tijd lid geweest van den Raad der Beroerten. Martens was een Gentenaar, en de meest ijverende Hervormden kwamen uit de stad zijner geboorte. Aan boord van der Geuzen vloot kwam hij met hen in den Briel en diende als Vendrig in eene der vendelen van Lumey. Zijn vroegtijdig uiteinde was treurig, maar schoon. Bij Lumeys nederlaag voor Haarlem, 12. Dec. 1572, hield hij met zijne banier stand zoo lang hij vermogt, en, om van de vaan niet te scheiden, wond hij zich in het hem aanbetrouwde pand, en sneuvelde als een held (168).

ADRIAAN MICHIELSZ. MENNINCK.

Adriaan Michielsz. Menninck is weinig bekend, en verdient echter onder de Watergeuzen grooten lof, schoon hij het geluk niet gehad heeft geteld te worden onder de veroveraars van den Briel. Hij was een

Delftsch burger en van ambacht Verwer. Doch een forsche geest bezielde hem, en hij betoonde zich een vurig voorstander der Hervorming. Volgens zijn vonnis was hij een beeldstormer (eene toen zeer algemeene en te dikwijls onbewezene beschuldiging), had Predikanten gehuisvest, was zelf een lid des Kerkenraads en was bij de Predikatien gewapend tegenwoordig geweest. Bor en Hooft verhalen dat Menninck en Dirk Joosten te 's Gravenhage stoutelijk eischten dat men de beelden uit de kerken wilde wegnemen, en op de vraag van den President Suis, wie hun daartoe last gaf, met slaan op de borst antwoordden dat ze dien dáár hadden: Brand evenwel meldt het alleen van Dirk Joosten (169). Wie het ook deed, zij deden het met bezadigdheid en kracht, geholpen door werklieden, van wege het Hof te 's Gravenhage tot de wegneming der beelden gegeven. Reeds eer Alva kwam, was Menninck gebannen en zijne goederen verbeurd verklaard, bij eene bijzondere sententie van wege het geregt van Delft, 5 Maart 1567. Doch hij was de straf toen reeds ontvloden, en misschien op dien zelfden dag tegenwoordig bij de nederlaag der Geuzen onder Jan van Blois, Jan van Marnix en Pieter Haeck, bij Oosterweel. Zoo kon hij ook bij den aanslag der genoemden op Middelburg in Februarij zijne eerste pogingen tot redding des Vaderlands hebben aangewend. Ten minste Menninck had reeds in Januarij en vroeger, volk geworven voor Brederode, te Dambrugge en elders omtrent Antwerpen, waarmede hij in het Sticht van Utrecht was getrokken. Waarschijnlijk hielden zijne soldaten aldaar slecht huis, zij werden namelijk door de huislieden en Maarschalken verdreven. Den 12 Jan. 1567 kwamen ze te Vianen, waar ze geld en last eischten van den Heer van Brederode, en toen zij hem er niet vonden, scheurden zij het vendel van den stang en gingen uit een. Dat dit volk tot volvoering van Brederodes plannen was bij een verzameld is duidelijk (170). Gelukte de bevrijding des Vaderlands toen nog niet, Menninck zag later zijne pogingen beter bekroond. Hij was een van de hoofden der Watergeuzen, toonde zijnen ijver en stoutheid op de wateren der Noordzee, en zwierf met zijne spitsbroeders rond, tot hem, te Rochelle, de tijding ter oore kwam, dat het Vaderland zijne ballingen in den Briel had ontvangen en zijne hulp te Vlissingen werd ingeroepen. Hij zeilde met Tseraerts, Tongerloo, Jeannin en andere Fransche Hervormden, naar Vlissingen, hielp die stad bevestigen, de vloot van Medina Celi verslaan, en werd de Vice-Admiraal van de Rijk, Admiraal van Veere, waar hij eenigen tijd in bezetting lag. Want, hoewel hij het bevel voerde op eene heude (een soort van transport- of oorlogschip op de Zeeuwsche stroomen in gebruik), was hij tegelijk Hopman van een vendel soldaten dat van de stad Veere betaald werd. Hij was een moedig strijder in de Zeeuwsche krijgen, en wij vinden dat er van zijn volk nu en dan gewond werden. Zeker bleef hij tot 9 Aug. 1572 te Vere, en denkelijk langer (171). Doch in September van dat jaar werd aan Menninck en Lancelot van Brederode, door Oranje het bevel over de vloot opgedragen als Oversten en Kapiteinen Generaal over de schepen van oorloge, liggende voor de Ooster- en Wester Eems. Dit geschiedde om de afwezigheid van den Admiraal Lumbres. Een blijk dat Oranje vertrouwen in hem stelde. Hij moet evenwel, (hoe lang of hoe kort daarna blijkt niet: denkelijk toen Duco Martena Admiraal werd) de zeedienst hebben verlaten, want wij vinden hem, eenige jaren later, als Overste Luitenant van den Stadhouder van Friesland, den Heer van Merode, bevel voerende over diens regiment, dat met het regiment van Wigbold van Eusum, Heer van Nijenoord, in de oorlogen tegen Rennenberg grooten lof van moed en trouw behaald heeft (172). Hij hielp het zoo moedig verdedigde Steenwijk ontzetten, nadat hij een deel der Rennenbergsche troepen, bij Winschoten, verslagen en verstrooid had. Hij kwam zelf binnen Steenwijk en hielp de maatregelen van den voortreffelijken Korput doordringen. Na Steenwijks ontzet trok hij weder naar Friesland en beschoot de Lemmer en Sloten; welke plaatsen hij bij verdrag inkreeg. Menninck betoonde verder zijn moed en beleid in den hevigen kamp in Friesland en Groningen gestreden, en stelde zijne pogingen in het werk om met den Engelschen bevelhebber Norrits de stad Groningen te belegeren; gelijk hij daartoe zijn ijver bij Frieslands Gedeputeerde Staten, om de noodige bouwstoffen aanwendde. Hij wilde namelijk een brug over het Reiderdiep slaan, om zich met Norrits te kunnen vereenigen. Doch dit gelukte toen niet, schoon de Rennenbergschen door Nijenoord werden geslagen. Het is te bejammeren dat van zijne verdere daden en van zijn uiteinde niets gemeld is. Van een leven, zoo ijverig aan het Vaderland gewijd, hadden we gaarne meer vernomen en meer medegedeeld. Zijn opvolger als Overste Luitenant van Merode, was de Deensche Edelman Stein van Malsen, welke dien post verkreeg om zijne moedige verdediging van Nieuwerzijl, tegen Verdugo. Dit moet in 1581, of 1582 geschied zijn, en misschien was Menninck toen reeds overleden (173).

MAARTEN MERENS.

Maarten Merens, en niet *Merous*, zoo als die naam bij de Historieschrijvers gespeld wordt, heeft niets gedenkwaardigs van zijne daden nagelaten dan zijne tegenwoordigheid bij het innemen van den Briel. Hij was van een Amsterdamsch geslacht, ten minste van zijnen oom Jan Maartensz. Merens vind ik gemeld dat hij te Amsterdam woonde. Anders, dunkt mij, bestaat er geen twijfel of hij behoorde tot het geslacht der Merensen, dat te Hoorn in dezen tijd en later zeer in aanzien en in de regering was. Ik vind aldaar weder een Jan Maartensz. Merens, Schepen en Burgemeester te Hoorn, lid der Staten, een vriend van Rombout Hogerbeets. Deze Jan kon een zoon van onzen Maarten Merens zijn geweest. Hij zelf was de zoon van Claes Maartensz. en het staat in een Manuscript geslachtregister van die familie aangeteekend, dat deze Claes Maartensz. de vader was van Maarten Merens, *Geux Kapitein, die den Briel hielp innemen*, 1572. Hij zal zich hebben terug begeven naar zijne vaderstad, en aldaar, zijn oogmerk bereikt ziende, het

Vaderland bevrijd, zijne dagen in ruste hebben gesleten (174).

BARON DE MONTFALCON.

De *Baron de Montfalcon* was een der eersten die bestellingen ter zee had van den Prins van Oranje. Wie der gebroeders (want twee worden er in de geschiedenissen dier dagen genoemd, *Karel* en *George*) de Watergeus was, is niet zeker. Zij waren Bourgondiers, en ik houd hen voor dezelfden met *Les deux Barons de Flessy, Bourgoignons*, aldus geschreven op eene lijst van dezulken die de Sectarissen begunstigden, in 1566 te Antwerpen (175). Op eene lijst der verbondene Edelen lees ik de namen van *George de Montfalcon* en *Charles de Montfalcon, Baron de Flassieu* (dat met *Flessy*, bij het slechte schrijven der namen genoeg overeenkomt, om ze voor dezelfden te houden met die van de lijst te Antwerpen). Zoo hadden ze beiden deel aan de pogingen tot redding van Nederland, en een hunner zette zelfs ter zee die pogingen voort. Doch dit is ook al wat wij van hen weten, en aan gissingen mogen wij niet toegeven (176).

JAN JANSEN VAN DER NIEUWENBURG.

Jan Jansen van der Nieuwenburg had met Ruychaver deel gehad in het wegnemen en plunderen van het Marktschip van 's Hertogenbosch, eene daad waarvan reeds op Bie en Calfsvell gesproken is. Uit de sententie, waar wij deze beschuldiging lezen (*Sent.* bl. 245) blijkt het dat hij een Amsterdammer was.

JOHAN OMAL.

Johan Omal, wiens naam ook *Jan d'Aumaile*, *Oumall* en misschien *Jehan Thomale* geschreven wordt, heeft geene zeer eervolle gedachtenis achtergelaten en Van Haren onderscheidt hem met het toevoegsel van *barbaar*. Hij was volgens dien edelen dichter de gewone Commissaris bij het pijnigen der geestelijken en wordt gewoonlijk in de nabijheid van Lumey gevonden, waaruit het besluit kon worden opgemaakt dat zij landslieden waren. Doch het is buiten dat niet onzeker van waar hij was. Oorspronklijk uit een Luiksch en edel geslacht, misschien aan dat van Aumale in Frankrijk verwant, was hij weleer Kanonnik te Luik, maar werd een apostaat, (gelijk een Catholijk schrijver hem noemt) dat is, een Hervormde. Met Lumey zijn Vaderland ontweken, verzelde hij hem op zijne verschillende togten en kwam met hem in den Briel. Aldaar bleef hij ten minste tot in Nov. 1572, en was er in eenig bewind, want hij verscheen 18 Nov. met Treslong Gouverneur van den Briel op het Stadhuis, om te hooren naar de klagten der Brielsche burgerij, door het onderhouden der soldaten tot de uiterste armoede geraakt. Hij heeft misschien een groot deel gehad in het dooden der geestelijken uit Gorcum, door Brand naar den Briel gezonden; en wordt beschuldigd van Justus of Joost van Tol, Priester uit het Carthuiser klooster te Delft, te hebben omgebragt (177). Later, in 1573, is hij waarschijnlijk in hechtenis genomen, want er wordt gesproken van eene bekentenis van Jan d'Aumaile, aangaande eenige geestelijke en wereldlijke personen buiten vorm van regtspleging gedood op last van Lumey. Men mag het er voor houden dat hij met Lumey dit land heeft verlaten.

HANS ONVERSAAGD.

Hans Onversaagd heeft zijne plaats op de lijst der Watergeuzen alleen daaraan te danken, dat, volgens berigt van D'. Cleyn, de naam op een grafzerk te lezen staat in de groote kerk van den Briel; en de overlevering in die stad hem mede onder de Geuzen telde. Dit kon ons echter niet bewegen om hem hier te plaatsen, indien wij niet denzelfden naam hadden gevonden in de Sententien van Alva, waar zijne woonplaats

Schalkwijk in het land van Utrecht, wordt opgegeven, en zijne beschuldiging, dat hij onder den Heer van Brederode gediend had. Vele van Brederodes krijgsknechten bevonden zich onder de Watergeuzen. Met hen kwam hij in den Briel en, misschien in het gevecht tot verdediging der stad, tot een eervollen dood op het slagveld. Het kan zijn dat hij slechts gemeen soldaat was en men, door zijn naam op eene zerk te beitelen, zijn naam heeft willen vereeuwigen als van een der eersten die voor de Vaderlandsche vrijheid, op den grond der vaderen zelven, den dood der helden stierf (178).

RENGERS.

Rengers wordt ons door Van Wijn opgegeven als een der Watergeuzen bij den Briel. Het geslacht van Rengers, een der adelijke in de Ommelanden van Groningen, was oud en bekend, en een uit hen wordt door Van Wijn bedoeld. Doch wie hunner was de bedoelde? Daar waren er verscheidene van dien stam en allen vrienden der vrijheid en hervorming. Ik vind *Tyart* en *Wilcke Rengers*, den 10 Jan. 1570 gebannen te Groningen, omdat zij onder Lodewijk van Nassau hadden gediend en zich aan het breken van beelden hadden schuldig gemaakt. Nog wordt een *Joannes Rengers* genoemd, die zitting had in de algemeene Staten, dezelfde naar gissing met *Johan Rengers* van

Helpen, die aanbevolen was tot Generaal-Commissaris ter onderhouding van goede orde onder het scheepsvolk op de Eems en de bezetting der Waterschansen, in 1585: — nog een *Johan Rengers van Arenshorst*, gecommitteerde van Utrecht voor de zaken der Admiraliteit in 1597: — en nog anderen van dien zelfden naam, die evenwel tot latere tijden behooren (179).

CORNELIS GEERLOFSZ. ROOBOL.

Cornelis Geerlofsz. Roobol of *Roeboel* (zoo als de Sententien hem noemen) is een der beruchtste Watergeuzen, schoon zijne loopbaan kort was. Hij was eerst de Luitenant van Treslong, en te Emden met hem, toen deze door den Graaf in de gevangenis werd geworpen. Roobol verzelde hem bij zijne togten op zee, doch was bij den Briel, volgens sommigen, de Luitenant van Lumey, en een der dappersten en voortvarendsten bij de vermeestering der stad. Na de verdediging en bevestiging van den Briel toog hij Holland in, en bezette Katwijk op Zee, den 15 Mei, doch hij werd van daar door eenige boeren en Spaansche soldaten verdreven en geslagen, acht-en-twintig van zijn volk vielen in handen des vijands en werden te Rotterdam gehangen. Nog wordt van hem verhaald, dat hij uit den Briel met vier-honderd man op wagens heen toog om de abdij van Rijnsburg te plunderen, doch dat hij onderweg door veertig soldaten van Don Rodrigo de Sapata werd aangegrepen en zijn volk met verlies van zestig dooden en dertig gevangenen, waaronder een Kapitein, op de vlugt werd gedreven. Hij trok naar Noord-Holland, en lag naderhand met zijn vendel in bezetting te Sparendám aan het IJ. Bij den stouten togt van een deel der Spaansche bezetting ván Rotterdam, om uit Amsterdam kooren te halen, dwars door een vijandelijk land, poogde Roobol, als ze terug kwamen, tusschen Amsterdam en Haarlem, hen te slaan, doch zijn volk werd verstrooid en hij zelf gevangen genomen. Het laat zich denken dat hij is omgebragt, schoon de geschiedenis daarvan zwijgt. Zijn naam blijft van dit tijdstip af onvermeld. Bor rangschikt hem onder de meest onstuimige en woeste Geuzen, wier plunderzucht hen den Hollanderen hatelijk maakte (180).

ELOY RUDAM.

Eloy Rudam, op de lijsten der Watergeuzen gewoonlijk bekend als Kapitein *Loy* of *Eloy*, heeft zich een eervollen naam verkregen in de Zeeuwsche oorlogen. Van waar hij was wordt niet gemeld, ten zij hij dezelfde is met *Eloy de Melser*, een der uitgeslotenen uit het pardon van 1574, (8 Maart). Rudam kon de naam zijner heerlijkheid zijn geweest. Dan was hij van Audenaarden. Dit is echter niet zeker.

Misschien was hij een Waal of Luikenaar; Van Haren houdt hem voor een Brusselaar (181). Wij vinden hem het eerst als Luitenant op het schip van Zeger Fransz. van Medemblik, die uit de vloot van Boshuizen in 1571 tot die van den Nederlandschen Admiraal Lumbres was overgeloopen. Wij ontmoeten hem vervolgens bij den Briel, van waar hij met de Rijk en Bernard naar Engeland werd gezonden om onderstand in geld en manschap. Vrij wel geslaagd in deze onderneming kwamen ze tegen hunnen last, omstreeks 9 April 1572, met vijf-honderd man, meest Engelschen, Schotten en gevlugte Nederlanders, te Vlissingen aan. Een gedeelte zijner krijgsbedrijven, als met Nicolaas Bernard gemeenschappelijk bedreven, is reeds in diens levensbeschrijving verhaald, waar heen wij den lezer wijzen. Bij de belegering van Rammekens had Eloy het bevel over het geschut, en beschoot het kasteel met zoo veel kracht dat het na een beleg van vier of vijf dagen (31 Julij—4 Aug. 1573) aan de Zeeuwen werd overgeleverd. Eloys vendel werd er in bezetting gelegd. Kort daarna, bij een aanval van de soldaten uit Veere op eene verschansing der Spanjaarden aan den Haak, nabij Middelburg, deelde Eloy in hunne, hoe zeer niet groote, nederlaag en verloor een zijner oogen. In den gedenkwaardigen zegepraal door de vloot van Boisot, bij Romerswaal, op die van d'Avila en Romero bevochten (29 Jan. 1574); was hij een der strijders, naar wij mogen opmaken uit het kwetsen van zijn vaandrig, die den volgenden dag aan zijne wonden overleed. Het jaar daar aan was hij een der Kapiteinen te Zierikzee in bezetting, welke stad hij, na de overgave aan de Spanjaarden, verliet, en zich voorts te Middelburg vestigde, waar hij in 1587 nog woonde (182). Ons werd van zijn uiteinde en verdere daden niets bekend.

NIKLAAS RUYCHAVER.

—

Niklaas Ruychaver, of, als in de Sententien (p. 245) *Claes Rychaure*, wordt aldaar gezegd een Amsterdammer te zijn geweest. Hij wordt anders gewoonlijk voor een Haarlemmer gehouden. Hij kan ook zeer wel te Haarlem zijn geboren, waar het geslacht der Ruychavers toen ter tijd in aanzien was, en later naar Amsterdam zijn getrokken (183). Hoe het zij, hij is een der werkzaamste, ijverigste en regtschapenste Watergeuzen, en bekleedt onder de bevrijders en verdedigers van het Vaderland een hoogen rang. Zijn leven, rijk aan gebeurtenissen, is in aanhoudenden krijg gesleten, en hij was nog niet ver in leeftijd gevorderd, toen hij, te Amsterdam, in 1577, jammerlijk aan zijn einde kwam. Onder de eerste Geuzen-hoplieden had hij, in 1569, deel aan den buit van honderd schepen in het Vlie veroverd. Het volgend jaar liep hij gevaar zijns levens bij den Allerheiligen vloed, en door het ijs, doch hij wist zich te redden, schoon zijn schip reeds verloren werd geacht, en ontkwam in het Vlie, waar hem weder vier of vijf schepen in handen vielen. Van daar vertrok hij naar de Zeeuwsche stroomen, waar hij het Marktschip van 's Hertogenbosch naar

Antwerpen nam, in November 1570, en de belangrijke som van vijf-en-veertig-honderd Dalers daaruit ligtte. Welhaast werd hem een schooner loopbaan geopend, en na de inneming van den Briel begaf hij zich aan het hoofd van een vendel krijgsknechten naar Noord-Holland, en te Enkhuizen in bezetting. Medemblik werd door hem tot Oranje overgebragt en later ook door zijn toedoen, (zoo als uit de akten ter Secretarie van die stad mij gebleken is) met haar bevelhebber Cabiljauw bevredigd. Toen Haarlem zich bij Oranje voegde, werd Ruychaver spoedig met zijne soldaten ter bewaring dier stad afgezonden, en als, op den 20 Julij, door den moed en de tegenwoordigheid van geest van Kolterman, Oranjes Commissaris, de stad ter naauwernood aan het verraderlijk plan van sommige Spaanschgezinden ontkomen was, trok Ruychaver met zijn volk naar buiten, schermutselde met de Spanjaarden, en dreef ze terug naar Sparendam. Gedurende het beleg evenwel was hij niet in de stad, maar was in Januarij 1573 te Egmond, en het was om zijne ervarenheid dat men uit het belegerde Haarlem eenige afgevaardigden tot hem zond om over de zaken der stad te raadplegen. Hieruit blijkt het, dat, zoo hij al geen Haarlemmer geweest is, hij daar zeer bekend en geacht was. Zijne voortvarende moed en ijver wist de benden van Cabiljauw in Alkmaar té brengen, nadat zijne beslissende taal den Raad der stad overreed had. Hij moest echter met zijne benden buiten de stad blijven, schoon hij last van Sonoy had om er binnen te trekken: de vijand had hem den intogt reeds afgesneden. Hij was, blijkens een brief van zijne hand aan de regering van Medemblik, (nog in de stadspapieren aanwezig) terwijl Alkmaar belegerd werd, te Schoorldam, van waar hij den vijand moest in onrust houden. Ten dien einde verzocht hij van die van Medemblik de noodige krijgsbehoeften. Geen ledig aanschouwer van den strijd echter, was hij aan boord van den Admiraal Cornelis Dirkszoon bij den slag op de Zuiderzee, waar Bossu's vloot verslagen werd en hij zelf genoodzaakt was zich aan Ruychaver en Dirkszoon over te geven. Gedurende zijne togten in Noord-Holland was zijne vlieboot nog in dienst der Zeeuwen, en een Schipper vertegenwoordigde te Veere zijnen Kapitein op *Ruychavers boot* (184). Dit klinkt zonderling, en er bestaat waarschijnlijk deze reden voor, dat men hem, des noodig zijnde, nog weder te water wilde gebruiken. Het veronderstelt een sterk vertrouwen in zijnen ijver en zijne bekwaamheden. Doch de vlieboot kan ook eenvoudig dien naam gedragen hebben, omdat Ruychaver haar te voren bevaren had.

Intusschen bleef hij met zijn vendel werkzaam in Noord-Holland, en ontving eerlang een blijk van het vertrouwen dat Sonoy in hem stelde, gelijk hij een bewijs zijner braafheid en nederigheid gaf. Bij den inval van Bossu in Waterland hadden verscheidene benden de vlugt gekozen, zoo als ze zeiden, uit gebrek aan kruid en lood. Sonoy zond het hun en droeg Ruychaver het bevel over zeven vendelen op. Doch hij weigerde, om zijne jongheid en onervarenheid, oudere Kapiteinen te bevelen, belovende dat hij deze eer met den getrouwsten ijver voor het Vaderland zou vergelden. Hij bleef zijne beloften getrouw. Het gelukte hem, met Hopman Koen van Steenwijk, Krommenie te bezetten, en na eene hevige schermutseling van middernacht tot de dag aanbrak, den vijand op de vlugt te slaan. Hoewel de verdediging van Wormer tegen drie- of vier-duizend Spanjaarden, die hem overvielen, zoo wel niet slaagde, dreef hij eerst den vijand op de vlugt en wist den terugkeerende, hem te magtig zijnde, toch zoo lang bezig te houden, tot de dorpelingen zich met hunne have naar Purmerend in veiligheid bragten. Zelfs het grootste deel zijner soldaten werd behouden, hij zelfs ontsnapte alleen het gevaar van verdrinken, door de trouw van een zijner lijfschutters. Doch kort daarna werden de Spanjaarden door Tiete Hettinga en andere vrijbuiters met verlies van meer dan vijftien-honderd dooden en derdehalf honderd gevangenen verslagen en Waterland was van den vijand bevrijd. Dit geschiedde in de eerste helft van 1574. Ruychaver was echter reeds in Mei of vroeger naar Zuid-Holland gezonden, toen de tijding van Graaf Lodewijks nederlaag door Holland klonk en Leyden bedreigd werd. Bij de komst van Valdes voor Leyden lag hij met zijne knechten in 's Gravenhage. Te laat gewaarschuwd versterkte hij zich echter met haas aan de Geestbrug, en hield de Spanjaarden onder Don Louis de Gaëtan zoo lang tegen, tot de inwoners van den Haag zich te Delft hadden gered.

Maar in hetzelfde jaar, 1574, was Ruychaver in een der gevaarlijkste aanslagen gewikkeld, dien op Antwerpen namelijk. Twee duizend man had men tot dien aanslag in de stad weten te brengen, die bij de burgers verborgen waren. Ruychaver was met Josua van Alveringen, Heer van Hofwegen, aan het huis van den Griffier Martini, die, met Maarten Neyen, een der zaamgezworenen was. De kloekheid van Martini's gade, eene dochter van Jacob Koppier, Heer van Kakslagen, redde de beide eedgenooten. De aanslag was door Requesens ontdekt, de Zeeuwen hadden, bevreesd, het anker voor Lillo geworpen, en Oranjes gemagtigden, Martini, Ruychaver, en Alveringen waren in den uitersten nood. In eene tafelkas verscholen, toen de Spaansche onderzoekers binnen kwamen, hoorden zij het hoe een prijs op hun hoofd werd gesteld. Evenwel dit gevaar dreef voorbij. Voor een poos gered, vervielen zij, in de vreeslijke angst die hen pijnigde, tot het besluit om den voornaamste der zamenzweerders, Neyen, te dooden, doch zijn moed en het inzien hunner eigene boosheid, hun mededogen en Godsvrucht (zegt Hooft) redde den ongelukkige van den dood, en zijne medegenooten van eene gruweldaad. Zij ontkwamen allen den nood; en slechts weinigen werden het slagtoffer hunner stoutheid. In het begin van 1575 werd hij door Oranje gezonden om met Sonoy en die van het Noorderkwartier te raadplegen over de belangrijke inneming van het Barndegat, en van eene plaats aan den Zuidelijken IJdyk, tot bevrijding van Holland (185).

Wij hervinden Ruychaver onder de Kapiteinen in het belegerde Zierikzee, aan het hoofd der bezetting. Na eene moedige verdediging der stad en het mislukte ontzet, ging de vest over aan Mondragon. Van hier begaf zich Ruychaver op nieuw naar Noord-Holland, ten minste, in het begin van 1577 was hij weder te Sparendam, van waar hij met den Overste Helling en den Admiraal van Holland, Johan van Duivenvoorde, weder binnen Haarlem kwam, nadat de Spaansche soldaten van daar waren vertrokken, volgens de Gendsche Pacificatie, waarbij men zich verbonden had tot wering der Spanjaarden. Hier bleef hij tot den dag, waarop hij met zijn bevelhebber Helling, Gouverneur van Haarlem, Amsterdam poogde te overmeesteren. Het schijnt dat Oranje van die poging geene kennis droeg: de beide bevelhebbers deden het op eigen gezag met tien vendelen soldaten. De Luitenant van Helling was reeds binnen, doch zes van de beschciden vendelen kwamen door doling, voor Haarlem in plaats van voor Amsterdam. De vier andere lagen in twee schepen verborgen tot den aanval gereed. Ook Ruychaver en Helling waren met de soldaten reeds tot den Dam genaderd, toen het achterblijven der overige benden hen weifelen deed. De eerste gaf den raad eenige huizen in brand te steken, opdat de stad in verwarring zou geraken. Doch Helling weerhield hem en liet het bij dreigen, dat weinig schrik baarde. De burgerij greep moed, en voerde twee stukken geschut aan; Helling sneuvelde door een kanon-kogel; Ruychavers eigen vendel was niet tegenwoordig; de hem onbekende soldaten weken en vloden, verschrikt door het springen van een ton buskruid. Zoo was hij zelf tot vlugten gedwongen en verborg zich in een zeker huis, waar hij door eenen bijzonderen vijand, in koelen bloede, vermoord werd. — Dit was het einde eens helds, wiens moed in vele gevaren was beproefd, en die met zijn gansche ziel aan de verdediging zijns Vaderlands zich gewijd had. Zoo menigen nood was hij veilig ontkomen om door de hand eens moordenaars te sterven. Hij werd met diepen rouw betreurd, zoowel als de Kolonel Helling, doch het bevrijde Vaderland had er velen die hen navolgden en hun gemis vergoedden.

Een vermoeden zou kunnen bestaan of, hetgene van éénen Ruychaver verhaald wordt, aan twee van dienzelfden naam moest worden toegekend. Dat er twee waren die denzelfden voor- en toenaam droegen is waarheid en dat zij bloedverwanten waren is ontwijfelbaar. Een Nicolaas Ruychaver is Schout van Haarlem geweest in het begin der zeventiende eeuw, en kan dus een tijdgenoot geacht worden van den Kapitein. Het blijkt echter niet dat deze in krijgsdienst is geweest: hij was ook jonger (186). Uit het naauwkeurig nagaan naar tijdorde van de daden des Hopmans, bleek het mij genoegzaam, dat ze zeer wel door één persoon kunnen verrigt zijn, en dat men geene toevlugt tot twee Ruychavers behoeft te nemen (187).

JACOB SIMONSZOON DE RYK.

Jacob Simonszoon de Ryk is ons ten bewijze wat een Geschiedschrijver vermag, om den naam eens mans beroemd te maken. Indien Pieter Cornelisz. Hooft ons zijne lotgevallen niet geboekt had, zouden zijn naam en daden in een duisteren nacht zijn gebleven. Want de andere Geschiedschrijvers kennen hem niet, zelfs niet de naauwkeurige Bor, en van Meteren noemt hem een paar malen, als in het voorbijgaan. Hooft echter heeft *con amore*, gelijk men zegt, zijne daden ons opgeteekend, en, wat niet betwijfeld behoeft te worden, met getrouwheid. Hij mag De Ryk soms wel eens te hoog hebben gezet, schoon wij dat meer misschien des Watergeuzen zoon Simon de Ryk, van wien Hooft zijne berigten had, moeten toerekenen; maar om juist te zeggen met Bilderdijk, dat hij een soort van held van hem heeft willen maken, is te sterk uitgedrukt. Ook was De Ryk niet de zwager van Hooft, maar slechts neef door aanhuwelijking. Hij was namelijk gehuwd aan de dochter van Nicolaas Hooft, eene volle nicht van Cornelis Pietersz. Hooft, den bekenden Burgemeester van Amsterdam en vader van den Historieschrijver. De uitvoerige beschrijving van De Ryks handelingen, en enkele zijner gezegden, die naar koenheid en vooral menschelijk gevoel smaken, deden Van Haren in hem het beeld vinden van een regtschapenen en gevoeligen held, boven alle anderen, (zoodanig een' had hij in zijne Geuzen noodig) en zie daar de roem van De Ryk gevestigd! Latere schrijvers hebben dien roem nog hooger opgevijzeld. De dichteresse Lucretia Wilhelmina van Merken bezong zijne edelmoedigheid, in het treurspel naar zijn naam genoemd, en eindelijk ging men verder dan Hooft ooit gegaan was of gewild had, en De Ryk werd de eerste der Watergeuzen, en bij mindere bekendheid met de anderen, onder hen bijna de eenige brave en edele mensch. Bij anderen is hij reeds een genie, en de man die eigenlijk alleen de oorzaak is van des Vaderlands verlossing (188.) Doch de geschiedenis put hare waarheid niet uit lofredenen en dichterlijke denkbeelden, zij vraagt naar daden. De Ryk was de zoon van Simon en Cornelia van der

Pot; een Amsterdammer en koornkooper. Dat zijn geslacht in aanzien was, dat hij rijk was is zeer geloofbaar. De Hervorming toegedaan, was hij beschuldigd een ton Engelsch bier aan eenige koorndragers te hebben aangeboden, indien zij de beelden in de Minderbroeders kerk wilden breken. Doch het bleek naderhand dat men het bier van hem geëischt had, en hij gezegd dat die kerk hem niet in den weg stond. Het verzwijgen van dit gebeurde haalde hem een banvonnis op den hals in 1568 (189). Hij trok naar Dantzig, zette zijn handel voort, zond van de gewonnen gelden aan Oranje tot ondersteuning des Vaderlands, en rustte eindelijk een schip uit, waarmede hij zich, buiten weten zijner vrouw die in het kraambed lag, bij de vloot der Watergeuzen voegde; wanneer is niet bekend, doch denkelijk eerst in 1571. Met de overigen uit Engeland geweken, was hij het, volgens Hooft, die tot edeler daden dan zeerooverij aanspoorde. Hij was zeker de eenige niet; het moest iederen braven Nederlander tegen de borst stuiten, zich altijd te wijden aan de zeerooverij, en zulken waren er onder de Watergeuzen genoeg. Men kwam (hoogst waarschijnlijk op raad van Treslong) voor den Briel, nam de stad en behield ze, ook op aandrang van De Ryk, die zelf terstond, op last van Lumey met twee genomene schepen, en met Rudam en Bernard naar Engeland zeilde, de schepen te geld maakte, en vijfhonderd man tot hulp des Vaderlands aanwierf. Hij kan dus niet zijn tegenwoordig geweest bij den slag tegen Bossu, op den 5 April, daar hij 9 April eerst uit Engeland teruggekeerd en te Vlissingen was. Doch Engeland was den Geuzen ten strengste ontzegd. De Ryk werd zelfs voor Koningin Elisabeth gebragt, en wist zich daar zeer goed te verdedigen, zoodat hij veilig en met zes-duizend-guldens en vijf-honderd man wederkwam. Op den terugtogt ontmoetten hem eenige gevlugte inwoners van Vlissingen, welke stad middelerwijl aan Spanje ontrukt was. Deze, beangst voor de gevolgen, baden De Ryk met hen naar Vlissingen, en niet naar den Briel te zeilen. Zijn Opperbevelhebber Lumey had hem echter in deze stad bescheiden. Mededogen met de vlugtelingen bewoog hem; hij riep den krijgsraad bijeen, en men besloot Lumey's bevel te vergeten en zette den togt voort naar Vlissingen, waar hij welkom was. Hier ontscheepte hij zijne benden, bekommerde zich voorts over zijn Admiraal niet, maar volgde slechts zijn eigen gedunken en werd zelf naderhand Admiraal van Vere. Dit alles verzwijgt Hooft niet, maar hij poogt de daad te verschoonen. Even opregt is hij in de melding van den moord aan Pacieco gepleegd te Vlissingen. Deze, onwetend van den opstand, en tot den opbouw van het kasteel door Alva gezonden, kwam in die stad op denzelfden dag als De Ryk. Ziende de woede des volks, en vreezende, wist hij geen anderen raad dan zich gevangen te geven aan den Hopman, dien hij tot bewijs daarvan zijn zegelring overhandigde. Indien nu Treslong die, 20 April, te Vlissingen landde, aandrong op Pacieco's dood, moest dan De Ryk niet zijn natuurlijke beschermer zijn? Was het niet zijn pligt geweest den ongelukkige te behouden, die zich trouwhartig aan hem had overgegeven? De vraag is of hij het bij de vreesselijke bitterheid der menigte en zijner soldaten werkelijk kon? (190). Doch gaan wij zijne verdere daden na ter bevrijding van Zeeland. Vlissingen had het juk afgeworpen, Vere volgde. De onvermoeide van Kuik en Tseraerts wisten de burgerij dier stad, zelve reeds Oranje en de zuivere Godsdienst genegen, tot omkeer te bewegen, zij liet zich overhalen en ontving een handvol volks onder den Franschen Hoofdman Janin of Jeannin, veertig man, tot hulp. Deze werden in de kerk gelegd en welhaast ingesloten, en belegerd door den Baljuw de Rollé. Zij konden echter nog om hulp zenden, maar Rollé ontbood Spaansche benden uit Middelburg, die reeds nabij de stad waren, toen De Ryk, uit Vlissingen gezonden, aan het Zuiderhoofd landde, de Spanjaarden op het lijf viel en tot onder de wallen van Middelburg versloeg en najaagde. Des avonds teruggekeerd, vond hij de poorten gesloten en Rollé in de stad meester. Gelukkig wisten eenige Veersche burgers, die met hem den Spanjaard verslagen hadden, in de stad te komen en hunne stadgenooten aan te vuren tot het binnenlaten van den overwinnaar. Het gebeurde. De Ryk rukte des morgens de stad in, en verloste Janin en zijn volk, die men den vorigen dag geheel had vergeten. Rollé vlood te water, maar werd achterhaald en binnengebragt. Hij deed den eed aan Oranje, en werd een der dapperste en edelmoedigste verdedigers der vrijheid, en spoedig daarop Gouverneur van Vere. Nog treffelijker zegepraal werd er kort daarna bevochten. Sancio d'Avila meende met eenig krijgsvolk de stad te verrassen, landde aan den Noordkant van Vere, vernielde de ligt opgeworpen schans, en daar hem twee verraders den weg hadden aangewezen, was de stad spoedig in gevaar. Doch De Ryk gedacht hoe Trealong de Spanjaarden van den Briel had verdreven en wapende eenige sloepen, met soldaten en matrozen, die d'Avila's schepen in brand staken en den vijand den schrik in het hart stortten. Toen joeg De Ryk hen na en sloeg de Spanjaarden die te land moesten vlugten met een verlies van tusschen de zes en zeven-honderd dooden (191). En nu ontstond er een vreeselijke krijg op Walcheren. Dagelijks bijna werd er geschermutseld, maar zelden werden gevangenen gespaard, en van wederzijde hing men de ongelukkigen op. Hoe het krijgsvolk van De Ryk zich gedroeg mag blijken uit den bijnaam van het Bloedvendel, waarmede zijne bende genoemd werd. Een naam om geen andere redenen gegeven, dan omdat het geen vijand spaarde, maar alles ophing of de voeten spoelde (een euphemismus toen in Zeeland gebruikelijk voor *verdrinken*) wat men in handen kreeg. Hooft zelf geeft dit te kennen, schoon meer van ter zijde (192). Na het sneuvelen van den Admiraal van Vere Sebastiaan de Lange, die 22 Mei met vier van 's vijands schepen door zijn eigen buskruid was opgevlogen, werd De Ryk tot Admiraal benoemd, en hij had later deel aan sommige gevechten tegen de Spanjaarden, vooral te water, waarbij veel buit veroverd werd. In de volgende maand hielp hij Zierikzee innemen, bij welke gelegenheid hij zich moedig kweet, zoowel als zijn onderbevelhebber Menninck en anderen, Janin, Haverschot en vooral Cloot. Hooft maakt De Ryk tot opperbevelhebber in dezen togt, en zegt dat Rollé te Vere in bezetting bleef, doch Van Meteren zegt uitdrukkelijk dat Rollé aan het hoofd der soldaten was, en geeft aan De Ryk (bij hem Jacob Simonsz.) slechts een ondergeschikt bevelhebberschap en een gering deel aan de inneming van Zierikzee. Volgens Hooft werd De Ryk door de regering van Zierikzee, met honderd Angelotten, tot een gouden keten vereerd (193). In deze stad viel (naar Hoofts verhaal) de belangrijke twist voor tusschen den Hervormden Predikant, Herman Modet en Hopman De Ryk. Modet, die met de Geuzen te Zierikzee schijnt gekomen te zijn en er de eerste predikatie had gedaan, zou van De Ryk geëischt hebben het bewind over de Abdij en hare goederen te Middelburg, dat toen nog door de Spanjaarden bezet was. De Ryk sloeg dat beleefdelijk af en vertoonde hem hoe het niet aan hem stond dit alles weg te schenken. Dat krenkte Modet, die zelfs op den predikstoel over deze zaken handelde en met vrij wat ijver, zoodat de Prins bij De Ryk naar dit alles onderzoek deed. Die schilderde den Predikant met zulke zwarte kleuren af (zijne heerschzucht gaapte zoo wijd, dat hij niet alleen over het geestelijk, maar zelfs over het wereldlijk en krijgsbewind den meester wilde spelen!) dat Oranje hem tot zijn hofprediker aanstelde, om hem van daar te trekken. Wat Hooft verder meldt dat Modet ook aan het Hof even ongemakkelijk was, zoodat 's Prinsen gemalin, Charlotte de Bourbon, hem *Immodet* noemde, behoort hier niet, maar het is ons bewijs hoe Hooft over Modet dacht. Met alle achting voor onzen Geschiedschrijver, mogen wij hem hier van bittere partijdigheid verdenken. Herman Modet was een der eerste en meest geachte Evangelieprediker in deze landen. Reeds in 1545 had hij, zijn klooster ontvlugt, door Nederland Gods woord verkondigd, en onder menigvuldige levensgevaren, met eene getrouwheid en moed, gelijk in die dagen, toen de harten brandende waren, zoo vele predikers bezielde, de gemeenten in Vlaanderen onder het kruis gesticht. Hij had geen gering deel in de zamenstelling van de zeven en dertig artikelen onzer Nederlandsche geloofsbelijdenis, was lid van het Synode te Wezel in 1568, en Predikant te Zierikzee, aan het Hof van Oranje en te Utrecht, en overleed, nadat hij in de dienst van zijnen Heer grijs was geworden en bij de zestig jaren voor de belangen der Hervormde kerk had gearbeid en geleden, na het jaar 1603, te Emden in Oostfriesland. Zijne Godsvrucht en zijne geleerdheid worden beiden geroemd. Dat zijn ijver soms de grenzen te buiten ging, zou niet vreemd zijn, maar dat zijne heerschzucht tot zulke uitersten oversloeg, daarvan zijn geene bewijzen dan alleen het verhaal dat Hooft had ontvangen uit den mond van Simon De Ryk, des Hopmans zoon. Maar het gebeurde te Utrecht in de dagen van Leycester, waarin Modet zich zeer had doen kennen, had hem den haat van velen van de tegenpartij van Leycester op den hals gehaald, en Hooft behoorde tot Leycesters vrienden niet. Dat De Ryk zelf vrij willekeurig handelde, blijkt uit zijn wederhoorig verlaten van Lumey: dat er tusschen hem en den Predikant twist ontstond, laat zich uit het karakter van die beide mannen zeer wel opmaken: maar dat Modet de goederen der Abdij te Middelburg zich wilde eigen maken, eer die stad was ingenomen, klinkt vreemd in een man, dien men niet kan veronderstellen van verstand te zijn beroofd. En had De Ryk dan magt hem die Abdij te schenken? of meende Modet dat hij het vermogt? — Doch het is moeijelijk te beslissen wat er eigenlijk heeft plaats gehad: misverstand, drift, hoogmoed, ontsteken te licht een twistvuur, en vooral moest dit gebeuren in dagen waarin de ijver hevig gloeide, en menigmalen beide partijen tot uitersten deed overslaan. Ligt kon een Prediker, die zooveel gedaan en geleden had om het Evangelie, vreezen dat men der kerk haar eigendom wilde ontrooven, en spoedig stuitte zijn ijver op den moed van een Geuzen-Hopman, die ook meenen kon iets gedaan te hebben voor Kerk en Vaderland (194).

Ongelukkiger slaagden de Zeeuwen in den aanslag op Tholen. Reeds vroeger, Nov. 1572, had de Gouverneur van Zierikzee, J[r]. Arend van Dorp, die stad te vergeefs aangevochten. Schoon hij reeds binnen was, werd hij nog tot terugwijken gedwongen. Die van Vere en Vlissingen waagden het op nieuw onder bevel van Rollé, De Ryk, Schoonewal en andere Kapiteinen. Doch zij vonden Mondragon tegen over zich, en werden geslagen. Schoon er onderstand uit Vere kwam, was men tot wijken genoodzaakt, en van de zestienhonderd man die ten strijd waren getogen, sneuvelden er duizend behalven twee-honderd delvers. Maar vooral verloren de Zeeuwen hunne beste bevelhebbers. Rollé, Cloot, Schoonewal en anderen kwamen om in den strijd, Haverschot stierf aan zijne wonden, en De Ryk meenende zich met zwemmen te redden, raakte in een draaistroom en werd gevangen (195). Eerst naar Antwerpen van daar naar Vilvoorden, en eindelijk naar Gend gevoerd, leed hij zeven maanden lang vele ellende. Na dien tijd vergde men hem in de dienst van Spanje over te gaan, en, op zijne weigering, werd hij naar het schavot gebragt en met den dood bedreigd. Toen stoven de soldaten op, door de gade van Mondragon aangepord (zoo men meent, zegt Hooft) en eischten zijn leven. Mondragon namelijk had Middelburg aan Oranje opgegeven, en op zijn woord van eer beloofd, De Ryk, Aldegonde en drie anderen te zullen bevrijden, of anders in Oranjes gevangenschap terug te keeren. Dit had hij zijne gade en krijgsknechten bekend gemaakt, en de genegenheid voor zulk een bevelhebber als Mondragon redde De Ryk. Hij werd geslaakt, doch Aldegonde bleef gevangen. Nu eischte de Prins van De Ryk dat hij weder naar Mondragon zou trekken en hem aanmanen tot getrouwheid aan zijne beloften. Hij nam het aan, maar, meenende in een zekeren dood te loopen, verzocht hij eerst dat zijne vrouw en kinderen werden verzorgd, en de zes-duizend gulden, welke hij weleer had voorgeschoten, aan hen werden terug gegeven. Men bood hem voor die som een Graafschap in Schotland aan (196). Hij ging dan en maande Mondragon aan om zijn woord gestand te doen. Aan dien regtschapen bevelhebber had het niet ontbroken. Requésens wilde Aldegonde niet gaarne laten gaan. Stout sprak Mondragon: indien Aldegonde niet bevrijd werd, wilde hij zich zoo aanstellen dat er het gansche land van wagen zou. Nu liet de Landvoogd zich bewegen, en de trouw en braafheid van De Ryk had Oranje zijn waardigsten dienaar en vriend, het Vaderland zijn wijsten raadsman weder geschonken.

Hier eindigen de berigten aangaande De Ryk, die

zich van dien tijd af, aan de zaken des Vaderlands, in den krijg ten minste, onttrokken heeft. Wat hem er toe bewoog is onbekend, even als de tijd zijns doods. Hij heeft roem genoeg ingeoogst, maar niet genoeg om anderen in schaduw te stellen: een Bonga, Treslong, van Dorp, Duivenvoorde, Menninck, Ruychaver, mannen, die tot aan hunnen dood in den strijd hebben volgehouden. Zijn roem mag hij aan Hooft danken, die zeker de daden van zijnen neef niet heeft verkleind. Doch zoo hebben wij een man leeren kennen, die ons anders onbekend ware gebleven, een man, wiens naam met eere prijkt onder de bevrijders van Nederland, en onder hen die hun leven veil hadden voor vrijheid en Godsdienst, al kunnen wij dan de uitbundige lofredenen niet beämen die in verzen en proza over hem zijn uitgegalmd en die te dikwijls strijden tegen de eenvoudige waarheid der geschiedenis (197).

ANTONIS VAN RYNEN.

Antonis van Rynen of *Van den Reyn* wordt een Overijsselaar genoemd, hij hielp den Briel veroveren en later Oudenaarden; maar kwam met Willem de Grave en Jacob Blommaert in de vlammen om, op eene hofstede bij Eecloo, waar ze zich moedig tegen de Spanjaarden verdedigd hadden na hunne vlugt uit de genoemde stad.

JAQUES SCHOONEWAL.

Jaques Schoonewal, dikwijls ook Heer van Schoonewal bij de geschiedschrijvers, was afkomstig van Gend. Misschien was zijn geslachtsnaam *Caron*. Wij vinden toch later een Noël de Caron Heer van Schoonewal, in gezantschappen naar Engeland gebruikt. Onzeker echter is het of hij tot dit geslacht behoorde. Gend bovenal leverde vele verdedigers op van Hervorming en vrijheid. Schoonewal was met zijne stadgenooten de Grave, Imbize, Utenhove, bij de Watergeuzen, toen ze den Briel intogen; werd van daar naar Vlissingen gezonden en bevond zich kort daarop bij het leger onder Genlis, dat Bergen kwam ontzetten. Hij werd bij de nederlaag van dat leger gevangen genomen en naar Oudenaarden gevoerd, waar hij door de troepen van Oranje gevonden werd, toen deze die stad innamen, bij zijnen togt in Braband in den zomer van 1572. Toen deze togt mislukt zijnde, de Vlaamsche steden weder in de magt van Alva kwamen, was Schoonewal, gelukkiger dan zijne genoemde stadgenooten, te Vlissingen ontkomen, en de Walen van Kapitein Blommaerts vendel gingen na diens dood over onder zijne bevelen. Dit volk, meest uit Wilde- of Boschgeuzen bestaande, kwam bijna geheel om bij den mislukten aanslag op Tholen, die bijzonder door de Vlaamsche Kapiteinen, vermetel in hunne onervarenheid (volgens Hooft) was aangedrongen. Bij dien togt had Schoonewal een opperbevel, en hij sneuvelde er met zijn vendrig behalve bijna geheel zijn vendel. Hij en Rollé die den aanval gebood, werden beiden beschuldigd van het volk op de slagtbank te hebben gebragt. Dit door Le Petit gemeld komt met Hoofts gezegde overeen. Doch zoo is meermalen het geschreeuw na een nederlaag. Evenwel het schijnt dat men des vijands krachten te nietig geacht, en Mondragon niet gewacht had (198).

GERRIT SEBASTIAANSZ. VAN GORCUM.

Gerrit Sebastiaansz., van Gorcum staat te boek onder de eerste Watergeuzen, en wij vinden hem als zoodanig reeds in 1568, toen hij over een oorlogschip bevel voerde, op de wateren langs de Groningsche en Oost-Friesche kusten, en belangrijke diensten bewees. Hij hielp in dat jaar een Groningsch schip veroveren, en was de eenige der zeekapiteinen die, na het verjagen van de vloot van Boshuizen voor Delfzijl, op den 8 Julij, met Sonoy de vlugtenden in volle zee opzocht en hun vier schepen ontnam, waarbij zij kort daarna nog twee hulken voegden. Deze was de eerste zegepraal ter zee, door de tegen Spanje opgestane Nederlanders behaald. In 1572 zwierf hij met zijn schip op de Zuiderzee, nog voor het innemen van den Briel, en nam bij het eiland Marken het Hoornsche Veerschip dat van Amsterdam kwam. Een onbekende schrijver (die het evenwel vermeldt uit Th. Velius *Westfrisia*) van de *Opkomste der Nederlandsche beroerten*, een bittere Roomsch- en Spaanschgezinde, die wel het scherpste, maar niet altijd waarheid verhaalt, beschuldigt Gerrit Sebastiaansz. van de menschen op genoemd schip zeer hoog gerantsoeneerd te hebben, en na het ontvangen van het rantsoen evenwel de gevangenen te hebben doodgeslagen (bl. 79). Niet lang na dezen tijd gebeurde de aanval van Billy's Walen op Ameland, waarbij hij en Jelmer Gabbes of de Vlielander hun schip verloren, en naar men gissen mag, werden omgebragt. Dit ten minste was van hunne scheepslieden het treurig uiteinde.

JAN of JOHAN SIMONSZ.

Jan of *Johan Simonsz.* was of een Noord-Hollander en ijverig Hervormde van Westwoude, of een Fries, en wel een Edelman, of een Amsterdammer. Hooft echter noemt hem niet onder de Watergeuzen, doch Bor en Van Meteren rangschikken beiden hem onder de innemers van den Briel. Het is mij onmogelijk uit dit drietal eene zekere keuze te doen. Indien echter de Watergeus dezelfde is met den Scheeps-hopman Jan Simonszoon, die, in 1579, door den Heer van La Motte, Valentyn de Pardieu, werd aangezocht om den

Briel aan hem te verraden, dan wil ik liever aan den Frieschen Edelman niet denken; want de genoemde Hopman kon noch lezen noch schrijven, en dit is van Friesche Edellieden naauwelijks te geloven, veeleer van een dorpeling van Westwoud. Was hij de Amsterdammer, ook dan zou zijne onkunde in die dagen niet onder de onmogelijkheden hebben behoord. Hoe het zij, Jan Simonszoon, aangezocht door La Motte, (een veldheer en afvallige van de Staten, die er altijd op uit was om andere trouwe Nederlanders af te trekken) wist, met medeweten van Oranje, dien verrader twee-honderd kroonen af te troonen, en hem te bewegen tot het zenden eener vloot naar den Briel, die door de Hollanders meest al vernield werd (199).

WYBE SJOERDSZ.

Wybe Sjoerdsz. in de Sent. *Syurdtsz.*, een Fries van Workum, gewoonlijk Kapitein Wybe geheeten, had de zaak des Vaderlands reeds onder Graaf Lodewijk van Nassau, in 1568, goede diensten bewezen, gelijk hij verder op zee deed; bij den Briel en in Noord-Holland, waar hij een der eersten was, die de Enkhuizenaars, van Spanje afgevallen, met schepen en vrijbuiters te hulp kwam. Kort daarna, toen de Friezen, onder Bronkhorst, hun Vaderland poogden te herwinnen, verjoeg hij met Tiete Hettinga de galeien des Konings van de Friesche kusten, en bevrijdde de Zuiderzee van Spaansch geweld. Maar de wilde vrijbuiter kon zich aan geene krijgstucht gewennen, en, in plaats van met zijn volk naar Sardam te trekken, waarheen Sonoy hem gelast had, bleef hij op het platte land liggen en kwam weder naar Alkmaar. Nogmaals gewaarschuwd, begon zijn volk te verloopen, en hij wenschte scheep te gaan naar Friesland. Het werd hem geweigerd, en op nieuw bevolen zich naar de aangewezene plaats te begeven. Nu maakte hij zich van twee schepen meester, en zeilde naar Friesland. Maar Cabiljauw liet hem achterhalen, greep en voerde hem naar Medemblik, waar hij en zijn Fourier hunne weerbarstigheid met den strop moesten boeten. Zijn broeder en Luitenant stonden onder de galg, maar hun leven werd verschoond (200).

CRISPINUS VAN SOLBRUGGE.

Crispinus van Solbrugge is de naam eens Gelderschen Edelmans en inwoners van Arnhem, dien wij onder de Watergeuzen noemen, omdat hij zijnen naam stelde onder het meergenoemde Verbondschrift, waarbij A. van Egmond, L. v. Brederode, Friesse, Entens en

Eelsma elkander beloofden de verdrukte Godsdienst in deze landen weder in te voeren, en daartoe hunne buiten en prijzen aan Oranjes oogmerken tot redding des Vaderlands dienstbaar te maken. Van Solbrugge echter is het onzeker of hij zich ook ter zee begaf. Wij gissen het, en om zijne beloften zelve, en omdat al de andere onderteekenaars zoo deden. Hij teekent zijnen naam, zoo als die hier is uitgedrukt. Maar die naam wordt ook geschreven *Zelt-* of *Zaltbrugge*: het is ten minste te vermoeden dat Crespinus van Zeltbrugge dezelfde is met den onze. Van dezen wordt gemeld dat hij bevel had van den Graaf van den Berg, reeds in 1568, om in Gelderland en het Graafschap Zutphen zoo te handelen als of hij zelf daar tegenwoordig was. Dien ten gevolge nam hij het slot van 'sHeerenberg in, en dreef er de benden van den Graaf van Megen uit; doch eer hij zich daar kon versterken, werd hij zelf er door Sancio de Lodogno, aan het hoofd van het regiment van Lombardye, uitgedreven. (201). Een vonnis van Alva bestond er ten zijnen laste, als Kapitein onder de weerspannelingen; zijn huis te Arnhem werd geveild en op veertien-honderd gulden geschat, doch niemand wilde daarop bieden. Al zijne goederen werden verbeurd verklaard. Reeds in Maart 1566 was er bevel gegeven van den Stadhouder van Gelderland om hem te vatten, doch het blijkt dat deze poging niet gelukt is. Misschien is Krispijn van Albrug een persoon met den genoemde. Wagenaar vermoedt het in zijn Bladwijzer der Vaderlandsche historie op *Albrug*, en het is niet onwaarschijnlijk. Die naam staat onder eene Verbonds-acte door eenige Edelen onderteekend, die beloven met wapenen en geld de zaak des Vaderlands te bevorderen en Krispinus van Albrug belooft daartoe twee-honderd gulden (202).

Dit alles, hoewel de namen verschillen, kan zeer wel in denzelfden man vereenigd zijn. Hetgene evenwel van eenen Crispinus van Salsbruggen wordt geschreven dat hij bij God en zijne Heiligen den eed gezworen had, die na de Gendsche Pacificatie van de teruggekeerde ballingen geëischt werd, schijnt weder aan een ander te moeten worden toegekend (203). Is toch Solbrugge en Salsbruggen dezelfde, dat anders om de gelijkheid der namen, en om den eenigzins ongewoonen voornaam denkbaar was, hoe kunnen we denken dat een voorstander der zuivere Godsdienst bij de Heiligen zal zweren? — Doch hij mag meer op den inhoud van het bezworene hebben gelet, dan op den vorm des eeds zelven, en misschien ging hij zelf de Heiligen voorbij, en is het slechts de oude formule der Arnhemsche Regering (die dien eed vorderde) geweest, zonder dat de Hervormden dien werkelijk op zoodanige wijze aflegden. Is deze gissing waarheid, dan leefde Solbrugge nog in 1577, schoon verder niets van zijne verrigtingen wordt opgegeven, dan alleen dat hij, hoewel niet tot aan zijn dood, *Controleur van de artillerie, munitie van oorloge en andere werken des F. G. en Gr. Z.* (ik gis dat hier het Furstendom Gelre en Graafschap Zutphen wordt bedoeld) geweest is. Het blijkt dát hij een bijzonder ijverig begunstiger der Hervorming was.

DIEDERICK SONOY.

Diederick Sonoy, zoo verschillend beoordeeld door tijdgenooten en nakomelingen, moet erkend worden als een man aan wien het Vaderland, in de worsteling met Spanje, groote verpligting heeft. Al zijne daden getuigen van zijnen ijver voor de zaak van Vaderland en Hervorming; slechts eenmaal verviel hij tot een uiterste, 't geen een droevigen vlek op zijn naam wierp, en naar hetwelk men den anders voortreffelijken man streng genoeg heeft geoordeeld, terwijl men zijne veelvuldige en getrouwe diensten te zeer heeft voorbij gezien. In de laatste dagen van zijn bewind verviel hij in den haat van velen en deelde in het lot van Nassau's eerste vrienden, Marnix en Treslong. De eerste heeft bij het nageslacht dubbele eere ontvangen voor den smaad hem door zijne vijanden toebedeeld, en alle blaam zijner daden is uitgewischt: — Treslong liet een regtgeaarden zoon na, die de geschandvlekte nagedachtenis eens braven Vaders regtvaardigde: — maar Sonoy ging onverdedigd ten grave, en ontsliep als vergeten door een Vaderland aan welks redding zijne onvermoeide werkzaamheid, met al de krachten van zijn ligchaam en ziel had gearbeid. Onder onze geschiedschrijvers heeft Bor met onpartijdigheid aan zijne verdiensten hulde gedaan en zijn misdrijf niet verzwegen, hoewel hij alles tot zijne verschooning heeft aangebragt, wat hij kon en moest. Hooft heeft hem niet altijd regt gedaan, maar de Friesche geschiedschrijvers teekenen zijne daden tot bevrijding van Friesland, Groningen en Overijssel, met naauwgezetheid aan, en de poëzij van O. Z. Van Haren heeft de handhaving van zijnen roem niet te vergeefs op zich genomen. Dus zingt hij in den eersten zang van de *Geuzen* (bl. 6. van de uitg. van Bilderdijk in gr. 8º.)

Zoo lang Noord-Hollands wier en dijken,
  Den vreemde tot verwondering,
Den woesten Oceaan doen wijken
  Voor d'ijver van den inboorling:
Zoo lang, wat banden ons omringen,
Het taai geduld het lot kan dwingen,
  En wijsbestierden moed bekroont:
Zoo lang zal zich uw roem verheffen.
Schoon u de ondankbaarheid mogt treffen,
  Sonoy, onwaardiglijk beloond!

en in den 24sten Zang, bl. 221:

Noord-Holland, ongesmukt in zeden,
Bemint Sonois hoedanigheden:
  Sonoi is gul, oprecht, en braaf;
Zijn moed en tong, door niets te dwingen,
Verzelt de stem der inboorlingen:
  »Oranje in 't hart, en niemands slaaf!"

Willem van Oranje die zijne menschen kende en die Sonoy altijd goedgezind bleef, roemt: »de goede en »zonderlinge affectie, die tot vordering en welvaren der

»gemeene Christelijke zaak en onzen dienst van alle
»tijden is dragende de Edele, onze lieve bijzondere
»Jonker Diederick Sonoy;" en hij had er ondervinding
van. Nanning van Foreest, een man in die dagen (hij
overleed als Raadsheer in den Hoogen Raad in 1592)
in verschillende aanzienlijke posten geplaatst, noemt
hem den *groot-achtbaren en zeer minzamen Sonoy*,
en hij kende hem persoonlijk; en het is het algemeene
getuigenis van die tijden, dat Sonoy, verre van de
geweldenarijen der soldaten toe te geven, een getrouw
handhaver der krijgstucht was, en vooral de genegenheid der landlieden bezat, omdat hij gewoon was den
huisman te verschoonen. Fresinga, een ander zijner
tijdgenooten, geeft over het algemeen een loffelijk getuigenis van zijn moed en beleid, en zijne krijgsverrigtingen pleiten voor hem, zoo wel als zijne edelmoedigheid jegens gevangenen en zijne zachtheid jegens
Roomschgezinden betoond (204). Hooft beschrijft hem
als *zuur van aardt en graatig naa 't scherpste*, doch
verdedigt hem ook somwijlen. Latere schrijvers, onder
anderen Bilderdijk, schilderen hem af als een wreedaart,
en de Heer Groen van Prinsterer noemt hem en Lumey
wreed van karakter, wie de oorlog en de wraak dikwijls tot gruwelen aanspoorde. De Hoogl. Te Water
is tot zijne verdediging gezind en erkent zijne verdiensten, doch vermogt niet den vlek van hem af te
weren, die de ongehoorde regtspleging van 1575 op
zijn karakter heeft geworpen (205). Gaan we kortelijk
zijne daden na en het moge blijken wie hij was. Die
allen op te geven is bijna onmogelijk. Hij was rusteloos
werkzaam, en ons bestek gedoogt zulk eene uitvoerigheid niet.

Sonoy was, volgens zijn eigen getuigenis, geboren in het land van Kleef (206) en wel in of omstreeks het jaar 1529, doch hield zijn verblijf in Holland en vooral te 's Gravenhage, waar hij een bijzonderen ijver voor de zaak der Hervorming deed blijken. In zijne jeugd had hij als Edelman van Maximiliaan van Bourgondie, onder zijne bende van Ordonnantie, met vier paarden, den Koning en den Keizer, in verscheidene oorlogen, gediend. Hij werd een ijverig lid van der Edelen Verbond en was een der moedigste behartigers van de zaken des Vaderlands en Oranje, waarom hij door Alva bij vonnis gebannen werd. Hij had de eerste bestelbrieven ter zee (volgens Van Meteren, f. 59) en mag dus de eerste Watergeus heeten. Dien naam draagt hij ook daarom met regt, omdat hij de eerste overwinning ter zee behaalde op de vloot van Boshuizen, nabij de Eems, Julij 1568. Hij was in Lodewijks leger gekomen met eenige harquebusiers of musketiers, en was nog gelukkig in staat met zijne vloot de ontkomenen van Jemgums nederlaag voor het Vaderland te bewaren. Aan dezen liet hij verder zijne schepen over en begaf zich weder te land om, op welke wijze dan ook, dienst te doen. Hij zwierf langs de oostelijke grenzen van het Vaderland en was dan eens te Emden, dan weder te Emmerik, waar zijne gade, Maria van Malsen, haar verblijf hield, wier kloekmoedigheid hem eenmaal redde, toen men hem bijna in zijn huis had gegrepen. Met Oranje stond hij in trouwe briefwisseling onder den verdichten naam van *Daniel van Zanten* en *Nathanaël van Calcar*. Soms waagde hij zich in het land, met den Amsterdammer Reinier Kant en anderen, ter verzameling van geld onder de welgezinden, ten behoeve van Oranje. Deze bezigde daartoe ook eenige Predikanten die deze inzameling met krachtigen ijver en moed behartigden en met vrucht werkzaam waren. In 1570 beraamde hij een aanslag op Enkhuizen die geen voortgang had. Zijn deel in den handel met een paar Amsterdamsche kooplieden, om een rijkgeladen schip, op een listige wijs meester te worden, bragt hem, noch den Vaderlande, noch Graaf Lodewijk eenige belangrijke winst aan (207). Het volgende jaar wendde hij inzonderheid, te Emden, zijne moeite aan, om eenigen der Geuzen, door Graaf Edzard in beslag genomen, weder los te krijgen, en hij slaagde in zooverre, dat hij met die schepen, waarover hij het bevel had, de Eems kon verlaten en zich vervoegen bij de overige vloot. Door Oranje, in gezantschap naar Denemarken en Zweden gezonden, met Herman van der Meere en Johan de l'Ecluse, moest hij van daar met kleinen troost vertrekken. Hij liet zich echter door alle die teleurstellingen niet afschrikken, maar hielp op nieuw, volgens eene uitgebreide Commissie hem door Oranje gegeven, tot het vergaderen van geld in de Nederlanden, niet zonder goed gevolg. Doch de tijd naderde dat de vrienden van Vaderland en Godsdienst eenige vruchten van hunnen arbeid zouden genieten. Terwijl Enkhuizen zich, niet zonder zijn medeweten, aan Spanjes juk onttrok, was Sonoy te Hamburg en Bremen werkzaam om volk te werven, en 2 Junij 1572, kwam hij, als Gouverneur van Noord-Holland van des Prinsen wege, niet zonder gevaar van in de handen van eenige Walen te vallen, in het pas bevrijdde Enkhuizen. Men ontving hem met blijdschap en vertrouwen, en hij toonde terstond dat Oranje de belangen des Vaderlands aan geene onwaardige handen had toevertrouwd. Hoorn, Medemblik en al de steden van het Noorderkwartier begaven zich onder zijne bevelen, geheel Holland benoorden het IJ was voor altijd aan Spanje ontrukt, en hoe vele benden de Spaansche bevelhebbers daar heen voerden, zij moesten altijd, en met magtig verlies wijken. Maar onder Sonoy hadden het bevel mannen als Ruychaver, Cabiljauw, Tiete Hettinga, Everdingen en Heegeman, regtschapene en moedige oorlogslieden. Door Sonoys bestel en dat van den kloeken en ijverigen Hans Kolterman ging ook Haarlem tot de zijde van Oranje over. Spoedig strekte hij zijne veroveringen in Overijssel uit, waar hij het slot Toutenburg liet innemen, en zond eenige hulptroepen onder Hotze Buma, tot ondersteuning van Martena's pogingen ter verovering van Friesland, dat echter, na eene korte stonde van voorspoed, weder in de handen der Spanjaarden viel. Doch Sonoy ontrustte hen dagelijks met zijne schepen en hield de Zuiderzee vrij. Ook verschillende tegenspoeden troffen zijn bewind. Zijne benden, onder Lazarus Muller en Cornelis van Everdingen tot hulp van Haarlem gezonden, eerst overwinnaars, werden bij de Zandpoort geslagen. De krijgstucht leed last en hij moest tot strenge maatregelen de toevlugt nemen, en Hopman Wijbe Sjoerds doen hangen. Later handelde hij even zoo met Kapitein Crocq, een baldadig Priester-moordenaar. Behalven dat geraakte hij in onmin met de Staten en de Regenten der Noord-Hollandsche steden, en zag daardoor dikwijls zijne plannen en krijgstogten dwarsboomen en in het riet loopen. Zijn toeleg om Boshuizen, den Spaanschen Admiraal, tot de partij van Oranje over te halen, mislukte, maar beter slaagde hij in het uitrusten eener vloot om Amsterdam te benaauwen, en bereidde alzoo de middelen waardoor Nederland in dien hoek zeeghaftig bleef, en het geweld des vijands weerde. Hij zelf begaf zich op die vloot, opdat de goede zaak voortgang had, en hield den dijk tegen over Amsterdam, met schansen bezet.

Gedurende het beleg van Haarlem had hij, tot hulp dier stad, den Diemerdijk ingenomen en beschanst; doch zijn volk te spoedig bevreesd, toen hij zelf naar Edam getrokken was om meerdere hulp, werd door de Amsterdammers verpligt om te wijken. Hoe hij zijn leven in gevaar stelde, hoe hij zijne soldaten ook aanvuurde, hoe hij ook ijverde om hulp, hij was tot de vlugt gedwongen en de nederlaag werd hem geweten, die hem niet zou getroffen hebben, had men slechts volgehouden; hij had toch de Amsterdammers reeds tot binnen de palen teruggeslagen. Het bandeloos krijgsvolk schreeuwde dat hij hen op de slagtbank had gebragt, en de Regenten der Noord-Hollandsche steden dat hij den aanslag had begonnen zonder hen te raadplegen. Misschien hadden ze daarom het zenden van hulp vertraagd. Als of een ervaren krijgsman, die van zijne vroegste jeugd den oorlog gevolgd was, eerst Schepenen en Raden van eenige steden, als Edam of Purmerend bijv., raad tot den krijg moest vragen! — Grievend was dit verwijt voor den bevelhebber, die in grooten haat kwam; maar Oranje kende hem, sprak hem van ontrouw vrij en erkende zijne diensten. Charles de Boisot, gezonden tot onderzoek van wege Oranje, scheen op de hand van Sonoys vijanden, en Oranje zond toen Pieter de Ryke, om hem het Stadhouderschap van Vere aan te bieden, dat hij echter grootmoedig afsloeg. Nu werden er drie afgevaardigden benoemd, die met Sonoy en Boisot over de krijgszaken zouden beraadslagen; doch de twist werd niet gedempt voor Boisot werd teruggeroepen (208). Wel nam Sonoy op nieuw den Diemerdijk in, maar het kon Haarlem niet baten. Met denzelfden ijver poogde hij Alkmaar te ontzetten en daartoe de dijken door te steken, maar de Hoornsche Regenten sloegen het laatste plat af, want als ze het schoone gras lieten verderven, wat zouden hunne beesten des winters eten? Haarlem had het wel langer uitgehouden, en Alkmaar kon wel tot Allerheiligen wachten. (Dan gingen de beesten naar stal). Dit was het antwoord dat de Stadstimmerman van Alkmaar, door Sonoy naar Hoorn gezonden, ontving. Met zulken had hij te arbeiden tot bevrijding des Vaderlands (209). Vol ijver had hij de uitrusting der vloot bezorgd, en zou waarschijnlijk bij den slag tegen Bossu zijn tegenwoordig geweest, zoo niet de vurige dapperheid van den Admiraal Cornelis Dirkszoon Sonoys bevelschrift, om nog drie dagen met den aanval te wachten, verscheurd had, en Bossu had aan boord geklampt. Nu kwam hij met eenig versch volk aan boord toen Bossu reeds de vlag had gestreken, en zijne handelwijze in het gerust stellen van twee Spaansche Kapiteinen, (die bevreesd waren dat men hen, zoo als in Zeeland de gewoonte was, de voeten zou spoelen) bewijst dat hij den haat niet tot die uitersten dreef, als men in Zeeland deed (210). Over het algemeen handelde men met de gevangenen in Noord-Holland niet wreed gelijk in andere streken, en men mag dit aan Sonoy voor een groot gedeelte toeschrijven. Zijne krankheid, kort na deze overwinning was een droevig nadeel voor Noord-Holland en Friesland. De muiterij van het scheepsvolk, dat zijn Luitenant Willem Bardes weigerde te gehoorzamen, deed de beraamde aanslagen op Harlingen te niet gaan, en het kostte veel moeite eer dat volk betaald was, en tot orde teruggebragt. Zeer vele moeite baarde het in 1574 aan Sonoy, om den Baron van Chevreaux tegen te staan, die in Waterland gevallen was, en de benden van Hopman Aker had geslagen. De soldaten ontvingen geene betaling en weigerden te vechten, doch zijn geduld en ijver, met den moed en het beleid van Ruychaver, overwon alles en Chevreaux was genoodzaakt tot de terugtogt. Een later inval van denzelfden Spaanschen bevelhebber in hetzelfde jaar, eindigde met eene volslagene nederlaag van de Spanjaarden, die bij Wormer, door Tiete Hettinga, met eene geduchte slagting verstrooid werden. Bij deze gelegenheid redde Sonoy op nieuw het leven van derde-half honderd Spaansche gevangenen, die men te Hoorn niet langer kon onderhouden, en de Hoornsche burgerij te lijf wilde.

Vreeselijk dreigde de oorlogstoerusting in Spanje de vrijheid des Vaderlands, en inzonderheid het Noorderkwartier. Eene ontzachlijke vloot werd gereed gemaakt om Holland aan te grijpen, en Sonoy had zich met kracht en beleid ter verdediging uitgerust, toen de tijding kwam dat de toeleg bleef steken. Eene poging van Billy om de eene of andere stad van Noord-Holland met krijgsvolk, in turfschepen verborgen, te verrassen, werd verijdeld, en wat nog wenschelijker was, de twist tusschen Sonoy en de Gedeputeerden der steden geslist door een brief van Oranje; waarin hij aan Noord-Holland zijnen *lieven zwager* Willem Graaf van den Berg als Gouverneur beloofde. Dat maakte de Noord-Hollanders zeer verslagen, en zij vereenigden zich met Sonoy, die rekening deed van ontvangst en uitgaaf en zich met zijne tegenstrevers verzoende (211). In 1575, nadat hij Noord-Holland tegen een aanval over het ijs verzekerd had, nam hij, met medeweten van Oranje en andere ervarene krijgslieden, een togt voor op het Barndegat, een gedeelte van den IJdijk tegen over het huis ter Hart, halfweg tusschen Amsterdam en Haarlem. Groote verwachting had men van dezen aanslag die het IJ en den Haarlemmermeer van de vijanden zou bevrijden, en zoo geheel Holland verlossen. Het geschiedde. Sonoy veroverde het Barndegat en bouwde eene sterke schans, verbeidende verdere hulp van de Gedeputeerde Staten, maar ze bleef achter, en welken ijver hij aanwendde, het baatte niets; de schans moest verlaten worden, en de hoop der veroveraars ging te niet. Die van het Noorderkwartier weigerden hunne hulp, uit vreeze voor een inval van Billy, uit gebrek aan geschikte schepen, en omdat de vijand de schans reeds had aangegrepen en het ontzet dus te laat zou komen. Zij waren ook van oordeel dat een aanslag uit Zuid-Holland op den tegenoverliggenden IJdijk, op denzelfden dag, en niet veertien dagen later had moeten worden uitgevoerd. Wij mogen niets beslissen, doch gelooven dat een moedig Overste door deze teleurstellingen bitter moest gegriefd worden, en er op die wijze veel goeds tot heil des Vaderlands verloren ging. De krijgsverrigtingen verhinderden Sonoy om als President van het Noord-Hollandsch Synode, te Alkmaar, op den 11 April gehouden, zitting te nemen, waartoe eenige Predikanten hem hadden uitgenoodigd. Een zonderling verzoek zeker, doch dat ten minste blijken draagt, dat hij de zaak der Hervormde Godsdienst ter harte nam (212).

In dit zelfde jaar 1575 viel die ongehoorde gerigtshandeling voor, die den naam van Sonoy zoo hatelijk heeft gemaakt bij het nageslacht. Volkomen helder is de zaak echter niet, die in verband stond met den inval van den Spaanschen Veldoverste den Heer van Hierges (Gilles van Barlaimont) in Kennemerland. Het uitgebreidste verslag vinden wij bij Bor en Hooft, door Wagenaar en Sonoys levensbeschrijver gevolgd (213). Wij kunnen slechts kortelijk de gebeurtenis opgeven. Het blijkt uit alles dat de inval van Hierges een ontzettenden schrik door geheel Noord-Holland had te weeg gebragt; zijn volk was reeds tot Schorel doorgedrongen, en roofde en brandde door die geheele streek van de Beverwyk af, waar de bevelhebber zelf het grootste deel zijns legers bleef afwachten. Spoedig echter trok hij terug en wendde zich naar eene andere zijde, naar Gelderland, waar hij Buren belegerde. Eenigen tijd voor dien inval waren er bange geruchten in omloop van verraad, en aan Sonoy zelven en de Gedeputeerden der steden waren berigten ingekomen van Hierges plannen, en te gelijk, dat eene menigte landloopers door geheel Noord-Holland zwierven, die zoodra de Spaansche benden kwamen, overal ten platten lande brand stichten en zoo alles in verwarring brengen zouden, en Hierges den toegang openen tot vermeestering van de geheele landstreek. Terstond werd het onderzoek bevolen, meer dan twintig landloopers gevangen, naar de gewoonte dier dagen, gepijnigd, en wie niet uitbrak of vrij kwam, door vuur of koord gestraft. Dit was slechts een begin der ellenden. Verscheidene dezer landloopers beschuldigden eenige Roomschgezinde boeren van hen tot brandstichting te hebben omgekocht, schoon ze die beschuldiging in de ure des doods meest hebben herroepen; deze boeren werden gevat en zij waren het met welke die barbaarsche regtspleging gehouden is, die van het kwaadaardig vernuft der door Sonoy aangestelde Commissarissen of Regters, getuigenis draagt. De benoemden waren eerst Johan van Foreest en Mr. Joost Huikesloot, Schouten van Alkmaar en Hoorn, Willem Maartensz Calff, Baljuw van Waterland en Willem van Zonneberg, Baljuw van Brederode, tot welken nog toegevoegd werden Jr. Willem van Roon, Schout van Niedorp en Willem Mostaert. Bovenal had de Provoost geweldiger, Michiel Vermertlen, een onbekend persoon, zeer veel deel in al die wreedheden, en Huikesloot, Zonneberg en Calff blijken de voornaamste drijvers dier onmenschlijkheden te zijn geweest. De geschiedenis dier pijnigingen hebben Bor en Hooft naauwkeurig vermeld, van pijnigingen »die »de waardigheid der geschiedenis zelfs niet toelaat op »te noemen, noch de menschelijkheid te herdenken," zegt Bilderdyk in zijn kort en gestreng verslag van deze wreedheden. De ongelukkige landlieden, door pijn geperst, bekenden wel sommige misdaden, maar wederriepen ze ook even spoedig. De Regenten van Hoorn verzetten zich zeker tegen het vangen van enkelen, uit achting voor hunne privilegien, doch moesten toegeven, schoon ze de zaak der aangeklaagden manmoedig bleven handhaven. Hier kwam een gerucht bij, dat de gevangen Graaf van Bossu in boerenkleederen meende te ontsnappen, hetgene de ellende nog vermeerderde. Hoorn zond afgevaardigden naar Oranje, de Regters deden desgelijks. Oranje trok zich het regtsgeding aan en benoemde zelf Commissarissen, waartoe, dat zonderling klinkt, dezelfde als de door Sonoy aangestelden verkoren werden, met uitzondering van Foreest, die zich weinig met den handel had ingelaten, en met bijvoeging van J^r. Johan van Woerden van Vliet en M^r. Sebastiaan van Loosen, die evenzeer van deze aanstelling afkeerig waren. Op nieuw werden anderen benoemd. Nu hielden zeker de pijnigingen op, maar de gevangenen bleven in hechtenis, tot zij naar Delft werden vervoerd en vrijgesproken. Schoon ze zich met verzoekschrift om zuivering aan de Staten van Holland en Zeeland vervoegden, en tegen Sonoy en zijne Commissarissen regt eischten, werd de zaak gesmoord.

Waarheid is het dat Sonoy zelf bij die regtspleging niet tegenwoordig is geweest; en het wordt door Bor uitdrukkelijk gezegd, dat men hem met leugenen heeft om den tuin geleid; kan hem dit echter ontschuldigen? Moest hij niet onderzocht en zulke gruwelen verhinderd hebben? Dat hij aan het bestaan van het verraad geloofde, betwijfelen wij niet, en misschien bestond het werkelijk, maar kwamen juist de onschuldigen in handen. Het is echter zonderling dat Sonoy, wiens daden waarlijk niet van wreedheid, zelfs niet tegen Spanjaarden of Roomschen, getuigen, nu op eens zoo geheel zich zelven vergeet en de beschermer

21*

ten minste, van beulen wordt, wier namen eer naast, ja boven die van Vargas en Hessels verdienen geplaatst te worden. Te veel vertrouwen op zulke wreedaarts, de tegenwerking van Hoorn misschien, andere bezigheden, kunnen oorzaken zijn geweest dat onder zijn bestuur deze gruwelen werden uitgeoefend, die noodwendig aan hem moesten geweten worden, omdat het zijne pligt was regtvaardigheid en menschelijkheid voor te staan, en toe te zien wie hij als Regters aanstelde.

Sonoy betoonde in het bewind over Noord-Holland gestadige vlijt, hetzij ter bescherming van die streken, hetzij tot verovering van andere plaatsen. Nog in 1575 was hij gewikkeld in de plannen van Entens, om Friesland aan te grijpen, en beraadde hij met Oranje de vermeestering van Amsterdam, terwijl hij, met Hegeman, Texel hielp bevestigen tegen Billys magt, en hij zijne Kapiteinen Robert en Samplon op buit naar Friesland afzond, die zich met moed en beleid van deze taak kweten. Bij dit alles moest hij de muiterij van slecht betaald krijgsvolk verduren, doch die door eenig geld van de Staten gezonden gestild werd; of storm en watervloeden dreigden en teisterden de landen zijner zorge toevertrouwd. Een aanslag door hem voorgenomen op Muiden liep eerst gelukkig af, hij nam de stad in, maar gebrek aan het noodige, en Hierges, dwong hem met verlies van tweehonderd man de stad te ruimen, en toen hij zijne benden tot hulp van Entens, te Oostmahorn, wilde gebruiken, beletten hem dit de Staten van het Noorderkwartier, die de soldaten behouden wilden tot verdediging van hun eigen land. Onder al deze moeilijkheden herleefde de tweedragt tusschen Sonoy en de Gedeputeerden der Noord-Hollandsche steden. De twist liep over de eigenlijke magt des Stadhouders en die van de Gedeputeerden. Toen Sonoy als Oranjes Stadhouder te Enkhuizen kwam, was het overige gedeelte nog Spaansch, en hij had, bij Oranjes bevel, eene uitgestrekte magt ontvangen, zoowel in burgerlijke als in krijgs-zaken. Wanneer echter al de steden tot Oranje waren overgegaan, wilden hare Regenten de burgerlijke en regts-zaken weder tot hun bestuur zien overgebragt, terwijl Sonoy zijn geheele bewind in deze niet wilde overgeven. Eindelijk nam Oranje, wiens belang en opperbewind Sonoy met kracht meende te moeten handhaven, een besluit tot vereeniging, 21 Aug. 1576, en Sonoy, door Marnix daartoe in het bijzonder aangespoord, onderwierp zich, deed op nieuw rekening van ontvang en uitgave, en ontving het meer uitgegevene ƒ 5651, van het Land terug, waarop hij zich aan het bestuur der geldmiddelen onttrok, en alleen op den krijg toelegde. Zijne bezoldiging werd vastgesteld op ƒ 500 in de maand, behalve hetgene voor schuit- en wagenvrachten aan hem als Gouverneur moest worden uitgekeerd.

Deze belemmering weggenomen zijnde, kon Sonoy, zooveel de tijden dat toelieten, met meer kracht handelen tot verlossing des Vaderlands. Toen de Spanjaarden Holland verlieten, bezette hij de Beverwyk, Helling Sparendam, en zoo openden zij den weg tot bevrijding van Haarlem en Amsterdam. De aanslag op deze laatste stad, in het volgende jaar onder Helling en Ruychaver ongelukkig zijnde afgeloopen, benaauwde haar Sonoy des te sterker, op last der Staten van

Holland, doch tegen den last en de plannen van Oranje. Eerlang werd de zaak bijgelegd, Sonoy trok van voor de stad weg, zij vereenigde zich met Oranje, doch werd niet geheel omgezet voor het volgende jaar 1578 (214). Reeds in 1577 had Sonoy met Oranje gehandeld over het innemen van Kampen of Harderwyk. Oranje ried het toen af, maar als, in het volgend jaar, de bezetting van Kampen en Deventer zich voor Don Jan had verklaard, werd Rennenberg eerst voor Kampen gezonden, bij wien zich Sonoy zelf voegde met eenige zijner beste vendelen. Rennenberg droeg hem de belegering op, en hij kweet zich daarin met zulk een beleid en ijver, dat, niettegenstaande het geheele leger voor Kampen niet over de duizend man uitmaakte, volgens de verzekering van Fresinga (215), de stad binnen twee maanden genoodzaakt was zich over te geven, 20 Julij 1578. Met gelijken moed kweet hij zich voor Deventer, en, terwijl hij die stad voor het Vaderland poogde te winnen, en eindelijk slaagde, was zijne poging minder gezegend bij Rennenberg, wien hij tot de Hervormde kerk wenschte over te halen, en daartoe dagelijks boeken van de Gereformeerde Religie deed lezen. Ook hier was de nijd en onwetenheid tegen hem in de weer, maar hij ging kloekmoedig voort, en het verwinnen van Deventer moet hem worden gedankt. Hij genoot, gedurende den krijg, in Overijssel, Friesland en de Groninger Ommelanden hooge achting, en zonder zijn raad werd niets door Graaf Jan van Nassau en Rennenberg besloten. De Graaf van Rennenberg in het bijzonder hield hem zeer in waarde, en wenschte hem bij zich, ook schoon zijne vendelen naar Holland werden teruggeroepen (216). Zoo riep hem ook Graaf Jan van Nassau, Stadhouder van Gelderland, in 1579 om met hem te raadplegen over de beste wijze ter bescherming van Gelderland tegen de aanslagen van Parma, die aan het hoofd van het Spaansche leger stond, en wiens benden Amersfoort reeds hadden ingenomen.

Nadat Sonoy tot de vernieling van het kasteel van Harlingen had medegewerkt, werd hij door de Friezen geroepen tot het opwerpen en bezetten van eene schans te Zwartsluis en tot het versterken van Coeverden. Men begon den naderenden afval van Rennenberg te voorzien en wist niemand geschikter om tegen zijne plannen te waken dan Sonoy. En zeker is hij en Johan van den Korput, met Entens en Ufkens, de oorzaak geweest dat Rennenbergs verraad niet met dien uitslag is bekroond geworden als hij gewenscht had. Het vernieuwen van de vestingwerken van Coeverden en de Bourtange moest gestaakt worden, en een getrouw aanteekenaar (zegt Schotanus) weet dit aan Sonoys gierigheid, die het geld opstak dat de arbeiders moesten ontvangen. Gelukkig had Schotanus zelf reeds gezegd, dat Sonoy geen geld ontving, omdat de Westerlauwersche Friezen, die het betalen moesten, weigerden de kasteelen, eenmaal afgeworpen, weer te doen opbouwen. Wij vinden hem van nu aan gestadig in Friesland en Groningen. Hij was de eerste die Rennenbergs afval aan Oranje berigtte, en werd den jeugdigen Graaf Willem Lodewijk van Nassau, voor Groningen, tot raad toegevoegd. Na de nederlaag van Hohenlo, spande hij alle krachten in om de vendelen van Entens, na diens dood verwilderd, tot orde te brengen doch kon daarin niet slagen, schoon hij gelukkiger was in het stillen der muiterij van andere benden. Veelvuldig waren in die streken zijne werkzaamheden, alle strekkende om de vernielde krijgstucht te herstellen, sommige sterkten te ontzetten of van het noodige te voorzien. Het geheele beleid van den krijgshandel in Friesland en de Ommelanden was hem aanvertrouwd, en hij kweet zich naar vermogen in die bange tijden, toen Rennenbergs afval, Hohenlo's rampen het gevolg van zijne overijling en wanbeleid, en de overwinning van Schenk niets dan de uiterste ellenden dreigden. Toen de Engelsche veldheer Norrits, met Nijenoord en Menninck, tot ontzet van het door Rennenberg belegerde Steenwijk toog, en zelf in het St. Janskamp door dien Graaf werd bezet, ondersteunde hij hen met kracht en zou zelf den vijand zijn tegen getrokken, had de raad der Friezen het hem niet belet. Intusschen veroverde Sonoy Vollenhove, en trok tot het beleg van het slot van Staveren, dat door den bevelhebber Rienk Dekama ten laatste aan hem werd opgegeven. Hij voerde den gevangen Slotvoogd naar Enkhuizen en hing het vaandel der bezettelingen in de groote kerk van die stad, als een bewijs van zijn zege. Ook bij dit beleg had hij zijne gematigdheid getoond. Want schoon Dekama zijne eerste aanbieding versmaad had, en eindelijk zich op bescheidenheid moest overgeven, werd hij met goedheid behandeld, en zijne gade en kinderen in vrijheid gesteld; terwijl de roem van Sonoys zachtheid de boeren gaarne en met ijver had doen aankomen om mijnen te graven en schansen op te werpen. — Den 19 Julij 1581 had hij met zijn regiment den voortogt bij den slag te Grypskerk in de Ommelanden, waar hij, met Norrits, het leger van Rennenberg sloeg met een verlies van acht-honderd dooden, (Bor spreekt van vijftien-honderd) menigte van geweer, al de bagaadje en vele gevangenen. Zeven vaandels en drie stukken geschut werden in zegepraal medegevoerd. Op dien zelfden dag werd de ongelukkige Graaf van Rennenberg met de Sacramenten der stervenden beregt en hij ontsliep vier dagen daarna. In den slag bij Nordhorn, waar Verdugo de overwinning op Norrits behaalde, was Sonoy niet tegenwoordig. Hij verloor in dien slag zijn Overste Luitenant, Karel van Wijngaarden, met wiens plaats de beroemde Korput vereerd werd (217). Van dien tijd af was hij weder in Noord-Holland, en vooral in den winter van 1582-1583, te Enkhuizen, waar zijne tegenwoordigheid door Oranje bijzonder noodzakelijk werd geoordeeld, uit hoofde van eenige listige pogingen, te Lissabon, door Philips II aangewend bij eenige schippers van Enkhuizen, om die stad in de magt van Spanje terug te brengen. In 1583 had hij in last van Oranje en de Staten, de groote vergaderingen der Roomsch-Catholijken in Noord-Holland uit een te doen gaan en te beletten, en met wijsheid en gematigdheid voldeed hij aan dit bevel, schoon, ware hij werkelijk een wreedaart geweest, hij hier de beste gelegenheid had om te toonen wat zijne geneigdheden waren. Later deed de Graaf van Hohenlo hem moeite aan, over het bevel tot verwisseling der bezettingen van Kampen en Blokzyl, dat door den Landraad aan Sonoy was opgedragen, en waar dus zijne eigene vendels lagen, hetgene Hohenlo meende dat van zijne bevelen afhing: doch Sonoy werd door Oranje gehandhaafd. In hetzelfde jaar werd zijne waakzaamheid op nieuw te werk gesteld tot het verijdelen van een aanslag tegen Hoorn en Enkhuizen beraamd. Door het vangen van enkele schuldigen, waaronder twee Jesuiten, gingen de plannen te niet, en men liet zelfs de gevangenen, na eenige maanden hechtenis, vrijelijk heengaan. Met dezelfde naarstigheid was hij op zijne hoede tegen een aanval op de zeesteden van Noord-Holland, waarop eenige Duinkerksche oorlogschepen het oog hadden: — met denzelfden ijver behartigde hij de belangen der kerk en de regten des Kerkeraads van Medemblik. Sonoy namelijk had aldaar, bij eene vacature, aanbevolen een Predikant, wien de Magistraat niet verkoos, zeker om niet zeer geldende redenen. Doch Sonoy liet zich gezeggen en gaf de zaak over. De Kerkeraad begreep een leeraar te moeten roepen, maar de Regering, ziende dat dit niet spoedig gelukte, vroeg eenen Petrus Hackius ter leen van Leyden. Deze kwam tegen den wil des Kerkeraads, die, zoowel als de Classis, hem het prediken verbood. Sonoy ondersteunde dit verbod met regt; Hackius bleek ook niet de geschikte man te zijn, al gelooven wij juist ten volle de aanklagte niet van Kapitein Wolfswinkel, die hem voor een wederdooper en halven Papist hield en geweldig opgaf van te vreezen beroeringen in Medemblik (218). Sonoy kwam zelf en zette den Predikant gevangen. Daar rezen de klagten der Regering, van den Leydschen Kerkeraad tegen Sonoy op. Afgezondenen uit de Staten kwamen, hoorden de partijen en gaven den raad een anderen uit het Noorderkwartier te beroepen, maar lieten Hacklus gevangen, die evenwel spoedig schijnt te zijn weggezonden: ten minste van de zaak is niets meer vermeld.

Intusschen werd de waakzame zorg van Sonoy gestadig ingeroepen, ook wanneer de vijand Overijssel of Gelderland aantastte. Zijne troepen bezetten Harderwyk, en al de Overijsselsche steden langs de Zuiderzee, welke men als de voormuren van Noord-Holland beschouwde. Bij de vrees voor een oproer te Kampen beveiligde hij deze stad, en belette op last van Leycester, eenige schepen met levensmiddelen voor den vijand geladen, uit de haven van Hoorn te vertrekken. Bij een twist met den Graaf van Oost-Friesland, ontving Sonoy vollen last om zich van Emden meester te maken; doch de Graaf onderwierp zich aan de hem voorgeschrevene voorwaarden, en beloofde plegtig geen voorraad meer te zenden aan den Spanjaard, en de door hem aangehouden schepen der Nederlanders werden ontslagen. In 1586 geraakte Sonoy op nieuw in moeite, daar hij op last van Leycester, tegen de stedelijke Regenten handelen moest. Want deze hadden de kerkelijke goederen aan zich getrokken, en betaalden daaruit de Predikanten. Doch ten platten lande faalde die betaling; Willem Mostaert werd gezonden om de bewijzen der kerkelijke eigendommen te zien en over te nemen, Sonoy moest hem ondersteunen, zelfs met krijgsvolk; doch de Staten en Stadsregenten triumfeerden, de last van Mostaert faalde. In de twisten der Staten met Leycester was hij ook gemengd, en het werd dien Graaf zeer ten kwade geduid dat hij aan Sonoy, behalve het beleid der krijgszaken, ook een deel van het bestuur der burgerlijke had aanbevolen. De Graaf schijnt in het bijzonder zijne vriendschap te hebben gezocht, en hij vond in Sonoy geen wuften en wankelbaren vriend, die hem alleen in zijn geluk diende, maar eenen getrouwen, die zijn eed hem gedaan, met het zwaard in de vuist, tot op het uiterste handhaafde. Deze trouw, die bij Sonoy zoowel uit krijgsmans regtschapenheid, als uit Godsdienstige beginselen voortvloeide, berokkende hem veel leeds. Het was namelijk in 1587, dat de Staten, bij Leycesters afwezigheid een nieuwen eed aan Graaf Maurits eischten, dien zij tot Kapitein Generaal en Admiraal, en tot Stadhouder van Holland, Zeeland en West-Friesland hadden aangesteld. Nu scheen Leycesters bevelschrift, aan Sonoy gegeven, den Staten te ruim, en op hunne klagt daarover aan Leycester, had deze gezegd zich te zullen gedragen naar goedvinden der Staten. Sonoy wordt dus met zijn bevelschrift in den Haag ontboden en verschijnt. Daar verklaarde hij zich aan Leycesters eed te houden, doch Graaf Maurits in alles te zullen eerbiedigen, waar het hem die eed niet verbood. Meer zeker vermogt hij niet. De nood van Deventer echter, door Stanley, den bevelhebber der stad, aan Taxis verraden, deed de Staten de zaak kort afbreken en Sonoy naar Overijssel zenden. Trouwhartig gaat hij naar Kampen, en terwijl hij daar met ijver werkzaam is, en werkelijk reeds door onderzoek zoover gekomen is, dat hij meende Deventer weder te zullen redden, geven de Staten Jonker Arend van Duivenvoorde last, om met zijn vendel Medemblik te bezetten, waar Sonoy zijne troepen en zijn hoofdkwartier had. Maar de Luitenant die een deel zijner soldaten te Medemblik onder zijn bevel had, weigerde Duivenvoorde den intogt. Zulk eene onverdiende en hatelijke beleediging griefde den ouden krijgsman, en, hoewel Maurits, die het zoo wel gevoelde als hij, hem verder tot Opperbevelhebber (Superintendent) van het krijgsvolk in het Noorderkwartier aanstelde, en zelf met Hohenlo naar Medenblik kwam om de zaak in orde te brengen: — Sonoy weigerde hen binnen te laten, en verschoonde zich met het gebeurde, terwijl hij te Kampen was. Commissarissen werden benoemd om met hem te handelen; eene aanzienlijke bezending uit de Staten hem toegezonden; brieven en vertogen gewisseld, maar Sonoy bleef zich altijd beroepen op zijn eed aan Leycester, waarin hij door de Predikanten, welken hij om raad vroeg, werd bevestigd. Maurits en Hohenlo in te laten streed wel tegen dien eed niet, maar door de handelwijze der Staten was hij nu eenmaal in het denkbeeld gebragt (en niet ten onregte) dat men Leycester (die toch boven Maurits was) en hem van hun gezag en bevel wilde berooven. Het ging zelfs zoo ver dat hij eenige vendelen van zijn regiment uit Overijssel ontbood, doch zij werden op Maurits verzoek teruggezonden, die welhaast aan den twist een vreedzaam einde maakte, schoon die nog later weder uitbarstte. Men liet hem namelijk tijd om naar Leycester in Engeland te schrijven, en te wachten wat men van daar hem berigten zou. Maurits zeker wenschte niet onbillijk te zijn tegen een oud vriend zijns vaders, aan wien het Vaderland en vooral Noord-Holland, Overijssel en Friesland zoo vele verpligtingen hadden: — bij Sonoy was het evenmin haat tegen Maurits, maar wantrouwen tegen de Staten, die hem er reden genoeg toe gaven, en gevoel van pligt. Leycester, Koningin Elizabeth zelve, dankte hem voor die trouw, en maande hem aan om getrouw te blijven; maar bovenal had Graaf Willem Lodewijk van Nassau, Luitenant Stadhouder van Friesland, de belangen van Sonoy ter harte genomen, in een brief aan zijnen neef Maurits gerigt. In het edel hart van dien jeugdigen Vorst had Sonoy nog dankbaarheid gevonden; en het mag hem, bij al zijne moeite, tot troost hebben verstrekt dat die voortreffelijke zoon van een even braven vader, Jan van Nassau, hem niet vergeten had. Later toonde Wilkes, Raad van Staat bij de Koningin van Engeland, zijne belangstelling in Sonoy, en wenschte van hem een uitvoerig berigt van het gebeurde te Medemblik, opdat men iets zou hebben te antwoorden, wanneer hij bij den Engelschen gezant in de Nederlanden, Buckhorst, mogt worden beschuldigd. Ook hield Leycester, zoo lang hij Gouverneur-Generaal der Nederlanden was, Sonoy als zijn getrouwen vriend in waarde, tot diens afstand hem later van den eed ontbond. Voor dit echter gebeurde, had hij nog te worstelen met vele wederwaardigheden. De Noord-Hollandsche steden begonnen zich boven hem te verheffen en zijn gezag te verachten. Zijn bevel over het krijgsvolk werd hem moeilijk gemaakt en zijne bestellingen tegengestaan, hoewel Leycester hem nog altijd de hand boven het hoofd hield. Dit was juist de reden waarom Sonoy in onverdiende verdenking geraakte. Alles vergat hem, zijne diensten werden miskend: was het dan wonder dat hij zich hechtte aan den man dien hij gehoorzamen moest en die zijne waarde toonde te kennen? Nieuwe moeite werd hem aangedaan door het gevangen nemen van Juriaan Root, Kapitein in een zijner vendelen, op last van Leycester, omdat hij eed aan de Staten en Graaf Maurits gedaan had. De Staten wilden dat Root naar den Haag zou worden opgezonden, Sonoy meende (en met regt) dat hij den krijgsraad over hem moest laten vonnissen. Dit en het weigeren om zijn Overste Luitenant, Christal, naar Zeeland te zenden (schoon hij meer dan de gevraagde troepen zond) deed dien onwil tusschen hem en de Staten te heviger toenemen. Het wordt moeijelijk al de oorzaken der tweedragt na te gaan, schoon het duidelijk blijkt dat Sonoy velen in den weg was, en buiten twijfel om zijn standvastig aankleven aan Leycester. En naar de toenmalige omstandigheden moesten Leycester en der Staten bevelen dikwijls tegen elkander in loopen. Van daar de verlegenheid van Sonoy, door zijn eed aan den eersten verbonden, en die het niet scheen te kunnen begrijpen, dat de Staten en Stadsregeringen, weleer aan hem onderworpen, hem nu boven het hoofd waren gewassen. De Staten beklaagden zich zeer over hem aan de Koningin van Engeland, met name over het drukken van Medemblik met te veel krijgsvolk, en het aansporen zijner soldaten tot muiterij. Dit bestond evenwel in niets anders dan aanmaning tot getrouwheid aan den eed Leycester gedaan. Dat hij zijn volk goed deed betalen, werd hem mede tot misdaad aangerekend, en het is wel mogelijk, dat dit niet altijd zonder maatregelen van geweld kon geschieden. — En toch muitten de krijgsknechten, omdat ze geene betaling genoten! De Staten vergaten echter hunne eigene handelwijze bloot te leggen; waardoor Sonoy zoo zeer getergd was. — Ook de Graaf van Hohenlo had hem beschuldigd van verschillende misdrijven, ongehoorzaamheid, ontrouw en ondankbaarheid, en tegen deze aantijging verantwoordde hij zich met ernst en kracht en deed het in druk uitgaan in 1588. Doch hij deed meer. Op nieuw naar den Haag ontboden, rekende hij het niet veilig daar heen te gaan, en, vijandelijke bedoelingen vreezende, versterkte hij zijn krijgsvolk. Toen er vijf tonnen buskruid te Amsterdam gekocht, te Medemblik gelost werden, ging de kreet op, dat hij iets krijgszuchtigs voor had. De Raad van Medemblik klaagde aan Oldenbarneveld bij een brief, die in Sonoys handen viel; zijne soldaten sloegen aan het muiten en hielden hem op het slot bezet; de Regenten van Medemblik roeiden onder de muiterij; hij zocht hen te bedaren, doch zijn aanbod werd afgeslagen, men had hen van hem afkeerig gemaakt. Leycester scheen hem aan zijn lot over te laten, en in zijn neteligen toestand, begeerde hij dat men hem met de zijnen vertrekken liet; het mogt niet baten. Doch de soldaten onderwierpen zich weder aan hunnen Overste, tot wien bezending op bezending gezonden werd, zonder eenige vrucht. Nu werd Medemblik door Maurits belegerd, en het schijnt zelfs dat Leycester zijn gezag wilde handhaven en Sonoy beschermen door eene vrij sterke vloot van oorlogsschepen welke in de wateren van Zeeland waren aangekomen. Men neme in aanmerking dat Leycester zich nog altijd als Gouverneur-Generaal der Nederlanden moest beschouwen, en zoo erkende hem Sonoy, die van die vloot niets wist dan alleen door een berigt van den Predikant van Grootebroek, Jan Michielsz., dien hij reeds lang voor dien tijd naar Engeland had gezonden. Alles was intusschen in de weer voor of tegen den belegerden Overste. Koningin Elizabeth hoorde zijne verantwoording uit den mond van Willem Mostaert, en de Predikant van Vlissingen Daniel de Dieu schreef hem troostredenen. Eindelijk kwam er eenig licht in de zaak. De Graaf van Leycester deed afstand van zijn gebied: dus waren zijne bevelhebbers en krijgslieden van hun eed ontslagen, en het misverstand, dat tot bloedstorting had kunnen aanleiding geven, werd, vooral door het geduld, de wijsheid en gematigdheid van Prins Maurits bijgelegd, die eerlang zelf te Medemblik met blijdschap werd ontvangen, en de soldaten, die wegens wanbetaling gemuit hadden, te vrede stelde. Niet onmogelijk is het, dat ook toen nog de bijzondere uitdrukkingen van gunstige toegenegenheid door de Koningin van Engeland en Leycester, nu en dan Sonoy in brieven toegezonden, strekken moesten om door hem het vuur der tweedragt levendig te houden; doch deze, hoewel naijverig op zijne magt, wenschte geen tweedragt noch burgerkrijg. Hij klaagde echter dat men de voorwaarden niet hield, op welke hij zich met Prins Maurits vereenigd had, en men scheen er genoegen in te vinden den grijzen Overste op allerlei wijze, laaggeestig genoeg, te kwellen, tot Maurits zich met kracht zijne belangen aantrok, en hem met al de zijnen onder zijne bescherming nam. Dat evenwel na al het gebeurde zijne dienst den Staten niet meer welgevallig kon zijn, gevoelt ieder; die van Holland verklaarden ook, bij monde van Johan van Oldenbarneveld, dat zij zijne dienst niet meer begeerden. Zijn ontslag of paspoort werd

hem te huis gezonden. Dit paspoort, zeker vrij loffelijk, deed het evenwel, bedrieglijk, voorkomen, dat
Sonoy zijn ontslag verzocht had. Lang moest hij nog
wachten; Maurits en Elizabeth moesten alles voor hem
in het werk stellen, eer hij, vijf jaren na zijn ontslag,
een pensioen ontving van duizend ponden Vlaamsch
jaarlijks (eigenlijk niet meer dan duizend gulden, ieder
pond Vlaamsch bedroeg veertig grooten), dat op zijne
eenige dochter Emerentiana, na zijn dood, zou overgaan. Hij was naar Engeland getrokken met zijne
gansche huishouding en hield er zich bezig met land
in te dijken, door de Koningin hem geschonken, terwijl
het nog onder water lag, dat hem slecht gelukte.
Toen stak hij weder over naar Oost-Friesland in 1593,
en woonde te Norden, tot dat de stad Groningen aan
Maurits overging, in 1594, wanneer hij zijn verblijf
nam op het slot ten Dijke of Dijksterhuis, in de Ommelanden, nabij het dorp Petersburen. Hier overviel
hem eene beroerte, en het gemis des verstands, doch
hij kwam eenige dagen daarna weder tot zich zelven,
maar overleed 2 Junij 1597 in den ouderdom van acht-
en-zestig jaren, nadat hem zijne tweede huisvrouw
Johanna Mepsche, het vorige jaar, naar het graf was
voorgegaan. Zijne eerste gade Maria van Malsen, gestorven 1584, had hem eene dochter nagelaten, die
gehuwd was aan een Groningsch Edelman Luurt Manninga, en hem acht-en-twintig jaren overleefde. Graaf
Willem Lodewijk van Nassau bleef der vriendschap
zijns vaders, en zijner eigene verpligtingen aan Sonoy
gedachtig en vergezelde zijn lijk naar zijne rustplaatse
in de kerk te Petersburen, waar zijn eenvoudig grafschrift nog te lezen is.

Sonoy wordt ons beschreven als godsdienstig en matig en, schoon zelf niet geleerd, een vriend der geleerden en een groot bevorderaar der krijgstucht. Willem I. was zijn bijzondere vriend, en diens broeder Johan van Nassau en vooral diens zoon, Frieslands Stadhouder, hielden hem in hooge waarde. Zijn handel en wandel was onberispelijk, en nu ik zijne levensgeschiedenis ten einde heb gebragt, komt mij de handelwijze van Sonoy in 1575 nog te onbegrijpelijker voor en zou mij nog meer onbegrijpelijk zijn, zoo de ondervinding niet leerde dat niemand ten allen tijde wijs is, en ook de besten kunnen vallen. Geen spoor van wreedheid vind ik anders in zijn geheele leven, wel van zachtheid en gematigdheid, zelfs jegens vijanden, om welke deugden hij boven andere krijgshoofden beroemd was. De latere moeijelijkheden hem overkomen, moeten geweten worden aan zijne trouw in het houden van zijn eed Leycester gedaan, en aan de kennis die hij had van de niet zeer vriendelijke gezindheid van den Advocaat Johan van Oldenbarneveld, jegens zijn persoon en dien van Leycester. Bor zegt uitdrukkelijk dat de Advocaat het beleid der zaken tegen Sonoy het meest gehad heeft (219). Welken rol liet men dan Maurits spelen tegen de vrienden zijns vaders, en de bevrijders des Vaderlands? — Om zoo gelaten het slagtoffer te worden van den haat tegen Leycester, wilde er niet gemakkelijk in bij den grijzen held, en moge hij zijne standvastigheid soms te ver hebben gedreven, hij toonde ten minste, zoo als hij het steeds getoond heeft, dat hij keurig op eer en onéer was (220). Hij was meer krijgs- dan staatsman, een man van onversaagden moed en verstandig beleid; maar in de behandeling van zaken der burgerlijke regering was hij minder ervaren. In dit opzigt ging hij met zijn tijd niet vooruit, en voor bukken of plooijen was hij volstrekt niet geschikt; maar toonde in alles die man te zijn, wiens spreuk het zijn mogt, en wiens kenmerk het was:

Oranje in 't hart en niemands slaaf (221).

Ik mag dit verhaal van Sonoys daden niet eindigen voor ik het getuigenis van den Hoogl. Bosscha er heb bijgevoegd. »Wat zullen wij van dezen geduchten »krijgsman zeggen? — Zijne woestheid verbloemen, »zijne wreedheden verontschuldigen?" — (Z. Hooggel. bedoelt waarschijnlijk de regtspleging van 1575). »Geenzins; maar aan zijn ondernemenden aard, aan »zijne rustelooze voortvarendheid, aan zijne kracht- »volle maatregelen, aan zijne uitstekende heldhaftig- »heid dit regt laten wedervaren, dat wij hem een »der krachtigste werktuigen noemen waarvan zich de »Goddelijke Voorzienigheid, tot vestiging van onzen »Staat, bediend heeft."

JAN CLAESZ. SPIEGHEL.

Jan Claesz. Spieghel was een der Scheepskapiteinen, die, te Rochelle uitgerust, op last van Graaf Lodewijk van Nassau, ter zee vrijbuitten, en bevond zich op den eersten April 1572 met zijn schip voor den Briel. Of hij in het herwonnen Vaderland ruste zocht, en de krijgsdienst verliet, dan of hij nog meerdere daden in de verdediging des Lands verrigtte, melden de geschiedschrijvers niet. Ik vind hem ook niet op de lijst der Kapiteinen te Vere, ten zij hij de Kapitein was op Ruychavers boot, dat eene loutere gissing is, omdat hij zich meest bij Ruychaver schijnt te hebben gehouden (Sent. bl. 245).

SPIERING.

Spiering, wiens moedig gevecht met zijn schip tegen een van Billys oorlogschepen, en wiens dood in het eerste stuk (bl. 45) beschreven is, is mij anders geheel onbekend. Het geslacht van Spiering of Spierinck stamde van dat van Heusden af, doch of de Watergeus tot dat adelijk geslacht behoorde is niet zeker, evenmin of dat van *Spierinck van Welle*, in Zeeland, een tak was van den zelfden stam. Een *Gerrit Spierinck van Welle* wordt vermoed onderteekenaar van der Edelen Verbond te zijn geweest, en de Hoogl. Te Water houdt hem voor den zelfden met *Van Welle*, door Alva gebannen en uit het land gevlugt. In 1566, was er een Spiering kastelein op het slot te Heusden, wien de Landvoogdesse gelastte, de verbonden Edelen, die te Heusden wilden vergaderen, van daar te weren. Hier in hebben wij dus bewijs dat er mannen van dien naam in die tijden bestonden. Of een dezer twee genoemden de *Spieringius* van Carolus is (want van hem is ons verhaal ontleend) kan ik niet beslissen (222).

GILLIS STELTMAN.

—

Gillis Steltman wordt door O. Z. v. Haren een Brusselaar genoemd, en was onder de veroveraars van den Briel. Hij vertoefde daar niet lang, maar zeilde naar het Vlie, van waar hij, voor Enkhuizen, een Vlieboot van den Admiraal Boshuizen help nemen. Na het omslaan der stad, kwam hij aldaar binnen en werd Kapitein van een vendel soldaten, onder Sonoy. Hij staat bij Bor met een zwarte kool geteekend onder die vrijbuiters, die, aan hun handwerk te zeer gewoon, zoo geestelijken als wereldlijken en op den huisman roofden en plonderden, niet anders dan of ze openbare vijanden geweest waren, en of zij geen ander voornemen hadden gehad dan land en luiden te verderven (VI. bl. 291). Eene treurige lofrede op een man, van wien wij niet weten of hij later zijne euvelen door betere daden geboet heeft.

JO. VIGERUS A SYTZMA.

Jo. Vigerus a Sytzma vind ik alleen als Watergeus genoemd bij J. A. Thuanus, en dien naam juist zoo gespeld als die hier geplaatst is. Wat dit *Jo.* beduidt, is mij onbekend, misschien is het eene verkorting bij den Franschen, maar Latijn schrijvenden geschiedschrijver, van het Hollandsche *Jonker* dat hij niet verstond. Een andere voornaam zal het niet zijn. Want ik vind onder de namen van eenige Leeuwarders, in 1568 door Alva gebannen, eenen *Wiger van Zytsma*, en dat deze, met eene menigte zijner landgenooten, zich op der Geuzen vloot heeft begeven, gelooven wij gaarne. Hij behoorde buiten twijfel tot het geslachte der Sytzamas, maar van zijne daden is niets gemeld (223).

JAN SYVERTSZ.

Jan Syvertsz is dezelfde met *Johan Zyvertse in den Ham* (de Ham was het uithangbord van zijn huis) een Amsterdammer, door Alva gebannen, 1 Sept. 1568 (Sent. bl. 123) wegens de beroeringen. Volkert en Frederik Zyvertse in den Ham, in dezelfde sententie genoemd, waren waarschijnlijk zijne broeders. Hij schijnt, als J. S. de Ryk en Dirk Duivel, naar Dantzig te zijn geweken; ten minste wij vinden hem met Duivel aan de zijde van den eerstgenoemde, toen hij een schip ten vrijbuit had uitgerust. Één lot en één vonnis bragt en hield hen bijeen. Zij waren gelijk voor den Briel en daar binnen, maar hooger roem van meerdere daden bekroont den naam van Syvertsz niet (224).

HENDRIK THOMASZ.

Hendrik Thomasz bij O. Z. v. Haren de held van die heerlijke Episode in den derden zang zijner Geuzen, is ons uit de geschiedenis minder bekend dan wij, juist om die schoone coupletten, waarin zijne liefde bezongen wordt, wel zouden wenschen. Van Haren zegt dat hij een Noord-Hollander is. Vonden wij dit alleen in zijne poezij, wij zouden het ook tot de verdigting rekenen, maar in het historisch verhaal getuigt hij hetzelfde. Wij betwijfelen het. Doch reeds zeer vroeg was hij onder de Watergeuzen en bij Sonoy. In naam van den Prins van Oranje had Graaf Lodewijk aan deze beiden reeds bestelling ter zee gegeven, bij eene bijzondere commissie van 1 Julij 1568. Hij diende dus op de vloot, en schijnt zelfs een opperbevel onder Sonoy te hebben gehad. Zoo hielp hij Boshuizens vloot verjagen en onderscheidde zich als een dapper Vaderlander. Maar voor het overige wordt ons niets meer van hem gemeld, dan

zijne tegenwoordigheid bij de inneming van den Briel,
ten zij *Thomassen* een der bevelhebbers op de vloot
van den Admiraal Pieter van der Does, dezelfde met
onzen Hendrik Thomasz is (225).

PHILIPPE TONGERLOO.

Philippe Tongerloo, hoogstwaarschijnlijk een Vlaming, kwam (volgens Hooft VI. bl. 237) uit Rochelle de Zeeuwen ter hulp met Tseraerts, Menninck en eenige Fransche Kapiteinen, nadat Vlissingen zich voor Oranje had verklaard. Hij was dus voor dien tijd reeds werkzaam geweest op de vloot, tot heil des Vaderlands. Sedert lag hij in bezetting te Vere, waar zijn naam enkele malen voorkomt op de reeds meer aangehaalde Rekening van die stad. Zijn verder wedervaren werd mij niet bekend.

JAN VAN TROYEN.

Jan van Troyen was een bevelhebber onder de Watergeuzen, die het in 1570 den Amsterdammers op de Zuiderzee zeer moeilijk maakte. De eenige van hem bekende daad vermeldden wij reeds in het eerste stuk, bl. 50.

JEROME TSERAERTS.

Jerome Tseraerts, hoewel hij zich meest te Rochelle ophield bij Graaf Lodewijk van Nassau, wordt echter onder de bevelhebbers van der Geuzen vloot genoemd, en had het toevoorzigt over hare uitrustingen (226). Uit een oud en aanzienlijk geslachte te Brussel gesproten, was hij eerst Stalmeester van den Prins van Oranje, lid van der Edelen Verbond, en vertrouwde van dien Vorst gedurende den druk onder Alva. Als zoodanig werd hij in 1569 naar Engeland gezonden, ter bevrediging van Koningin Elisabeth, wier schepen en onderdanen, zoowel als van andere bevriende Staten, door de buitensporigheden der Watergeuzen te dikwijls beschadigd werden. Gewoonlijk was hij te Rochelle, waar hij zijne zorgen aanwendde tot heil van vloot en Vaderland. Naauwelijks had Vlissingen zich van Spanjes juk ontslagen of hij kwam van Rochelle met eenige Nederlanders en Fransche hulptroepen in die stad aan, en kreeg het oppergebied over Walcheren als Stadhouder van Oranje. Volgens anderen kwam hij uit den Briel met zeven schepen. Misschien was hij eerst naar den Briel gekomen en vond hij daar last van Oranje, om naar Vlissingen te zeilen, waar hij 27 April aanlandde (227). Vere, waar hij 2 Mei 1572 inkwam, moest zich aan Oranje overgeven, schoon hij zelf eerst buiten de stad moest blijven: — de kloekheid van Van Kuik en De Ryk bragt deze stad spoedig onder zijn gebied. Van nu aan was zijn leven een reeks van dolle en bijna altijd mislukte aanslagen. Hij had een groot deel in de togten naar Vlaanderen, maar kon noch Brugge vermeesteren, noch den Hertog van Medina Celi opligten. Toen meende hij, in den terugkeer over Zuidbeveland, de stad Goes te bemagtigen, doch ook deze poging miste hem, en de vertoornde Vlissingers wilden hem ter naauwernood binnen de poorten laten. Als hij in Julij, op eene meer geregelde wijze, naar Goes toog en zelfs geschut met zich nam, en op nieuws werd afgewezen, ontzeiden hem de Vlissingers den toegang geheel en al, en hij was genoodzaakt met zijn leger, meest uit Walen en Engelschen bestaande, zich te legeren in het dorp Zoutelande (228), waar de boeren van zijn volk grooten overlast leden. Het duurde kort of hij werd daar door twee-duizend Spanjaarden aangegrepen, onder bevel van de Beauvais, bevelhebber van Middelburg. Toen bleek het dat men Teernerts ten onregte van lafhartigheid had beschuldigd. Zijn leger stond den aanval der Spanjaarden uit, met onbezweken moed. Het dorp werd veroverd, doch hernomen, en Beauvais en de zijnen met een groot verlies geslagen. Vele Spanjaarden verbrandden in eene schuur, anderen werden in de vlugt geveld, en de gevangenen aan de stroppen, die zij voor Teernerts volk hadden medegebragt, opgeknoopt. Hij zelf had honderd-en-vijftig man in dat gevecht verloren, anderen spreken van honderd meer; — van de Spanjaarden moeten er niet velen ontkomen zijn. Deze overwinning opende hem, evenwel niet voor na veertien dagen, de poort van Vlissingen, en herstelde hem weder eenigzins in zijne eer. Eene derde togt werd beproefd, en aan het hoofd van drie-duizend man, acht metalen en vier ijzeren stukken trok Tseraerts tot het beleg van Goes. Oogenblikkelijk waagde hij een storm, met veel moed en weinig beleid; hij werd afgeslagen, ter naauwernood den dood ontkomen. Nu kwamen, onder Entens, nog twee duizend man uit Holland te hulp, maar zij dienden slechts om Mondragons zegepraal te grooter te maken. Deze trok met twee-duizend Spanjaarden uit Bergen op Zoom des nachts, over het verdronken land, op ter Goes, vereenigde zich met de bezettelingen, en sloeg Tseraerts en Entens op de vlugt, met verlies van veertienhonderd dooden, verslagen en verdronken. Men kon echter het geschut nog bergen, en dit was al de eer van dien togt. Niet versaagd door die nederlaag, waagden Tseraerts en Entens een proef op Arnemuiden met hetzelfde gevolg. Entens sloop naar Holland, maar Tseraerts moest in Zeeland en op Walcheren blijven, en gevoelde er al de bitterheid der beschuldiging van wanbeleid, en van den laster en haat. Lafheid, verraad, alles werd hem aangewreven. Aan beiden was hij onschuldig, maar hij had alles tegen zich: de verachting om het geleden verlies en daarbij de haat zijner soldaten, welker woede en bandeloosheid hij met strengheid tegenstond. De heldhaftige Zeeuwen, altijd en overal zegepralende, konden niet begrijpen dat Tseraerts geslagen kon worden, maar ze dachten niet dat hij en Entens onmogelijk bestand waren tegen mannen als Isidoro Pacieco; Overste in Goes, en oude krijgslieden als Mondragon en Sancio d'Avila. Zijne soldaten (zoo als dat toen gewoonte was) riepen dat hij hen op de slagtbank had gebragt, en dit vond ingang. Daarbij was hij een geslagen vijand van het beeldenstormen, en had te Vere twee soldaten aan die misdaad schuldig, op heeter daad, doorstoken (229). Nog een ongeluk voegde zich daartoe; zijne stamgenooten waren allen aan de Spaansche zijde, zelfs liep het gerucht dat zijn broeder, onder voorgeven van zich bij Graaf Lodewijk te zullen voegen, zijne en anderer geheimen had uitgehoord en naar Alva was vertrokken. Hij schijnt zelf te sterk op de trouw van dien broeder te hebben gebouwd. Men beschuldigde hem van verstandhouding met den vijand en van verraderlijke plannen. In Zeeland kon hij het niet meer harden, alles was tegen hem. Zelfs de Admiraal Worst en de andere zeelieden zwoeren met hunne schepen weg te zeilen, zoo er geen ander bestuur kwam. Lumey mengde zich in de zaak en waarschuwde tegen Tseraerts: hij gaf zijn Gouvernement over in handen van den Heer van Baarland en begaf zich naar Holland tot Oranje. Wel had hij herstelling van eer verzocht, maar niemand waagde het hem in zijn aangezigt te beschuldigen; verborgen laster knaagde aan zijn goeden naam; hij gaf eene krachtige uitdaging in het licht, maar niemand kwam tegen hem op. Oranje, de steun der verdrukten, regtvaardigde hem en gebruikte hem tot dienst van het benaauwde Haarlem. Bij de vruchtelooze poging tot ontzet, Junij 1573, werd hij gewond, doch ontkwam den dood te Leyden, dien hij, niet lang daarna te Geertruidenberg vond, (van welke stad hem het bevel was opgedragen) zijnde door zijn oproerig krijgsvolk, dat hij in het beelden breken wilde stuiten, omgebragt. — Welmeenend en vol van ijver, was hij een vurig vriend van Vaderland en

Hervorming, getrouw zonder vlek, maar te doldriftig, te voortvarend, en zonder nadenken, alleen de ingevingen van zijn moed, of van zijn gevoel van billijkheid gehoor gevende: — een dapper krijgsman, maar niet om te stellen tegen over de beroemdsten, als d'Avila of Mondragon, mannen van evenveel dapperheid als ervaring. Hij schijnt in bloeijende jeugd aan het Vaderland te zijn ontvallen, en de laster heeft gezwegen bij zijn vroegtijdig graf (240).

POPPO, of POMPEJUS UFKENS.

Poppo, of *Pompejus Ufkens*, of in de Sententien van Alva, *Popko Ufkens ten Dam*, was een Edelman in de Groninger Ommelanden en een getrouw bevorderaar van de belangen van Hervorming en Vaderland. Al is de beschuldiging onwaar, dat hij in de kerk te Saxum de beelden had gebroken, deze verdenking bewijst zijne toegenegenheid tot de zaak der Hervormden, die buiten dat in al zijne daden doorblonk. Hij was zijn vonnis (van 10 Jan. 1570) reeds vroeger ontweken, en diende Graaf Lodewijk bij zijn inval in de Ommelanden. Na diens nederlaag hield hij zich meestal te Emden op, en hielp hij met al zijn vermogen, de pogingen der Watergeuzen bevorderen, schoon wij niet vinden dat hij op hunne rooftogten hen verzelde. Hij wenschte eene overwinning van duurzamer belang. In 1569 had hij reeds aanstalten gemaakt om eene scheepstogt naar Vlissingen of Enkhuizen te doen, en had zich ten dien einde, op eigene kosten, drie-honderd vuurroers aangeschaft voor de vloot en hare manschap. Maar de togt ondervond vele vertraging, en werd, toen hij zelf met alles aan boord en ter uitvoering gereed was, door den Drost van Emden belet. Ufkens kreeg wel zijne hem onthomene wapenen, na veel moeite, terug, maar het geworven volk werd opgehouden, en de tijd om iets belangrijks uit te voeren was verloopen. Op het tijdstip dat de Geuzen het Vaderland herwonnen, had Ufkens met de gebroeders Ripperda (Pieter, Azinga en Wigbolt) driehonderd mannen gereed en gewapend, die waarschijnlijk met Sonoy, en de vendelen van Lazarus Muller naar Noord-Holland togen, naar ik vermoede, onder het bevel van Wigbolt of Wybout Ripperda, den beroemden bevelhebber van Haarlem. Ufkens zelf was geen krijgsman (231). Van daar dat wij hem eerst in 1576 wedervinden, schoon hij in de verloopene vier jaren met Oranje in briefwisseling bleef en het heil des Vaderlands behartigde. In April 1575 werd hij met Hajo Manninga gebruikt tot onderhandelingen met Graaf Jan van Oost-Friesland, en daartoe had Wynand van Breil, afgevaardigde van wege Graaf Jan van Nassau, zich terstond bij zijne aankomst in Oost-Friesland tot beiden vervoegd. Doch in zijn erfdeel bleef Robles meester, en de eerste poging om Friesland en de Ommelanden te winnen werd door hem aan de hand gegeven en begunstigd. Hij beval Entens aan tot den inval te Oostmahorn. Na de Gendsche vereeniging stond hem de toegang in zijn Vaderland open, en hij trok er binnen als Raad van den door Oranje benoemden Stadhouder van Friesland, Groningen, Overijssel en Drenthe, George van Lalain, Graaf van Rennenberg. Hij verzelde den Graaf, als zijn Luitenant, en werd, bij den plegtigen intogt te Groningen, bij ongeluk door zijn wang geschoten. Bij dezen stond hij in hooge gunst, en het had den Graaf tot meer eer en heil gestrekt indien hij den raad van den regtschapenen en verstandigen Ufkens altijd gevolgd had. De zaken zijner landgenooten waar te nemen met ijver en trouw, dan bij den Aartshertog Matthias te Antwerpen, dan te Utrecht, bij het sluiten der Unie, dan weder bij Rennenberg, was zijne roeping en lust. Gemagtigd tot het slechten der schans te Delfzijl, werd hem aldaar het geschut overgegeven, en werd hij later geroepen om de twisten te beslechten tusschen de stad Groningen en de Ommelanden, een Herculische arbeid! — Dat hij in geldeloosheid raad moest schaffen was niet te verwonderen; maar of zijn raad aan Rennenberg gegeven om de geestelijke goederen tot betaling zijner soldaten aan te wenden meer eene toets was van de gezindheden des Graven, of dat dit waarlijk de bedoeling van Ufkens was, laat ik in het midden. Hij beweerde zeker dat de nood der tijden het vorderde, en waren die goederen te voren in luiheid en wellusten besteed, ze waren beter gebruikt tot de dienst des Vaderlands. Hoewel Rennenberg zelf niet bijzonder gehecht was aan het Catholicismus, zoo was het hem echter leed, dat de Hervorming zulk eenen voortgang had, ten minste hij zal het voorgewend, en daarin gronden tot verschooning van zijn afval gezocht hebben; vooral in de ongeregeldheden hier en daar door dolle ijveraars onder de Hervormden gepleegd. Van daar dat men zoo spoedig aan Ufkens berigt zond van het gebeurde te Nymegen, in Maart 1579, waar de Hervormden (of liever *fex populi* zoo als de briefschrijver zegt, het gemeene volk; de Predikant had er met ernst tegen gewaarschuwd) de St. Stephanuskerk hadden ingenomen en geplunderd. De reden waarom dit aan Ufkens geschreven werd, en wel op den dag zelven dat het geschied was, bestond daarin, dat hij terstond de zaak aan Rennenberg zou bekend maken en hem de verschooning van het gebeurde melden zou, opdat niet de loopende geruchten des Graven toorn mogten doen ontvlammen. Ufkens naauwe omgang met Rennenberg deed hem reeds vroeg de neiging tot Spanje in het harte des Graven zien, en de vrees voor de gevolgen van dien afval, deed hem alles aanwenden tot versterking van den ongelukkigen Graaf, wien de verleiding eener beminde zuster, en eene, helaas! onbeloonde liefde, met de zucht naar eer en hoogheid, te spoedig tot den misstap deden overslaan, waartegen zijn geweten en de stem zijner vrienden hem zoo ernstig hadden gewaarschuwd, en die hem een vroegen dood berokkende. Met ernst en met hartelijkheid hadden Ufkens en van den Korput den weifelenden Stadhouder tot betere gedachten pogen te brengen. Hij hoorde hen met geduld en het veranderen zijner gelaatskleur en de luide zuchten getuigden van den inwendigen strijd zijner ziel, tot hij in tranen uitbarstte; maar zich dan weder met ijdele bemantelingen behielp, klagende over de hardheid der Friezen en de ongehoorzaamheid van Entens, alsof dit zijn naderend verraad kon verontschuldigen (232). Eene zonderlinge stap van den Graaf was het toen, Ufkens naar Oranje en de Staten te Utrecht te zenden, ter verdediging van zijn persoon tegen de reeds bekend geworden beschuldigingen. Ufkens ging, maar hij sprak met kracht en verweet den Staten vooral die van Friesland en Groningen, hunne lafheid en nalatigheid dat men den Graaf in zijne plannen liet voortgaan, door alle kwaad vermoeden te verwijderen. De afval was zoover genaderd, dat Friesland en Groningen reeds bijna verloren waren. Met waakzaamheid echter was alles nog te voorkomen; maar overal zwierven Parma's zendelingen rond, eer en gunst belovende: het was tijd om toe te zien. — Oranje kon het nog niet gelooven, en zond daarom Ufkens naar Rennenberg, en liet hem tot eene zamenspraak noodigen in de stad Kampen. Hij ging, doch werd nog meer van de neiging des weifelaars overtuigd, en kon geen beslissend antwoord verkrijgen. Intusschen had Entens de bewijzen van Rennenbergs zamenspannen met Parma in handen gekregen, en het verblijf van Ufkens te Groningen werd voor hem gevaarlijk. Hij waarschuwde dus de Groningers, zooveel in hem was, en verwijderde zich, onder schijn van eene wandeling, uit Groningen. Nu gevoelde Rennenberg wel berouw dat hij hem had laten ontsnappen, doch het was te laat, en een moordenaar, Upco Douwes, hem vervolgende, kon hem niet meer magtig worden. Mogt hij echter dezen dood ontkomen, een latere ontkwam hij niet. Kort daarna had hij de zonderlinge begeerte om, in een koets gezeten, den slag bij Hardenberg te willen aanzien. Een bewijs van zijne onkunde in krijgszaken, want dit zoo te willen, en wel in Hohenlo's van dorst en vermoeijenis bezweken leger, deed waarlijk zijn oordeel geen eer aan. De uitslag was te voorzien. Schenks soldaten vielen na eene rust van drie uren op de aemechtige scharen van Hohenlo aan, versloegen ze, en doodden den vliedenden Ufkens in zijn omgeworpen koetswagen: een man, die een beter uiteinde hoogstwaardig was geweest, zegt Winsemius, en wien de lof nagaat, dat hij een uitmuntend oordeel bezat, het Vaderland zeer bemind, en onder veel zorgen en moeite medegewerkt had ter bevordering van het verbond (de Unie) en van de bevrijding, bevestiging en redding zijns Vaderlands (233). Inzonderheid was hij een zeer sterk voorstander der Unie van Utrecht, en hield daarin vol, schoon hij bij den Graaf van Rennenberg alleen stond en alles zich tegen zijnen ijver verzette. Van daar zijnen brief aan Graaf Johan van Nassau, opdat deze tot bevordering der Unie alles zou in het werk stellen. Deze schreef ten dien einde zelf aan Rennenberg, hem ten vriendelijkste biddende, in zijn geheele Stadhouderschap het er op toe te leggen, dat men met zijne naburen zich zou vereenigen (234).

ANTONIS VAN UTENHOVE.

Antonis van Utenhove staat met eere bekend in de geschiedboeken van het geredde Vaderland, en in de Martelaarsboeken der Hervormde kerk. Zijn vader, ook

Antonis geheeten, behoorde tot het adelijk geslacht der Utenhovens te Gend, dat in die tijden verschillende mannen telde, wier ijver aan Hervorming en Vaderland voortreffelijke diensten bewezen heeft (235). Antonis van Utenhove Antonisz., om Alva's woede, zijne vaderstad ontvlugt, was op de vloot der Watergeuzen bij den Briel, welke stad hij hielp innemen en verdedigen, doch vertrok van daar naar het leger van den Prins van Oranje, dat Braband introk, of voegde zich bij anderen, die, uit Vlissingen getogen, met Blommaert, Oudenaarden innamen. Na het terugtrekken des Prinsen werd deze plaats en andere door Alva hernomen. Bij deze gelegenheid werd hij gevangen en veroordeeld om levende te worden verbrand. Vreesselijk was zijn uiteinde. Hij werd met een langen keten aan een paal gesloten, en zoo liet men hem door een ring van vlammen loopen, tot het medelijden der Spanjaarden met een hellebaard zijn leven eindigde (236).

ELLERT VLIERHOP.

Ellert Vlierhop, die bij de veroveraars van den Briel geteld wordt, kon wel dezelfde zijn geweest met Ellert Hop, welken Sonoy uit zijne vloot met de noodige levensbehoeften in het leger van Graaf Lodewijk bij Jemgum zond, kort voor zijne nederlaag. Hij was daartoe de geschikte man, omdat hij zelf van Jemgum was. (De naam *Hop* of *Vlierhop* is niet meer dan een bijnaam). Onze Watergeus bleef het Vaderland getrouw ter zee dienen, en lag in 1588 met een karveel van omtrent dertig lasten, ophebbende dertig koppen, op het Zwarte Water, van waar hij met zijn schip bestemd werd naar de Vlaamsche kusten bij de vloot, die tegen de *Onoverwinlijke* van Spanje waken moest. Meer is van hem niet bekend; dit weinige hebben wij aan Bor te danken (237).

DIRK WOR.

Dirk Wor van Dordrecht was Kapitein der Watergeuzen, en zeilde, na de inneming van den Briel (waarbij hij hoogstwaarschijnlijk tegenwoordig was) met zijn schip en eenige andere onder zijn bevel de rivier op. Nog voor Dordrecht aan de zijde van Oranje overging, 14 Junij 1572, hield hij de stroomen rondom die stad in onrust. De Regenten van Dordrecht zonden zes schepen tegen hem en zijne Geuzen. Doch het bleek spoedig wie deze schepen ten vijand had. Want toen het volk van Wor het klooster Eemstein genomen en in brand gestoken had, en door de Spanjaarden van Rotterdam vervolgd werd, waren het juist de schepelingen tegen hem gezonden, die op de Spanjaarden schoten en hen tot de terugtogt dwongen. Kort daarna ging Dordrecht bij verdrag aan Entens over. Van Wor heeft de geschiedenis niet meer gesproken (238).

EGBERT EN JURRIEN WYBRANTS.

Egbert en *Jurrien Wybrants* worden bij elkander geplaatst in de Sententien van Alva als Kapiteinen of Assistenten op de Oorlogschepen die de Prins van Oranje te Rochelle door zijn broeder Graaf Lodewijk had doen uitrusten, ter beschadiging van Zijner Majesteits landen (bl. 245). Zij waren broeders en Friezen, doch hadden te Amsterdam gewoond. Van Haren vermoedt dat zij ook bij den Briel waren, doch uit hunne Sententie kan het niet worden opgemaakt. Hun lot en daden zijn voorts onbekend (239).

WYGER.

Wyger van Dokkum wordt genoemd als een zeeroover, die van het eiland Ameland gedwongen was te vlugten, en wiens Luitenant was Foppe Annes, zijn stadgenoot, bovengenoemd. Wie hij verder was, is tot nog toe geheel onzeker. Ik heb gedacht aan Wyger van Sytsma, reeds gemeld; aan Wyger Eelsma, den ouder broeder van Jelte; doch de eerste was van Leeuwarden naar het schijnt, de laatste woonde te Sexbierum op de State Eelsma (240). Misschien is hij dezelfde met *Jeldert Wygers*, een van Entens bandelooze vrijbuiters.

ADRIAAN VAN ZWIETEN.

Adriaan van Zwieten of *Zweten* was een Hollandsch Edelman uit de nabijheid van Leyden, een braaf krijgsman en vertrouwd vriend van Oranje. Hij werd in Augustus 1568 reeds door Alva gebannen met vele andere ingezetenen van Leyden, doch zijne misdaden staan in de Sententie niet uitgedrukt. Wij kennen ze echter, en het was buiten twijfel zijne gezindheid tot de Hervorming, zijn teekenen van het Verbond der Edelen, en de betrekking tot Oranje, die hem dit vonnis op den hals haalde. Hij was reeds gevlugt en behoorde later onder hen met welken Oranje tot bevordering der vrijheid van Godsdienst en Vaderland briefwisseling hield. Eerlang begaf hij zich op de vloot der Watergeuzen, en hielp in den Briel, voor het Vaderland de vrijheid herwinnen. Toen liet hij het vrijbuiten varen, wierf zich eenige manschap aan en diende als Kapitein onder den Graaf van der Marck. Den 18 of 19 Junij 1572 nam hij Oudewater in en maakte zich eerlang meester van Gouda, met eene voorspoedige stoutheid. Want Jr. Cornelis van der Myle, Spaanschgezind en een schoonzoon van Hopperus, had bevel op het Slot, en de Regenten waren vooral niet Oranje-gezind. Zelfs toen hij meester was, ging men niet spoedig over om Oranje rond uit trouwe te zweren. En hij was binnen gekomen met negen-enzestig man, zijne geheele infanterie; zijne cavallerie bestond in den eenen persoon van Jan Pietersz. Watergraaf van Ouwater, op een ongezadeld paard. Deze onwilligheid der Regenten, en de moeite naderhand van Lumey's krijgsvolk ondervonden, gaf misschien oorzaak tot verraad binnen die stad, dat op zulk eene aanmerkelijke wijze werd voorgekomen, door de komst van een vendel soldaten onder Albrecht van Egmond. Kort na het veroveren van Gouda kwam Woerden door verdrag in zijne handen, en hij bekleedde naderhand den post van Bevelhebber van Gouda en Oudewater en van Kastelein van Woerden. Hij was niet in de laatstgenoemde stad toen ze belegerd werd; maar onderhield door duiven briefwisseling met haar, en zag ze eerlang van het beleg ontheven. Of hij vroeger in de Zeeuwsche oorlogen diende, in 1572 of 1573, dan of hij aldaar eene bijzondere zending had, is onzeker, maar ik vind hem in dien tijd ook te Vere (241). Hij kon echter Oudewater van de jammeren der vernieling niet redden, waarvoor hij het ruim twee jaren vroeger, Maart 1573, tegen Bossu bewaard had: doch hij bragt eerlang de stad weder aan Oranje, en zijne gematigdheid deed zich in het eerlijk verdrag, der kleine bezetting toegestaan, duidelijk blijken. Van deze goede hoedanigheid (toen zeker schaarsch) was evenzeer een bewijs de vriendschap gehouden met Nicolaas a Nova Terra, weleer Bisschop van Haarlem, doch die genoodzaakt was geweest zijn Bisdom, onder zekere voorwaarden, aan Godfried van Mierlo af te staan. Toen deze laatste aan die voorwaarden (afstand van eenige inkomsten) niet voldeed, wendde zich de ex-Bisschop aan van Zwieten, opdat deze zijne eischen bij Oranje zou bevorderen. Hoe de zaak afliep, wordt niet gemeld (242).

Doch met hoevele zachtheid en vriendelijkheid Zwieten te werk ging, hij moest, zoowel als zijne ruwere krijgsmakkers, den overmoed en ondank der Stedelijke Magistraten ondervinden. De vroedschap van Gouda besloot in 1577 het kasteel af te werpen, terwijl de Gouverneur met zijn vendel te Vianen lag. Men viel in zijne woning op dat kasteel, voerde zijn huisraad weg, terwijl men hem schreef dat hij zelf komen en bestelling zou maken, en verontschuldigde zich met ijdele verschooningen, toen van Zwieten zich tegen deze maatregelen stelde (243). Hij was mede benoemd tot den aanslag op Amsterdam, die aan Helling werd opgedragen.

Zoowel als in krijgszaken ontmoeten wij van Zwieten ook in zaken van staat. Den 19 Oct. 1578 werd hij in een plegtig gezantschap, met Jr. Willem van Merode, Hr. van Boyenburg, Mr. Henryck de Meestere en Mr. Merten Moens, door den Aartshertog Matthias afgevaardigd naar Arnhem, aan den Raad, met volmagt om aan te dringen op gemeene opbrengst van gelden, tot welvaart des Vaderlands; de zwarigheden daarin weg te nemen, en in den grooten nood van het land met gemeen overleg te handelen. Voorts had van Zwieten zitting als Edelman in de Ridderschap van Holland. Hij wendde zijne pogingen aan om Utrecht tot Oranje over te brengen, en werd, in 1579, naar den Aartshertog Matthias en den Prins gezonden over de zaken aangaande de Unie van Utrecht. In den oorlog der Overijsselsche boeren tegen Hohenlo werd van Zwieten gelast dien strijd te beslissen, die evenwel door de krijgsmagt van Hohenlo onderdrukt werd. Hij was toen te Arnhem, waar hij, in Maart 1580, met den Heer van Loenen gekomen was, als afgevaardigde der Vereenigde Provincien, om het krijgsvolk te Westervoort liggende, aan een ander oord een veldleger te doen opslaan, en den Raad van Arnhem te overreden tot verstrekken van zijn credit, om de van alles, geweer en kleeding, beroofde soldaten van het noodige te voorzien. Nog in het zelfde jaar 1580 hielp hij de hooge overigheid aan Oranje opdragen, en vinden wij hem met Kapitein Visscher binnen het door Rennenberg belegerde Oldenzaal. Moedig was de verdediging dier plaats tegen het volk van den Graaf, dat na een vruchteloozen storm, waarbij zij drie-honderd man verloren, genoodzaakt was tot den aftogt. Maar de Spaanschgezinde burgerij riep de aftrekkenden terug, en de bezetting, die naauwelijks twee-honderd man kon tellen, was gedwongen tot een verdrag met den vijand en trok met eere uit. Dit was zijn laatste krijgsbedrijf. Vooral had hij deel in de beraadslaging om Oranje tot Souverein te kiezen, en werd zelfs ten dien einde aan dien Vorst gezonden. Gedurende de beroerten te Utrecht, vaardigde Oranje hem daarheen met nog twee zijner bijzondere vertrouwden, Nicolaas Bruyninck en Pieter de Ryke, met dat gevolg, dat de woelingen geslist werden. Of van Zwieten in dien tijd reeds ver in jaren gevorderd was is ons onbekend, doch het laat zich denken. Hij overleed in 1584 te Gouda, waar hij altijd nog als Gouverneur was gebleven, en liet bij zijne gade Josina van Naaltwyk, behalven verscheidene dochters, twee zonen na, van welken de oudste Cornelis, in 1589, voor Heusden den heldendood stierf, en de tweede, Adriaan, zijn geslacht heeft voortgeplant (244).

Mijne taak is voleindigd. Ik heb uit hetgene de overgeblevene gedenkstukken, dier lijdensvolle, maar ook roemrijke tijden ons hebben nagelaten, de waarheid opgespoord, en haar bloot gelegd zonder verschooning. Daar was nog meer na te sporen, en ik ben verre van te gelooven, dat wat ik leverde, der volmaaktheid nabijkomt. Mogen anderen mijn spoor volgen, of zich een ander banen en nieuwe waarheden aan het licht brengen! Indien wij de geschiedenis willen indringen, de oorzaken en beginselen der gebeurtenissen, waardoor volken geboren worden of vergaan, naauwkeurig willen beschouwen, dan is er geen veiliger middel dan de menschen te leeren kennen, door welker werkzaamheden en pogingen de Voorzienigheid hare plannen uitvoert. Zoo zal de geschiedenis ons regt dierbaar worden. Want zij zal ons groote waarheden leeren, de uitspraken der Goddelijke openbaring bevestigen, en met deze naauw verknocht, ons verkondigen, dat het verkeerd is den dag der kleine dingen gering te achten: — dat het, ook in den bangsten nood en bij de nietigste middelen, dwaasheid is te wanhopen, omdat het bij God hetzelfde is den magtige of den zwakke te helpen. Het behoeft geene herinnering, dat deze waarheden luide gepredikt worden in de gebeurtenissen die den grond legden van het bestaan onzer Vaderlandsche vrijheid, en waarvan ik een tafereel geschetst heb.

De Nederlander vooral, kan in deze gebeurtenissen aanschouwen, door welke beginselen de Staat gegrond en bevestigd is, door welke zij gebloeid heeft en opgegroeid is tot volle kracht: — beginselen die stand hielden en invloed uitoefenden op alle takken van het Staatsbestuur, en op het geheele volksbestaan (hoewel langzamerhand in kracht verliezende), tot dat die Staat gesloopt werd in 1795, om weg te kwijnen onder den zwaren druk eener heerschappij, die hoogere vrijheid beloofde, maar niets dan ellende gaf of geven kon, omdat de grondvesten, waarop het volksgeluk rustte, verwoest waren. De zucht en ijver voor de Hervormde Godsdienst langzamerhand van de vroegere smetten van onverstand en woestheid gezuiverd — de liefde tot het huis van Oranje, waaruit God Nederlands Verlossers geroepen had — die beiden smolten zich in die vroegere dagen des geheiligden opstands in de harten der dankbare Vaderen te zamen en werden een. Zoo was het reeds bij de Watergeuzen en bij de Vaderlandsche mannen die hen met blijdschap ontvingen; en wanneer uit onze nacht een blijder morgen dagen zal, het zal dan geschieden wanneer de vroegere nationale beginselen gehuldigd worden, en onder dezen, de liefde voor de Hervormde Godsdienst en het geslacht van Oranje!

AANTEEKENINGEN.

AANTEEKENINGEN

OP HET

EERSTE STUK.

Bl. 1. (1) Van alle onze geschiedschrijvers is Wagenaar de uitvoerigste over de Watergeuzen, en de *Bijvoegsels en Aanmerkingen*, benevens de *Nalezingen* door H. van Wijn en anderen op het VI Deel zijner Vaderl. Hist. leveren veel wetenswaardigs op. Vooral hebben wij geraadpleegd, behalve met de gewoone auteuren, met Bor (den eenvoudigste onpartijdigste en veelal den volledigste), van Meeteren, Hooft, van Reyd, Winsemius, Schotanus, Meursius, Fresinga, Strada, Franc. Harcus (van den Haar) Jo. Carolus en meer anderen; met Le Petit, *Grande Chronique de la Hollande* etc. T. II, een Franschman, der Nederlandsche zaak zeer toegedaan; en met de *Brieven* van Viglius van Zuichem van Aytta, een Friesch edelman, en President van den geheimen Raad, te Brussel. Deze brieven zijn geschreven aan Hopperus, een lid van den Raad voor de zaken der Nederlanden in Spanje, uitgegeven in de *Analecta Belgica* van Hoynck van Papendrecht. Meer bijzonder, doch op verre na niet volledig, schreef over de

Watergeuzen Johan Barueth, weleer Predikant te Dordrecht in zijn werk *Hollands en Zeelands Jubeljaar* enz. Dordrecht 1772; Barueth is veelal gevolgd door den schrijver van de *Grondlegging van Neêrlands onafhankelijkheid*, te Amsterdam bij J. H. Duisdeiker, 1814, die een paar Hoofdstukken aan de Historie der Watergeuzen gewijd heeft. Belangrijk zijn de gedachtenisvieringen van de bevrijding van Vlissingen in 1572, door Prof. J. W. te Water, 1772, toenmaals Predikant aldaar, een onzer naauwkeurigste en geleerdste navorschers der geschiedenis; — van Vere, door den geleerden en dichterlijken Josua van Iperen, Leeraar in die gemeente. Van den Briel door Ds. Cornelis Cleyn, onder den titel van *Dankoffer voor de eerstelingen van Neêrlands vrijheid, bij het vieren van het tweede eeuwgetijde der inneming van den Briel* enz.: een boeksken, verrijkt met vrij wat ten toon spreiding van uitlegkundige en historische kennis. Naast dezen, bijna zou ik zeggen, boven dezen staat de bedienaar des Evangeliums te Middelburg, Adrianus 's Gravezande, in zijne *Tweede Eeuwgedachtenis der Middelburgsche vrijheid* enz. een werk even uitvoerig als naauwkeurig, met een schat van wetenswaardige bijzonderheden omtrent de Zeeuwsche zaken, voor en gedurende het beleg van Middelburg. Tot de kennis van verscheidene personen onder de Watergeuzen zijn van belang de *Sententien van Alva*, uitgegeven door Jacob Marcus, Amsterdam 1735, sommige stede- of belegeringsbeschrijvingen en Chronijken, van Haarlem; Alkmaar door Mr. Nanning van Foreest; van Hoorn door Theod. Velius; van Dordrecht door Matthys Balen, en anderen. Ook moesten vreemde, vooral Fransche geschiedschrijvers gebruikt worden, en wij hadden veel nut van de *Historia sui temporis* door J. A. Thuanus; ook iets van de *Chronick* van Mezeray, en de *Histoire de France pendant les guerres de Religion*, par Charles Lacretelle. Wij mogten zelfs den Engelschman Hume en den Schot Robertson, in hunne geschiedenisssen van Engeland en Schotland niet onaangeroerd laten. Schillers *Geschichte des Abfalls der Vereinigten Niederlande* kon ons niets opleveren. Hij verstond het Nederduitsch niet en wilde toch Nederlands geschiedenis schrijven, die hij, ook buiten dat, niet begreep. Meer schonken ons, wat de kennis der tijden en personen betreft, de *Archives, ou correspondance inédite de la Maison d'Orange Nassau; Recueil, publié par Mr. G. Groen van Prinsterer;* eene verzameling welker uitbreiding, hare belangrijkheid zal doen toenemen. Onmisbaar, even als het werk van den Heer Groen van Prinsterer, was ons de *Geschiedenis van het Verbond der Edelen* door wijlen Prof. J. W. te Water, zoowel om zijne berigten zelve, als om de bronnen die hij aanwijst. Voorts en ten laatste (want wij moeten eindigen) zijn wij iets verschuldigd aan Ernestus Eremundus (Joannes Gysius, Predikant te Stroefkerk) in zijne *Origo et historia Belgicorum tumultuum:* — aan de *Onuitgegevene stukken* van den Hoogl. Bondam, veel aan de *Stukken voor de Vaderl. Gesch.* van Mr. G. van Hasselt en aan verschillende andere Schrijvers, die ons het een en ander aan de hand gaven, behalve aan enkele Manuscripten, waarover later iets nader.

Bl. 4. (2) Lamb. Hortensius, *Secess. civil. Ultraj.* L. I. f. 18. Aangaande de ondeugden der geestelijken hier te lande, zijn menigvuldige getuigenissen bij Marcus Zuerius Boxhorn, zoowel als aangaande den haat des volks tegen hen. Zie zijne *Nederl. Historien*, bl. 279. volgg. 283 enz. Zonderlinge gedenkteekenen omtrent het zedebederf der kerkendienaren zijn te vinden in een werkje getiteld: *de Nederlandsche Sulpitius* van Jacobus Baselius. Aldaar vindt men bl. 195 volgg. eene voorspelling van *Willem Friesen*, en een klaaglied van *Bernhardus van Westerrode* uit het klooster Orbeja in Westphalen bl. 199 volgg. Van de voorspelling van *Friesen* hebben de Watergeuzen veel waar gemaakt. Hij was een Maastrichtenaar en leefde omstreeks 1860. Over de geestelijkheid in Friesland en de Groninger Ommelanden is Foeke Sjoerds waardig te worden nagelezen in zijne *Friesche Jaarboeken*, D. III. bl. 98. V. bl. 106 volgg. 120, 123. Erasmus getuigt reeds in een brief aan Bilibald Pirckheymer, dat het grootste deel des volks in Holland, Zeeland en Vlaanderen, de leer van Luther kende, en door een meer dan doodelijken haat tegen de Monniken bezield was (*Odio plus quam capitali fertur in monachos:*) Gerdes *H. E. R.* T. III. p. 44. Dezelfde Gerdes deelt ons eene menigte getuigenissen mede van Hervormde zoo wel als Roomsche schrijvers over het diepe verval der Geestelijkheid, T. I. p. 25 en volgg. Oneerbiedigheid jegens geestelijken en verachting van het heilige was niet zonder voorbeeld, moord zelfs der Priesters. Schotanus, bl. 355, 431, 477, 513, 552. Men moet deze getuigenissen lezen, en dan de vervolgingen, door de Hervormden geleden, beschouwen en zien welk eene rol de Geestelijkheid daarbij speelde, om den verschrikkelijken haat te verklaren, welke de Nederlanders tegen hen aanvuurde. En dan was het nog alleen Lumey en enkelen zijner medestanders, die hunne handen met het bloed der zoo gehate Priesters en Monniken bezoedelden. Ja Lumey was zelfs voor medelijden nog niet ontoeganklijk.

Bl. 5. (3) De Duitsche Vorsten, hoe zeer anders Oranje genegen, wilden geen openbaren opstand, geen oorlog tegen den wettigen Vorst. Had de ondervinding van den Smalkaldischen oorlog hen wijzer gemaakt? — Zeker is het dat de Hervormden, die de Zwitsersche Leeraren volgden, spoediger de hand aan het zwaard hadden dan de Lutherschen; zoo als in Zwitserland, Frankrijk, de Nederlanden en Schotland gebleken is. Maakte dit krijgvoeren de Gereformeerden, in de oogen der Lutherschen, meer gelijk aan de benden van Munzer, en daarom hatelijk? Over het onderscheid van denkbeelden omtrent den oorlog tegen de vijanden der Hervorming, bij Luther en Zwinglius, vergelijke men Hagenbach, *Wezen en Gesch. der Herv.* D. II. bl. 281. Doch men vergete niet op te merken dat de navolgers van Calvyn in de genoemde landen, aan veel zwaarder en langduriger vervolgingen bloot stonden dan de Lutherschen in Duitschland. Wij hebben ons slechts op de Nederlandsche martelaren, de Engelsche, Schotsche en Fransche bloedgetuigen en den Bartholomeusnacht te beroepen. En welk een verschil tusschen de Vorsten van Westelijk Europa en die van Duitschland, waarvan velen de Hervorming aannamen en invoerden. Philips II. daarentegen, hoe hard en onverzettelijk! de Fransche Vorsten met Catharina de Medicis, Hendrik VIII en Maria in Engeland, waarlijk van de zulken viel niets goeds te hoopen: zij waren gezworene vijanden van alle waarachtige Godsdienst, hetzij uit beginsel, hetzij uit staatkunde, hetzij uit beiden. Toch werd het zwaard niet aangegrepen dan, hier ten minste, omdat de nood dwong en er geene andere veiligheid meer was.

Aldaar. (4) Dezen invloed van Frankrijk op ons Vaderland, deze vereeniging der Fransche en Nederlandsche zaken heeft reeds J. A. Thuanus opgemerkt als hij T. III. L. 53. p. 51. zegt dat de zaken van zijn land met die der Nederlanden naauw verbonden waren (— *Belgicas res nostris conjunctissimas* —).

Ald. (5) De beeldenstorm, in het algemeen het wegnemen der beelden, schilderijen, crucifixen, was onder de navolgers van Zwinglius en Calvijn veel sterker in zwang dan onder die van Luther. Hij zelf keurde het af, en wilde meer langzamerhand het overblijfsel van Pausdom en bijgeloof verwerpen, dan Zwinglius, die op eens alles zuiverde, en alle bijgeloovige ceremonien afschafte. Zie Gerdes *H. E. R.* T. I. p. 128 volgg. Onder de aanhangers en leerlingen van Luther waren er echter die er anders over dachten. Zie Arnolds *Kerk. Hist.* D. II. bl. 227. waar men ook Luthers gevoelen over de beelden vindt. Carolostadius was een vurig beeldstormer, Arnold t. a. p., bl. 434. Van daar reeds de beeldenstorm in 1529 te Basel. Gerdes, l. l. T. II. p. 371. en de Epist. Jo. Oecolampadii *de Reform. Basileënsi, in Monum. Antiq.* apud Gerdesium T. II. N. XXV. p. 139 sqq. en wat Gerdes zelf aanmerkt over het breken der beelden, p. 138. De houten beelden der Heiligen te Bazel werden den armen tot brandstof gegeven, doch toen er twist over ontstond, op een hoop gelegd en verbrand. Niet zoo ordelijk, omdat er meer tegenstand was, handelden de Schotten. Robertson *Hist. van Schotland*, D. I. bl. 225, 230, 235 volgg. 323. Nog woester deden de Franschen, wien het ook, zoo als den Nederlanderen, om buit te doen was. Zonderling was de wraak, van den Connétable de Montmorenci, over deze heiligschennis. Daar hij in de kerken der Hervormden niets dan banken vond, koelde hij aan dezen zijn moed, en verbrandde ze. Hij had er den bijnaam van *Capitaine Brule-bancs* aan te danken. Lacretelle *Hist. de Fr.* T. I. 322. Doch het berooven van Kerken was reeds vroeger bekend, en dagteekent zich reeds lang voor de Hervorming. Men zie slechts wat Gibbon meldt van de Latijnen, bij het innemen van Konstantinopel in 1204. *Hist. of the Decl. and Fall of the Rom. Empire.* Lond. 1836. p. 1124. Doch de Westersche Christenen beschouwden waarschijnlijk de Oosterschen als ketters. Ook hier te lande was kerkroof en beeldenbraak niet vreemd. Zie aant. (2) en den ban van Bisschop Guy of Guido, bij F. Sjoerds *Friesche Jaarb.* D. III. p. 240, reeds in het begin der 14e eeuw. Ook waren te Dordrecht in 1439 eenige beelden in het Koor der kerk mishandeld: (uit het *Klepboek* te Dordrecht, medegedeeld door den Heer J. Smits.) Hadden de Dordsche burgers ook deel aan die daad? Wij lezen dat er benevens vele Nederlanders, 56 burgers uit Dordrecht tegen de Hussiten waren uitgetrokken, en dat ze, teruggekeerd, de misbruiken der Roomsche kerk van nabij hadden gezien, en zoo eene eerste aanleiding tot de latere Hervorming gaven.

Gerdes, T. III. p. 56. Boxhorn *Ned. Gesch.* bl. 229. Dikwijls waagden het zelfs de Catholijke Spanjaarden en Italianen de heilige schatten aan te tasten, zoo als te Rome, toen het door de troepen van Keizer Karel V was ingenomen. Zelfs ook in de Nederlanden waren de Spaansche soldaten niet altijd even eerbiedig jegens hunne eigene heiligdommen en geestelijken. Integendeel, de dorst naar buit deed hen soms met hevige woede, al wat hun heilig was, aantasten. Zie Hooft, XI. bl. 454, 457, en wat v. Meteren vermeldt van de gruwelen door de Spanjaarden aan de Monniken te Affligem gepleegd, f. 106^{vso}. In latere tijden, in hunne oorlogen met de Spanjaarden en Portugezen, vooral in Amerika, waren de Nederlanders gewoon de beelden uit de kerken weg te nemen, ja de kerken en kloosters zelve te sloopen, en tot andere einden, tot de herstelling der vestingwerken bijv., te gebruiken. Zoo hadden de Nederlandsche krijgslieden onder den Admiraal Boudewijn Hendriksz. in 1625, bij het veroveren van Puerto Rico, de beelden vernield. In 1633 werd er echter door een verdrag tusschen de Portugezen en Hollanders gezorgd dat de heilige beelden veilig bleven. V. Kampen *Gesch. der Nederl. buiten Europa*, D. II. bl. 308, 399. Hoe de Ingenieur Post met de kerken van Olinda handelde, leze men bij v. Haren, *Geuzen*. 11. Z. bl. 101 en Oph. bl. 329. Het blijkt dus dat de Hervormde Nederlanders van het beginsel der Hervorming uitgingen, en, waar zij kwamen, niets dan eene zuivere, ook uiterlijke, Godsdienst duldden.

Ald. (6) Hetgeen volgt zijn de woorden van Lacretelle in zijne *Hist. de France* etc. Tom. II. p. 76, 97, (het is de uitgave van Parijs 1822. groot 8º, die hier wordt aangehaald.)

Bl 6. (7) Lacretelle, t. a. p. T. I. p. 236 suiv. Mezéray *Chroniek* (Nederd. vert.) D. V. bl. 333 volgg.

Ald. (8) Bor. B. III. f. 124. b.

Bl. 7. (9) Abraham van de Velde, Predikant te Middelburg, in zijn Boek, *de Wonderen des Allerhoogsten*, 4º druk. Amst.

1707, geeft bl. 256 volgg., vijf wonderen op in de beeldstorming op te merken: 1° de zonderlinge spoed, waarmede zij verrigt is. 2° Dat, schoon ze geschiedde door de handen van jongens, vrouwen, kinderen en ongeacht volk, niemand zich er tegenstelde. 3° Dat niemand in die vreesselijke woeling is gekwetst of verzeerd geworden. 4° Door de Magistraten is niemand voor deze daad gestraft. 5° Zelfs de Papisten hebben de hand geleend aan de beeldstorming. Waarlijk, daar is iets opmerkelijks in den beeldenstorm van 1566! v. d. Velde is waardig daarover te worden nagelezen. Hij beziet de zaak juist uit het oogpunt der Hervormden. Dit alles echter kan de daad zelve niet verdedigen. Zie nog het verhaal van Strada *de Bello Belg.* D. I. L. V. p. 149 seqq. 268 seqq. en Bor III. f. 123.

Ald. (10) *Archives ou Correspond. inéd. de la Maison d'Orange-Nassau.* T. II. p. 251 suiv. Te Water *Verb. der Ed.* D. IV. bl. 325.

Ald. (11) Het zijn de uitdrukkingen van Le Petit in zijne *Gr. Chron.* L. IX. f. 160.

Ald. (12) » On louera à nos propres despens des voleurs et » violateurs d'Eglises et images, le crime desquels sera de » tout le monde imputé aux rebelles par quelque subtil moyen » et par ainsi nous vainquerons." Zie Le Petit *Gr. Chron.* L. IX. p. 174, die de 12 artikelen van dit besluit der Spaansche Inquisitie in hun geheel opgeeft. Zij zijn afschuwelijk. Aan de echtheid evenwel mag met regt worden getwijfeld, schoon de Spaansche regering werkelijk naar deze artikelen schijnt gehandeld te hebben. Men moest, zoo luiden de twee eersten, den Keizer overhalen van al zijne rijken afstand te doen; dan, om met zijne twee zusters (Eleonora en Maria) naar Spanje te keeren, opdat ze geen kwaad meer konden uitrigten. Karel wordt hier uitdrukkelijk gezegd met de ketters in verbond te staan. — Maar Karel heeft dien afstand van zijne Nederlanden reeds in 1555 gedaan, schoon hij eerst in Herfstmaand 1556 naar Spanje onder zeil ging, en dit voorschrift der Inquisitie is van 1566. — Voorts (zoo is het verder) moest men den Koning (Philips) in Spanje houden, en geen Nederlander tot hem toelaten. Het invoeren der Inquisitie en van 15 nieuwe Bisschoppen, aan alle wereldlijke jurisdictie ontheven, werd art. 4 aangeraden. Dan zouden de inwoners dezer gewesten opstaan en er was gelegenheid om de Vorsten en Edelen en hunne onderdanen als bewerkers van het oproer te dooden (*soyent étés du millieu*: denkelijk stond er in het Latijn, in welke taal dit geschrift aan Hessels was gezonden, *tollantur e medio*) en de overigen tot rede te brengen. Art 7. was het bovengenoemde aangaande den beeldenstorm. Volgens de verdere artikelen, moesten alle koophandel, goederen, vrijheden, privilegien vernield worden, en alles tot de uiterste armoede gebragt. Niemand was meer waardig te leven (in de Nederlanden namelijk), alles moest worden uitgeroeid, behalve die tot de onzen behoorden, kunsten, handwerken, bezittingen, tot er een nieuw rijk en een nieuw volk is. De Hertog van Alva moest dit uitrigten, ieder moest, al was hij van koninklijk bloed of Vorstelijke waardigheid, minder dan hij gerekend worden, en, stonden ze zelfs in het minste kwaad vermoeden, door list uit den weg geruimd. Verbonden noch regten, beloften noch eeden en de plegtigste verzekeringen, donatiën noch privilegien waren meer van kracht, allen waren schuldig aan gekwetste majesteit. Dit alles echter, (zoo eindigde dit stuk) niet te driftig, maar zachtkens en met orde, opdat de Vorsten en Edelen en Onderdanen muiten en de een den ander vervolge, zoodat de uitvoerders zelve in den strik vallen. Want in de geheele Christenheid is er geen dwazer of dommer natie welke men gemakkelijker kan misleiden dan deze Nederlandsche (*Flamengue*); God wil door dit middel hunne ongeloovigheid straffen.

Zeker leert ons de geschiedenis dat men zich aan dezen regel gehouden heeft, en misschien kon daarom Hessels in den Bloedraad gerust slapen, en half ontwakende, even gerust, zijn *ad patibulum* uitroepen! Het kan mede dit stuk zijn, dat aanleiding gegeven heeft om den beeldenstorm aan intrigue en geheime opstoking der Pausgezinden en Jezuiten enz. zelve, toe te schrijven. Zie de Aant. van Prof. H. W. Tydeman op Bilderdijks *Gesch. des Vaderl.* D. VI. bl. 233.

Bl. 8. (13) Marnix schijnt den beeldenstorm te hebben verdedigd. Zie de *Aant. op de Gesch. des Vad. van Bilderdijk*, t. a. p. en bl. 308 volg. D. VII. bl. 281 volg. Vergelijk de *Archives* etc. T. II. p. 217 suiv. De Wel-Eerw. Zeer Gel. Heer W. Broes, heeft over Marnix, wat den beeldenstorm betreft eenigzins uitvoerig gehandeld in zijn nu pas uitgegeven werk: *F. van Marnix, Heer van St. Aldegonde, bijzonder aan de hand van Willem I.* D. II. I St. bl. 30 volg.

Ald. (14) Boek I. f. 2, 3.

Bl. 9. (15) Eigenlijk staat er: *et ne fûrent en la salle que un Miserere ou deux debout*. *Archives*, T. II. p. 93. Het is de verdediging des Graven van Hoorn, waaruit deze woorden ontleend zijn. Bor IV. f. 142$_b$ vertaalt ze: *ende en waren in den sale maar eenen miserere ofte twee stil*. Dat Oranje, bij toeval, voor een poos bij dien maaltijd tegenwoordig was, blijkt uit het verhaalde, en de Heer Groen van Prinsterer voert aan, *Arch.* t. a. p. dat Strada dit niet geweten heeft, of er niet heeft willen bijvoegen. Maar Strada zegt met duidelijke woorden: *quo tempore supervenientibus — Orangio, Egmontio, atque Hornano, repotatio restituta est; hospitibusque bibentibus, eadem pro Gheusiis vota, permagnis acclamationibus renovata*. Dec. I. L. V. p. 227.

Ald. (16) Fr. Haraei *Annales*, T. III. f. 42. sq. Fam. Strada, D. I. L. V. p. 225 seqq.

Ald. (17) Over de zedeloosheid der Fransche Edelen, zie Mezeray, V. bl. 433., Lacretelle *Hist. de Fr.* T. I. p. 279. T. II. p. 7 suiv. etc. Marnix schreef in 1576 van den Hertog van Anjou: — *Ducem non minus quam regem deliciis plus quam Sardanapalais diffluere*. *Arch.* T. VI. p. 474. De Prins van Condé had zich zelfs niet zuiver gehouden, Coligny, en vooral La Noue, had zich onbesmet bewaard. Catharina de Medicis had hare middelen welgekozen om de Hervorming te vernielen. Van haar hof verspreidde zich de ondeugd en ligtzinnigheid die de Edelen onder de Hugenooten te gronde hielp, en onbekwaam maakte om de zaak der Hervorming met kracht te handhaven. Het hazardspel was zeer in gebruik ook in de Nederlanden. *Arch.* T. II. p. 55. Men denke ook aan het tooneel van de vergaderde Edelen te Brussel waarvan zoo even gesproken is; aan de dwaasheden van Lumey, Entens en anderen.

Ald. (18) *Arch.* T. III. p. 170. Men weet dat het verhaal aangaande Brederodes dronkenschap, aan Viglius zijn oorsprong heeft te danken. *Viglii vita* p. 51. Maar Viglius was zijn vriend niet. Als hij aan Hopperus het gerucht van Brederodes dood meldt, dat evenwel nog niet zeker was, voegt hij er toe: Wij gelooven gaarne wat wij wenschen (*lubenter autem credimus quae ita esse optaremus.*) Ep. 27. Aardig is het zeggen van Viglius omtrent Brederodes broeder Lodewijk, Heer van Ameyde en Haurincourt, in Hongarye, tegen den Turk, gebleven: *magnum sui desiderium creditoribus reliquit*.

Bl. 10. (19) Gelijk door Languet. Vergelijk de *Arch.* T. II. p. 487. Allerongunstigst is de beschrijving van Philips bij Lacretelle *H. d. F.*, T. II. p. 84 suiv. en bij onze Geschiedschrijvers. Bilderdijk verschilt van hen. *G. d. V.* D. VI. bl. 7. en over zijn bidden in eene kapel, gedurende den slag van St. Quentin. bl. 9. voorts bl. 10, 11 enz. en D. VII. bl. 192 en volg. H. de Groot, erkent ook zijne goedertierenheid, *Hist.* L. VII. p. 331 sq. *Mitem ingenio libenter crederes, quippe et accessu comis, nec temere saeviebat*, etc.

Bl. 11. (20) Eene vrij getrouwe beschrijving van Alva's karakter, naar eene afbeelding van hem door Titiaan, vond ik in de *Brieven van een Afgestorvene, Tafereelen uit Engeland,*

enz. D. I. bl. 181. — » deze man was geenszins enkel gruwzaam
» en somber. Zijn wezen vertoont ons dweeperij en hoog-
» moed, maar ook ijzeren vastheid: het is het toonbeeld
» van een onwankelbaar trouwen dienaar, die zoodra hij
» eene taak op zich genomen heeft, noch ter regter- noch
» ter linker zijde afwijkt, maar steeds bereid is, den wil
» van zijn Heer en zijn God blindelings te vervullen, zon-
» der te vragen of duizenden daarbij in nameloos lijden om-
» komen: — met een woord, een krachtige, niet onedele,
» maar beperkte geest, die anderen voor zich laat denken
» en op het gezag van anderen handelt."

Ald. (21) Le Petit, *Gr. Chron.* L. X. p. 180.

Ald. (22) Dat het getal der Nederlandsche martelaren ont-
zettend groot is geweest, lijdt geen twijfel, schoon men de
getallen misschien rijkelijk groot heeft genomen. Dirk Volkertsz. Coornhert, had uit den mond van een aanzienlijk
man in 1566 vernomen, dat deze naauwkeurig uit al de
Registers de namen der geëxecuteerden om den geloove,
had doen opzamelen, welker getal toen reeds de zeventig
duizend te boven ging. Zie P. Hofstede, *Bijzonderheden
over de H. S.*, D. III. bl. 573 volg. — In zekere zoo-
genaamde *Brieven van Advertissement* enz. vroeger uitgegeven
onder den titel van *Lettres Belgiques*; zoo men zegt door een
dienaar van Don Jan van Oostenrijk geschreven, met enkele
antwoorden daarbij, (over welke zie Hofstede t. a. p. II.
bl. 161 en vooral III. bl. 535. waar de Heer 's Gravezande
die Brieven critisch onderzoekt en aan derzelver echtheid
twijfelt) — in deze Brieven worden veertig duizend opgenoemd door Alva omgebragt, dus na 1566. De Heer Groen
van Prinsterer in de *Arch.* T. VI. p. 214. oordeelt zeer ongunstig over deze Brieven. *Il semble évident que ce sont
des lettres fictives. — Rien de nouveau quant au fond; et
pour la forme, elles semblent indignes d'un écolier. — Sou-
vent on y découvre une connoissance inexacte des événe-
ments:* en dit bewijst hij: *Tous les correspondants écrivent*

du même style, tous disent des choses, inconvenantes sous tous les rapports, ou, tout au moins nullement appropriées à la personne et au caractère de celui qui écrit. — Partout de la rhétorique, une pitoyable amplification de collège, sans couleur et sans vérité. — Paulus Sarpius Servita (Fra Paolo Sarpi) bij Gibbon aangehaald, *Decl. and Fall* etc. p. 232, noemt er vijftig duizend. Maar Balaeus Carfenna, (zie Gerdes *H. E. R.* T. III. p. 160 sqq.) spreekt van honderd duizend en meer, binnen den tijd van vijftig jaren omgekomen, denkelijk van het Edict van Worms, 1521, af. H. de Groot in *Ann.* I. f. 12. zegt uitdrukkelijk dat er niet minder dan honderd duizend door beuls handen zijn gedood (*carnificata hominum non minus centum millia*) en Gibbon t. a. p. neemt dit getal, gerust op Grotius karakter als geschiedschrijver, aan, schoon hij anders zeer zuinig is met de martelaars. Zeker scheelt het veel wie men tot hun getal brengt, en indien men al de omgekomenen, gedurende de troebelen, hetzij in den strijd, hetzij op het schavot, als martelaren wil noemen, kon de som nog grooter worden gemaakt. Daar zou veel op vallen af te dingen. L. v. Aitzema *Saken van Staet en Oorlogh*, D. III. f. 1234 en D. V. f. 1032, gaat aan de andere zijde veel verder en beweert dat er bijna niemand om het geloof, eigenlijk gezegd, gemarteld is; wie niet naar 'sKonings wet verkoos te leven kon uit het land vertrekken, en had dus zijn uiteinde zich zelven te wijten; en meer andere dergelijke paradoxen, waarover hij door Prof. Hofstede, t. a. p. D. II. bl. 154 volgg. wordt te regt gezet. Hofstede zelf (grooter van geleerdheid dan zuiver van smaak) krimpt het getal der martelaren vrij sterk in, in zijne verhandeling over het *klein getal der echte Martelaren*, D. II. doch is toegevender omtrent de Nederlandsche. Het hangt louter van de bepaling van het woord Martelaar af. — De vervolging woedde, in ons Vaderland, vooral onder de Doopsgezinden. Ypey en Dermout, *Gesch. der Herv. Kerk in Nederl.* D. I. bl. 133, maar trof eindelijk alle Onroomschen zonder onderscheid van gezindheid.

Ald. (23) Een voorbeeld van dergelijke geweldenarij vinden wij *Arch.* T. II. p. 426, waar wij lezen dat de Heer van Rassinghem of iemand van zijnentwegen, te Rijssel, eenige kinderen aan hunne ouders had ontstolen om ze in de Roomsche Kerk te doen herdopen.

Bl. 14. (24) Wij geven hier, voor een groot gedeelte, Oranjes eigene woorden, ontleend aan zijne brieven in de reeds meergenoemde *Archives*, T. III en verwijzen in het bijzonder tot de voorrede van dat deel, een meesterstuk van de hand des uitgevers.

Bl. 15. (25) — »Quant aux moyens humains, *mon unique »espoir* étoit *du costé de la France.*" *Arch.* T. III. p. 503. De onderschrapte woorden zijn in cijferschrift uitgedrukt, dat door Mr. C. M. van der Kemp ontcijferd is in de *Algem. Konst- en Letterbode voor* 1836, N°. 20. bl. 312. Mogt iemand zich verwonderen en vragen, hoe het met Oranjes wijsheid kan vereffend worden, dat hij zijne eenige hoop op Frankrijk stelde? die wete dat de Hervorming in Frankrijk magtige vorderingen gemaakt had; dat velen der aanzienlijksten haar met hart en ziel waren toegedaan. Coligny en zijne twee broeders, Dandelot en Odet de Châtillon stonden aan het hoofd der Hervormden, hartelijke vrienden van Oranje. Aan hunne zijde stond Antoine de Bourbon, Koning van Navarre, zeker in zielskracht en moed met zijn ridderlijken broeder Louis Prins van Condé niet te vergelijken, maar vooral de onvergelijkelijke Jeanne d'Albret, de gemalin des Konings van Navarre, en moeder van Hendrik IV. en naast haar de dapperste onder de dapperen, de Godvruchtige en edelmoedige François de la Noue, toegenaamd *Bras de fer*, en eene menigte andere Edellieden vol van ijver voor de zaak der vertrapte Hervormden. Zoo Oranje, naast God, bij menschen hulp moest zoeken, kon hij het beter wachten dan van zulke bondgenooten, die reeds met een leger te velde waren? Dat zijne schranderheid de losbandigheid der Fransche Edelen kende, mag wel niet betwijfeld worden, maar de Opperhoofden waren ten minste wijzer en vroomer. — Bij dit alles kwam de vijandige gezindheid tusschen Frankrijk en Spanje; ook daarop rekende Oranje; en het is waarheid, dat, al moest de redding niet uit Frankrijk komen, wij echter aan dat land wel degelijk verpligting hadden.

Bl. 19. (26) Dit merkwaardig stuk is van 15 Aug. 1569, opgesteld en geteekend door den Notaris J. Coornhert, en is te vinden bij J. W. te Water, *Verbond der Edelen*, IV. D. Bijl. HH. bl. 276 volgg. De edele onderteekenaars willen zulke aanslagen te weeg brengen, waarmede zij Alva de meeste schade kunnen aandoen om de landen (de Nederlanden) te dwingen en te onderwerpen, *en duer sulcks middelen te weghen te brenghen dat het waeraftighe Godts woirt vercundicht ende ghepredickt werde, soe syn wy adelluyden duer dwinghen onser conscientien ende gedaen eede gheaccordeert* etc. — Zoo blijkt het dat deze Edelen, met Oranje, de zuivere Godsdienst, als het wit hunner pogingen op den voorgrond zetten. Dit erkent onder anderen, op zijne wijze, de Spanjaard Bernardin de Mendoce, die gedurende de eerste jaren van den bevrijdings-oorlog hier te lande, bij de Spaansche ruiterij, diende. Hij schrijft wel de echte oorzaak van den opstand aan Oranjes heerschzucht toe, maar voegt er bij dat het zijn doel was de ketterij in te voeren en te zetten op een vasten grondslag: *pour usurper (comme depuis il a faict) les Provinces du Pays Bas, et y establir par ce moyen l'hérésie, avec un ferme fondement. Comm. des Guerres de Flandres*, f. 182. Dit was het algemeen gevoelen der Spaansche schrijvers.

Ald. (27) Het schijnt dat de Nederlandsche Edelen tot niets anders in staat waren: zij waren louter krijgslieden. Geletterd waren zij niet, en konsten of handwerken waren beneden hunne waardigheid. Brederode schreef een slechten stijl, de Graaf van Hoogstraten en anderen niet veel beter. Er zijn echter loffelijke uitzonderingen. Marnix van St. Aldegonde was een der geleerdste mannen zijner eeuw, doch geen groot krijgsman. Jan van der Does, van Noordwyk, was het beide: het *utroque clarescere rarum*, van hem, is bekend. Nicolaas de Hammes, *dit* Toison d'or, schreef in eene krachtige en beschaafde taal. Willem van Zuilen van Nyeveld had te Emmerik het boekbinden bij de hand genomen, gedurende zijne ballingschap, en heeft zich bekend gemaakt door de vertaling der Kroniek van Joan. Carion. Te Water *V. d. E.* D. III. bl. 185. Vooral was er vele lust tot de wetenschappen onder de Friesche Edelen. Het veranderen der voornamen van velen, in daarop eenigzins gelijkende Latijnsche of Grieksche mag er reeds blijk van zijn. Zoo werd *Homme Homerus, Watse Valerius, Hotze Horatius, Douwe Dominicus, Jelte* of *Jelle Gellius* of *Julius, Liewwe Livius*, enz. (De Hoogl. Wassenbergh geeft hiervoor nog eene tweede rede op, het bewonderen van de dappere daden der Romeinen: *Verh. over de eigennaamen der Friesen*, Fran. 1774. bl. 59 en v.) Doch dit zegt nog weinig. Toen ter tijd, en reeds veel vroeger, in de 13de eeuw, was het klooster Aduard in de Groningsche Ommelanden, de zetel der geleerdheid, en, naar het getuigenis van Alb. Hardenberg, (in zijn leven van Wessel Gansfort) als 't ware eene Academie, waarheen de Edelen en Geleerden uit geheel Friesland in menigte zich heen begaven. Gerdes, T. III, p. 12. Duco Martena, Frederik van Inthiema, Menso Poppes en Hartman Gauma maakten Latijnsche verzen, en vonden er die ze verstonden. Anderen weder waren groote begunstigers der geleerdheid. Sjoerd Beima moet de gronden zijns geloofs zeer goed verstaan en verdedigd hebben. Te Water, II. bl. 187 volg.

Ald. (28) *Nobiles qui egestate adacti non aliud habent aucupium*, schrijft Viglius aan Hopperus, Ep. 8.

Ald. (29) Over den twist tusschen Groningen en de Ommelanden, zie nader in de levensbeschrijving van Entens van van Mentheda in het 2de stuk.

Bl. 20. (30) Bor VII. f. 70.

Ald. (31) Robertson *Hist. van Schotland*, D. I. bl. 333.

Ald. (32) Robertson D. II. bl. 139 volg.

Ald. (33) Mezeray op het jaar 1568. V. bl. 415, 426. Thuanus, L. 32. f. 451. Lacreteile, T. II. p. 60.

Bl. 21. (34) Over de vroegere zeeroovers kunnen onze Vaderlandsche Geschiedschrijvers worden nagezien. Zie F. Sjoerds, IV.; bl. 6, 117, 200, 207; 255 enz. Schotanus, bl. 225, 377, 563. De Jonge *Nederl. Zeewezen*, D. I. bl. 45 volgg. 70, 156, 164 enz.

Ald. (35) Groote Pier stierf in 1520.

Ald. (36) Over die traagheid van Philips (zoo het traagheid was, en hij niet door geheime middelen werd teruggehouden, zie Aant. 12) en zijne herhaalde belofte van naar de Nederlanden te komen, zonder dat hij kwam, schrijft Hopperus telkens aan Viglius. De vloot van Medina Celi werd ook telkens beloofd, maar zij kwam niet, dan te laat, en om in der Geuzen handen te vallen. Hopperus was een goed man, die den Koning en Paus onvoorwaardelijk geloofde. Een bijzondere trek van hem is de navolgende. Hij had te Gouda eene Bibliotheek en schreef, 25 Dec. 1572, Ep. 148, aan zijn vriend Viglius: men mogt iemand daarheen zenden om de boekerij te behouden, en, (zoo er nog zijn mogten) de verbodene boeken te verbranden, ook die, na zijn vertrek uit Nederland, verboden waren. Hoe trouw! doch te laat! de Geuzen waren reeds meester. — Hoe de Kardinaal Granvelle over hem dacht (en menschenkennis zal men dezen niet betwisten) zie men in de *Arch.* T. V. p. 374. Hij noemt hem *le pauvre seigneur Hopperus*. Dat men hem hier te lande met den bijnaam noemde van *Ja Mevrouw*, omdat hij in den Raad de Gouvernante altijd gelijk gaf, weet ieder.

Wat echter het vertragen van des Konings overkomst

betreft, de oorlog met de opgestane Moren in Spanje gaf hem werks genoeg, en maakte het hem moeilijk Spanje te verlaten. Hij kon dus niet beter dan zijnen goeden Hopperus met beloften paaijen. Zie over dien oorlog, *Hopperus ad Viglium*, Ep. 67. De opstand begon in het laatst van 1568, of het begin van 1569. Ep. 74 sqq. 79, 86, etc.

Bl. 22. (37) Jo. Carolus *de rebus Billaei* etc. p. 9. Bondam *Verzam. van onuitgeg. stukken*, D. V. bl. 320-323. *Leven van Willem* I. D. II. B. VI. bl. 201.

Ald. (38) Le Petit, *Gr. Chron.* T. II. p. 231.

Bl. 23. (39) Men vergelijke de *Sententien van Alva*, uitgegeven door J. Marcus, Amsterdam 1735.

Bl. 24. (40) Vergelijk met dit zeggen van H. de Groot de woorden van Bor, aan het einde van ons I Stuk, en de erkentenis van Schiller: *Wäre es irgend erlaubt in menschliche Dinge eine höhere Vorsicht zu flechten, so wäre es bey dieser Geschichte: so widersprechend erscheint sie der Vernunft und allen Erfahrungen. Gesch. des Abfalls der vereinigten Niederlande.* Einl. Men ziet dat deze belijdenis den ongeloovigen Geschiedschrijver is afgeperst, en te gelijk hoe zigtbaar Gods vinger was in de redding des Vaderlands!

Bl. 25. (41) Cornelius Valerius, een geleerd man van die dagen, verklaart het woord *Geus*, *Gueux*, door het Nederduitsche *Guit*, en leidt den naam af van de verwoestende Gothen. Misschien ook van de Jutten of Noormannen, een volk den Nederlanderen weleer zeer vijandig, voegt er Haraeus bij: *Ann.* T. III. p. 43. (Maar Jutten is hetzelfde als Gothen). *Sed parum refert!* zeggen wij met hem. Of Thuanus, te weinig van het Nederduitsch verstaande, zich door den klank van het woord *Geus* heeft laten bedriegen, weet ik niet, maar hij noemt onze vrijbuiters *Waterganzen (anseres maritimi) Hist.* L. 54, init. Frederik van Inthiema schijnt hen met denzelfden naam te noemen in een Epigram achter zijne *Querela Hollandiae* (waarover nader) gevoegd, en gerigt aan Friesland. Daar is het vs. 2.

Tristior Anseribus praeda jacebis humi.

d. i.

Haast ligt ge, als droever buit der Ganzen, in het stof.

Dat hij hier de Watergeuzen bedoelt is uit het geheele Epigram blijkbaar, doch dewijl geen jaargetal den tijd aanduidt waarin het gedicht is, weet ik niet, of hij het zamenstelde in zijne vroegere ballingschap voor 1572, of in zijne latere, nadat Friesland weder in Robles magt was gevallen, op het laatst van dat jaar. Het gedicht schildert Frieslands toestand onder het bestuur der Walen, met donkere verwen af, en zijne beschrijving van de plunderingen der Watergeuzen is eigenaardig. Bijna zou ik denken dat Inthiema het oog had op hetgene wij bl. 51 en volg. hebben aangeteekend.

Bl. 26. (42) Le Petit. *Gr. Chron.* T. II. p. 212; 213.

Bl. 28. (43) Indien wij P. de la Rue, in zijn *Heldhaftig Zeeland*, wilden hooren, dan moesten wij ook den gewezen Baljuw van Middelburg, *Pieter Haeck*, tot de Watergeuzen rekenen, om den aanslag te water, op Middelburg te vergeefs ondernomen, in Febr. 1567 waarvan hij de hoofdbeleider was. *Jan van Marnix, Hr. van Tholouze, Jan van Blois Treslong, Wessel van Boetselaer*, benevens een zekere *Jan Dingemans van Tholen* waren zijne medehelpers. Na den mislukten aanslag, werden hunne benden bij Oosterweel verslagen. 's Gravezande in *Tweede Eeuwged. der Midd. Vrijh.* heeft dien aanslag naauwkeurig beschreven, bl. 66 volgg. Uit de *Sententien van Alva* blijkt dat dit voornemen van Haeck bij velen op Walcheren bekend was en vele begunstigers vond. *Sent.* bl. 63, 98 volgg. 103, 209 volgg. Zie de la Rue op het woord *Haeck*. Hij schijnt naderhand weder naar Middelburg teruggekomen te zijn, en heeft dus zijne nederlaag overleefd, gelijk waarschijnlijk ook *Jan Dingemans*, die het bestuur over Haecks schepen zal gehad hebben. Tholouze sneuvelde bij Oosterweel met Boetselaer, Blois werd 1 Junij 1568 te Brussel onthoofd.

Deze geheele gebeurtenis behoort echter tot ons bestek niet.

Bl. 29. (44) *Archives*, T. III. p. 233. In de *Sent.* bl. 193 wordt hij als deelgenoot van Graaf Lodewijks plannen genoemd.

Ald. (45) J. Carolus *de rebus Billaei*, p. 8 sq. Hij is vrij uitvoerig over den opstand der Friezen. Met reden! zijn werk is eene lofrede op de deugden en moed van Robles, die zeker veel tot beteugeling van den opstand gedaan heeft.

Bl. 30. (46) Het bevelschrift van Alva aan die van Medemblik berust nog ter Secretarie van die stad. Alva schreef op dezelfde wijze aan de andere Noord-Hollandsche steden. Bossu, zijn Stadhouder over Holland, drong het nader aan in eenen brief uit Amsterdam van 6 Mei 1568. Ook de dorpen in Waterland werden van het gevaar verwittigd, *want wij hebben verstaan*, zòo schrijft Bossu, *dat die omtrent Emden en 't Wedde vergadert zijn* (Lodewijk van Nassau en zijn leger), *ettelijke schepen equippeeren en de toerusten, en omme te versien, dat die selve gheene invasie en doen op eenighe van Zijn Ma^s. steden* etc.

De wapening van den Briel wordt ons gemeld door D^s. Cleyn in zijne *Predikatie op het Tweede Eeuwgetijde der Vrijheid, Dankoffer voor de eerstelingen* enz. bl. 54. Sommigen ('s Gravezande, *Tweede Eeuwged. der Midd. Vrijh.* bl. 158 en van Wijn *Bijv. op Wagenaar*, VI. bl. 79, 80) zijn wel van oordeel dat door deze Piraten geene Watergeuzen worden bedoeld, als die eerst van 1569 hun oorsprong dagteekenen, en van Wijn denkt aan Engelschen en Deenen. Wij hebben aangetoond dat er in het voorjaar van 1568 reeds Nederlandsche zeeroovers waren. Dat er Engelsche en Deensche schepen op vrijbuit voeren is zeker: wij voegen er zelfs het overschot van Bothwells Schotsche kapers bij, maar houden het voor zeker dat er ook toen reeds enkele Nederlandsche ballingen omzwierven. De bemanning der drie schepen, waarmede Haeck en Dingemans den aanval op Walcheren beproefd hadden, welker medgezellen bij Oosterweel waren vernield, was aan land niet veilig meer. Het zou mij niet verwonderen, dat zich al die bannelingen uit verschillende landen, Nederlanders, Engelschen, Schotten, Deenen, bijeen hebben gevoegd, wij vinden uit al deze volken later eenigen op onze schepen. Brederodes uitroep in een brief aan Lodewijk van Nassau, *Archives* T. II. p. 127. aan het slot diens briefs van 2 Junij 1566, *vyve les geus par mer et par terre* zal wel niet meer dan een uitroep wezen!

Bl. 31. (47) Vergelijk Bor, B. IV. f. 169, 174 met de *Archives* T. II. p. 230 suiv.

Ald. (48) *Jan Broek* was bezorger der scheepsbeschuit en door Lodewijk ten dien einde naar Emden gezonden. *Arch*. II. p. 233, *Hop* en *Vlierhop* zijn misschien dezelfde persoon. Zie op dien naam.

Ald. (49) Schotanus haalt uit Frankena aan, dat een jong Friesch Edelman, *Galama*, uit den slag van Jemgum ontvlugtende en door een hoop Spanjaarden vervolgd, stand hield, de vijanden afsneed en versloeg, en een grooten buit met zich voerde, B. 21. f. 753.

Bl. 33. (50) Hooft, B. VII. bl. 228.

Ald. (51) Viglius schrijft aan Hopper, dat hij aan dien last voldaan had, maar de zaak vereischte langer onderzoek. (Een Euphemismus van den braven en regtvaardigen Viglius: hij twijfelde aan 's Konings regt; wel was hij in zaken van Godsdienst en regering een absolutist als zijn Koning, maar zijne regtschapenheid is boven allen twijfel verheven. Zie Ep. 64.)

Bl. 34. (52) Jo. Bapt. de Taxis *Comment*. L. I. in *Anal. Belg*. Corn. Pauli Hoynck van Papendrecht T. II. P. II. p. 142. De Taxis kon er over oordeelen, hij was een krijgsbevelhebber der Spanjaarden in de Nederlanden en tijdgenoot dier gebeurtenissen.

Bl. 35. (53) Hopperus *ad Viglium* Ep. 140, 157. Viglius *ad Hopperum* Ep. 132.

Ald. (54) Ep. 96.

Ald. (55) Ep. 64. 1 Nov. 1568.

Bl. 36. (56) *Focco aetate vix matura tantae saevitiae et crudelitatis, ut in his parvis initiis Turcorum saevam et inhumanam atrocitatem non aequaret modo, sed multis parasangis superaret.* Carolus *de rebus Bill.* p. 9.

Bl. 38. (57) De tijd wanneer wordt niet naauwkeurig bepaald. Drie dagen voor den slag van Moncontour, in het begin van October 1569, waar Coligny en de Hugenoten werden geslagen, was Oranje door Frankrijk, met veel gevaar, weêr naar Duitschland getrokken. *Archives* III. p. 322. suiv. Meteren, f. 59 en de Schrijver van het *Leven van Willem I.* stellen dat Oranje eerst daarna bestellingen ter zee gaf, doch dit moet, noodwendig, vroeger zijn geschied; daar reeds in September 1569 eene vloot, onder het opperbevel van Dolhain, in Engeland was toegerust, ja, in Augustus hadden de schepen onder Dolhain eenige koopvaarders veroverd.

Bl. 39. (57*) Bilderdyk doet het kort af, *Gesch. des Vad.* VI. bl. 98, 117. Het onthoofden, niet ophangen, van Jan Broek door de Hamburgers was niet, omdat men daar Oranjes bevoegdheid of regt tot oorlogvoeren niet erkende; maar omdat hij zijn lastbrief was te buiten gegaan en de schepen der Hamburgers, vrienden van Oranje, had geplunderd. Vergelijk van Meteren, f. 59. Wagenaar, VI. bl. 310.

Ald. (58) *Gesch. des Vad.* D. VI. bl. 115, 116.

Bl. 40. (59) Schrijven van Oranje aan de Kapiteinen ter zee en Artikelen voor de schepen van oorlog, bij Bor, B. V. f. 234.

Ald. (60) Lodewijk was in Frankrijk gebleven toen zijn broeder naar Duitschland trok, en moet; vóór dat vertrek, reeds aan het uitrusten eener vloot hebben gearbeid. Het is niet onmogelijk dat Graaf Lodewijk nog andere plannen koesterde. Merkwaardig is daaromtrent wat ons Capefigue mededeelt in zijne *Histoire de la Réforme, de la Ligue* etc. dat het plan van den Admiraal (Coligny), Oranje en Lodewijk was, naar Spanje te gaan en van daar naar St. Domingo, om zoo veel kwaad in de Indiën te doen als mogelijk was. De eerste dezer togten, naar Spanje, was werkelijk begonnen, en vloot en leger waren, 4 Junij 1571, van Rochelle afgezeild; meer dan 25000 Protestanten, waarschijnlijk in Catalonie en te Barcelona, wachtten hunne hulp. Zoo luidt een verhaal, door Capefigue getrokken uit de Archiven van Simancas; waaruit blijkt dat de Koning van Spanje eene menigte verspieders in Frankrijk had, welke hem van den toestand der zaken onderrigt gaven. Een dezer geheime agenten had het uitzeilen der vloot aan Philips II gemeld. Hij heeft zich of door door loutere geruchten of door valsche tijdingen laten misleiden; of misschien wilde men, op deze wijze, Philips in vreeze houden. — Zie Capefigue in het aangehaalde werk, T. III. Chap. 36. p. 45, 48. Ook laat het zich gelooven dat dergelijke plannen wel eens in de gedachten kwamen, vooral wat den togt naar de West-Indiën aangaat, te gemakkelijker in dien tijd, toen Spanje zijne zeemagt zoo zeer tegen de Turken noodig had.

Bl. 41. (61) Men vergelijke Strada, Dec. I. L. VII. p. 419 sqq. met Bor, V. f. 196. Wagenaar, VI. bl. 304 en Hume *Gesch. van Engeland* D. V. bl. 277. Het was Elisabeth werkelijk te doen om Alva te beleedigen.

Bl. 42. (62) *Archives* T. III. p. 376, 401.

Ald. (63) Bor, V. f. 208.

Bl. 43. (64) Viglius, Ep. 90.

Ald. (65) Viglius, Ep. 93, 95, 98. Dagelijks streden ze daar met de Spaanschgezinden.

Ald. (66) Viglius, Ep. 89.

Bl. 44. (67) Jo. Carolus, l. l. p. 13 sqq.

Bl. 45. (68) Carolus, p. 14. Het doet des Spaanschgezinden geschiedschrijvers harte eer aan, dat hij met een zeker gevoel van droefheid dit geval vermeldt. Harda's heimwee en treurige dood doen hem met weemoed aan, duidelijk in zijne woorden te bespeuren is.

Bl. 46. (69) Carolus, p. 15, 16. Misschien is dit hetzelfde geval met hetgene omstreeks Februarij 1572 voorviel, bij Meteren verhaald, f. 59[b].

Ald. (70) Viglius, Ep. 69, 70. Deze brieven zijn wel op 9 en 18 Febr. 1569 gedateerd, maar behooren tot 1570. Viglius schrijft naar den Stylus Curiae, die met Paschen het jaar begon. De maanden en dagen voor Paschen 1570 worden dus door hem nog tot 1569 gerekend. Dit heeft zijn uitgever in de war gebragt, die daarop niet gelet heeft. Te Water, en vooral 's Gravesande, hebben dit reeds aangewezen. Zie den laatste in Hofstede's *Bijz. over de H. S., Nales.*, in het III D. bl. 556. Het komt mij evenwel voor dat de verwarring niet geheel is weggenomen.

Ald. (70*) Th. Velius *Kronijk van Hoorn* bl. 73.

Ald. (71) Zoo klaagt Viglius, Ep. 89.

Bl. 47. (72) Viglius, Ep. 87, 132, 188. Later had Alva het voornemen om den Hertog van Holstein tot Admiraal over zijne vloot aan te stellen. Viglius schrijft er van, maar meende dat het nooit gelukken zou, dewijl de Duitsche volken aan de zeekusten met de vrijbuiters gemeene zaak maakten, en, zelve met ketterij besmet, geene gelden ter leen wilden geven tot verdrijving der zeeroovers, waarmede Viglius de Watergeuzen bedoelt, Ep. 153. Hertog Adolf van Holstein getuigt hetzelfde in een brief uit Deventer, waar hij toen eenig krijgsbevel, onder Alva, uitoefende, van 18 Aug. 1572. *den in den stetten Hamburgh und Bremen die kauffleute und der gemeine man den rebellen* (de Nederlanders) *dermassen zugethan das sie wieder dieselbige so hoch und guet sie auch versichert wer-*

den mügen kein geldt ausleihen wollen. Archives T. III. p. 495. — Ik vind in de rekening van Vere (over welke nader) een Kapitein *Albert Friese* genoemd, die onder den Hertog van Holst. (buiten twijfel Holstein) gediend had.

Ald. (73) Schotanus, p. 755 volgg. Thuanus, L. 32. p. 4513

Ald. (74) *Archives* T. III. p. 362.

Bl. 48. (75) Viglius, Ep. 73. Deze brief is van 14 Maart 1569, dus van 1570.

Ald. (76) *Archives* T. III. p. 363. — *de nouveau laissé périr leur Admiral* — schrijft Oranje: het moet dus nog eens gebeurd zijn, doch het vroegere is ons onbekend.

Bl. 50. (77) Resolutien van Holland van 19 Junij 1570. Hieruit blijkt dat Jan van Troyen te Emden was uitgerust, waar iemand (Johan Basius) was, die de uitrusting bezorgde en de brandschatting en den roof ontving.

Bl. 51. (78) Viglius, Ep. 103, 110.

Ald. (79) *Nobilis bonusve vir* schrijft Viglius, en verstaat er door, Catholijken, die de ketterij verfoeiden en den Koning en zijn Stadhouder getrouw waren.

Ald. (80) Winsemius *Histt.* L. II. f. 129.

Ald. (81) Zij geschiedde des nachts tusschen 10 en 11 Julij 1570. Hooft, B. V. f. 212. Zoo ver durfden of konden de Geuzen moeilijk zich wagen, en Leeuwarden werd te goed bewaakt, dan dat eenig krijgsvolk, dat de Watergeuzen niet in overvloed hadden, tot in de stad kon doordringen. Het was meer het werk van gewone dieven.

Ald. (82) De overdrevene beschrijving van die zonderlinge rooverijen, die alleen voor Carolus en de zijnen zoo veel donkers hadden, omdat het volk ten platten lande, en voor het grootste deel in de steden, die strooptogten begunstigde, en de Regtbank dus nimmer achter de zaak kon komen — vindt ge bij Carolus, t. a. p., p. 20-23.

Bl. 53. (83) *Proelia magnatum cernes et sanguinis undas,*
  Et terras populis vacuas, contusaque regna;

*Fana domusque cadent et erunt sine civibus urbes
Inque locis multis tellus inarata jacebit.
Strages nobilium fiet procerumque ruina,
Fraus erit inter eos, confusio magna sequetur.*

Ald. (84) De geroofde schatten waren goede waar in andere landen. Koningin Elisabeth koopt van de zeelieden van Condé den roof der kerken en betaalde er weinig voor. Zij noodigde daarom de Fransche kapers in hare havens. Lacretelle *H. d. F.* T. II. p. 54. Naauwelijks valt er aan te twijfelen of de onzen werden, om dezelfde redenen, in dezelfde havens ontvangen.

Bl. 54. (85) Zie hetgene later zal worden verhaald van Pieter Ariensz. en zijn broeder, en het treurig uiteinde van Jerome Tseraerts.

Bl. 56. (86) *Odet de Chatillon*, veelal de Cardinaal de Chatillon geheeten (hij was weleer tot die hooge waardigheid benoemd geweest), bevorderde de zaken der Hugenoten bij de Koningin van Engeland, bij wie hij in hooge gunst stond. Hij was de oudste broeder van Coligny. (*Le cardinal de Châtillon, esprit étrange qui, revêtu de la pourpre Romaine faisait célébrer la cène Calviniste dans sa cathédrale, et assistait au sacre avec sa femme, cardinale et comtesse de Beauvais.* Capefigue *Hist. de la Ref.* etc. T. II. Chap. 20. p. 19.) Hij komt in deze jammervolle tijden meermalen voor, bij de Fransche Geschiedschrijvers, en stierf in 1571, na zijne terugkomst in Frankrijk, zoo als naderhand bleek, door vergif. Lacretelle, T. II p. 111. die ook Thuanus aanhaalt L. 51. De brief, waarvan in den tekst een uittreksel is gegeven, was van 24 April 1570, en te vinden in de *Archives* T. III. p. 373. Het gevaar was dringend.

Bl. 57. (87) Zie deze drie belangrijke stukken bij Bor, B. V. f. 233 volgg.

Ald. (88) Hoe verstandig weet Oranje zijne vrienden te verschoonen! Hij doet de wanorde der vlotelingen voorkomen als het gevolg van Dolhains vertrek van de vloot, terwijl zij nog sterker heerschte toen hij het oppergebied had.

Bl. 59. (89) Bor VI. f. 309. Wat hij bij dien moord verrigtte wordt niet gemeld. Waarschijnlijk zal hij beproefd hebben, den ouden Prior tot den dood voor te bereiden. Zie nog Hooft, B. VII. bl. 292.

Ald. (90) Bor VI. f. 304. VII. f. 17, 70. VIII. f. 102, 134. IX. f. 144. Onder de Predikanten van welke ik gissen zou, dat ze bij de Watergeuzen waren, denk ik aan *Thomas van Thielt* of *van Til*, weleer Abt van St. Bernard bij Antwerpen en sedert Predikant te Gent, Haarlem en Delft, waar hij 13 Jan. 1590 stierf en begraven werd: — en aan *Herman de Strijker* of *Modet*, een Zwollenaar, wiens naam zeer bekend is geworden (over wien men zie in de Rijks levensbeschrijving). Ik gis het, omdat de Predikant W. Te Water in zijne *Hist. der Herv. Kerk van Gent*, van beiden een uitvoerig levensberigt gevende, daarin zegt, dat hun verblijf van 1567 tot 1572 onbekend is. Zie gemeld werk, van den eerste, bl. 259. van den laatste, bl. 239. Van Modet gis ik het met eenige meerdere zekerheid, omdat hij zich juist bij de Rijk te Zierikzee bevond, toen die stad aan de Geuzen overging in 1572.

Bl. 60. (91) Winsemius *Histt*. L. II. f. 129.

Bl. 61. (92) Bor, V. f. 224.

Ald. (93) Winsemius noemt hem *Occo Frisius* en schetst hem als zeer vijandig gezind tegen de zaak van Oranje en de Geuzen, om welke reden hij dan ook door Graaf Edzard, tot deze belemmeringen van der Watergeuzen aanslagen, zou gebruikt zijn. Edzard werd, door het ongemak dat hij zelf leed van de wapenen van Oranje (men ontzag ook de Emdensche schepen niet altijd) en door de ongelukken van Oranje zelven bewogen om zijne pogingen ter zee hinderpalen in den weg te leggen. *Histt*. L. II. f. 136.

Ald. (94) Bor, V. f. 228. VI. f. 270.

Bl. 62. (95) *Sententien van Alva*, bl. 244, 245.

Ald. (96) V. Meteren, III. f. 59, haalt Jan Fruytier aan, ten bewijze dat het getal der verdronkenen omtrent honderd duizend is geweest. Hooft, VI. bl. 217 noemt hetzelfde getal, maar geeft te kennen dat dit verlies van al de landen te zamen was, waar deze ellende gevoeld werd. Het is een onbepaald, voor een onbekend groot getal. Bij iederen zwaren vloed die deze landen teisterde rekent men gewoonlijk zoo veel. Men zie slechts F. Sjoerds *Fr. Jaarb.* II. bl. 406, 545. Even zoo is het misschien met het getal der martelaren.

Ald. (97) Schotanus, bl. 757. Hij heeft verscheidene bijzonderheden aangaande den Allerheiligen vloed, onder anderen dezelfde geschiedenis, welke, te Dordrecht verhaald wordt van den St. Elisabeths-vloed, de vertelling van »het zoetelijk slapende" kind in de wieg, en de kat die het sobere vaartuig in evenwigt hield. — Ook zegt Schotanus dat het getal van twintig duizend omgekomenen te groot was: het Hof van Friesland had zoo velen niet uit de opgaven der Grietenijen kunnen opmaken. Misschien was dit het grootste getal voor geheel Nederland. Dat de Spanjaarden meenden, in die overstrooming, de wraak te zien der Heiligen over het schenden hunner beelden, is bekend; minder, dat eene dergelijke vloed, in 1173, doorging voor een oordeel Gods over heiligschennis en kerkdieverij te Utrecht in verschillende kerken gepleegd. F. Sjoerds, t. a. p. bl. 406.

Bl. 63. (98) Hooft, VI. bl. 216. Schotanus, bl. 756 spreekt van 8 hulken, 3 vlieboots, vele lootsbooten, en bepaalt deze verovering op 30 Sept. 1570.

Bl. 64. (99) Bor, V. bl. 238. Uit eene aanteekening des Heeren Eekhoff te Leeuwarden, zag ik dat Kamminga zelf op zijn slot overrompeld werd, en er later door Robles werd gevangen genomen. Of het bij deze gelegenheid, dan wel vroeger geweest is, bleek mij niet.

Ald. (100) Reeds vroeger, en wel niet later dan Sept. 1569, was Ameland door de Watergeuzen bezet, en het kasteel geplunderd, gelijk uit Viglius 89e brief aan Hopperus duidelijk blijkt. Waarschijnlijk was het, na het verslaan der Geuzen op dat eiland, door de Spanjaarden bezet gebleven, die nu weder door Entens verjaagd werden. Misschien werd hij in die maand (Januarij) weder verjaagd, met zulk eene overhaasting, dat hij zich zwemmende en ongekleed redden moest, en zijn fluweelen broek in de vlugt liet. Dit verhaal geeft ons de Predikant N. Westendorp, een beroemd oudheid- en geschiedkenner van onze dagen, in een levensberigt van Entens in den Almanak van het Depart. Leens, voor 1836. bl. 48. die evenwel dit gebeurde vroeger stelt.

Bl. 65. (101) Over het aangemerkte vergelijke men Te Water, *Verb. der Ed.* II. bl. 314 op P. Camminga, en op D. Martena, III. bl. 92.

Ald. (102) Winsemius, *Histt.* L. II. f. 136.

Bl. 66. (103) Bor, V. bl. 239.

Bl. 67. (104) Hooft, VI. bl. 219.

Ald. (105) Ep. 120. 17 Dec. 1570. Zoo drukt hij zich uit bij gelegenheid dat hij aan Hopperus schrijft, dat er kwade geruchten gingen omtrent het plunderen der Abdij van Bern, nabij Heusden. Het is niet onmogelijk, indien dit gerucht zich bevestigd heeft, dat de deelgenooten van Herman de Ruiters aanval op Loevestein, die, in deze dagen, zoo gelukkig slaagde, de schuld daarvan moeten dragen, doch er is geene zekerheid voor deze onderstelling. De Ruiter stond, hoogst waarschijnlijk, zoowel met de Watergeuzen in verband, als Hartman en Watze Gauma, in Friesland. De schrijver van den Roman, *Het Slot Loevestein,* heeft van dit denkbeeld zeer goed partij getrokken.

Bl. 68. (106) Zie over die zamenkomst Lacretelle *H. d. F.* T. II. bl. 19. Het zeggen van Alva, waarmede hij op den moord der hoofden van de Calvinisten doelde, dat de kop van één zalm meer waard was dan tienduizend kikvorschen, wordt ook daar vermeld, en wij twijfelen niet of het was toen in de harten der Nederlandsche Hervormden weggelegd. In hoe verre Maria Stuart, Koningin van Schotland, aan deze raadslagen deel had, mag uit Robertson blijken, die verzekert dat zij sich tot dat bondgenootschap voegde, en al hare volgende rampen aan dit ongelukkig besluit toeschrijft. *Gesch. van Schotl.* D. II. bl. 9. volgg.

Bl. 69. (107) Vreeslijk klinkt het wraakgeschal in de *Geuzen-liedekens*. De uitdrukkingen zijn veelal ontleend uit de Openbaring van Joannes. Zie onder anderen uit een *Nieuw-liedeken* op bl. 10. uitgave bij Gysbert de Groot. Amsterdam 1683.

> Mijn volck wilt hem (den Anti-Christ, den Paus) vergelden
> Alwat hij heeft gedoot
> Met branden/ mozgen/ schelden/
> Benaeutheyt/ hongersnoot.
> Die onder 't autaer roepen/
> Die zielen heb ick verhoozt:
> Mijn toozn staet u open/
> Laet het den Paus bekoopen
> Met hangen/ mozgen en moozt.
>
> Ghij Vozsten/ Potentaten/
> Rechters op deser aerdt
> Die Roomsche hoer wilt haten!
> Daervan ghij dronken waert
> Van haer toversche wijne/ enz.

Uit een ander *Nieuw liedeken*, bl. 15.

> Want 't is wel den laetsten tijdt/
> Waer ons Mattheus af tuijdt
> In zijn vierentwintigste wel bzamen/ (nut)
> Weest doch getroost Broeders al 't samen.

of nog bl. 16:

> Nu is den dagh des Heeren naer/
> O menschen en hebt ghy geenen baer! (vrees)
> Het sweert wordt bloedigh gebonden
> Over de Babeloensche honden.

De Prins van Oranje wordt ook ernstelijk vermaand bl. 18.

> Prinse geëert/ u doch bekeert
> Tot Godt en leert sijn leere,
> U bleeghch verheert/ en 't quaet verteert
> Verjubileert doch seere.
> U in den geest des Heeren breest
> Gehoorsaem weest sijn wetten.
> Sijnes woordts keest (kern) smaeckt mingst en meest
> Dat quade beest wilt verpletten.

Uit deze liederen kan de volksgeest dier dagen eenigzins gekend worden. Dat zij invloed hadden heeft de geschiedenis geleerd.

Bl. 70. (108) Winsemius, dien wij juist niet geheel van bijgeloof kunnen vrijpleiten. *Histt.* L. I. f. 12, 51 sqq. 102, 108, 130. en eene menigte andere plaatsen. Schotanus, bl. 749. Hooft, bl. 203, 546. Het geloof aan het rampvoorspellende, of ramp-aanbrengende vermogen der kometen was toen algemeen bij allen. Pontanus en Slichtenhorst in de *Geldersche Geschiedenissen* verzuimen zelden de verschijning eener staartster aan te teekenen, en wat zij aanbragt. Zie b. v. bl. 290, 496, 526. Fr. Haraeus blijft zich zelven niet gelijk. Hij verhaalt dat de komeet van 11 Nov. 1577 en volgende dagen, den Turken en Nederlanderen jammer voorspelde. *Ann.* T. III. f. 272. (De komeet van 1577 en 78 verwekte grooten schrik, evenwel hij kon ook iets goeds voorspellen. *Der comeet und die grosse prodigia so diess jahr gesehenn wordenn, wollen ihre wirckung haben; Gott gebe dus sie zu eynem guten ende lauffenn:*

schrijft de Landgraaf Willem van Hessen. *Arch.* T. IV. p. 417.) Maar als Haraeus later meldt, bl. 411, dat Jo. Regiomontanus het jaar 1588 boven anderen als rampvol had voorspeld, voegt hij er toe: »ik zie niet waarom niet het » vorige en eenige volgende even ongelukkig zijn. Meer » geldt bij mij de stem Gods bij Jeremia, H. 10. vs. 2. *Ontzet* » *u niet- over de teekenen des hemels dewijl de heidenen er* » *sich over ontzetten.*" Hoe verlicht voor die dagen en zijn geloof! Evenwel in 1588 was de Onoverwinnelijke vloot te schande geworden, toch nog al een belangrijk ongeluk voor Spanje.

Bl. 71. (109) Bor V. f. 240.

Bl. 72. (110) Bor V. f. 241.

Ald. (111) Winsemius *Histt.* L. II. f. 129, 132. Viglius, Ep. 130, 132.

Ald. (112) Winsemius *Histt.* L. II. f. 136. Velius *Kronijk van Hoorn*, bl. 74. Winsemius verhaalt f. 158. uit de Gedenkschriften van Feico Nicolai, Burgemeester van Staveren, en een streng Catholijk, dat de Geuzen Joannes Lindanus, Prior van het klooster te Hemelum, te Workum uit des Priesters huis met zich voerden naar Norden in Oost-Friesland. Men eischte zesduizend dalers voor zijn rantsoen met bedreiging van hem, anders, te zullen ophangen. Hij werd, zonder kosten, door een Edelman, Hajo Manninga, bevrijd en met eere weder naar huis gezonden. Een bewijs dat de Geuzen niet onhandelbaar waren.

Bl. 73. (113) Bor V. f. 241. Het oorspronkelijke stuk der indaging van Zeger Franszoon bestaat nog te Medemblik, op de Secretarie.

Ald. (114) Winsemius *Histt.* L. VI. f. 480 sq. die hem *Joannes Jodocius* noemt.

Ald. (115) Viglius Ep. 133.

Ald. (116) C. Cleyn *Dankoffer voor de eerstelingen van Neerlands vrijheid* enz. bl. 34. *Bijvoegsels op Wagenaar* VI.

bl. 79. Lang daarna werden de torens van hunne klokken beroofd. In 1577 nam de Admiraal Johan van Duivenvoorde, die uit den toren van Spaarnwoude om er geschut van te gieten. Lumey had op het Brielsche eiland al de klokken uit de dorptorens doen nemen, buiten twijfel om er geschut van te gieten. Meursius, *Ferd. Albanus* L. III. p. 121. In de rekening van Vere (waarover nader) wordt menigmalen van *Clockspijs* gesproken. Het ontbrak den bevrijderen des Vaderlands aan geschut, en de klokken konden daartoe het beste dienen. Zulke kanonnen van klokken gemaakt waren op de Noord-Hollandsche vloot die Bossu versloeg op de Zuiderzee. Zoo luidt het in een *Beklaeghliedeken van Bossu* in de *Geuseliederen*, bl. 47. Bossu spreekt:

> Mijn bast hertzouwen was mijn schip
> Godt hab ick gansch verlaten:
> Mij docht het was een harde klip
> Daer mochten geen pompen op baten/
> Maer daer quamen pompen in de bloot
> Die Hendrick van Czier van klocken goot/
> Die maeckten groote gaten.

(Namelijk de Spanjaarden zeiden dat de Geus houten pompen tot zijn geschut had. Zie bl. 46b.)

Bl. 74. (117) Zij worden allen genoemd en veroordeeld in de *Sententien van Alva*, bl. 241, 242, 245. Of de wreede moord op Paaschdag 1571 te Berchem, aan den Land-deken en een anderen Priester gepleegd, en de plundering van het klooster aan de Watergeuzen moet worden toegeschreven is op verre na niet zeker. Viglius, Ep. 133. geeft dit wel te kennen, doch Bor ontkent het ronduit en schrijft het aan eenige kwaaddoeners toe. V. f. 241. Ik geloof ook dat er zeer veel door sommige booswichten op naam der Watergeuzen verrigt is, waaraan zij geheel onschuldig zijn. Van eigenlijk gezegden moord aan Priesters of Monniken zijn mij voor 1572 geene voorbeelden bij hen voorgekomen. Vergelijk over den moord van Bernardus Brochem (zoo heette de Land-deken) het Placaat van Koning Philips van 19 April 1571, getrokken uit het Placaat-boek der stad Zierikzee, N° III. in het *Tweede Eeuwfeest van de vrijheid van Vlissingen* door J. W. Te Water, in de Bijlagen, bl. 15 volgg. Zie ook over het gebeurde te Berchem, volgens de bekentenis van Ananias, Bastaart van Crueningen, in zijn vonnis bij van Hasselt, *Stukken voor de Vad. Hist.* D. II. bl. 107. Mij is nog een voorbeeld van een dergelijken gruwelijken moord voorgekomen, gepleegd woensdag na Nieuwejaar 1571 in Overijssel, aan eenen Jan van Bukhorst, op den huize Bukhorst bij Zalk, door 12 booswichten in boeren-gewaad. Het verhaal van dien moord werd mij medegedeeld door den Heer Mr. J. T. Bodel Nyenhuis, in eenen onuitgegevenen brief geschreven door Ottonia van Wyngaarden, eene nicht van genoemden Jan van Bukhorst. De brief is in het Archief van den huize Bukhorst gevonden door den heere J. van Doorninck, Archivarius van Overijssel. De plundering (want al wat van eenige waarde was werd geroofd) en moord, worden zeer omstandig beschreven. Men hield de vermomde roovers voor Geuzen, want zij zeiden uit het hunne verdreven te zijn, *sy hielden haer off sy gussen waeren*. Dit is mij wel niet genoegzaam om aan Watergeuzen te denken, maar het was niet onmogelijk dat sommigen der oproerige zeelieden en soldaten (zie bl. 66) aan dien gruwel schuldig stonden. Anders, het platte land werd overal door wanhopige ballingen overstroomd, een soort van wilde Geuzen, en de moordenaars kunnen tot dezen hebben behoord. De schrijfster meldde dezen jammer aan haren vader, wien bij deze gelegenheid een deel zijns goeds ontroofd werd. Hij zelf was voortvlugtig, en behoorde misschien tot het geslacht van Karel en Willem van Wyngaarden, Kapiteinen onder Sonoy. De brief getuigt van de Bijbelkennis en Godvrucht der schrijfster. Zij was waarschijnlijk hervormd, schoon de familie door de roovers voor Papisten werd gescholden.

Ald. (118) *Sentt. van Alva*, bl. 243-246.

Bl. 75. (119) Viglius, Ep. 132.

Ald. (120) 's Gravezande *Tweede Eeuwget. der Midd. Vrijheid*, bl. 140, 141.

Ald. (121) De brief is van 11 Sept. 1569, te vinden in J. W. te Waters *Tweede Eeuwfeest* enz. Bijl. bl. 26.

Bl. 76. (122) Vergelijk De Jonge *Nederl. Zeewezen*, I. bl. 180 volgg. Meteren beschrijft de vliebooten en zegt dat de Vlissingers vooral die ter zee gebruikten. In de Rekening van Vere (zie het 2de stuk) en in de Geuze-liederen worden ze meest *Vliesche booten* genoemd. Zij waren van 40 tot 140 vaten groot, met 6 tot 20 stukken geschut, en met zooveel volks, als ze vaten groot waren, bemand, of twee man per groot last: zie f. 76. waar men ook *hulken*, grootere schepen, genoemd vindt (zijnde deze meest allen veroverde koopvaarders), voorts eene beschrijving van boeiers, met smakzeilen, (een soort van bezaanzeilen) kromstevens genoemd.

Bl. 78. (123) Over Oranjes en Graaf Lodewijks verbindtenissen met Karel IX, die, gedurende dezen tijd, de Hervormden zeer begunstigde, zie men de *Archives* T. III. p. 383. Men scheen aan zijne opregtheid te gelooven, maar hij werd door anderen bestuurd. Zie nog bl. 405. Zelfs was er eenig gerucht van een oorlog tusschen Frankrijk en Spanje: zie Viglius, Ep. 138. die er zeer vele vrees voor koesterde, omdat de gezindheden der Nederlanders, te zeer getergd, niet zeer voor Spanje waren: Hooft, VI. f. 223. Mezeray houdt al de beloften van Karel IX en zijn hof, aangaande den oorlog tegen Spanje, al de vriendschap aan Graaf Lodewijk en Coligny bewezen voor loutere veinzerij, D. V. bl. 438 volgg. En waarlijk (indien het waarheid is) wat moet men denken van een man die Coligny op allerlei wijzen liefkoosde, in al zijne maatregelen scheen te treden, en bij het misvormde lijk van den Admiraal met wellust vertoefde, zeggende tot hen, die, wegens den stank, hem van daar wilden weeren: *le cadavre d'un ennemi sent toujours bon.* Lacretelle *H. d. F.* T. II. bl. 147. Zie denzelfde over Karels veinzerij, bl. 110. suiv. Doch vergelijk ook M^r. Groen van Prinsterer in de *Archives* T. III. p. 496, die Karel verdedigt, en Capefigue, *Hist. de la Ref.* T. III. Ch. 36. p. 19. Ch. 49. p. 332.

Ald. (124) De vrees in Engeland dat de Franschen zich van de Belgische gewesten mogten meester maken, zal ook eene der oorzaken zijn geweest, waarom Elisabeth de met Frankrijk verbondene Geuzen haar gebied ontzeide. Over het algemeen vreesde men toen reeds de uitbreiding van Frankrijks magt in deze landen. Elisabeth was te staatkundig om dat Koningrijk zoo groot te zien. Dat Oranje van deze zaken eenig denkbeeld had, laat zich gemakkelijk begrijpen. Zie de *Arch.* T. III. p. 403 suiv.

Ald. (125) Zie deze gansche handeling uitvoerig bij Bor, V. f. 240-244.

Bl. 79. (126) Hooft, VI. f. 228.

Ald. (127) Feico Nicolai bij Winsemius *Histt.* L. II. f. 158. Bor, V. f. 246. Hopperus *ad Viglium* Ep. 115 spreekt er ook van, evenwel altijd nog als bij geruchte. *Ajunt etiam* etc. Maar den Koning was er nog niets van gemeld, hetgeen hem zeer verwonderde. De Geuzen hadden vijf schepen verloren, en hunne vloot was verstrooid.

Bl. 80. (128) Winsemius, f. 158. De verhaler dezer gruweldaad is Feico Nicolai, reeds genoemd (aant. 112.) Hij is, naar het weinige dat Winsemius van hem aanhaalt, een zeer geloofwaardig man geweest en vrij van die hevige bitterheid der Catholijken tegen de Hervormden. Wij mogen aan de waarheid van het verhaalde naauwelijks twijfelen, ten zij Nicolai verkeerd onderrigt was. Wie dien moord bevolen heeft is onbekend. Dat het Lumbres was, waag ik niet te denken. Anders onze schrijver noemt hem, die bevel tot den moord gaf, *Archithalassus*. Hij zegt wel niet dat het geschiedde uit weerwraak over den dood van Jan Broek, maar er kon geene andere redenen bijna voor bestaan. De la Pise doelt waarschijnlijk op deze daad, in zijne *Histoire des Princes et Principauté d'Orange*, f. 371. als hij zegt: *Ceux de Hambourg — s'en repentirent* (van het ombrengen van Jan Broek) *par l'exemplaire vengeance qu'on prit sur eux*.

Ald. (129) Bor, VI. f. 262.

Bl. 81. (130) Dit gansche merkwaardige stuk, zoo belangrijk voor de kennis van Oranjes bedoelingen in de bevrijding des Vaderlands, is ons door Bor bewaard, VI. f. 263.

Ald. (131) Le Petit, *Gr. Chron.* T. II. bl. 393. Hoogstratens *Woordenboek* op *Entens*. Van Meteren, f. 167b. Doch van Meteren moet met voorzigtigheid over Entens gelezen worden. Beter is het getuigenis van Winsemius, *Histt.* VI. f. 482 sq. Zie zijne levensbeschrijving hier achter.

Bl. 82. (132) Het ging met de Watergeuzen juist, zoo als John het uitdrukt in de *Botany-bay Eclogues* van R. Southey, Ecl. 3.

And the hard battle won if the prize be not sunk,
The captain gets rich and the sailors get drunk.

In Frankrijk ging het somwijlen beter, niet altijd; de zeeroovers van Rochelle bragten, tot onderstand der Hervormden, veel geld aan. Mezeray, V. p. 415. *Archives* T. III. p. 375.

Bl. 83. (133) O. Z. van Haren, *Geuzen.* 3de zang, en aant. bl. 264. — Niet alleen Viglius, maar ook Hopperus spreekt er van op dezelfde wijze, Ep. 122. *Nam si vera sunt quae de Gallis Huguenotisque huc afferuntur, non valde diuturna pace frueremur, maxime instigante eos Turca et ob rem contra D. Joan. ab Austria male gestam, pro-*

perare jubente. (Indien het waarheid is wat hier van de Franschen en Hugenooten verhaald wordt, zullen we niet lang vrede hebben, dewijl de Turk hen ten sterksten aanport en, om zijne neerlaag in den strijd tegen D. Jan van Oostenrijk, tot spoed aandringt).

Van Haren, indien wij iets geschiedkundigs in zijne verzen moet vinden, wil de halve manen doen voorkomen als de vereeniging der Watergeuzen met de Turken te kennen gevende. Hij heeft echter Viglius woorden te sterk opgevat. Van waar die halve manen zijn, is onbekend. De opschik was zonderling en is vooral in het ontzet van Leyden beroemd geworden. Was het opschrift der halve manen louter een inval van een vernuftigen Watergeus? Of stond het in verband met den Turkschen oorlog? Van waar juist die teekenen van het Islamismus? Of is dit louter toeval, zoo als men zegt? Daar zijn er nog verscheidenen bewaard, gewoonlijk met het opschrift

Liever Turx dan Paus

op de andere zijde

En despit de la mes

Hooft's redenen voor het dragen dier sieraden of leuzen, mogen vernuftig zijn: of ze de ware zijn, mag ieder beoordeelen, B. IX. f. 384. Le Francq Berkhey drukt het nog krachtiger uit in zijn *Verheerlijkt Leyden*, bl. 48.

De halve manen zag men blinken op den hoed
Van 't zeevolk, dat, ten spijt van Spanjes overmoed,
De voorhuid eerder door den Turk wou doen besnijden,
Dan Romes vloekjuk op den Zeeuwschen nek te lijden.

Het blijft altijd de vraag van welken tijd deze leuzen dagteekenen? Zij kunnen van 1571 en iets vroeger zijn, als ware het, aan de mutsen gehecht om de Spanjaarden te tergen en zich te vertoonen als in verbond staande met de opgestane Moren in Spanje, en de dappere veroveraars van Cyprus. Maar de geschiedenis zwijgt er van tot den tijd van Leydens ontzet. Toen evenwel droegen ze de Zeeuwen reeds, en bij hen alleen werden ze gevonden. Waarschijnlijk hebben de halve manen eerst in 1572, haren oorsprong te danken aan den hevigen krijg te land en te water, in dat en het volgende jaar in Zeeland gevoerd. De Zeeuwen waren de meest verbitterde vijanden der Spanjaarden. Mogelyk (en wij zouden het bijna denken om deze en geene redenen en ook om het *En despit de la mes*) hadden de Fransche Hervormden deze leuzen uitgevonden en met zich naar Zeeland gebragt.

Bl. 84. (134) Mezeray *Chron.* V. bl. 442.

Ald. (135) *De Bello Belgico*, Dec. I. L. V. p. 284 sqq.

Ald. (136) Thuanus noemt hem *Joannes Michius* en kan over hem worden nagezien L. 37. f. 584. Zijn naam was eigenlijk *Don Joseph Miques*, door de Joden *Nassy* genoemd. Hij was een Portugeesche of Spaansche Jood. *Nederl. Stemmen* van Febr. 1837. bl. 81.

Bl. 85. (137) Dit verzoekschrift is door Bor geheel bewaard, III. f. 86 volg. Zie ook Te Water *Verb. der Ed.* D. II. bl. 37 volgg. Zijn H. Gel. geeft, D. IV. Bijl. O. bl 134. de namen op van eenige Edelen, onderteekenaars van dat geschrift, met de sommen achter hunne namen, die zij tot aanvulling der dertig tonnen gouds beloofden te geven. Zie nog *Arch.* T. II. p. 416. suiv.

Bl. 86. (138) *Miquez* was volgens Strada, D. I. L. V. p. 284, volg. een gelukzoeker, door misdaden berucht. Hij was nog jong uit Spanje gevlucht, en had lang te Antwerpen gewoond, waar hij bij de toenmalige Gouvernante, Koningin Maria, zeer in aanzien was. Na den roof eener edele maagd vlood hij naar Venetie. Daar handelde hij met den Raad, om op eene der eilanden een verblijf voor de Joden te verkrijgen maar slaagde niet. Toen ging hij naar Constantinopel, huwde daar eene rijke Joodsche vrouw, trok naar Selim in Cilicie, en werd de dienaar zijner weelderige vermaken. Na den dood van Selims vader, Soliman, voegde zich Miquez bij de raadslieden die Selim tot de verovering van Cyprus aanspoorden, en voedde (naar het scheen) zelfs hoop om Koning van Cyprus te worden. Om Venetie te krenken, wist hij den hevigen brand in die stad te ontsteken, waardoor de kruidtoorens in de lucht sprongen en eene vreeselijke vernieling aanregtten. Don Carlos, de ongelukkige zoon van Philips II. zou hem ook gebruikt hebben om de Turken, tot bijstand der door hem in oproer gebragte Mooren, tegen Spanje aan te voeren. Doch dit laatste wil Strada niet voor waarheid verhalen. Van het andere kan ook vrij wat onwaars zijn. Dat Miquez evenwel, een gedwongen Catholiek, zijn voor een poos aangenomen geloof verliet, en, ook om die reden, een vijand van Spanje was en alles tegen Spanje poogde te hoop te brengen, zal ieder ligtelijk toestaan. Doch de zaak vereischt breeder onderzoek dan hier kan geschieden.

Ald. (139) Hopperus, Ep. 67, 111, 122, aliae.

Bl. 89. (140) Er bestaat eene penning, waarop een bloot zwaard, aan welks eene zijde negen penningen en de tiende op de punt; aan de andere zijde een bril en fluitjen met een oor aan iedere zijde van de punt des zwaards. V. Loon *Nederl. Hist.-penningen*, D. I. bl. 148. Deze penning is zeker na het innemen van den Briel geslagen; doch het is niet onmogelijk dat de Watergeuzen dergelijke afbeeldingen in hunne vanen voerden, de bril kwam er later, op de penning bij: welke vanen of vlaggen zij anders voerden, is niet zeker; niet onwaarschijnlijk de kleuren van Oranje, en de Edelen hunne eigene banieren.

Bl. 90. (141) Ep. 165. *Arripuere deinde occasionem ex decimi denarii indictione ut promiscuum vulgus ad se traherent.* O. Z. van Haren heeft in de *Aant.* op zijne Geuzen bl. 272 volgg. dit onderwerp voortreffelijk behandeld. Over den tienden penning handelt Bilderdijk uitvoerig, *G. d. V. D.* VI. bl. 109 volgg. zie de *Oph.* bl. 262 volgg. De aanmerking, bl. 114, is scherp, maar te dikwijls waarheid: "dat het volk meer belang stelde (zoo als 't gaat) in "'t geen hun *rijk*, dan in 't geen hun *zalig* moest maken. "Natuurlijk: want om 't een denkt men maar eens in de "week, aan 't ander alle dagen." E. van Reyd, *Hist. der Nederl. Oorlogen*, f. 10. is niet minder sterk, schoon zijn zeggen zich grondt op de veronderstelling dat de Nederlanders alleen om den tienden penning het zwaard opnamen. "'t Schijnt dat Godes straf over de Nederlanden des "te swaerder gevallen is, dewyl sy om tytlyckes goet wil"len in de Oorloch tegens den Coninc traden, daer sy sich "van den Godsdienst ende ware Religie gheduldich hadden "laten berooven." Welke moeite Alva had om tot zijn doel te geraken, en hoe hevig de tegenstand der Brusselaren was, leert ons een verhaal, door een burger van Brussel gedaan aan Graaf Willem van den Berg, in een brief door den laatste aan zijn schoonbroeder Willem I geschreven, 29 Jan. 1572. *Arch.* T. III. p. 408. Brussel kwam in oproer. Alva week zelf uit de stad, en de Graaf van Aarschot weigerde hem ten dienst te staan: niemand wilde gehoorzamen en wie het nog wilde had de woede der ingezetenen te vrezen. Zelfs de Regering van Brussel toonde zich weerspannig. Graaf Willem twijfelde echter aan de volle waarheid van het geheele verhaal, p. 411.

Ald. (142) Winsemius, L. II. f. 158.

Bl. 91. (143) Bor, VI. f. 264ᵇ. Hooft, VI. f. 228. die van 200 schoten spreekt. Meteren, f. 63. noemt er 488.

Ald. (144) Hume *Gesch. van Engel.* V. bl. 304. Wagenaar, VI. bl. 342.

Ald. (145) Zie Aant. 86. en Mezeray, D. V. bl. 439.

Ald. (146) Lacretelle, T. II. L. VII. p. 106. p. 123-127. Dat Coligny zich nog door een huwelijk met de jeugdige

Gravinne d'Antremont liet belezen meldt ons deze geschiedschrijver, en deze zwakheid en zijne verregaande ligtgeloovigheid mogen grond geven voor zeer ongunstige beschrijvingen van zijn karakter, zoo als die van Capefigue, die van hem zegt: *le plus mediocre des caractères, compromettant son parti et le conduisant par sa crédulité vaniteuse à la St. Barthélémy. Hist. de la Reforme etc.* T. I. dans la *Lettre à M. le Baron de Pasquier*, p. 12. Dit ongunstig oordeel vinden wij nog uitgebreider, T. II. ch. 20. p. 19, 20. Zie V. Meteren, f. 72.

Bl. 92. (147) Verscheidene dezer brieven zijn te vinden in de *Archives*, T. IV et V. Over het gezegde aangaande Lumbres, Lumey enz. zie Bor, XXXIII. f. 57.

Ald. (148) Thuanus, L. 54. Hareus *Ann.* T. III. f. 119. Schotanus, f. 761 spreekt wel van vijftig.

Bl. 93. (149) Op deze wijze wordt de zaak door Schotanus voorgesteld, f. 761.

Ald. (150) Een Antwerpsch eerst en naderhand een Biscaaier. Hareus t. a. p., f. 119. Van het gevecht en het nemen van het eene schip meldt het *Geuzen-liedeboek* bl. 31.

> Het geschiede op een palmdach/
> Smorgens omtrent acht uyren/
> Dat sij aanvielen met groot gewach
> Die bloot al sonder verdrach;
> 't Geschut als eenen donderslagh
> Men aan beijde zijden mocht hoozen
>
> Daer quam uijt Spaengien met de vloot
> Een buijs daer zij na loerden/
> Die zij met menigen schoot
> Innamen met harden stoot/
> Twee kisten met gelt groot
> En specerij daerupt voerden.

Bl. 94. (151) » God dreef hen door storm in de Maas," zegt Blomhert, *Gesch. van het Vereen. Ned.*, bl. 78. Waarschijnschijnlijk werden ze door een storm uit het Noordwesten binnen gehouden, en van daar de vermeerdering hunner vrees.

Ald. (152) De Heer Van Wijn heeft dit genoegzaam bewezen in zijne *Bijvoegselen* op Wagenaars VI. D. bl. 78. uit hetgene in O. Z. Van Harens geheugen nog was overgebleven van het zoo ongelukkig verbrande handschrift van zijn Voorvader, den Watergeus Adam van Haren. Zie over dat handschrift wat Van Wijn daarvan opgeeft t. a. p. aant. (e), Van Haren zelf in zijne *Geuzen*, *Oph.* bl. 263 en de *Hareniana* in de *Mnemosyne* van H. W. en B. F. Tydeman, III. D. bl. 180 volgg.

Bl. 96. (153) Dat het op Dingsdag was en niet op Palmzondag (zoo als Strada schrijft: D. I. L. VII bl. 431. *Dominico Palmarum die*) heeft Cleyn in *Dankoffer*, bl. 77 en 's Gravezande, *Tweede Eeuwgetij der Midd. Vrijh.* voldingend bewezen.

> Op een dingsdach tzaben aan lant
> Al de Solbaten en Capiteijnen etc.

zegt het *Geuzen-liedeboek* bl. 31.

Ald. (154) Van Wijn heeft dit reeds duidelijk betoogd in zijne *Bijv.* op Wagenaars VI. bl. 79.

Bl. 97. (155) Uijt den Briel sij schoten te hant
Sij meenden se te keeren.
Geuzenl. bl. 31.

Bl. 98. (156) Op deze wijze heb ik de onderscheidene verhalen pogen te vereenigen, zoowel van onze geschiedschrijvers als van de Geuze-liederen. Dat de Zuidpoort in brand werd gestoken, meldt een ooggetuige, ten minsten hij spreekt als zoodanig.

> Den Briele wij intrzegen
> In April den eersten dagh:
> Als mannen sach men ons plegen;
> Die Zuijtpoort sonder herbragh
> In brant wij staken aen etc.   G. L, bl. 31.

Een ander Nieuw-liedeken van den Briel, bl. 31. spreekt van de twee tonnen met buskruid.

> Twee tonnen met boschruijt gelaen
> Voor de poorten gingen sij leggen/
> Die sagh men hen daer stellen aen/
> Die poorten branden saen/
> Goetwilligh de burgers op baen
> D'ander poort sonder weerseggen.

J. I. Pontanus in zijne *Geldersche Geschiedenissen*, f. 521. zegt dat de burgers van den Briel naar de Zuidpoort snelden, toen de Geuzen daar het vuur aanstaken, en dat deze daarop de verlaten Noorderpoort veroverden.

Ald. (157) Van omtrent 250 man spreken Bor en Hooft, Schotanus van 6 à 800, Reyd van niet meer dan 600, de Geuze-liedekens van 300, en Frederik van Dorp, die zelf op de vloot was, van nog geen 300 man. 's Gravezande spreekt ook van 800. *Tweede Eeuwget.* bl. 159.

Een ander, kort verhaal van het innemen van den Briel, door een ooggetuige, doch niet behoorende tot de Watergeuzen, maar eer hun vijand, vinden wij in een brief van de regering van Zierikzee, geschreven aan die van Goes, op goeden Vrijdag 4 April 1572. Deze brief behelst het verhaal van den Stuurman eener hulk van Schipper *Claes Voer*, welk schip door de Watergeuzen genomen was, en *met andere schepen* gebragt was in den Briel. Genoemde Stuurman *met practijke ontkomen* had verklaard, dat de Watergeuzen *bij schoonen* (bij klaar lichten) *dage* voor den Briel kwamen en de stad met geweld *des nachts* (tusschen 8 en 9 ure des avonds kon het reeds nacht heeten) hadden ingenomen. Zij hadden de voornaamsten der stad gevangen gezet. Ook zeide men op de vloot dat ze groote versterking wachtten, zoodat zij welhaast 100 schepen sterk zouden zijn. Daarenboven was hunne meening om naar Texel te zeilen, en 's Konings schepen te nemen, *hebbende ten dien fine geweest tot voor Egmont op Zee, maar doordien de wint henluyden contrarie viel, dat sy daer omme gekeert syn, ende sulcx de Maese aangedaen met cleyn zeilen enz.* Voorts bevatte een naschrift op genoemden brief het berigt dat er op den vorigen dag (3 April) van Zierikzee brand gezien was in den Briel op verschillende plaatsen. Men vermoedde dat de Piraten Kloosters of Kerken of Godshuizen in den brand mogten gestoken hebben. Voorts vuurden zij alle nachten van den Brielschen toren, dat mede kwaad vermoeden gaf. — Van dat verbranden der kerk-gebouwen wordt nergens iets gemeld. Waarschijnlijk was er op het eiland hier en daar brand ontstaan, en het kwaad gerucht waarin de Watergeuzen stonden, meer dan de zekerheid van het gezigt, had de Zierikzeesche Regenten tot dat vermoeden gebragt. — Bijna zou men meenen dat de Watergeuzen meer dan twee schepen genomen hadden; de twee genoemde echter zullen om hunne rijke lading het meest zijn in aanmerking gekomen. — De brief is uitgegeven door wijlen den Raadpensionaris L. P. van de Spiegel, in zijne *Historie der Satisfactie van Goes* bl. 111 volgg.

Ald. (158) Van Wijn *Bijv. op Wag.* VI. bl. 85.

Bl. 99. (159) Onze poëet in de *Geuze-liedekens* drukt het uit met de spottende termen dier dagen:

𝕳𝖔𝖔𝖗𝖙 𝖊𝖊𝖓𝖘 𝖓𝖆𝖙 𝖊𝖊𝖓 𝖐𝖑𝖚𝖈𝖍𝖙𝖊:
𝕯𝖔𝖊𝖓 𝖉𝖊𝖓 𝖌𝖆𝖓𝖘𝖈𝖍𝖊𝖓 𝖍𝖔𝖔𝖕/
𝕸𝖎𝖊𝖙 𝖘𝖔𝖓𝖉𝖊𝖗 𝖌𝖗𝖔𝖔𝖙𝖊𝖓 𝖌𝖊𝖗𝖚𝖈𝖍𝖙𝖊/

> 𝕴𝖓𝖖𝖚𝖆𝖒𝖊𝖓 𝖒𝖊𝖙 𝖘𝖔𝖊𝖙𝖊𝖓 𝖑𝖔𝖔𝖕/
> 𝕰𝖊𝖗𝖘𝖙𝖔𝖓𝖙 𝖒𝖔𝖊𝖘𝖙 𝖑𝖔𝖕𝖊𝖓 𝖆𝖊𝖓
> 𝕭𝖆𝖆𝖑𝖘 𝕿𝖊𝖒𝖕𝖊𝖑 𝖌𝖊𝖕𝖗𝖊𝖟𝖊𝖓 etc.

Ald. (160) Waar de Geuzen inkwamen handelden zij als Hervormers, van het uitwendige namelijk. Zij volgden Zwinglius voorbeeld (zie aant. 6.) Bij hen was het waarlijk een Godsdienstige ijver, met hoevele verkeerdheid ook vermengd, en al de verfoeijingen der Israelitische afgoderij pasten zij op hunne vijanden toe. Zoo is het bijv. in de *G. L.*, bl. 31.

> 𝕲𝖊𝖑𝖎𝖏𝖐 𝖒𝖊𝖓 𝖑𝖊𝖊𝖘𝖙 𝖎𝖓 𝕾𝖆𝖒𝖚𝖊𝖑/
> 𝖁𝖔𝖔𝖗 𝖉𝖊 𝕬𝖗𝖈𝖐𝖊 𝖘𝖎𝖏𝖓 𝖌𝖊𝖇𝖗𝖔𝖐𝖊𝖓
> 𝕬𝖑𝖑𝖊 𝖉𝖊 𝖆𝖋𝖌𝖔𝖉𝖊𝖓 𝖆𝖑𝖘𝖔 𝖘𝖓𝖊𝖑;
> 𝕯𝖊 𝕾𝖈𝖍𝖆𝖈𝖐𝖊𝖗 (?) 𝖊𝖓 𝖘𝖎𝖏𝖓 𝖌𝖊𝖘𝖊𝖑/
> 𝕰𝖓 𝖒𝖊𝖙𝖙𝖊𝖓 𝖌𝖗𝖔𝖔𝖙𝖊𝖓 𝕭𝖊𝖑
> 𝕰𝖊𝖓 𝖇𝖎𝖏𝖛𝖊𝖗 𝖌𝖎𝖓𝖌𝖊𝖓 𝖘𝖎𝖏 𝖘𝖙𝖔𝖐𝖊𝖓.

Men vergelijke I Sam. 5. vs. 3, 4 en het 4ᵈᵉ *Aanhangsel van Daniel* in de Apocr. boeken. Het waren niet alleen de Watergeuzen, maar ook de burgers van den Briel en andere steden, en dezen wel meest, volgens Lumeys getuigenis, die de beelden vernielden. Zie zijne verantwoording bij Bor, f. 312ᵇ.

Bl. 100. (161) Thuanus, L. 68. p. 314.

Bl. 101. (162) Het verhaal aangaande die gruwelen, waarmede Brand en Lumey beschuldigd worden, is van Gulielmus Estius van Gorcum, een man, die ons door Fr. v. d. Haer wordt beschreven als zeer geleerd en braaf, die het van oog- en oorgetuigen gehoord had (ik had evenwel liever dat hij zelf die oog- en oorgetuige geweest was). Het is te lezen in zijn boek, over de onmenschelijke wreedheid aan de een-en-twintig Gorcumsche martelaars gepleegd, onder welken de Guardiaan der Minoriten, Nicolaus Picus, het vreeslijkste lijden ondergaan heeft. V. d. Haer geeft ons een uittreksel uit het gezegde boek van Estius, in zijne *Ann.. Tum. Belg.* T. III. f. 128. Hooft heeft er eenige stalen uit aangehaald, VI. f. 254. Bor, VI. f. 267 noemt verscheidenen dier ongelukkigen bij name, f. 277. Indien de beschuldiging waarheid is (ze klinkt zeker vreemd) door Lumey aangevoerd in zijne verantwoording bij Bor, VI. f. 313[b]. dat de Monniken te Schoonhoven *valsch gefenynicht buskruyt en keughelen ghemaeckt hebben*, was het dan wel onmogelijk dat men die van Gorcum eene dergelijke misdaad te laste legde? doch de geschiedenis noch Lumey melden het: en al ware dit zoo, redenen voor die gruwzame martelingen konden er nimmer bestaan. Tot opheldering van de beschuldiging tegen de Schoonhovensche Geestelijken kan dienen wat Prof. Bosscha meldt in *Neerlands Heldend. te land*, D. II. St. II. bl. 578: dat de Hertog van Cumberland (Bevelhebber van het leger der bondgenooten) na den slag bij Fontenoy, aan Lodewyk XV een door zijne Generaals verzegeld kistjen liet overbrengen, bevattende *steenen, stukken glas en vergiftigde stoffen*, welke uit de wonden der gekwetsten gesneden werden, en waarmede dus de Franschen geschoten hadden. Lodewijk verantwoordde zich met te zeggen dat de Engelschen bij Dettingen zulk moordtuig ook gebruikt hadden. Hij had echter het *Corpus delicti* niet getoond, zoo als Cumberland deed. Handelde men zoo in beschaafdere tijden, was het dan wonder dat de verbitterde Geestelijken Lumey's krijgsvolk met dergelijk moordtuig begroet hadden? — Om evenwel van de misdaad der Schoonhovensche Geestelijken tot die der Gorcumsche te besluiten zou gevaarlijk zijn.

Ald. (163) *Sober in 't habyt*, zegt Bor, f. 265[b].

Ald. (164) Van Wyn in de *Bijv.* op Wagenaars VI. D. bl. 84. Van waar is het dat van Wyn van Adam of Daam van Haren aldaar zegt, dat hij beschuldigd werd van aan boord geene andere dan gewijde kelken te gebruiken, en daarbij Carolus *de rebus Billaei*, p. 9, 10 aanhaalt, die deze daad daar toeschrijft aan Fokke Abels?

Bl. 102. (165) Van Meteren, f. 69. Zie zijne levensbeschrijving, die volgt in het II Stuk.

Ald. (166) Cleyn *Dankoffer*, bl. 39, 40. Schotanus schrijft het alleen aan den wind toe dat ze in den Briel bleven. Zij bezinden niet, zegt hij, dat God hen gebruiken wilde, om den eersten steen te leggen van den vrijen Staat der Nederlanden, f. 761.

Bl. 104. (167) Een ander verhaal van een schrijver, in dezen tijd binnen de Nederlanden in Spaansche dienst, Don Bernardin de Mendoce, lezen wij in zijne *Histoire des Guerres de Flandres*, aangehaald in de *Nálezingen* op Wagenaars VI. D. bl. 347. Nal. bl. 287. Volgens Mendoce, p. 117. volgg. had de Baljuw van Vlaardingen een groot deel van de eer der verlossing van den Briel. Hij raadde de Spaansche bevelhebbers om de soldaten te Geervliet te ontschepen (Mendoce verminkt de Hollandsche namen der plaatsen allerjammerlijkst. Schiedam is *Esquidam*, Geervliet *Geurroulet*.) Bossu keurde het goed, en toen hij wegzeilde vloog de Baljuw naar den Briel, waarschuwde de Watergeuzen en raadde hen Bossu's schepen in brand te steken. Het geschiedde. De Geuzen vonden de schepen onbewaakt en verbrandden ze. Nu snelde de Baljuw weder naar Bossu, noopte hem een brug over de Maas te slaan, en spoedig terug te keeren, daar de vloed het hem later kon beletten. Men volgde terstond dien raad op, en de gekwetsten werden, in een afzonderlijk vaartuig weggevoerd. Misschien kon dit verhaal met dat onzer geschiedschrijvers wel vereenigd worden. Evenwel Mendoce was niet in alles goed onderricht, gelijk V. Wijn dat t. a. p., hoewel in kleinigheden, aantoont. Mendoce is waardig te worden nageslagen. Zijn verslag van de verovering en herneming van Loevestein, p. 114vo. is vrij uitvoerig. Ook verhaalt hij dat de Nederlanders, hoorende dat de vloot van Medina-Celi onder zeil zou gaan, en dat Alva met die vloot weder zou vertrekken, den opstand van al de steden van Holland besloten, die op een en denzelfden dag moest plaats hebben. En op dat de Spaansche magt geen haven zou vinden, besloot Lumey haar voor te zijn, en daarop volgde de inneming van den Briel, p. 116. Zeer onwaarschijnlijk, maar toen, voor den Spanjaard, zeer natuurlijk. De Watergeuzen waren juist meester van de havens van Vlissingen en Vere, toen de vloot van Medina-Celi aankwam. Doch dit geschiedde niet naar een overlegd plan, zoo als duidelijk gebleken is. Mendoce begroot de magt van Lumey op 26 schepen en 1100 soldaten en zeelieden. Doet hij het om de schande van Bossu's nederlaag te verminderen? Het valt hem hard den tegenspoed zijner landgenooten te melden, en daarom is hij zeer uitvoerig in het verhaal hunner zegepralen, maar vergeet die der Nederlanders, of springt er luchtig over heen.

Bl. 105 (168) Ook het getal der gesneuvelde Spanjaarden is onbekend. Zelfs de grootte hunner magt wordt niet opgegeven. Sommigen spreken van acht, anderen van tien, anderen van twaalf vendelen, en Barueth, *Holl. en Zeel. Jubelj.* bl. 68. verzekert dat de helft der Spanjaarden omkwam. Hun getal kan van twaalf- tot vijftienhonderd man hebben bedragen. Vijftienhonderd vond ik bij Inthiema opgegeven in zijne *Querela Hollandiae*, f. 5. doch het schijnt dat hij Bossu's leger nog grooter hield, hij spreekt slechts van deze 1500, als gevlugten: *mille quingenti ejus milites, navium suarum usibus destituti, exutis foemoralibus, limosam aquam natatu transmittere cogebantur* etc. Zie denzelfde nog, wat den dag betreft, f. 3.

Bl. 107. (169) Bor, VI. f. 266ᵇ. Ook schijnt het dat er soldaten geworven waren, die in de omstreken van Emmerik zwierven, en van plan waren met eenige schepen de Geuzen ter hulp te varen, terwijl er velen op eene verborgene wijze, wapenen naar hen heen voerden. Tegen dit alles te waken werd der Regeering van Arnhem ten ernstigsten aanbevolen van wegen den Koninklijken Raad in Gelderland, door den Griffier Troost. Zie Van Hasselt *Stukken voor de Vad. Hist.* D. II. bl. 114, 115.

Ald. (170) Dit moet in de Paasch-week hebben plaats gehad, want 9 April moordde Bossu te Rotterdam en nam kort daarna Delftshaven weder in. Bor, f. 267[b]. Mendoce p. 119[b]. schrijft de herneming van Delftshaven aan Don Rodrigo de Sapata toe: de Geuzen verdedigden zich met moed, maar moesten, met verlies van velen der hunnen, te scheep, de pas begonnen sterkte ruimen.

Bl. 108. (171) Zie behalve onze geschiedschrijvers, Te Waters *Tweede Eeuwfeest van de vrijheid van Vlissingen*, en Josua van Iperens *Tweehonderdjarig Jubelfeest der Nederl. Vrijheid te Vere*.

Bl. 109 (172) Te Water, *Verb. der Edelen*, III. bl. 25. Van Wijn *Bijv.* op Wagenaars VI. D. bl. 86.

Bl. 111. (173) Een deel dezer bijzonderheden zijn ontleend aan eene Rekening van de stad Vere, van de ontfangst en uitgave gedaan door Hendrik Zomer, Burgemeester van Vere, van Paschen 1572 tot Augustus 1573. Een zeer belangrijk stuk voor de kennis der zaken en personen van die tijden, mij met de meeste welwillendheid ter leen verstrekt door den Hoog Ed. Gestr. Heer en M[r] S. de Wind, te Middelburg. In het 2[de] Stuk hopen wij uit die rekening nadere ophelderingen te geven.

Bl. 112. (174) Hooft, B. VI. f. 235, 239. stelt deze daad in het schoonste licht voor; v. Haren verdedigt ze met dichterlijken zwier in de eerste coupletten van den 16[den] zang zijner Geuzen en haalt er de Voorbarigheid van Van Goens (in 1672) ter opheldering bij. Ter verschooning van de Rijk moet Lumey *hard voor zijn vrienden* heeten, zijne *verwoedheid* wordt op den voorgrond geplaatst, en de menschlijkheid van de Rijk en de ellende der Vlissingsche vlugtelingen, in den 15[den] zang, eerst met de sterkste kleuren geschetst, om ons voor de Rijk in te nemen. De poezij van Van Haren is heerlijk, maar de waarheid der geschiedenis lijdt er bij: hij had dit in eene aanteekening kunnen vergoeden. Over het een en ander nader in de levensberigten aangaande de Rijk.

Bl. 113. (175) De brief van opeisching is nog bewaard in de Archiven van Medemblik. Vriendelijk maar beslissend is de toon van Ruychaver, die te Wervershoof liggende, de stad opeischte. Hij had de besten van zijne soldaten uitgelezen. Was hem zijn eisch eens afgeslagen, hij vreesde dat zij zich door sommigen lieten verraden en bedriegen; maar hij had medelijden met hen en vooral met de getrouwen in hun midden: doch bleven zij nog weigeren, *sult geen vriendscap'* (zoo schrijft hij) *van ons meer hebben te verwachten, wel verstaende dat ick 't Casteel in mijne macht hebben wil.*

Bl. 114. (176) *Balen, Beschrijving van Dordrecht*, bl. 842.

Ald. (177) Vergelijk over het bezetten van Dordrecht, J. Smits *Belangrijke brief door Willem I. enz.* in de *Werken van de Maatsch. der Nederl. Letterk.* V. D. Iste St.

Ald. (178) Johanna van der Does, onder anderen, Abdisse van Leeuwenhorst, week met hare nonnen naar Leyden om de strooperijen van Lumey te ontvlugten. *Kabinet van Nederl. en Kleefsche Oudheden*, D. II. bl. 224. Lumey's soldaten zochten alle kerkelijke goederen ijverig na. Uit eene oude aanteekening in mijne gemeente vernam ik dat zij de Kerken-kist in de Sacristy hadden opengebroken, zoodat daardoor de Archiven der Kerk verstrooid en vernield waren.

Ald. (179) In een *Nieuw lied van den Welgeboren Heere en Grave van der Marck* enz. in het *Geuzen-liedeboek* bl. 60. kan men zien hoe men over Lumey dacht en hoe over zijne tegenstanders, de Staten, die hier met zeer zwarte kleuren geteekend worden.

Bl. 115. (180) Ep. 172, 174, 180, 186.

Ald. (181) Zijne korte maar naauwkeurige levensbeschrijving is bij Te Water te vinden, *Verb. der Ed.* D. III. bl. 92 volgg. Carolus, Winsemius, Schotanus spreken van zijne daden veelvuldige malen.

Bl. 116. (182) Hooft VIII. f. 335.

Ald. (183) *Gerardus Gorcomius* en *Jelmerus Flevolandius* noemt ze Nicolai bij Winsemius *Histt.* L. II. f. 159. De eerste is reeds vroeger bekend, de ander is waarschijnlijk *Jelmer Gabbes* bij Carolus bl. 85, dezelfde met Hopman *Jelmer* bij onze geschiedschrijvers.

Ald. (184) Winsemius, L. III. f. 174. Schotanus, f. 791. Viglius, Ep. 188.

Bl. 117. (185) Hooft, VI. f. 256. Meteren, f. 66^b.

Ald. (186) Hooft, t. a. p. Bommel is naderhand door Dirk van Haeften ingenomen, wiens voorvader, van denzelfden naam, dezelfde stad, door eene krijgslist (soldaten verborgen in een schip met rijs) had ingenomen in 1511. Pontanus en Slichtenhorst, *Geld. Gesch.* B. XVI. f. 523. De bedoelde krijgslist is door den dichter Staring schoon bezongen, *Gedichten*, 2de uitgave I. bl. 70.

Bl. 118. (187) Hooft, VII. f. 268. Zie nog in het II Stuk de levensbeschrijving van den Graaf van der Marck, bl. 260.

Ald. (188) Oranje was toen nog te Dillenburg, en het getal der gesneuvelden kan hem vrij groot zijn opgegeven. Het waren de eerste tijdingen. Zijn brief was slechts negen dagen jonger dan de overwinning. Zie de *Arch.* T. III. p. 442. Oranje spreekt in dezen brief van 35 *asabres* (assabres), welke hij beschrijft als *petits bâteaux légers à la façon d'Espagne*, en 13 andere groote schepen, die voor Sluis aan den grond raakten.

Ald. (189) *Archives*, T. III. p. 438. Nog vóór 9 Junij hadden de Zeeuwen zeven-en-twintig schepen met bier en levensmiddelen genomen. Waarschijnlijk was dit voor de Spanjaarden te Middelburg bestemd, bl. 436.

Bl. 119. (190) *Archives*, t. a. p. Men vreesde zelfs

een bankroet en den ondergang der Antwerpsche kooplieden.

Ald. (191) *Archives*, T. III. p. 445. suiv.

Ald. (192) Uit de reeds genoemde Rekening van Vere en Van Harens Geuzen, *Oph.* bl. 377. Zie ook van Meteren, f. 65. Hooft evenwel is van oordeel dat de veroverde goederen niet zoo goed werden gebruikt. Dat ze niet gemakkelijk te verkoopen waren, laat zich begrijpen, VI. f. 251.

Bl. 120. (193) — *Parente ambitione, obstetrice haeresi, terrore ceu tonitru ante tempus emissa*, Strada, D. I. L. VII. p. 433.

Bl. 122. (194) Bor, B. VIII. aan het einde.

NASCHRIFT.

De Geschiedenis der Watergeuzen, was reeds afgedrukt, en de Aanteekeningen op de pers, toen ik N°. 34, 35, 36 en 41 van de *Algem. Konst- en Letterbode* voor 1840 ontving en in de drie eerstgenoemde eene *Bijdrage ter teregtwijzing van een en ander Historieschrijver, omtrent voorvallen in 1572, tijdens het overgaan van den Briel en Vlissingen* door M^r. P. A. Brugmans. ZEd's teregtswijzingen betreffen bijzonder het gebeurde met J. S. de Ryk in den Briël en te Vlissingen. Ik moet rond bekennen dezelfde verwarring in het noemen der datums, vooral bij van Meteren en Hooft te hebben aangetroffen, en heb mij ter vereffening het meest laten geleiden door 's Gravezande, in zijn *Tweede Eeuwfeest van Middelburgs Vrijheid*, van wien v. d. Spiegel (*Satisf. van Goes*, bl. 191.) te regt aanmerkt, dat naauwkeurigheid in het spreken en schrijven bij hem om den voorrang dingen. Ook deze toont aan dat Brielle op Dingsdag 1 April is ingenomen. Hij stelt echter de komst van de Ryk te Vlissingen met de meeste waarschijnlijkheid op den 9den April. Het schijnt evenwel (en wij stemmen dit den Heer Brugmans gereedelijk toe) dat toen Pacieco reeds gevangen was, want Vlissingen was 6 April van het Spaansche juk ontslagen. Doch loopen wij de gebeurtenissen nog eens kortelijk door, beproevende of alles niet kan worden vereffend. Op Palmzondag 30 Maart 1572 ontmoette de vloot der Watergeuzen, nog in zee, eene Spaansche koopvaardij-vloot, welke zij des morgens ten 8 ure aanvielen en waarvan zij een (of meerdere schepen) veroverden. Zie mijne Geschiedenis bl. 93. en ald. aant. (150) benevens aant. (157). Dit is het verhaal van het Geuzenlied dat ook de Hr. Burgmans aanhaalt, in welk lied de verovering van een rijk geladen schip gemeld wordt, in een couplet dat volgt op den regel

_{Men aan beyde zijden moght hoozen.}

De aanval waarvan in het door den Hr. Brugmans aangehaalde couplet wordt gesproken, is dus niet hetzelfde met het inloopen in de Maas, zoo als ZEd. meent, maar is de aanval op de Spaansche vloot. 1 April kwamen de Watergeuzen voor den Briel en des avonds daar binnen. Ik beken dat de opgave der schepen en bevelhebbers bij v. Haren niet overeenkomstig de geschiedenis schijnt, maar geloof dat J. S. de Ryk, zoowel als Jan Simonsz., hetzij de Friesche Edelman, het zij een ander van dien naam, bij de inneming van den Briel tegenwoordig was; de eerste niet als koopman, maar als scheepsbevelhebber. Wij mogen immers aan het verhaal van zijnen zoon Simon niet twijfelen, van wien Hooft had vernomen dat zijn vader reeds vroeger een schip tot vrijbuit had uitgerust. Dat Bor of v. Meteren hem niet noemen bewijst niets. Hunne opgaven zijn ook niet eenparig, en het is bewezen dat v. Meteren, die er meer noemt dan Bor, nog niet eens allen genoemd heeft. Uit andere en echte berigten weten wij dat Frederik van Dorp, Johan van Duivenvoorde (Warmond), Salomon van der Hoeven en anderen tot de veroveraars van den Briel behooren. Waarom dan ook de Ryk niet, op de verzekering van Hooft, die het toch weten kon? Wel kon het gebeurd zijn dat de Ryk op dat oogenblik zelf geen schip had, en bij een der andere Kapiteinen aan boord was, gelijk dat met meer bevelhebbers het geval was.

Doch de grootste moeijelijkheid levert de dagteekening van het gebeurde te Vlissingen op. (Letterb. N°. 35.) De H^r. Brugmans beweert dat de Ryk niet op dien tijd te Vlissingen kon zijn, toen Pacieco aldaar aankwam. Bor zegt dat deze Spaansche Kapitein in de heilige dagen van Paaschen te Vlissingen kwam: dit moet dus wezen 6, 7 of 8 April, misschien nog den 9^{den}. Toen kon de Ryk nog niet uit Engeland terug zijn. Want terstond na het innemen van den Briel (dus redeneert de H^r. Brugmans) kon Lumey *geen volk* ontberen. Indien echter de Ryk niet meer dan een *koopman* was (Letterb. N°. 34. bl. 71), kon hij toch het gemakkelijkst gemist worden. Bor zegt dat hij *niet veel volks* ontberen kon. De zaak is buiten twijfel; maar om meer volk te krijgen moest de tijding uit den Briel worden bekend gemaakt. En van waar kon men beter hulp dan uit Engeland wachten, waar reeds eene menigte Nederlanders gereed stonden om op de eerste tijding naar het Vaderland over te steken. Nu (zoo stel ik mij de zaak voor) gaat de Ryk 2 April naar Engeland onder zeil, brengt daar, met behulp van Eloy en Bernard, 500 man bijeen, komt, in plaats van in den Briel, op verzoek der vlugtelingen, 9 April, te Vlissingen aan, en ontmoet daar Pacieco, die van den opstand der Vlissingers nog niet wist, gelijk uit geheel zijne handelwijze blijkt. Het komt mij zonderling voor dat deze Spanjaard op dien dag nog onbewust was van een opstand reeds 6, of liever 3, April aangevangen. Dit geeft mij zeker zwarigheid: minder het zoo vroeg wegzenden van de Ryk naar Engeland, of ook het gaan van v. Kuyk naar Vlissingen, reeds terstond na de inneming van den Briel, zoodat hij 3 April reeds te Vlissingen was; waartegen de Hr. Brugmans mede bezwaren oppert, welke echter, dunkt mij, wel kunnen worden weggenomen. Van Kuyk, die waarschijnlijk in het land rondzwierf, en niet geheel onkundig was van de plannen der Watergeuzen, was in den Briel, of in den omtrek, hoort of ziet dat die stad was ingenomen, snelt terstond naar Vlissingen, om de inwoners aan te moedigen tot afschudding van het Spaansche juk, en verhaalt, ten dien einde, niet dat de Watergeuzen roofden en brandden, (dit wist hij waarschijnlijk nog niet, en het was ook volstrekt niet noodig, en er is geen bewijs voor; hij hitste slechts de Vlissingers tegen Spanje op), maar dat zij gekomen waren, om Nederland te verlossen. De Vlissingers moeten toch niet zoo bevreesd voor de Watergeuzen zijn geweest, daar zij naar Lumey later om hulp zonden, die hun ook te hulp kwam door Treslong te zenden. Doch stellen wij eens dat v. Kuyk zelf nog voor 3 April, den 1sten bijv. (Bor zegt: eenige dagen voor het inkomen der Spaansche fouriers den 3den April. Zie Letterb. No. 35, bl. 86) te Vlissingen kwam: mag men dan meenen dat de tijding van het gebeurde in den Briel, op dien dag te Vlissingen nog geheel onbekend was? Ik geloof, neen. Zoo was dan dat gebeurde een geschikt middel tot aanmoedigng der Vlissingers, al was het bij Hooft eene misvatting dat v. Kuyk de tijding van den Briel te Vlissingen bragt. — Doch keeren wij tot de Ryk en Pacieco terug.

De Hr. Brugmans zegt (Letterb. No. 35, bl. 87.) dat het gevangen nemen van Pacieco door de Ryk, door Hooft stellig gesteld wordt op den 3den van Grasmaand. Ik kon dit bij Hooft niet vinden. Hooft zegt wel (VI. bl. 233) dat de fouriers der Spanjaarden den 3den April te Vlissingen aanlandden, maar geeft zelfs, naar mijn inzien, te kennen dat Pacieco later gevangen werd. Hij verhaalt eerst nog, dat den 5den April de Walen uit de stad werden gedreven (bl. 233), vervolgens het voorgevallene aldaar, dan de Ryks reize naar Engeland (bl. 234, 235) en zijne terugkomst. Korten tijd na zijn landen te Vlissingen komt Pacieco daar aan (bl. 236). Hooft schijnt zelfs de Ryks aankomst nog later te plaatsen dan de dagen van Paaschen, daar hij Treslongs aanlanden te Vlissingen, die er 20 April kwam, aan de komst van de Ryk verbindt. Want oogenblikkelijk na het verhaal van Pacieco's in hechtenis nemen, schrijft Hooft: *thans braght Treslong met drie scheepen, stijf tweehonderd mannen oover*, (zie Letterb. N°. 35, bl. 91.) Wij zijn dan genoodzaakt Pacieco's komen te Vlissigen niet voor 8 of 9 April te stellen, hoe zeer ons dit eenigzins onwaarschijnlijk voorkomt, gelijk wij reeds aanmerkten: de Ryk echter kon 9 April wel uit Engeland zijn terug geweest, indien hij namelijk, gelijk wij gerust durven aannemen, 2 April uit den Briel is gezeild. Wij hebben reeds iets daarvan aangemerkt, doch er konden nog andere redenen bestaan, waarom de Ryk zoo spoedig naar Engeland ging. De reis zelve was noodig, en wel spoedig. Of had men Alva's vloot niet voor den Briel te wachten, en werd dan het uitzeilen niet onmogelijk? Dat die vloot, onder Boshuizen, ook gekomen is is wel geloofbaar; wij hebben daarvan iets opgeteekend I St. bl. 95. Daarenboven was het niet onmogelijk dat Lumey — tusschen wien en de Ryk geene zeer goede verstandhouding schijnt bestaan te hebben — ten spoedigste den Hopman heeft van de hand gezonden en hem daarom het verkoopen der veroverde schepen en aanwerven van volk, in Engeland, opdroeg.

Doch de Historieschrijvers, behalven Hooft, melden niets van het aanbrengen der hulptroepen door de Ryk, voert de Hr. Brugmans aan (Letterb. N°. 36. bl. 100). Zij noemen zelfs anderen, Bernard en Eloy, van welken v. Reyd hetzelfde zegt, wat Hooft van de Ryk aanvoert. (Men vergelijke daarmede wat wij in de geschiedenis, tot overeenbrenging dier beide geschiedschrijvers, gemeld hebben, bl. 111 en 112). Dat de Ryk evenwel in Zeeland kwam is buiten twijfel, al was hij ook omstreeks half Mei weder in den Briel, zoo als uit de Narigten van den Heer G. van Enst Koning (Letterb. N°. 41 bl. 185) blijkt, indien namelijk *Jacob Symonsz. in de Hulk* dezelfde is met de Ryk, hetgene ik reeds giste uit de Sententien. Zie de Aant. op het II St. (189). Dit berigt schijnt wel te strijden met het vermelde aangaande de Ryks heldendaden ter bevrijding van Vere, dat 4 Mei aan Oranje overging; maar het is hoogstwaarschijnlijk, dat hij, nadat Rollé Gouverneur was geworden van het bevrijde Vere, zijne taak in Zeeland afgedaan rekende en eindelijk goedgevonden had weder onder Lumey's benden zich te voegen, die van zijne ongehoorzaamheid reeds onderrigt was, en hem openlijk had ingedaagd. Zijn verblijf in den Briel, zeker kort, is een bewijs zijner verzoening met Lumey. Hij was er toch als Kapitein, niet als gevangene. Daarop is hij in het laatst van Mei weder naar Vere getogen, waar hij, in plaats van den zoo roemrijk gesneuvelden Sebastiaan de Lange, tot Admiraal van die stad werd aangesteld. De H^r. Brugmans twijfelt aan dit Admiraalschap van de Ryk, omdat alleen Hooft daarvan spreekt, en geen ander geschiedschrijver. Ik heb vroeger ook getwijfeld, doch ben ten volsten van die twijfeling genezen door de MSS. Rekening van Vere, meermalen in dit werk aangehaald, waarin de Ryk, daar genoemd *Jacop* of *Jacob Symonsz. Ryck*, als Admiraal voorkomt. Hij is zeker tot die waardigheid niet verheven, dan omdat zijne dappere daden hem als een man van beleid en ijver hadden doen kennen. Ik wil gaarne gelooven dat Hooft de Rijk ver genoeg op den voorgrond geplaatst heeft, maar daar bestaan te goede gronden voor het door Hooft aangevoerde, om aan het verhaalde aangaande de Ryks verrigtingen bij den Briel, in Engeland en Zeeland nog te twijfelen, al zwijgen de andere geschiedschrijvers van dat alles, en al noemt hem van Meteren eerst bij den aanval op Zierikzee. Intusschen dank ik den Heer Brugmans voor ZEd. aanmerkingen; zij getuigen van zijne onvermoeide werkzaamheid, in de geschiedenissen des Vaderlands, en leiden mij op tot naauwkeuriger nadenken van het reeds gestelde.

Even aangenaam waren mij de *Narigten wegens de inneming van den Briel door de Watergeuzen in het jaar* 1572, medegedeeld door *G. Van Enst Koning* K. en L. bode 1840, N°. 41. bl. 183 volgg. waarin de schrijver voornamelijk aantoont dat Douvres de haven was, van waar de Watergeuzen naar Holland zeilden, en dat J. S. de Ryk in den Briel, na de verovering, als Kapitein bekend was. Het eerste had D⁵ Cleyn reeds als waarschijnlijk aangenomen in de Bijlagen achter zijn *Dankoffer voor de Eerstelingen van Nederlands Vrijheid* enz. bl. 72. Wat het laatste betreft vermeldt ZEw. uit de *Archiven* van den Briel, dat een *Jakob de Ryk* aldaar als *Wachtmeester* genoemd wordt. In hoeverre dit echter op J. S. de Ryk betrekking heeft, waag ik niet te beslissen. Ik vond in deze *Narigten* verder bevestigd wat bl. 94 reeds door mij was aangenomen, dat het gebrek aan levensmiddelen, bij den tegenwind, de Geuzen dwong in de Maas binnen te vallen. Want in de Narigten, bl. 183, wordt door eenen *Claes Hermansz.* verklaard dat hij op zee ontmoet was door Kapitein Eloy, die uit Engeland kwam, "overmits hy daer gheen victualie en mocht cryghen ende op Rochelle wilde loepen." dat hij evenwel niet naar Rochelle zeilde, maar naar Douvres, daar Lumey vond, en met hem in den Briel kwam. Het bleek mij verder uit deze verklaring, dat genoemde Claes Hermansz (meer gedwongen echter) bij het innemen van den Briel tegenwoordig was. Hetzelfde leer ik van *Symon Vieryn* van Dieppe, bootsgezel, en van *Jan Buldermans* van Halder, bij Wezel, die beiden, schoon anders geheel onbekend, onder de Watergeuzen moeten geteld worden. Ook over het getal der schepen zijn hier berigten, doch niet overeenstemmende. Want Hermansz spreekt van *wel twintig schepen* en Buldermans van *elf boots en een raseyl*. (Ik heb op het getuigenis van sommige geschiedschrijvers, bl. 92, van 40 schepen, te Douvres liggende, gesproken. Misschien is dat getal te hoog genomen, misschien waren er reeds verscheidenen van vertrokken toen Hermansz. of Buldermans te Douvres kwamen). *Thonis Cornelis Wisselaers soon*, als gediend hebbende op het schip van Egbert van Lyeuwaerden (Wijbrants) worde ook bij de Watergeuzen gevoegd. Nog worden door den H^r Koning anderen genoemd, doch dezen waren in den Briel in de maand van Mei, en, schoon dit tot het vermoeden aanleiding geeft, dat zij vroeger Watergeuzen waren, is dit daarom nog niet zeker. Doch deze aanmerking is niet toepasselijk op *Guillaume Bouvan*(*) van Middelburg, aan wien de meergemelde Hermansz bekent 200 ponden Tournoys te hebben geleend ter uitrusting van een oorlogschip, genaamd de *Fortune*, ten dienste van den Prins van Oranje en ter beschadiging van deszelfs vijanden: — evenmin op Monsr *de Graeff van Brugge*, die een buis voerde en nog een jagt bij zich had, waarop Buldermans voor haakschutter diende, indien deze niet dezelfde is met Guillaume de Grave van Gend. — Voorts vond ik hier nog het een en ander mij nuttig, waarvan ik in de Aanteekeningen op het II^{de} stuk

---

(*) Kunnen wij hier ook aan Gelein Bouwensz. denken? Zie aant. (55) II St.

gebruik heb kunnen maken. Dat de Watergeuzen uit Engeland zeilende reeds omstreeks het Vlie waren toen zij door tegenwind genoodzaakt waren om te wenden, blijkt uit het aangehaalde uit van de Spiegels *Satisf. van Goes*, in de Aant. op het eerste Stuk, n°. (157). Veel wetenswaardigs hebben mij deze *Narigten* opgeleverd, waarvoor den Heer Van Enst Koning mijne dank worde toegebragt.

AANTEEKENINGEN

OP HET

TWEEDE STUK.

—◦○◦—

Bl. 133. (1) Jo. Carolus *de rebus Billaei etc.* p. 8. sq. Bij Fr. Haraeus komt hij voor onder den naam van *Lochus Abelius. Annales.* T. III. p. 119.

Ald. (2) Die stuursche hoofden zijn twee Friezen,
Een schip is onder hun gebied. enz.

ten minsten ik twijfel niet of de Dichter bedoelt hier Jan en Fokke Abels, welke hij in het *Historisch verhaal*, bl. 36. broeders noemt. Zie Z. III. bl. 23. (het is altijd de uitgave van Bilderdijk, te Amsterdam bij Elwe en Langeveld, 1785. welke ik aanhaal.) Het verwondert mij dat de zoo geleerde O. Z. v. Haren J. Carolus niet schijnt gekend te hebben: het Handschrift van zijn werk *de rebus Billaei*, was reeds in 1737 door Prof. Wesseling uitgegeven. Evenwel het Latynsche vers, door D. Martena te Enkhuizen gedicht, en voor de uitgave van Carolus geplaatst, was aan v. Haren niet onbekend.

Bl. 134. (3) *Sententien van Alva*, bl. 243.

Bl. 135. (4) Het wordt als waarheid verhaald dat Elisabeth mede aanspant in den oorlog, Calais terug eischt, dat zij Frankrijk den oorlog verklaard, heeft en het werkelijk reeds heeft aangegrepen. Indien dit zoo is, het mogt den armen verdrukten Christenen te stade komen. Dus schrijft Graaf Lodewijk, *Archives*, T. III. p. 298. Zie ook *Arch.* l. l. p. 272.

Bl. 136. (5) Zie op den naam van *Foppe Annes*, en de *Sententien van Alva*, bl. 193.

Ald. (6) *Secr. Resol. van Holland* van 23 Junij 1575. en het aangeteekende op den naam van Marinus Brand.

Bl. 137. (7) Te Water *Tweede Eeuwget. der Vliss. Vrijheid*, Bijl. bl. 31. Carolus, p. 9.

Bl. 138 (8) *Sententien*, bl. 26. Winsemius *Hist*. L. III. f. 174. De storm waardoor hij schipbreuk leed was eene der verschrikkelijkste, en veroorzaakte menigvuldige rampen aan de Koninglijke vloot, zoowel als aan die der Nederlanders, en aan de Friesche kustlanden. In de Sententien wordt, zoo als gewoonlijk de bijnaam van Johan Andriesz. tot zijn naam toegevoegd. Er staat *alias Steenoven*. Dit duidt misschien zijn beroep van steenbakker aan. Het behoeft ons niet te verwonderen, dat zulke mannen naderhand krijgslieden werden. Wij zullen er meer aantreffen.

Bl. 139. (9) *Sententien van Alva*, bl. 193. Carolus, L. IV. p. 238.

Ald. (10) Alkemade *Briel en Voorne*, bl. 374.

Bl. 140. (11) *Korte hist. Aanteek. wegens het voorgevallene in de Spaansche belegering van Haarlem in* 1572 en 1573. bl. 44, 45. en Le Petit *Gr. Chron.* II. p. 246. die het uit het genoemde boek heeft overgenomen. Zijne vertaling is bijna woordelijk. Het verhaal van het gevecht bij 't Penningsveer, bij Le Petit, f. 245. vind ik in de *Korte Hist. Aant.* op den 21 Febr. geplaatst, bl. 43.

Bl. 141. (12) Le Petit *Gr. Chr.* f. 574. die hem daar

Jaques Antoine noemt. J. Le Clerc in zijne *Geschiedenissen der Vereenigde Nederlanden*, D. I. f. 211. zegt dat hij zelf den brand in het kruid stak: ten minste ik vermoed dat hij hetzelfde met Le Petit bedoelt, schoon hij den naam des Kapiteins niet noemt. Hij stelt het voorgevallen met Bor en v. Meteren ook op 1589. Bor, B. 26. f. 52. Meteren, B. 15. f. 283.

Bl. 142. (13) Hooft, D. I. f. 216. Bor, I. f. 235. De la Pise *Hist. des Princes et Principauté d'Orange*, f. 371.

Ald. (14) Van Meteren, f. 49.

Ald. (15) Te Water *Verb. der Ed.* I. bl. 260.

Ald. (16) *Arch.* T. II. p. 60. T. III. p. 231.

Bl. 143. (17) Le Petit *Gr. Chron.* T. II. p. 664.

Ald. (18) Te Water *Verb. der Ed.* D. II. bl. 205 volgg.

Bl. 145. (19) Ten einde het verhaal niet telkens af te breken, worden de schrijvers, waaruit dit verhaal geput is, op het einde aangehaald. Behalven wat in het eerste stuk reeds van de Bergues gezegd is, vinden wij het een en ander aangaande hem berigt bij Strada, Dec. I. L. V. p. 209. *Archives*, T. II. p. 35, 38. III. p. 230, 346, 351, 352, 363. Bor, V. f. 208, en over zijn dood; VI. f. 289. *Leven van Willem* I. B. VII. bl. 294 vergeleken met Hareus *Ann.* T. III. f. 132. en Le Petit *Gr. Chron.* T. II. p. 232. Zijn verhaal heeft zeer veel voor zich, als zijnde hij een tijdgenoot dier helden en met de voorvallen van den vrijheids-oorlog wel bekend. Hij had vooral in het beleg van Deventer, in 1578, zeer gemeenzaam met Rennenberg verkeerd en woonde later te Middelburg.

Bl. 146. (20) Van Meteren, f. 59.

Ald. (21) J. B. de Tassis *Comment.* L. I. p. 338. In den tekst staat wel *Texlonio*, maar het wordt in de noot verbeterd: *lege Treslongio*.

Nog spreekt de Jonge *Nederl. Zeewezen*, D. I. bl. 138. van eenen *Treslong*, Kapitein in 's Konings zeedienst in 1558, schoon ook hier *Jan* of zijn Broeder *Willem Blois*

Treslong kon bedoeld zijn. Terzelfder plaatse wordt ook een Kapitein *Nicolaas Dâmes* genoemd; ik geef in bedenking of deze ook *Nicolaas de Hammes* kan geweest zijn, de bekende wapenkoning der ridderen van het gulden vlies, en daarom bijgenaamd *Toison d'or*. Zie over hem Te Water *Verb. der Ed.* II. bl. 444. Het verschillend schrijven der namen *Dâmes* of *de Hames* of *Hammes* behoeft geene moeite te baren: in de uitspraak verschillen ze zeer weinig, en er bestaan honderd voorbeelden van zeer verschillend schrijven van namen derzelfde personen in dien tijd. Zij zullen ons meer ontmoeten.

Ald. (22) Hooft, XII. f. 523 volgg.

Bl. 147. (23) Een *Hans Bernard* dienende onder de benden van Erik van Brunswyk, *Arch.* T. III. p. 235. *Claudius Bernard*, bevelhebber over een vendel Walen in Duiveland, door zijne muitende soldaten verjaagd in 1576, J. B. de Tassis, L. I. p. 204. Waren deze broeders of bloedverwanten van Nicolaas? Hij mag dan een Waal zijn geweest. Nog vind ik een *Roland Bernard*, Kapitein op het schip de Catharina, gesneuveld in den zeeslag bij Walcheren, April 1573. *Arch.* T. IV. p. 90.

Bl. 148. (24) *Korte hist. Aant. wegens de Spaansche belegering van Haarlem*, bl. 80. waar hij *Barnaerts* genoemd wordt. Bor noemt hem *Barnaert*, bij het verhaal der opgave van Zierikzee, B. IX. f. 147.

Bl. 150. (25) Het is die brief, waarin Oranje zegt met den Vorst der Vorsten zijn verbond te hebben gemaakt; een brief vol van waarachtigen troost, die de zielen van Sonoy en der Noord-Hollanders met moed vervulde, en de trouw van Alkmaar ondersteunde. Men leze dien geheel bij Bor, B. VI. f. 328. Wagenaar recenseerde dien brief juist, als hij er van zegt, dat de Prins antwoordde met redenen, *die de Godsdienst meer dan de staatkunde uitlevert*. *Vad. Hist.* VI. bl. 446. Het was ook zoo, en God zij er voor gedankt! Zijn zegen heeft altijd op zulke beginselen gerust.

Ald. (26) Mijne berigten aangaande Bernard zijn meest ontleend aan Le Petit *Gr. Chron.* zie T. II. f. 228, 250, 256-258, 267; wien 's Gravezande veelal gevolgd is in zijne *Tweede Eeuwged. der Middelb. Vrijheid.*

Bl. 151. (27) Hooft, X. f. 442, 450. De artikelen van het verdrag zijn in hun geheel door Bor opgegeven met de handteekeningen. Zie aant. (24).

Ald. (28) Le Petit *Gr. Chr.* T. II. f. 775.

Bl. 152. (29) *Sent.* bl. 241. vergel. met bl. 245. Balen in zijne *Beschrijving van Dordrecht*, houdt hem voor een Dortenaar, bl. 839.

Ald. (30) *Sent.* bl. 155. Men moet die Sententien met de noodige voorzigtigheid gebruiken: zij melden niet alles, en geven veel op wat niet waar, ten minste niet bewezen was. Zoo vinden wij in deze Sententie volstrekt niet, dat Treslong onder Graaf Lodewijk had gediend; maar wel, dat hij het request mede had ingeleverd, hetgeen een misslag is, zoo als in den tekst is bewezen. De beschuldigden waren gevlugt en konden dus niet gehoord worden. Anders zijn deze vonnissen van het hoogste belang voor de geschiedenis.

Bl. 153. (31) Hoe is dit te rijmen met v. Harens verhaal, *Geuzen*, Aant. bl. 269. dat Blois als Edeljonker in het huis van Willem I is opgevoed? Zijn verblijf aan het hof des Markgraven meldt Te Water, *V. der Ed.* II. bl. 220. Volgens zijn H. Gel. onthield hij zich daar verscheidene jaren. Negen jaren diende hij den Markgraaf als Page, en daarna nog eenigen tijd als Edelman, maar zijne zucht tot den oorlog deed hem het hof verlaten en hij vertrok in 1556 met Karel V naar Spanje. Dit is het eigen getuigenis van Treslong in zijne verantwoording bij Bor, XX. f. 28. Misschien heeft hij onder Oranje gediend, gedurende den oorlog met Frankrijk, in 1555, toen deze Opperbevelhebber was over de Keizerlijke benden. Oranje was van zijn elfde jaar aan het hof van Maria, Koningin Weduwe van

Hongarije en Gouvernante der Nederlanden opgevoed en kwam van daar, als jongeling, aan het hof des Keizers. *Leven van Willem* I. D. I. bl. 41. enz. Hij zou naar Malta zijn gereisd, maar de liefde voor de Vaderlandsche vrijheid had hem in Nederland doen blijven. Bor, t. a. p. Treslong kan ook niet veel jonger dan Willem van Oranje zijn geweest, als hij in 1558 reeds Kapitein was in 's Konings dienst.

Bl. 154. (31*) Behalve dat Bor dit nu en dan te kennen geeft, zoo is het ook duidelijk gezegd in het Latijnsche vers onder Treslongs beeldtenis.

Assertrix Batavúm fatalis Brila, superbi
Excutit Hispani, me duce, prima jugum.
Inde maris regimen tutari, et pira ferarum
Silvarumque mihi credita cura fuit.

De Briel, bestemd om 't eerst de vrijheid te zien landen,
   Werd, onder mijn bevel, van Spanjes juk bevrijd.
Men gaf me, als Admiraal, het zeebestier in handen,
   En later was mijn zorg aan woud en wild gewijd.

Bl. 155. (32) Bor, VI. f. 268, die zeer goed onderrigt was, en verhaalt zelf den gouden keten van Pacieco te hebben gezien, door Treslong van Robrecht de Cock van Neerynen, Provoost te Vlissingen, gekocht: — schrijft Pacieco's dood aan Treslong toe. (Het is eenigzins dubbelzinnig, wie hem die geschiedenis verklaard en dien keten getoond had, Treslong of de Cock, f. 268 verso.) Hooft, VI. f. 236. doet even zoo, en spreekt nog van eene zekere regtspleging over den gevangene gehouden. Meteren, IV. f. 64. geeft hetzelfde getuigenis. Van Reyd, f. 11, hoewel hij de omstandigheden van Vlissingens afval van een geloofwaardig man, die deze zaken had bijgewoond, ontvangen had, noemt Treslong echter niet.

Pontanus en Slichtenhorst, *Geld. Gesch.* B. XIV. f. 521, die de gebeurtenis eenigzins spottende verhalen (*de goede Pacieco — aan zijn besten hals opgehangen*) geven het van ter zijde te kennen: het geschiedde *in spijt van Alva, die desgelijx gepleeght had met den broeder van Treslong.* — Bern. de Mendoce, Spaansch Kapitein, die schrijft dat Pacieco onthalst is, noemt niemand, maar beschuldigt het opgestane volk, *Guerre de Flandres*, L. V. p. 120 vso. De schrijver van het *Leven van Willem* I. II. D. B. 7. bl. 251. schrijft als de eerstgenoemde geschiedschrijvers, doch zegt dat het zonder wijze van proces gebeurde. J. Barueth, *Holl. en Zeel. Jubeljaar*, bl. 88. gloeit van verontwaardiging bij het verhalen der daad: *de Edele Pacieco in de verscheurende klaauwen zulker bloeddorstige tijgers vallende*, zegt hij en doelt op Treslongs soldaten, en misschien wel op Treslong en de Ryk zelven. Hij voegt er echter iets verzachtends bij en zegt van Pacieco, *zijnde hij ook misschien niet veel beter van aart.* J. Blomhert, *Gesch. van het Vereen. Nederl.* bl. 82 is van hetzelfde gevoelen. Strada zegt uitdrukkelijk, *de Bello Belg.* Dec. I. L. VII. p. 432. hetzelfde, en noemt Pacieco Alva's bloedverwant (*Alvarum Pachecum Albani propinquum suspendio necaverint, imperatâ ejusmodi mortis ignominiâ a Treslongo, ulciscente (ut ipse ajebat) Joannis fratris necem* etc. Meursius schrijft den dood van Pacieco alleen aan Treslong toe, *Ferd. Albanus*, L. III. p. 127. Wagenaar, VI. p. 352. zwijgt geheel van Treslong. De Hoogl. Te Water spreekt er twijfelachtig van, *Verh. der Ed.* II. D. bl. 226, 227. Vergelijk zijn *Tweede Eeuwf. der Vlissingsche Vrijheid*, bl. 50. Zonder meer aan te halen, blijkt het dat Treslong moeilijk is vrij te pleiten van medepligtigheid aan Pacieco's dood; wat deel de Ryk had in die gebeurtenis zullen wij in zijne levensbeschrijving zien.

Ald. (33) Van Reyd, f. 12.

Bl. 156. (34) Zoo verbetert 's Gravezande *Tweede Eeuwget.*

der *Middelb. Vrijh.* het verhaal van v. Meteren, die de Zuiddampoort noemt.

Bl. 157. (35) Te Water, *V. der E.* II. bl. 225.

Ald. (36) *Arch.* T. IV. p. 90. *Aujourdhuy est icy arrivé le S^r. de Trelon, admiral de Holande, lequel a esté présent à la [teste] et nous a rapporté les noms des principaulx qui y sont demeurés du costé des ennemys* etc. Dit verhaal is wel te vereffenen met dat van 's Gravezande, t. a. p., bl. 306. die zegt dat Hier. de Rollé den Admiraal van Holland (waarschijnlijk om zijne hulp in te roepen) was te gemoet gezeild, en te diep in zee gedreven. Want al heeft Rollé Treslong niet ontmoet, zoo zal de laatste toch spoedig bij de vloot der Zeeuwen zijn gekomen, en heeft hij zich welligt aan het hoofd geplaatst van die vloot, waarop toen de eenige bevelhebber was Burgemeester Lieven Kaarsemaker van Zierikzee. De Admiraal Worst en de Viceadmiraal Ewouts lagen beide krank. Schoon de Spanjaarden hun doel bereikt hadden, verloren zij echter veel geschut en schepen, en wel negenhonderd man. De brief van Marnix aan Oranje spreekt van 99 metalen en 77 of 78 ijzeren stukken, *Arch.* t. a. p.

Ald. (37) Bor, VIII. f. 127. IX. f. 164.

Bl. 159. (38) *Metten welcken hij singulieren kennisse ende vruntschap hadde onderhouden*, zegt Bor, XV. f. 207.

Bl. 160. (39) Bor heeft dien brief bewaard, die van de regtschapenheid diens echten Edelmans getuigt, B. XVIII. f. 11, 12.

Bl. 162. (40) Bor, XX. f. 12-31. Voorts vergelijke men Hooft, Wagenaar, Reyd, Strada, aangehaald bij Te Water, *V. der E.* II. D. bl. 231. V. Meteren, f. 216. verso. uitg. van 1663; doch vergelijk Te Waters aanm. t. a. p. bl. 232.

Bl. 165. (41) *Geuzen*, I. Z. bl 7. Deze regels doelen op Marnix; of ze ook niet eenigzins doelen op »Sonoy on- »waardiglijk beloond" kon gevraagd worden. Van Haren spreekt van hem, bl. 6. Vergelijk Bilderdijk *Gesch. des Vad.* VII. bl. 85, 86, 94, 99. en Broes in *Marnix aan de hand van Willem I.* D. II. St. II. bl. 156, 157. en het ald. aangeh. werk van den Baron Collot d'Escury, *Hollands roem*, D. II. bl. 115.

Bl. 167. (42) Bor, XXIX. f. 6. Deze geschiedschrijver is meest op aanwijzing van den Hoogl Te Water, mijn wegwijzer geweest, om zijne uitvoerigheid en waarheidsliefde. Niemand is zoo uitgebreid over Treslong, V. Reyd is tegen hem, Wagenaars verslag is kort en goed, Hooft doet hem regt. Groen van Prinsterer zegt van hem: *Guillaume de Blois, dit Treslong — rendit pendant plusieurs années des services importants qui, après la mort du Prince, furent cruellement méconnus. Arch.* T. IV. p. 90. n. (1). O. Z. van Maren zou zijn leven hebben bewerkt, doch het Manuscript was met zijn boekerij in asch veranderd, gelijk hij zelf schrijft in een belangrijken brief aan den Hoogl. Te Water in de Mnemosyne van H. W. en B. F. Tijdeman, III. D. (XIII. D.) bl. 195.

Ald. (43) V. Leeuwen, *Bat. Illustr.* f. 1124. Te Water, bl. 237. Brandt, *Leven van de Ruiter*, f. 474.

Bl. 168. (44) *Quem a primis nascentis belli exordiis libertatis patriae amor melioribus partibus obligaverat.* Winsemius *Histt.* VII. f. 511.

Ald. (45) *Sententien* bl. 127. Het is een misslag van Ernestus Eremundus (Joannes Gysius, Predikant te Streefkerk) als hij in de *Origo et Historia Belgicorum tumultuum*, p. 208, *Joannes Bonga* noemt onder de onthalsden te Brussel, 1 Junij 1568; de onthoofde Bonga was Willem: Te Water, II. bl. 263.

Bl. 169. (46) Dit verhaal is ontleend aan Carolus *de rebus Billaei in Frisia gestis*, p. 38. Daar Carolus het verhaal afbreekt, zoo als hij meer doet, wanneer de uitkomst voor Robles niet gunstig was, en te Water zegt, dat hij te Enkhuizen aankwam, moet ik mij Bonga's ontkomen, op deze wijze voorstellen, ten zij hij misschien zijn eigene schepen weder heeft magtig kunnen worden.

Bl. 171. (47) Dit verhaal vereenigt in zich de verschillende, maar in de hoofdzaak overeenkomende verhalen van Carolus, p. 69, 70. 73. sq., Winsemius *Histt.* II. f. 141, 142. en Schotanus *Friesche Hist.* B. XXI. f. 764

Bl. 172. (48) Schotanus, XXI. f. 769.

Ald. (48*) Deze gissing werd mij bevestigd door Fresinga in zijne *Memorien* (*Anal.* Dumbar, T. III) p. 111. die ons meldt dat, 10 Nov. 1578, Johan Bouwinga uit Noord-Holland voor Deventer zich bij Rennenberg vervoegde met zijn vendel dat door Sonoy was afgedankt. Na het veroveren van Deventer werd hij met de zijnen weder betaald en heengezonden, bl. 131.

Bl. 173. (49) *Itaque scira cupio qua fiduciâ libertatem vos tuituros putetis cum omnes arces apud nos integras relinquatis. An hoc vobis unitae provinciae suadent?* "Zoo " wensch ik ook te weten met welk vertrouwen gij uwe " vrijheid meent te beschermen, terwijl gij al de blokhui- " zen bij ons nog in zijn geheel laat. Raden u dat de ver- " eenigde gewesten aan?"

Tyrannen-nesten werden die blokhuizen genoemd in eene acte tot derzelver vernietiging. Winsemius *Chronyk*, f. 653. — Wat zulke kasteelen vermogen tot beteugeling der steden, heeft ons de Citadel van Antwerpen geleerd.

Bl. 174. (50) Schotanus, f. 858. Te Water *Verb.* II. bl. 262. Schotanus noemt dezen Kapitein *Buninga* en dit doet mij twijfelen of wij hier aan Bonga moeten denken, want *Bonga* noemt bij hem volstandig (*Donga*, f. 862, is eene drukfout). De naam wordt op verschillende wijzen gespeld. Hooft noemt hem *Hans Bouwinga*, II. f. 715. Zoo ook Bor, XV. f. 221. vso. Zie Te Water, t. a. p. bl. 255. *In de brieven van den Heer Viglius aan den Raadsheer Hopperus vinde ik Buma's naam driererlei wijze gespeld, namelijk Bouwema, Benga en Bauninga, een manier bij den Fries niet ongewoon*, schrijft Gabbema, *Verhaal van Leeuwarden*, bl. 498.

Bl. 175. (51) Carolus kan bij zijne bittere redenen over Bonga's vlucht onmogelijk op dit zijn uiteinde hebben gedoeld, want zijne vier boeken *de rebus Casparis a Robles* etc. waren aan Viglius van Aytta door hem overgegeven, op dat die ze naar Spanje aan den Koning zou zenden, hoewel het niet zeker is, dat zij er ooit gekomen zijn. Viglius nu overleed in Mey 1577. Zelfs moet Carolus reeds voor Bonga zijn gestorven; hij stierf in zijn proefjaar, als monnik in de orde der Minoriten. Zie de *Athenae Belgicae* van Franc. Sweertius, in voce Jo. Carolus, f. 407, sq. — Te Water heeft van den dood van Jan Bonga niets geweten. Maar hij schijnt alleen Winsemius te hebben nageslagen. Schotanus, Hooft, Bor verhalen allen zijnen dood.

Bl. 176. (52) Bor, IV. f. 169. *Archives*, T. II. p. 59. Van Leeuwen *Bat. Ill.* f. 1051. Te Water *Verb.* II. bl. 266. Jan van den Bosch is misschien vroeg gestorven, want zijne weduwe Anna van Dorp, werd in 1597 voor de tweedemaal weduwe van Caspar van Poelgeest, die in dat jaar overleed. Kunnen wij ook denken aan *Heynrick Josepsz van de Bosche*, die zich in Brederodes dienst had begeven, te Vianen, en als vijand in Utrecht was gekomen? *Sent.* bl. 258.

Ald. (53) *Geuzen*, III. Z. bl. 26. Zie ook *Hist. verh.* bl. 36.

Bl. 177. (54) Deze MS. lijst is te vinden achter een boeksken, waarin dit pardon afzonderlijk was uitgegeven, mij door den Hoogl. H. W. Tijdeman bekend geworden.

Ald. (55) Zie de *Sent. van Alva*, bl. 203. volg. Hij heet daar *Jan van Galein of Penders*, en hield verblijf te Montfoort.

In dezelfde *Sententien* bl. 119. vind ik eenen *Guillaume Bouwens, à l'hospital de Lopsen*(*) *chez Leyden*, (de namen

---

(*) Waarvan de naam nog is overgebleven in de *Lopslaan* buiten de Morschpoort aldaar.

Guillaume en *Guilain* of *Gelein* worden wel eens meer verwisseld) gebannen om het bijwonen van de predikatien der Hervormden, en andere misbruiken en misdaden daaruit voortvloeijende. Zeer onbepaald! Nog een *Ghys Bouwens* van Ysselstein, bl. 141.

Ald. (56) 's Gravezande, *Tweede Eeuwged. der Midd. Vrijh.* twijfelt eenigzins of de Watergeus en de uitgebroken gevangene dezelfde zijn. Zijne twijfeling schijnt voort te vloeijen uit het zeggen dat Brand een Verenaar was, terwijl de Publicatie waarbij hij werd ingedaagd, hem noemt als geboren te Saftingen, bl. 175.

Ald. (57) Aanteekening van den Hr. Mr. S. de Wind.

Bl. 178. (58) Fr. Hareus *Annales*, T. III. f. 128. die een vreesselijk tafereel ophangt van de woede van Brand en Lumey. Bor, VI. f. 277. Hooft, D. I. f. 254. beslissen niet.

Ald. (59). *Louvestain, chasteau prins par le Capitaine Marinus Brandt, lequel y est aveoq environ 300 hommes. Archives*, T. III. p. 464.

Bl. 179. (60) De tegenwoordigheid van Brand bij die verschillende nederlagen en de laatste gelukkiger daad melden onze geschiedschrijvers niet, schoon ze den strijd zelven tegen Goes en Arnemuiden uitvoerig vermelden. Fr. Hareus noemt Brand, *Ann.* T. III. f. 143, 144.

Ald. (61) De beschrijving van den strijd en de verschooning voor Brand en Batenburg geeft ons Hooft, VIII. f. 316.

Bl. 180. (62) 's Gravezande *Tweede Eeuwged.* bl. 381, 401. Evert Hendriksz was de Stamvader van het heldengeslacht der Evertsens.

Ald. (63) Resolutien van Holland van 23 Junij 1575. (Hopperus, *Ep.* 40). Brand en zijne medepligtigen liepen juist over, de nacht voor den dag, waarop de Spaansche gijzelaars te Dordrecht kwamen, gezonden ten waarborg voor de Hollandsche gezanten op de vredehandeling te Breda. *Pieter van Hoorn* was mij niet bekend, doch werd mij zulks later uit eene aanteekening van den Heer Van Enst Koning in de Letterbode 1840. N°. 41. Van Hoorn moet waarschijnlijk tot de Watergeuzen worden gerekend, zelfs tot de innemers van den Briel, van waar hij in Mei 1572, met een karveelschip naar Zevenbergen zeilde, en die plaats rantsoeneerde voor 800 of 1000 guldens. *Zwartgen van Gorinchem* is de bijnaam van *Wensel Berchmans*, inwoner van die stad. (De zonderlinge bijnamen van die dagen worden gewoonlijk in de *Sententien van Alva* vermeld, maar het is zonderlinger nog, dat een Kapitein van den Staat, zelfs in officieele stukken, alleen met zijn bijnaam genoemd wordt). Berchmans had de wapenen reeds onder Brederode gedragen, en was daarom van Alva gebannen; *Sententien* bl. 25, 26. Hij heeft zich werkelijk in dienst des vijands begeven; en werd door Rennenberg naar de schans van Delfzijl in bezetting gelegd, in 1580, Bor, XV. f. 218. Het laat zich opmaken uit het schrijven van Hooft, X. f. 436. dat overloopers, als Brand, iets tot den aanval op Schouwen gedaan hebben. De Zeeuwsche uitgewekenen hadden Requesens tot een dergelijk werk aangespoord.

Ald. (64) De Jonge *Nederl. Zeewezen*, II. D. 1ste St. bl. 80, 81.

Bl. 181. (65) Van Haren *Geuzen*, III. Z. bl. 23. *Hist. Verh.* bl. 37.

Ald. (66) *Sententien*, bl. 59.

Ald. (67) Dit notarieel contract, waarover reeds in ons 1ste Stuk is gesproken, heeft de Hoogl. Te Water ons bewaard, *Verh.* IV. bl. 276.

Bl. 182. (68) *Lancelotus, nothus a Brederode, qui multa antea marium et littorum infestatione, multam apud suos gloriam est consecutus.* Carolus, p. 268.

Ald. (69) Bor, XXXIII. f. 57. Het blijkt dat Lumbres toen, Sept. 1572, nog Admiraal was, schoon afwezig, en dus Lumey slechts een zijner onderbevelhebbers.

Ald. (70) V. Leeuwen, *Bat. Ill.* f. 890. Te Water, *V. d. E.* II. bl. 298.

Bl. 183. (71) Hooft, V. f. 208. VI. f. 218.

Bl. 184. (72) Hooft, IV. f. 136 volgg.

Ald. (73) *Archives*, T. III. p. 233.

Ald. (74) *Aussi font ceux de Brême et autres villes maritimes bien affectionnés*. *Arch*. T. III. p. 234. benevens het getuigenis van Hertog Adolph van Holstein, p. 405. Het was om de gemeenschappelijke Godsdienst, Viglius, *Ep.* 153. Met Hamburg kan dit naauwelijks zoo geweest zijn. De Lutheranen waren den Gereformeerden bijzonder vijandig, en de Luthersche Predikant aldaar, Jo. Westphalus, had de uit Engeland gevlodene Hervormden, gedurende de vervolging van Koningin Maria, met den naam van *Martelaars des Duivels* betiteld. Even zoo was het in Denemarken, te Rostok, Wismar en Lubeck. Zie het verhaal van Jo. van Utenhove in Gerdes, *Hist. Ev. ren.* T. III. bl. 325-327.

Ald. (75) Bilderdyk schrijft dat Broek werd opgehangen, *Gesch. des Vaderl*. VI. bl. 117. doch zie Meteren, f. 59. en de aant. (57*) van het I St. bl. 388. Het schijnt dat Wagenaar Van Meteren in deze stelling gevolgd is, schoon de laatste niet zoo stellig spreekt. Zie nog over Jan Broek Carolus, p. 11. en verder *Arch.* III. p. 351.

Bl. 185. (76) Zie de *Stukken voor de Vaderlandsche Historie*, uitgegeven door Mr. G. van Hasselt, I. D. bl. 239. Van Hasselt geeft veel merkwaardigs en heeft verscheidene van Alva's Sententien, welke J. Marcus in zijne uitgave niet heeft. Deze Sententien zijn allen over inwoners der Geldersche steden, en bewijzen hoe sterk de Hervorming in Gelderland was doorgedrongen. Schotanus, f. 858, 892. Bor XV, f. 217. Winsemius *Chronyk*, f. 669.

Ald. (77) Van Haren schijnt hem voor een Leydenaar te houden.

> En zij, die Leydens Rhijn verlieten
> Zijn Cabiljauw, de stoute Zwieten,
> En gij met hun, barbaar Omal.

Geuzen, III. Z. bl. 21. In het Historisch verhaal noemt hij hem een Hollander. Hareus zegt dat hij een Vlaming was, v. Meteren dat hij in Vlaanderen geboren is, f. 69. en in 1579 vind ik een Jaques Cabiljauw als Schepen te Gend vermeld, bij Meteren, f. 147. Al is deze Schepen de Watergeus niet, mij dunkt, hij zal in bloedverwantschap met hem gestaan hebben. Waarschijnlijk heeft zijn nageslacht in de nabijheid van Leyden, of in die stad zelve gewoond (*).

Bl. 186. (78) Van Meteren, f. 69.

Bl. 187. (79) Deze wederzijdsche schriftelijke belofte, door Commissarissen, Cabiljauw en drie Medemblíksche Regenten onderteekend, den 21 Nov. 1572, berust nog ter Secretarie van Medemblik. Zie Bor, VI. f. 304. V. Meteren, f. 75.

Bl. 188. (80) — *Pria Dieu avec toute sa famille de vouloir conserver sa chère patrie et lieu de sa naissance, pour servir de refuge à ceux qui font profession de l'Evangile.* Le Petit Gr. Chron. T. II. f. 259. Hij heeft dit ontleend, denk ik aan het Kort verhaal van de belegering van Alkmaar enz. door Mr. Nanning van Foreest oorspronkelijk in het Latijn geschreven. De woorden van Foreest, waarschijnlijk die van den stervenden Arends zelven, hebben wij in den tekst opgenomen. Foreest was in de stad gedurende het beleg. Zie dit boeksken, dat met zijne opdragt van des schrijvers godsvrucht getuigt, bl. 12. Arends overleed in den morgen van 28 Aug. 1573.

(*) Althans de Cabiljauws komen in de 17de Eeuw meermalen in Leyden voor.

Bl. 189. (81) Le Petit *Gr. Chr.* T. II. f. 673. Van Met., f. 354.

Ald. (82) *Le Colonel Cabillau, homme aimable et débonnaire*: Le Petit, T. II. f. 263. en *Kort verhaal van de belegering van Alkmaar*, bl. 39. Uit dit werkjen heb ik voor een goed deel mijne berigten omtrent Cabiljauw geput. Van Meteren f. 69. noemt hem *een zeer vroom en deugdelijk man*.

Bl. 190. (83) *Sent.* bl. 241. Balen noemt hem ook, *Beschr. van Dordrecht*, bl. 839.

Ald. (84) *Sent.* bl. 244. — Betaald *Hopman Coninck volgende syn Lren* (Letteren) *gequoteert No 431 hondert Rycsdaelders*. Rek. van Vere. Het was echter niet onmogelijk dat wij, in de Rekening van Vere, aan Kapitein *Philippus de Conynck* moeten denken. Deze was in Mei in den Briel, waar zijn vendel gemonsterd werd. Zie G. van Enst Koning, *Narigten*, in de K. en L.-Bode 1840. No 41. bl. 186, 187.

Bl. 192. (85) Bor, VI. f. 291, 294, 318. Te Water gist dat hij uit het adelijk geslacht van du Crocq mogt oorspronklijk zijn, in zijne lijst der Watergeuzen achter zijn *Tweede Eeuwfeest der vrijheid van Vlissingen*, Bijl. F. bl. 34. Het kan zijn; misschien is hij daarom onthoofd, niet gehangen.

Bl. 195. (86) Deze Chronyk, door F. van Dorp in zijnen Bijbel geschreven, is der vergetelheid ontrukt door den Hoogleeraar, eerst te Breda, thans te Amsterdam, J. Bosscha, en gedrukt in eene Bijlage gevoegd achter het I Deel van *Neêrlands Heldendaden te land*, een werk, zoowel in diepe historiekennis, als in krachtigen stijl uitmuntende. Zie de Bijl. bl. 11.

Ald. (87) V. Leeuwen *Bat. Ill.* (die ook zijne tegenwoordigheid bij den Briel vermeldt) f. 936.

Bl. 196. (88) V. Dorp plaatst het gevecht tegen Bossu na een beleg van 3 dagen, op den 7 April, dus op Paaschmaandag, terwijl onze Geschiedschrijvers het stellen op Paaschavond, den 5 April; want Paschen viel in 1572 op den 6 April. Cleyn, *Dankoffer*, bl. 78. Evenwel, Van Dorp is niet zeer naauwkeurig in zijne dagteekeningen: hij plaatst Leydens ontzet op 5 Oct.

Ald. (89) Boisot was gehuwd met Margaretha van Dorp, de dochter van Arent van Dorp, die een broeder was van Frederiks Vader, Philips. Van Leeuwen, t. a. p.

Ald. (90) Het wonderlijke dier uitredding lag daar in dat de ontzettende woede des Spaansche soldaten hem verschoonde, en dat men hem, dien men toch als Kapitein kon kennen, en daar men alles doodsloeg, voor weinig gelds vrijliet. Fr. Hareus meldt het, *Ann.* T. III. f. 299.

Ald. (91) Fr. Hareus, l. l. f. 353.

Bl. 197. (92) Fr. Hareus, l. l. f. 453. Het was mogelijk dat v. Dorp dezen veldtogt gedaan heeft, als bevelvoerende over 10 vendelen van Philips van Nassau, die reeds in 1592 tot hulp van Frankrijk was gezonden: Reyd, f. 271.

Ald. (93) De belegering van La Fère moest eene afwending geven ten voordeele van Maurits. La Cretelle, *Hist. de la France* etc. T. III. p. 237.

Ald. (94) Le Petit, *Gr. Chron.* T. II. f. 667. *Le Colonel Dorp — se monstra fort diligent et fit grand devoir partout.*

Bl. 199. (95) Zie over F. van Dorp nog v. Leeuwen *Bat. Ill.* f. 937. die zijn geslacht opnoemt. Te Water, *Verb. der Ed.* III. bl. 514 volgg. die merkwaardige bijzonderheden opgeeft, vooral van zijn jongsten zoon Frederik.

Ald. (96) Te Water, III. bl. 515. V. Leeuwen, *Bat. Ill.* f. 935.

Bl. 200. (97) Van Wyn, *Bijv. op Wag. Vad. Hist.* VI. bl. 36. Hij zegt echter niet op wiens gezag, doch het zal zijn op dat van Alkemade. Van Leeuwen telt W. van Dorp onder de Hollandsche Edelen die het request aan de Gouvernante te Brussel overgaven. Zie over den dood van W. van Dorp, van Reyd, f. 281. Bor, XXIX. f. 21. Hareus, T. III. f. 462, 463. De gijzelaar, die van wege Maurits in de stad ging, was Kapitein Pieter van Dorp. Bij de verrassing en het weder verliezen van Lier, sneuvelde deze P. van Dorp, volgens Hareus, f. 509. volgens Bor, XXXII. f. 113. zijn Luitenant. Waarschijnlijk is W. van Dorp dezelfde met dien Dorp, die, na den slag bij Nordhorn in 1581, waar de overste Luitenant Schul van Nassau's regiment sneuvelde, in zijne plaats werd aangesteld. Fresinga's *Memorien* in de *Analecta* van Dumbar, T. III. p. 480. Het kon echter ook Frederik zijn.

Bl. 201. (98) *Beleger. van Alkmaar*, bl. 39. Het regtsgeding tegen Duivel is door Bor opgeteekend, IV. f. 336 volg. G. v. Hasselt, *St. voor de Vad. Hist.* D. IV. bl. 300.

Bl. 204. (99) Men zie de *Sent. van Alva*, bl. 48 volgg. en de levensbeschrijving bij Te Water, *Verb. der Ed.* II. bl. 351, volgg. *Belegering van Leyden*, bl. 68. Nog Bor, IX. f. 162. Van Leeuwen, *Bat. Ill.* f. 1155 velg. die het grafschrift van Arent van Duivenvoorde, Adriaans natuurlijken zoon, opgeeft. Er leefde in dien zelfden tijd nog een *Arent van Duivenvoorde*, Van Leeuwen, bl. 1157. zoon van Jacob en Geertrui van Lier, Dijkgraaf en Baljuw van Rynland, overleden 1610.

Bl. 205. (100) O. Z. v. Haren, *Geuzen, Hist. Verh.* bl. 37. zegt dat Duivenvoorde (naderhand naar zijne heerlijkheid gewoonlijk Warmond genoemd) naauwelijks 16 jaren oud was in 1572. Volgens het berigt van zijn sterfjaar (15 April 1610, wanneer hij 63 jaren oud was) moet hij toen 25 zijn geweest. Een kind van 10 of 11 jaren (want dien ouderdom had hij, volgens Van Haren, in 1567 bereikt) behoefde ook het Vaderland niet te ontwijken. Van Meteren geeft zijn sterfjaar op, f. 690^{vso}. en Niedek in de *Ned. en Kl. Oudh.* II. D. bl. 346.

Bl. 206. (101) *Ned. en Kl. Oudh.* D. II. bl. 26.

Bl. 210. (102) De brief der Koningin is ons door van Meteren bewaard, f. 345^{vso}. en Bor, XXXIII. f. 55, die het er voor houdt dat deze brief strekken moest om Duivenvoorde uit Engeland te houden; hij meende namelijk, (waarom? wordt niet gezegd) de rivier van Londen op te zeilen.

Bl. 212. (103) Het verhaal van Duivenvoordes leven is geput uit onze geschiedschrijvers Bor, Hooft, Meteren, Grotius, Schotanus enz. Wagenaar noemt hem ook, en de *Resolutien van Holland*, en Van Wyn geven eenige bijzonderheden aangaande hem op. Over zijn voor- en nageslacht heeft Van Leeuwen en Te Water veel opgeteekend, doch dewijl hij onder de verbondene Edelen niet genoemd wordt, heeft genoemde Hoogl. geene narigten aangaande zijn levensloop nagelaten. In Wagenaars *Historie*, en de *Bijvoegselen en Nalezingen van* v. Wyn enz. heet hij Johan van Duivenvoorde; van waar dan dat hij in de registers, en van de Historie, en van de Bijv. en Nál. *Jacob* genoemd wordt? — Hij moet wel worden onderscheiden van drie anderen, denzelfden voor- en geslachts-naam dragende, van Johan van Duivenvoorde, die Rentmeester van den Briel was, toen die stad werd ingenomen door de Watergeuzen; van Johan van Duivenvoorde, Colonel te Haarlem in het beleg, en aldaar door Don Frederik onthoofd; en van een Johan van Duivenvoorde, bij de overhaaste togt van Hohenlo naar Zwol, in 1580, op de heide van dorst verstikt; een schoon Edelman en van moedige jeugd, volgens Hooft, D. II. f. 703.

Bl. 214. (104) Bijzonderheden van Eelsma's leven en geslacht geeft Te Water op, *Verb. der Ed.* II. bl. 364. Zijn voornaam luidt verschillend; hij zelf schreef *Jelkius*. Carolus, die het een en ander van hem berigt, is hem bijzonder vijandig, en beschuldigt hem van lafheid en allerlei boosheid. Hij weidt met welgevallen uit over zijn ongelukkig einde. Zie hem *De rebus Billaei*, etc. p. 11, 37, 237 sq., 254. Over den togt van Eelsma naar Schoonhoven, zie Meteren, f. 66 vso. en Hooft (die hem evenwel niet noemt, zoo min als zijne spitsbroeders), VI. f. 225, 256.

Bl. 215. (105) Hareus, T. III. f. 176. plaatst dat gevecht op 10 Julij 1573. Doch toen was Batenburg aan het hoofd der benden getogen om Haarlem te ontzetten, en de nederlaag der ontzetters viel voor ter middernacht tusschen 8 en 9 Julij. Eene vroegere poging van Lumey was reeds aangewend 12 Dec. 1572, en het kan zijn dat Egmond daarbij tegenwoordig was.

Bl. 216. (106) Men leze dat verhaal bij Bor, VII. f. 8vro. volg. en bij Hooft, IX. f. 352. Egmond kwam slechts 2 dagen (3 Febr.) voor de beraamde uitvoering binnen, zonder van iets te weten. De zonderlinge angst van den boer, die de berigten, onwetend, aan de zamenzweerders moest overbrengen, deed den aanslag uitkomen. *Wij zijn alle te gader door Gods voorzienigheid van den dood verrezen*, schrijft de Gouverneur van Wijngaarden.

Ald. (107) Van Wyn op Wagenaar, VII. bl. 42. der Bijv. en de daar aangehaalde *Resolutien van Holland*, vooral die van 3 Sept. 1576.

Bl. 217. (108) Het verhaal van het voorgevallene met Dathenus lezen wij bij Bor, XIX. f. 48. Zie voorts Te Water, *Verb. der Ed.* II. bl. 367. en van Leeuwen, *Bat. Ill.* f. 957. Zijne afkomst uit het geslacht der Martena's blijkt uit eene geslachtlijst in den *Vrijen Fries, Mengelingen voor Friesche Geschied-, Oudheid- en Taalkunde*, D. I. 3de St. Van Egmonds moeder Ammel of Amelia van Grombach, was de dochter van Lucia Martena bij Frits van Grombach.

Bl. 219. (109) Dit bleek ons uit de Rekening van Vere, waar hij *Berthel Lentes* genoemd wordt. De stad had voor hem en zijne vendelen vrij wat gelds betaald. Van Zierikzee waren, behalve dat, drieduizend-negenhonderd-vier-en-vijftig brooden voor zijn hongerig volk aangebragt.

Ald. (110) 's Gravezande vermoedt het, zich grondende op de stadsrekening van Middelburg, en de overeenkomst van den tijd, met dien van Entens verblijf op Walcheren. *Tweede Eeuwget.* bl. 275, 276.

Bl. 220. (111) Zoo geeft het de Predikant Antonius Bynaeus op in een boekje getiteld: *Naardens Burgermoort* ent. eene leerrede op den jaarlijkschen Gedenkdag, over Gen. XXXIV. vs. 25-29. Amsterdam 1687. bl. 76.

Bl. 222. (111*) Over de handelwijze der Staten moet de Heer Groen van Prinsterer worden nagelezen in de *Archives*, T. V. p. 91 suiv. en over de behandeling door Entens ondervonden Fred. van Inthiema, *Querela Hollandiae*, f. 20, 22. die de mishandelingen Lumey en Entens aangedaan, en de zonderlinge regtspleging hevig laakt.

Bl. 224. (112) Dit is het verhaal van Winsemius, *Histt.* L. III. f. 240, 241. en Schotanus, f. 791 volg. Van Meteren f. 167. is ook hier te hatelijk, en ik vrees dat hij zijne historische trouw aan zijn opgevat denkbeeld opoffert.

Ald. (113) Van Meteren, die dit mede verhaalt, maakt Entens tot een gemeenen dief, en gaat buiten twijfel te ver. Zie Schotanus, f. 854. die van dat wegloopen met het geld niets meldt, schoon hij waarlijk Entens gebreken niet verzwijgt.

Ald. (114) De geschiedenis van de twist van de stad Groningen met de Ommelanders, door hunne Edelen aangevoerd, is jammervol en bloedig. F. Sjoerds in zijne *Friesche Jaarboeken* en Schotanus in zijne *Geschiedenissen van Friesland*, maken er dikwijls melding van. Deze twisten waren reeds eeuwen oud. Zij hadden oorsprong genomen uit de Privilegien der stad Groningen. Geen landman mogt zijn koorn verkoopen dan in die stad, en wel tegen een gestelden prijs; hij mogt geen bier drinken, dan dat te Groningen was gebrouwen. Soms werden den boer zijne paarden op de markt ontnomen, en hij was volstrekt gedwongen het koorn dat hij noodig had weder in de stad te koopen. Dergelijke Privilegien hadden meer steden, ten nadeele der regten en belangen der landbewoners, of van andere plaatsen. Zoo had Dordrecht dezelfde voorregten, onder anderen het stapelregt, als Groningen zich had aangematigd. Het handhaven dier Privilegien deed slechts de heerschzucht der stedelingen en vooral hunner Magistraten aangroeijen, en de voorregten des eenen, werden werktuigen ter onderdrukking van anderen. — Groningen ging in zijnen overmoed alle palen te buiten. Oene van Eusum, Edelman, had te Middelstum een toren gebouwd, welks muren zes voet dik waren. De Groningers eischten dat hij ze, volgens het verdrag, tot op de dikte van drie voeten zou verminderen. Hij bleef volstandig weigeren, en dit zou hem grootelijks hebben berouwd, indien andere zwarigheden de Groningers niet belet hadden den toren te vernielen. Dit gebeurde in 1472, Schotanus, f. 344. Eeuwen lang had men gestreden, de veten bleven woeden, en het was de diergeschatte vrijheid die de twisten eindeloos maakte: men kende geen Heer dan den Keizer, die zich die zaken niet kon aantrekken, en het werd hier waarheid wat Graaf Ulrik van Oost-Friesland aanmerkte aangaande de vrijheid, bij Schotanus, f. 319, waarbij deze Historieschrijver aanteekent: dat geen kwaad den Friezen duurder was te staan gekomen, dan de schoonschijnende naam van vrijheid. (*Nullum malum meis Frisiis carius statit speciosa nomine libertatis*). De wrok van Entens tegen Groningen had diepe wortelen geschoten. Zijn geslacht had ook in het leed dier twisten gedeeld. In 1500 hadden de Groningers Hillebrand Entens, een man van voornamen adel, met zijn broeder bij nacht uit zijn huis en van hun bed geligt en in ketens gesloten. Wraak en weerwraak volgden elkander op, in steeds toenemende gruwelen, en al deze geweldenarijen bekoelden eerst toen Groningen en de Ommelanden onder een geregeld bestuur kwamen, en zich met de overige Nederlandsche provincien vereenigden, schoon ze soms weer ontvlamden. Over deze twisten en eindelijke beslechting zie men Ubbo Emmius, *de agro Frisiae*, p. 48 sqq.

Bl. 225. (115) Het was de drie steden van Overijssel Zwol, Kampen en Deventer te doen om zelve meester van

Koeverden te blijven, en als de Groningers een Drost stelden op het slot van Koeverden, hadden zij te zorgen dat de privilegiën der drie steden niet verkort werden. Deze luidden dat geen Drost buiten bewilliging der drie steden over Koeverden mogt worden aangesteld, en dat hij zijn eed ook in hare handen moest afleggen. Bondam, *Verzam. van onuitgeg. St.* D. V. bl. 320.

Bl. 228. (116) Al de Geschiedschrijvers, die van die tijden spreken, noemen de daden van Entens op; niemand denkt zeer gunstig over hem, maar niemand ongunstiger dan Fresinga en Van Meteren, door Hoogstraten in zijn Woordenboek gevolgd, wiens verhaal buiten dat zeer onnaauwkeurig is. Deze zijn nog meer verbitterd tegen hem dan de Spaanschgezinde Geschiedschrijvers. Fresinga schildert hem af als een der snoodste schepselen die de aarde gedragen heeft, en daar hij Entens in persoon schijnt gekend te hebben, bleek hij ook zijn persoonlijke vijand te zijn geweest. Bij hem is Entens een roover, vrouwenschender, speler, brandstichter, moordenaar, dronkaart, alles in den ergsten zin: *hij had den armen Van der Marck tot alle onsinnicheit opgeruyt: — met alle religie hielt hij dagelicx synen spot.* Hij verklaart veel van dit alles zelf gezien te hebben, en waarschuwt iedereen den regten weg te kiezen en *niet te hopen dat de memorien heur leven verswygen sullen.* Memorien, bl. 157, 167. en vooral bl. 219-224. Ik twijfel echter of de brave Ufkens zijn vriend zou zijn geweest indien hij waarlijk zulk een booswicht was, en of een zijner oppergebieders zulk een monster zoude geduld hebben, bij wien Lumey vergeleken een heilige heeten mogt.

Reinico (Rienk) Fresinga diende in Steenwijk gedurende het beleg, als Adelborst in het vendel van Stuper, dat door zijn Luitenant Johan van Berenbroek werd aangevoerd. Hij zal toen nog een jongeling zijn geweest. Zijn verhaal van Steenwijks beleg is uitvoerig en hij doet regt aan den moedigen, bekwamen en originelen Johan van de Korput, een der bevelhebbers over de soldaten in die stad, en door den invloed zijner bekwaamheden en de kracht van zijn geest, den behouder der stad. Bor, XV. f. 214. berispt Van Meteren met regt, en zegt dat hij Fresinga zonder nader onderzoek heeft nageschreven. Hij wil verder zijne ruwheid niet ontkennen, maar erkent dat hij vrij goede krijgstucht hield, zooveel de omstandigheden en de kwade betaling dat toelieten. Zijn aanslag op Oostmahorn (zeer gelasterd) getuigde van zijn beleid en moed, en hij zou zijne schansen niet hebben verlaten, zoo men hem goed had bijgestaan. Wat zijne schatten betreft bij zijn afsterven gevonden, Bor zegt zeker te weten, dat zijn broeder Asinga Entens zijn boedel weigerde te aanvaarden anders dan onder beneficie van inventaris. (Hij had eene quitantie van door Entens uitgeleende gelden gezien, waarop Asinga zóó had geteekend. Dit moet dan als voogd van Entens zoon door hem geweigerd zijn). Entens erkende zijn eigen kwaad, en had ook zijne betere oogenblikken. » Ben ik » geen Christen, of houd ik mij niet, gelijk een Christen » betaamt, zoo wil ik nogtans Christus zaak voorstaan en » het Vaderland dienen met mijn lijf en bloed." Zoo sprak hij zelf, en een ander zeggen, waarbij hij de Kerk bij een kruidtuin vergeleek en zich zelven, niet bij een der kruiden, maar bij den hagedoorn in de heg, die den tuin beschermde, kenschetst zijne handelingen, en is bewijs van een niet onvernuftigen, zelfs eenigzins dichterlijken geest. — Prof. Te Water geeft eene korte levensbeschrijving van hem in zijn *Verbond der Edelen*, D. II. Nog eene is te lezen in den Groninger Almanak voor 1838, beter dan zijne afbeelding in steendruk, die er bijgevoegd is. Daaronder staat zijn devies of zinspreuk: *Frolych mit eeren*. In den Almanak voor het Departement Leens 1836 is eene geschiedenis van zijn leven door wijlen den oudheidkundigen en voortreffelijken Predikant Westendorp, waaruit zijne bovenstaande gezegden getrokken zijn. Wij vinden daar ook van zijne goede krijgstucht, voor Groningen, gesproken. De meest vreedzame kalmte heerschte op de akkers en erven der boeren in de nabijheid der stad, terwijl Entens soldaten hunne schansen maakten. Dit bewijst veel voor hem. bl. 255. — Zijn gedrag in Delft heeft De la Pise vrij scherp geteekend, die vermeldt dat hij de Staten van schurkerij beschuldigde, den Prins zelfs niet spaarde, en zijne woorden smaakten naar muiterij en oproer. *Hist. des Princes* etc. f. 407. Maar hij laat ons even onzeker omtrent Entens gevangenschap en den tijd zijner bevrijding, (Hoogstraten, op *Entens* schrijft dat hij een jaar te Delft gevangen zat) zoowel als de andere Geschiedschrijvers, die zich terstond van hem afwenden om alleen over Lumey te spreken. Over zijn nageslacht zie Te Water, *Verh. der Ed.* D. II. bl. 379. Doch verg. III. bl. 94, 528. Hij liet een zoon na, Evert, die met eene dochter van Martena gehuwd was. Doch Entens talrijk geslacht schijnt uitgestorven. In de *Archives* T. IV. p. 382. vond ik, in een brief van Morillon aan den Kardinaal Granvelle, vermeld dat Entens was opgehangen, na zijn gevangennemen te Delft namelijk. Hetzelfde meldt de *Tegenw. staat der Nederl.* IV. bij Te Water aangehaald. Morillon schrijft: *Il (le Prince d'Orenges) a faict pendre ung sien maistre d'hostel qu'avoit faict foulle, et un Bertel Entens, capitaine Frison fort renomé, pour actes semblables et faict grande justice.* In de beschrijving van Delft door Bleiswyk, aangehaald in het *Leven van Willem* I. D. II. bl. 342 lezen wij hetzelfde. Zou het hem ook gedreigd zijn geweest? — Of is er verwarring tusschen onzen Entens en een neef van hem, die ook Barthold Entens heette?

Bl. 229. (117) *Bijdr. voor Vaderl. Gesch. en Oudheidkunde* verzameld door I. A. Nyhoff, D. I. 2de St. bl. 84. Ik vermag het niet tegen te spreken, doch dan heeft hij te Utrecht zijne woning gehad. Onder de ballingen door

Alva gevonnisd vind ik hem niet, wel een Antoni van Everdingen uit Vianen, *Sent.* bl. 35.

Bl. 231. (118) *Archives*, T. II. p. 368. H. van Brederode spreekt ook zoo, p. 416. *et moy, j'espère de mouryr ung vostre povré soldat, vray gens à vos pyés.* Ik hoop dat het meer dan complimenten zijn geweest! Maar Graaf Lodewyk was een uitmuntend mensch, en door allen innig geacht en bemind. Over het verrigte te Valenciennes zie nog bl. 278.

Ald. (119) *Arch.* T. III. p. 364, 374, 377.

Bl. 232. (120) Over zijn verblijf in Oost-Friesland *Arch.* T. IV. p. 45, 56. Zijne instructie voor zijn gezantschap in Frankrijk is te lezen aldaar p. 119 suiv. voorts p. 132, 158, 167.

Bl. 233. (121) *Arch.* T. IV. p. 202, 205. *la maladie qui me détient encore au lict, l'importunité de mon médecin et le deffault de tous vivres, mais surtout le danger auquel je me voy réduit, d'encourir une vilaine honte — me contraindent de vous supplier très humblement et au nom de Dieu de me sécourir en ceste extrême necessité, laquelle je puis dire estre telle que de mon vivant je ne me suis trouvé en telle paine, et de laquelle je ne me puis nullement exempter si vous ne m'aidez promptement.* Zie p. 235. T. V. p. 77. Het treurig lot van zoo velen, wier goederen in de handen der vijanden waren, en een sterk bewijs hunner hartelijke trouw.

Ald. (122) Zie verscheidene zijner brieven in het aangehaalde werk *Arch.* T. IV et V. Over den aanslag op Maastricht, T. V. p. 333 suiv.

Bl. 234. (123) Zie den brief van Schönberg aan Koning Hendrik III in de *Arch.* T. VI. p. 55 suiv. en p. 188, 189.

De volgende deelen der *Archives* zullen ons misschien nog meer van Lumbres kunnen melden.

Bl. 235. (124) Barueth, *Holl. en Zeel. Jubeljaar*, bl. 45. Balen *Beschr. van Dordrecht*, bl. 842.

Ald. (125) Bor, V. f. 141. Van zijne beschuldiging spreekt het stuk zijner indaging op de Secretarie te Medemblik.

Bl. 236. (126) Te Water *V. d. E. T.* III. bl. 460. IV. bl. 276. V. Meteren, f. 66^vso. noemt dien *Vriese*.

Bl. 237. (127) Van Haren *Geuzen, Hist. Verh.* bl. 36, en III. Z. bl. 26. Carolus, *de rebus Billaei* etc. p. 85. die hem noemt *piratarum dux ignobilis*. Winsemius, *Histt.* L. II. f. 159.

Ald. (128) Barueth, *Holl. en Zeel. Jubelj.* bl. 55. Schrevelius, *Beschr. van Haarlem*, 1648. B. III. bl. 137.

Bl. 238. (129) *Sent.* bl. 242.

Bl. 239. (130) Winsemius, *Histt.* L. II. f. 146, 149. *Chronyk*, B. XVII. f. 565. Schotanus, f. 766.

Bl. 240. (131) Van Meteren, f. 63^vso. bij wien het evenwel onzeker is of hij het schip niet zoo noemde. Wagenaar heeft het duidelijker, VI. bl. 345. Van deze losheid in het schrijven der namen vond ik, onder anderen, een bewijs in de *Resol. van Holl.* op *Egmond* aangehaald, waar in hetzelfde stuk Kapt. *Gonsvoort* ook *Gronsvoort* heet, en in de Rekening van Vere, den naam van *Sybrandsz.* en *Ysbrandsz.* voor den zelfden persoon in hetzelfde artikel. Zoo is het in dezelfde Rekening *Tseraerts* en *Serairts* voor denzelfden persoon: *Lentes* voor *Entens, Etting, Hetting,* voor *Hettinga*. Van Hasselt in zijne *Stukken voor de Vad. Hist.* klaagt ook over het slordig schrijven der namen. Zie I. bl. 284.

Bl. 241. (132) J. Carolus, p. 249. Winsemius, *Histt.* L. II. f. 149. *porrectâ percussori cervice, gloriosam mortem Groningae oppetisse*. Ik vind nog een Hopman *Douwe* die over een vendel Hoogduitschen bevel voerde, onder Hohenlohe, en door Rennenberg met zijn volk verrast werd, bij Fresinga, *Memorien*, in de *Anal.* van Dumbar, T. III. bl. 280, 281, 287. Op eene bijzondere geslachtlijst stond van Douwe Glins: *obiit in bello* (aant. van den Hr. Eekhoff); kon deze ook de bij Fresinga genoemde Hopman Douwe zijn?

Bl. 243. (133) Meursius, *Ferd. Alb.* L. III. p. 181, *Gravius avaritiae inexplebilis, nec templorum sacra veritus, et ob flagitia carcerem in Hollandia passus.* Van hunne moedige verdediging meldt Ern. Eremundus, p. 230. Vergelijk nog Bor, VI. f. 310. Ik vind nog gemeld van eenen *Monsr. de Graeff van Brugge*, die een buisschip voerde, en daarmede, 1 April, voor den Briel kwam. Kan deze ook dezelfde met G. de Grave zijn? De Geschiedschrijvers konden in het noemen zijner geboorte- of woonplaats gedwaald hebben. Zie de *Narigten* enz. van den Heer G. van Enst Koning, *K. en L. Bode* 1840. N°. 41.

Bl. 244. (134) Harda's deelgenootschap aan La Torre's berooving wordt door Viglius gemeld, *Ep.* 34. Beima had hem er toe verleid. *Ep.* 26 meldt Viglius zijne indaging door Alva. (*Zarda* is daar eene drukfout voor *Harda*). Het geschrift aan de afgevaardigden van Friesland is geheel bij Gabbema *Verh. van Leeuw.* bl. 501 volgg. Te Water's Levensberigt is kort, *Verb.* II. bl. 448.

Bl. 246. (135) Vergelijk Te Water *Verb.* II. bl. 449 volg. met J. H. Halbertsma, *Het geslacht der van Harens*, vooral bl. 34 volgg. en 227 enz. (Het blijkt dat Everard van Haren, bij Te Water als den Vader van Adam opgegeven, niet, zoo als ZHG. zegt, met Agnes van Cortenbach, maar met Margriet Hagens gehuwd is geweest). Zie ook *de Geuzen* van v. Haren, *Oph.* bl. 263 enz. en de *Hareniana* in de *Mnem.* van H. W. en B. F. Tijdeman, III. D. bl. 169. Dat de Watergeus Van Haren een dagboek van zijne handelingen naliet is bekend, zoowel als dat dit merkwaardig stuk, in den brand van het huis zijns Naneefs, Onno Zwier, de prooi der vlammen werd.

Bl. 247. (136) Bor, VI. f. 327, 337. Over Samplon die in 1575 met eene geringe hoop soldaten en vrijbuiters in Friesland, eene zesmaal sterkere magt van Walen en boeren versloeg, zie Bor, VIII. f. 102, 104, 123. Henneberts nageslacht was in de dagen van O. Z. van Haren nog in wezen. Een die in regte linie van Jaques, den Watergeus, afstamde, werd hem, in eene zijner Vlaamsche Commissien aanbevolen. *Mnemos.* door H. W. en B. F. Tijdeman, III. bl. 184.

Ald. (137) *Martelaarsboek*, Dordrecht, bij Savary 1657. f. 436. Zijn laatste gebed bewoog allen tot innig mededogen; zelfs de beul zonk naast hem op de kniën en hoorde zoo zijn gebed aan. Deze Michiel Herlin wordt ook aldaar gezegd, zich te hebben bevonden onder de Edelen te St. Truien vergaderd.

Bl. 248. (138) Of van Haren Herlin niet te sterk gekleurd heeft, als » meer dan tijger wen hij woedt." III. Z. bl. 26, zou ik vermoeden, omdat de geschiedenis van dergelijke wraakoefeningen volstrekt niet spreekt. De moord aan de Gorcumsche Geestelijken gepleegd was zeer wreed, maar van verbranden lezen wij niets, en Herlin wordt er niet bij genoemd.

Bl. 249. (139) *Alva's Sent.* noemen Doecke en Taecke als zonen van Homme, bl. 192. De berigten aangaande Taecke of Taco zijn ontleend aan van Reyd, f. 246, 304, 330, schoon deze hem Hittinga noemt: — aan Schotanus, f. 859, 860, 862. en Le Petit *Gr. Chr.* T. II. f. 665, 761.

Bl. 250. (140) Winsemius, *Histt.* II. f. 115. Gabbema *Verh. van Leeuw.* bl. 500, 509. *Arch.* T. III. p. 230. Schotanus, f. 749. Bij Carolus, die hem met eene zwarte kool teekent, p. 11: wordt hij Homerus genoemd. Eene bijzondere gewoonte was het in Friesland om de namen te veranderen, en dien van een der ouden te kiezen, die het meeste op den voornaam geleek: het is een bewijs dat de Ouden en de geleerdheid in eere waren. Voorbeelden voerden we daarvan vroeger aan. Homerus heet hij ook in de Rekening van Vere.

Ald. (141) *Hareniana* in de *Mnem.* van H. W. en B. F. Tijdeman, III. D. bl. 184.

Bl. 251 (142) Te Water *V. d. E.* II. bl. 459. Bij Van Haren is de Oom Hedding om zijne hooge jaren zoo genoemd, en hij verschijnt bij hem als een grijsaart, verstramd, maar nog vol van vuur om te strijden. Zoo is hij ook bij Loosjes geteekend, maar nog heviger. Daar is hij een moordenaar en brandstichter, woedende van wraak, doch sterft vol van berouw, aan zijne wonden. Zie de *Watergeuzen*, *Heldenspel*. Men passe slechts deze poëtische vindingen op Homme Hettinga niet toe: men kon hem op die wijze een karakter toekennen dat de Friesche Edelman nooit gehad heeft. Wat Hommes halven broeder Tiete Hettinga aangaat, ik had hem gaarne op de lijst der Watergeuzen geplaatst, maar was overtuigd, dat hij zich eerst, na het innemen van den Briel, bij hen voegde en toen te Enkhuizen in bezetting kwam. Doch daar moeten er twee van dien naam zijn geweest. Vergelijk zijn kort levensberigt bij Te Water, II. bl. 460. Hij was een moedig krijgsman, die bij Wormer, in 1575, met slechts twee à driehonderd man, veertienhonderd Spanjaarden versloeg. Zie op *Sonoy*.

Bl. 252. (143) Cleyn heeft zijn berigt aangaande Van der Houve uit Alkemade, *Briel en Voorne*, f. 374. Het volledigste geeft ons Matthys van der Houve, een lid van hetzelfde geslacht, in zijne *Handvest Chronijk*, bl. 188. uit eene familie-aanteekening.

Bl. 253. (144) Bor, V. f. 291.

Bl. 254. (145) Hero van Hottinga, Raad en Advocaat Fiscaal ter Admiraliteit van Friesland, Groningen en Ommelanden, en gevolmagtigd ter inleiding van Ernst Casimir tot het Stadhouderschap van Friesland. Winsemius, *Chronijk*, f. 906. Zie Te Water, II. bl. 476. Gabbema, *Verh. van Leeuw.* bl. 512, 513. Meteren, f. 135. Zie ook op *Eelsma*. Jarich Hottinga kwam om door een schot in den arm, bij gelegenheid dat hij met Entens, op een Edelmans huis in Drenthe, te gast was, en de Schutters van Entens vreugdeschoten deden. Fresinga (die Entens als de oorzaak van zijn dood beschuldigt), *Mem.* bl. 167.

Bl. 255. (146) **Meteren**, f. 59, 78. hij noemt Imbize een stout man. Het laat zich denken, dat de zoon eenige gelijkheid met den vader heeft gehad. Zie Hareus, III. f. 142.

Ald. (147) Zoo getuigt hij in een berigt van zijne afkomst gevoegd achter zijne *Elegiae de arcis Lynganae deditionis causa*. S. Petrus *de Scriptoribus Frisiae*, p. 455. getuigt van hem, dat hij door eene bijzondere zucht tot de wetenschappen gedreven werd, en zijn standvastig geduld alleen den onwil en de slagen zijns vaders overwon, die hem tot landbouwer bestemd had.

Ald. (147*) Zie G. de Wal, *Or. de claris Frisiae JCtis*, p. 78.

Bl. 257. (148) Inthiema's gedicht *Querela Hollandiae* is voor de geschiedenis van Lumey van veel belang. Holland wordt er sprekende ingevoerd en klagende over de mishandelingen den Graaf van der Marck aangedaan. Deze klagt is vervat in een Carmen Elegiacum, welks Disticha bij twee, vier of meer gelijk, als eilanden in eene zee van Commentarien zwemmen, die van des schrijvers Philosophische, God- en Regtsgeleerde kennis een loffelijk getuigenis dragen, zoowel als van zijne zucht tot bewerking eener verzoening tusschen den Graaf, en Holland en Oranje. Het oogmerk van het boekje is: dat de Graaf al het hem, door valsche aanklagers, aangedaan onregt vergete, op het voorbeeld van andere helden die onverdiend leden: — zich verzoene met den Prins en het Vaderland, dat hij aan den muil des tyrans ontrukt heeft, en zoowel den Prins als Holland buiten alle schuld stellende, voor het behoud van beiden en van al de Protestanten op nieuw te wapen roepe. — De Poëzij laat zich vrij wel lezen, maar is boven het middelmatige niet. Voorts wil hij dat Koningin Elisabeth en al de Protestanten zich tegen den aartsvijand vereenigen en dringt er op aan met kracht van taal. Hij schreef deze klagt te Emden, in 1575, in ballingschap, om zijne medeballingen om des Evangeliums wil te vertroosten. *Exul in exilio, Musis comitantibus.*

G. de Wal *De claris Frisiae Jurisconsultis* heeft p. 76 sqq. eene levensbeschrijving van Inthiema gegeven. Uit deze is mij gebleken, dat hij in 1606 weder te Leeuwarden woonde, waar hij zijne, door den Fiscaal Carolus verbeurd verklaarde goederen terugeischte, of schade-vergoeding voor het uitgeschoten geld vorderde. Ook werd zijne adeldom in twijfel getrokken. Hij beklaagt zich daarover in zijne Elegien.

Ald. (149) Winsemius, *Histt*. f. 481. Schotanus, f. 853.

Bl. 258. (150) Cleyn, *Dankoffer*, bl. 74. Van Hans Onversaagd, die daar mede genoemd wordt, heeft de overlevering meer zekerheid, zoo als op zijn naam blijken zal.

Ald. (151) V. Iperen, *Tweehonderdjarig Jubelf. van Vere*, bl. 113. Hij zegt dat de namen op zijne lijst duidelijker zijn dan in de *Sententien van Alva*. Die lijst der bannelingen bewesterschelde was echt, en uit de *Archiven* van Vere, naar het schijnt. Anders in de *Sent. van Alva* bl. 99. heet Lievensz. *Guillaume Lueniss. Stoeldraeyere*, maar op het einde derzelfde *Sententie*, bl. 102. *Willem Lueniss; Luemsz.* (zoo staat er) zal eene drukfout zijn. Hij werd gebannen om het breken der beelden.

Bl. 259. (152) Bor, VI. f. 277. Ik twijfel ten minste niet of *Willem Leuwensz.* aldaar is onze Watergeus. De twist ontstond uit het beweerde door Graaf Willem van den Berg, dat Tautenburg tot zijne kwartieren behoorde, (hij noemde zich reeds Stadhouder van Gelderland en Overijssel, van wege den Koning en Oranje. Pontanus, *Geld. Gesch*. f. 522.), en omdat Sonoy dat slot voor zich als eigendom wilde behouden. Zie over zijn vendrig, Bor, f. 321. en de andere geschiedschrijvers. Meursius, L. III. p. 181. noemt Rivius, dien de andere van Ryne of Reyme noemden; of hij daarmede denzelfde bedoelt, die bij Hareus, III. f. 119, Rivius heet, kan ik niet beslissen.

Bl. 260. (153) *Sent*. bl. 43 volg. O. Z. Van Haren, *Geuzen. H. V.* bl. 36, 37. Men zie voorts op *Everdingen*.

Bl. 262. (154) Over Ziska zie men de schrijvers der Kerkelijke geschiedenis; over Montgomeri en de Hugenoten Lacretelle, *Hist. de Fr. pendant les guerres de religion*, T. II. p. 67 suiv. Men noemde de soldaten der vervolgers, *les soldats de l'antechrist*. Over den Baron des Adrets, wiens lotgevallen zelfs aan die van Lumey niet ongelijk zijn, Lacretelle, l. l. T. I. p. 336. ... *le craignoit-on plus que la tempête qui passe par les grands champs de blé. Jusque-là que, dans Rome, on appréhenda qu'il armât sur mer et qu'il la vint visiter, tant sa renommée, sa fortune et sa cruauté volaient partout:* zegt Brantôme van Des Adrets. *Taureau furieux qui de ses cornes renversait églises et bataillons entiers de catholiques*, zegt dezelfde, aangehaald bij Capefigue, *Hist. de la Reforme*, T. II. Ch. 30. p. 247. Zie p. 246 suiv. eene vergelijking tusschen den Catholijken Blaise de Montluc en den Calvinist des Adrets, beiden geweldige ijveraars.

Ald. (155) *Scientiae militaris rudis* zegt J. B. de Taxis, *Comm*. L. I. p. 146. en hij kon er over oordeelen.

Ald. (156) Hoogstr. *Woordenb*. op *v. d. Mark* die verkeerdelijk Utrecht noemt (de verwarring ligt in het woord *Trajectum*, de naam van Utrecht en Maastricht, *ad Rhenum* en *ad Mosam*). Bilderdijk *Gesch. des Vad*. IV. bl. 250.

Bl. 263 (157) Onder de Germanen worden bijzonder de Catten genoemd, als die haar en baard lieten groeien tot ze hunne vijanden verslagen hadden. Tacitus, *de moribus Germanorum*, Ed. Ern. T. II. p. 445. Van de Saxen getuigt het Paulus Diaconus, van de Galliers Silius Italicus, en van Julius Caesar zelven, Suetonius. Zie de aant. van Lipsius op Tacitus *Histt*. L. IV. 61. Ed. Ern. T. II. p. 344. Verg. Strada, D. I. L. VII. p. 405. Gibbon, *Decl. and Fall*. etc. XXXVIII. p. 624. verhaalt hetzelfde van de Franken onder Clovis, ten strijde gaande tegen de Ariaansche Gothen.

Ald. (158) Bor, IV. f. 183. Hareus *Ann*. T. III. f. 100. De laatste was Lumey's vriend niet. Dikwijls waren de bandelooze en slecht betaalde soldaten alleen schuldig. Indien men hunne boosheden aan de bevelhebbers wil wijten (en dit doen de Spaanschgezinde schrijvers veel), dan kunnen al deze euvelen ook evenzeer Oranje zelven geweten worden, en niemand haatte dergelijke buitensporigheden meer dan hij. De omstandigheden lieten hem niet altijd toe ze te straffen.

Bl. 264. (159) Te Water, *V. d. E.* IV. 279. Hij was buiten twijfel incognito in den Briel, en het laat zich denken dat hij daar, zoo wel als Treslong, in verstandhouding stond met de Hervormden.

Bl. 265. (160) *Archives*, T. III. p. 460, 469. (Kan dit ook zamenhangen met het gerucht dat Kapitein Eloy onder zijne aanhangers was? Eloy diende in Zeeland). De brieven waarvan hier gesproken wordt, bevatten iets dergelijks, maar de naam moet in het MS. dier brieven zeer slordig geschreven zijn, en voor *van der Marcque* leest men er *Baudrenecque*, p. 469: p. 461. staat *Limme* dat meer naar Lumey gelijkt. Er liep een gerucht dat Tseraerts zijn bevelhebberschap zou neerleggen, *et que le Comte [Baudrenecque] qui est à la Brielle doibt venir en sa place.* Naauwelijks kan hier aan iemand anders dan aan den Graaf van der Marck gedacht worden. — Over het beleg zie nog de Taxis, I. p. 156. en over het verbranden der schepen, Mendoce, *Comm. de la Guerra de Flandres*, f. 179.

Ald. (161) Zoo schrijft Hooft, VII. f. 279. doch De Taxis spreekt er niet van. Zie zijne *Comment.* L. I. p. 156 sq. en Lumey beweert zelf in zijne verdediging bij Bor, VI. f. 312. dat hij over de *gewelddoeners* onder zijne soldaten, ook te Schoonhoven justitie gedaan had. Doch daar is slechts sprake van geweld den burgeren in hunne huizen aangedaan, niet der geestelijkheid.

Bl. 267. (162) Ik heb hier het verhaal van Bor gevolgd, VI. f. 310v°. even zoo Hooft, VII. f. 299. Uitvoeriger is de schrijver van het *Leven van Willem* I. D. II. bl. 388 volgg.

Op dezelfde wijs, doch korter, **Meursius**, *Ferd. Alb. sive de rebus Belgicis*, L. IV. p. 205. *De la Pise, Hist. des Princes d'Orange*, f. 407. volgt hen. Hij zegt dat ze meer op hun eigen belang dan op dat des Vaderlands zagen, en Meteren, altijd gelovende aan de geweldige schatten dezer Watergeuzen, f. 89 v{s}o. zegt dat Lumey en Entens met geld en goed meenden te vertrekken: anders verhaalt hij de gevangenneming gelijk de anderen. Het blijkt dat men veel tegen Lumey had, en dat men de stoutheid van Entens' betaalmeester als een middel gebruikte om beide bevelhebbers in zijne magt te krijgen.

Bl. 268. (163) Sij u ghij afgobisten

Zoo begint het lied tegen de Staten

> Die Godts raedt wederstaen,
> Ja meer met den Papisten
> Dan met Princelijk gaen: (geraden)
> Duncket u niet Godt sal 't wreken
> En brengen aen den dagh
> Uw valsche loose treken.
> U naeckt eeuwigh geklagh.
>
> Schaemt u het boos hantieren,
> Ghij Hypocrijten quaet;
> U logen te vercieren,
> En zit in des lants raet.
> Gebenijst sijn u raetslagen,
> Ghij Achitophels bloet;
> Ghij sult als Haman beklagen,
> De boosheyt die ghij doet.
>
> Ghij soeckt des Graven leven,
> Opdat ghij sout te bet
> Die landen brengen in sneven
> Door uw trouwloos opset. enz.

> Ghy sit als Potentaten
> In des lants regiment/
> Maer Moniken Papen Prelaten
> Maken u siende blint. enz.
>
> Ghy hebt het lant te schande
> Voor d'Alf gepresenteert
> Te leveren in sijn handen. enz.

Verder is het tegen Lumey:

> Daerom Edel Heer verheven/
> Schaft een goeden moet:
> Godt sal sparen u leven
> Spijt uw vijanden vermoet.
> En sal u sterckheyt geven
> Voor sijn genaden groot/
> Opdat door u beseven
> Wy komen uyt der noot.
>
> Al was David verdreven
> Voor Sauls hoogen moet enz.

Dit lied is karakteristiek voor de kennis dier tijden en menschen. De maker van dit lied doelt ongetwijfeld op de twee Burgemeesters van Delft, Lumey's aanklagers, die beiden, even voor de overgave van Haarlem, tot den Spanjaard overliepen. Zoo verhaalt ons Inthiema in zijne *Querela Hollandiae*. Een hunner, Huig Janszoon Groenewegen, de voornaamste bewerker van des Graven gevangenis, staat bij Inthiema, wegens zijne briefwisseling met Bossu, in een zeer kwaad daglicht; hij noemt hem *pestiferus Draco* (verg. Hooft, VII. f. 300, 301. die Groenewegen zachter behandelt, maar van zijn overloopen zwijgt). Anders is Inthiema veel meer gematigd dan de dichter van dit Geuzenlied.

Bl. 270. (164) Le Petit, *Gr. Chr.* T. II. f. 255. Voorts is de gansche zaak aangaande Lumey, met de echte stukken voorzien, zeer naauwkeurig bij Bor, VI. f. 310-316. en in het *Leven van Willem* I, D. II. bl. 338-366. Maar de Hoogl. Te Water, *V. der E*. III. bl. 19. maakt nog gewag van een brief door het hof van Holland aan Lumey gezonden waarin de bekentenis van Johan Omal aangaande het ombrengen van vele Geestelijken, op last van Lumey, zoo als Omal zeide, gevonden werd. Zijne verdediging daartegen bevestigt deze beschuldiging; maar hij poogt de daden goed te maken, uit het beginsel van weerwraak en met het vermoeden van verraderij tegen de omgebragten. Eveneens spreekt hij in de verantwoording bij Bor. Over het gerucht aangaande zijne vergiftiging, zie *Archives*, T. V. p. 322, 323. Het was mogelijk dat Lumey het voornemen koesterde zich aan Holland te wreken, ten minsten Inthiema, zijn vurige verdediger en vriend, heeft zijne *Querela Hollandiae* geschreven, opdat de Graaf zich niet tegen de weldenkenden vertoorne, en het onregt hem aangedaan aan de onschuldigen wreke. — (*ne Comes bonis succenseat, injuriamve sibi factam adversus innocentes vindicet*. f. 4.) Zie nog f. 8, 20, 32. etc. Van de gruwelen tegen de Roomsche geestelijken gepleegd, spreekt de dichterlijke advocaat niet, ten zij men er op wilde toepassen, wat hij f. 9. zegt: dat de oorlog nooit zoo gematigd kan gevoerd worden, of een groot deel der ellende stort zich op de onschuldigen, en dat onder zoo groot eene menigte van menschen de misdadigen te dikwijls onbekend blijven.

Ald. (165) Vergelijk van Wijn, *Bijv*. op Wagenaars VII. D. bl. 64 en Le Petit, *Gr. Chr*. T. II. f. 346. Volgens den laatste had Lumey een regiment infanterie onder zijn bevel, doch volgens Strada, D. I. L. IX. p. 556. stond hij in de achterhoede met ruiterij. *Postremam* (aciem) *in quâ equitum robur Comites Philippus Egmontius Lamoralii filius et Lumaeus a Marchâ moderabantur*. Volgens een ander verhaal ging hij niet ter bruiloft, maar verliet het leger, toen de andere Oversten vertrokken. Zoo schrijft Frederik

Vervou, een bijzonder vriend van Lumey en zijn landgenoot, in een Handschrift ons bewaard door Scheltema in zijn *Mengelwerk*, D. II. 1ste St. bl. 202-209.

Bl. 271. (166) Dit verhaal is genomen uit het genoemde HS. van Vervou, die in zijne laatste dagen bij hem was, en in wiens armen hij gestorven is. Mij dunkt daar bestaat geene reden om aan dit verhaal te twijfelen. Vervou was een bekend en geëerd Kapitein. Hij doet wel een sterk vermoeden vallen op den Domheer Rennenberg, doch het behoorde onder de onmogelijkheden niet, dat deze den hardnekkigen vijand van Rome vergeven had. Evenwel Vervou zegt het niet. *Zijn lever scheen* (bij de lijkopening) *toescheurt te zijn*, en dit was bij de *meesters* een bewijs van vergif. Andere en vooral de Spaanschgezinde schrijvers schrijven zijn dood aan de beet eens dollen honds toe, maar spreken ook van vergiftiging. Hareus echter, *Ann.* T. III. f. 156 sq. noemt alleen de beet van zijn eigen hond (*morsiuncula proprii canis rabidi*) als die zijn dood verhaastte (*acceleravit*) en het ging hem, vervolgt hij, als Juvenalis zingt:

Ad generum Cereris sine caede et vulnere pauci
Descendunt reges et sicca morte tyranni.

d. i.

Met bloedeloozen dood en zonder wee of wonden
Wordt zelden een tyran naar Pluto heengezonden.

Bl. 272. (167) Balen, *Beschr. van Dordrecht.* bl. 255.

Bl. 274. (167*) Ook de Heer R. H. van Someren, te Rotterdam, is in deze laatste jaren als verdediger voor Lumey opgetreden in een tweetal uitgewerkte, hier en daar openlijk voorgedragene en voor den druk gereed gemaakte Verhandelingen.

Bl. 275. (168) Ern. Eremundus. bl. 240. Hareus, T. III. f. 119. Dat de oude Martens den Raad der beroerte (den bloedraad) was toegevoegd, meldt Hareus, l. l. f. 81. Hij stierf 5 Maart 15$\frac{73}{74}$. Viglius, *Ep.* 194.]

Bl. 276. (169) Brandt, *Hist. der Ref.* D. I. bl. 361. Hij had zijn verhaal uit de *Memorien* van Laurens Reael, een Amsterdammer, die veel voor de hervorming gedaan heeft. Zie ook de *Sent.* bl. 286.

Bl. 277. (170) Zie een *Dagregister* van 6 Aug. 1564 tot 25 Febr. 1567, waarschijnlijk door een huisdienaar des Heeren van Brederode opgesteld, en niet onbelangrijk, in Te Waters *V. d. E.* IV. bl. 322. Bl. 327. waar het verhaalde van Mennincks volk wordt gemeld, staat wel Bambrugge, doch dit moet stellig Dambrugge zijn, waar de soldaten voor Haecks expeditie vergaderd waren en scheep gingen; (men mogt anders aan Baambrugge denken). Over dezen mislukten aanval op Middelburg zie men 's Gravezande, *Tweede Eeuwged. der Midd. Vrijheid*, bl. 65 volgg.

Ald. (171) Dit is mij gebleken uit de reeds meer genoemde Rekening van Vere, waarin de naam van Menninck menigvuldig voorkomt, en zoowel van Mennincks *hwede* (zijn schip), als van zijn Vendel en Luitenant Pierre Macre melding wordt gemaakt. Een maand soldy voor zijn vendel bedroeg de som van 266 Pond. Vlaamsch, 13 sch. en 4 grooten, behalven hetgeen nog aan Rhijnschen wijn en andere benoodigdheden door de stad betaald werd.

Bl. 278. (172) Luitenant van den Stadhouder van Friesland, wordt Menninck gewoonlijk genoemd door Hooft en Schotanus. Overste van Merodes regiment zegt Winsemius; (*Merodii Vicarius*, Thuanus, L. LXXI. f. 457.).

Bl. 279. (173) Schotanus, f. 871. Winsemius, *Chronyk* f. 684, 702. Fresinga, *Memorien*, bl. 419 volg. 458, 483.

Bl. 280. (174) Dit berigt aangaande de familie Merens (uit eene Missive van den Heer Mr. Jacob Verheye van Citters aan J. W. Te Water, in de MSS. van het Zeeuwsch Genootschap) heeft mij de Heer Mr. S. de Wind toegezonden. Het vermoeden dat de Watergeus tot het Hoornsche geslacht behoorde, gaf mij de lijst der Hoornsche regenten, in de Chronijk van Hoorn van Th. Velius, waarop meer dan eens een Jan Maartensz. Merens voorkomt. Hij werd in 1618 met andere leden der regering, door Prins Maurits gedeporteerd en behoorde dus tot de partij van Oldenbarneveld. Hij was derhalve geen Burgemeester van Hoorn in 1621, en staat ook op de lijst van dat jaar of van volgende jaren, bij Velius niet. Zie Prof. Siegenbeek, *Redevv. en Verhandd. over onderwerpen tot de Vad. Gesch. behoorende*, bl. 297. en Bijl. bl. 334 volgg. 353, 364.

Ald. (175) Deze vrij uitgebreide lijst is bewaard in de *Archives*, T. II. p. 332 et svv. Het is opmerkenswaardig dat men op deze lijst achter de namen van sommigen leest: *riches* of *très riches*. Denkelijk waren deze de hardnekkigste ketters, die de zwaarste straf verdienden.

Ald. (176) Prof. Te Water weet niets meer. Zie zijn *Verb. d. E.* D. III. bl. 142. IV. bl. 18, 19. Hij wordt genoemd door Van Meteren, f. 59 en De la Pise, f. 377.

Bl. 282. (177) Ontleend uit het boeksken van den in den tekst vermelden nameloozen Catholijken schrijver, getiteld: *Opkomste der Nederlandtsche beroerten enz., tot Ceulen, bij de Wed. van Gasper de Kreimer* 1666, 12mo, een zeer partijdig en vuilaartig werkje. De schrijver onthaalt ons op keurige legenden, en vertelt dat er een hemelsch licht om het hoofd van den opgehangen Joost van Tol schitterde, en zijn aanschijn als dat eens Engels stralen van heiligheid, van onder de galg, afschoot; terwijl velen der aanschouwers, (vrij profaan!) uitriepen: *vere hic homo justus erat!* Waarlijk deze mensch was regtvaardig! — Deze schrijver schrijft *Oumael*. Thomale heet dezelfde, denk ik met Te Water, in een Verlijdboek der stad Briele. *Verb. der Ed.* D. II. bl. 225. aant. Zie nog D. III. 19. Van Haren, *Geuzen, Hist. Verh.* bl. 37. en Z. III. bl. 21.

Bl. 283. (178) *Onversaagd* is buiten twijfel een bijnaam, achter de namen van velen in de Sententien gevoegd, om ze te beter uit te duiden. Zie Cleyn, *Dankoffer* enz. bl. 74. *Sent.* bl. 226 volgg.

Bl. 284. (179) Van Wyn, *Bijv. op Wagenaar*, VI. bl. 86. *Sent.* bl. 220, 221. Winsemius, *Chronijk*, f. 760, 828, 904, 907. Wilcke Rengers sneuvelde bij een uitval van het Spaansche garnizoen van Kampen in 1578. Fresinga *Mem.* (in de *Anal.* van Dumbar. T. III.) bl. 55. Mijn vriend en ambtsbroeder Schotel deelde mij de gissing mede of Rengers ook een voornaam kon zijn. In 1575 komt voor te Zierikzee, *Renger Cornelisse Cooper*. Niet onmogelijk. Anders vind ik nog een *Johan Rengers ten Post*, een der Hoplieden onder Entens in 1576, bij Ubbo Emmius *de agro Frisiae*, p. 91. een *Rengers then Hellum*, ibid. p. 92.

Bl. 285. (180) Bor, VI. f. 291. *Sent.* bl. 243. (Zijn schip was te Rochelle uitgerust). Hooft, VI. f. 256. Van Meteren, f. 66. Van zijn mislukten togt naar Rijnsburg zie Mendoce, *Commentaires memorables* etc. f. 137. L. VI. Chap. 6. Deze Spaansche schrijver is zeer uitvoerig in de beschrijving van de bezwaren die de Spanjaarden op den weg naar Amsterdam ontmoetten. Hij roemt hunne dapperheid en vooral den moed en het beleid van Don Rodrigo de Sapata, die het bevel over hen voerde; maar hij meldt ons even min of Roobol is ter dood gebragt. *Robold*, (zoo noemt Mendoce hem) *grand corsaire et redoubté au pays*.

Bl. 286. (181) *Geuzen, Hist. Verh.* p. 36. en III. Z. bl. 22.

Maar deze hoop zijn Brusselaren, enz.

't Zijn Looy en Steltman die hen leiden.

Eloy de Melser, de la Chatelainie d'Audenaerde, zoo las ik achter de MS. lijst der uitgeslotenen van de vergiffenis in 1574, n°. 54. van dit 2de Stuk aangehaald.

Bl. 287. (182) Le Petit, misschien een van Eloy's vrienden (hij woonde ook te Middelburg), noemt hem het meest. Zie zijne *Gr. Chron.* T. II. f. 228, 250, 256-258, 267, 274. Meursius, *Ferd. Albanus*, L. II. p. 97. zegt dat, hij met Franszoon het bevel op zijn schip voerde en met hem tot de Geuzen overging. Bor, dat hij door hen als Luitenant op dat schip gesteld werd, V. f. 240. Het laatste is waarschijnlijker. Volgens eene aanteekening van den Heer Mr. S. de Wind, komt hij menigmalen voor op de rekeningen der Rentmeesters van Zeeland bewesterschelde, tusschen 1572-1587. Hij bleef dus Kapitein en is misschien in het laatstgenoemde jaar gestorven. Van het gerucht dat hij met Lumey heulde, is op Lumey gehandeld. Zie Bor, VI. f. 315.

Ald. (183) Van Haren houdt hem, naar Hooft, voor een Haarlemmer. *Geuzen, Hist. Verh.* bl. 36.

Ruychaver noemt hij Damiaten.

Zijn geslacht was daar in eer. Gerard Pietersz. Ruychaver is voor het Vaderland gestorven. Een andere Gerard Ruychaver was Thesaurier van Haarlem, *in welcke man was de deftigheyt van Cato, de deughde van Scipio*. Nog een Pieter Ruychaver, Commissaris van het Collegie van kleine zaken. Maarten Ruychaver, Burgemeester, en zijn zoon, Willem Ruychaver, Raadsheer in den Haag; Jacob Ruychaver, Gouverneur van de kust van Guinea, omstreeks 1620, en Nicolaas Ruychaver Hoofdofficier. Deze laatste is misschien een zoon van den Watergeus. T. Schrevelius *Beschr. van Haarlem*, bl. 279, 284, 302, 308, 338, 339.

Bl. 289. (184) In de genoemde rekening van Vere komt de Kapitein van Ruychavers boot dikwijls voor, doch zijn naam is niet genoemd.

Bl. 291. (185) Hooft deelt vele bijzonderheden, en uitvoerig, van Ruychaver mede: het schijnt dat hij deze uit familie-verhalen of aanteekeningen had. Zie X. f. 404 volgg. Een schoon verhaal! Even uitvoerig is dat van den dood van Helling en Ruychaver, XII. f. 544 volg. Bor, XI. f. 310. is nog uitvoeriger dan Hooft, wat den aanslag op Amsterdam betreft, het blijkt uit hem dat Sonoy van de zaak wist en ze bestuurde. Over het plan tot bezetten van den Ydyk, zie Bor, VIII. f. 103.

Bl. 293. (186) Zie N°. 183. De Baron Collot d'Escury spreekt in *Holl. Roem.* enz. D. II. bl. 142. van twee broeders, welke Hooft, *echtgeschapene oorlogsborsten* noemt: men kon vreezen dat beiden soms met elkander verward zijn, doch het is niet waarschijnlijk. De Hopman wordt gewoonlijk met zijn voornaam benoemd. Zijn portret, door Goltzius geschilderd, is in den schutters doelen van 's Gravenhage.

Ald. (187) Hooft heeft mij het meest opgeleverd voor de geschiedenis van Ruychaver, maar ik heb veel te danken aan de *Korte hist. aanteek. wegens het voorgevallene in de belegering van Haarlem* en uit het *Kort verhaal van de belegering van Alkmaar*. Van Ruychaver bestaat er eene levensbeschrijving in de *Vruchten van de Rederijkkamer de Wijngaardranken* te Haarlem, I. D. bl. 52 volgg.

Bl. 294. (188) Zoo ver gaat het in eene Lofrede van den Remonstrantschen Predikant C. W. Westerbaen, in de *Vad. Letteroef.* 1806. *Meng.* bl. 361 volgg. eene loutere declamatie! — Als de Ryk Kapitein wordt van een oorlogschip voegt er de lofredenaar bij: »een man van genie en ijver kan alles worden wat hij wil:" alsof dat Kapiteinschap van een vlieboot met eenige ijzere stukken en gotelingen zoo veel beteekende, en vooral voor iemand uit den stand der kooplieden, die toen en later vaak togten ter zee voor den handel deden. Welke mannen van genie moeten dan de meeste zijner spitsbroeders zijn geweest! Zij waren het allen, uitgezonderd eenige weinigen, die vroeger ter zee hadden gevaren, gelijk Abels, Treslong, Z. Franszoon. — In dezelfde lofrede, is de Ryk de eenige behouder van den Briel, terwijl Hooft er verscheidenen noemt. Ook neme men in acht dat de Ryks trouwhartige woorden: *voor mij, menigmaal heb ik God om een graf* enz. in den stijl van Hooft zijn ingekleed. Uit het genoemde stuk leerde ik zijne familie-betrekking met P. C. Hooft kennen, en een deel van zijn geslacht-register, waaruit blijken moet, dat een zijner ooms, Pieter de oude of Pieter de jonge, vertegenwoordiger van Willem I, als eerste Edele van Zeeland, geweest is. Dit komt mij zeer zonderling voor, daar het blijkt dat de Eerste Edele, Pieter de Rijke, afkomstig was uit een adelijk geslacht van Gend, dat met dat van de Ryk niets gemeen had. Hij was een ijverig Hervormde, en een der bijzonderste vrienden van Oranje. De Axelsche Predikant W. Te Water heeft eene uitvoerige levensschets van hem gegeven, in zijne *Historie der Herv. Kerk van Gent*, bl. 271-293.

Bl. 295. (189) De Predikant 's Gravezande in zijne *Tweede Eeuwged.* enz. bl. 487. gist, omdat hij anders geen vonnis tegen de Ryk vond, dat hij dezelfde is met *Jacob Rycx*, Glaskooper (of glazemaker) te Amsterdam (*Sent.* bl. 229). Het schijnt mij toe dat onze de Ryk wordt bedoeld, *Sent.* bl. 123. waar een *Jacques Symoenssche à la Hulcke* wordt genoemd, opgeroepen om zich te verantwoorden wegens de beroerten, en gebannen. De hulk is het uithangbord voor zijn huis geweest, denk ik, zoo als de meeste huizen toen uithangborden bezaten. Dezelfde sententie geeft er meer voorbeelden van. In dit vermoeden ben ik bevestigd door eene aanteekening uit het *Confessien-boek der stad Amsterdam*, loopende van 30 Junij 1572 tot 16 Mei 1578, waarin een zeker *Thonis Cornelis Wisselaerszoon* verklaart, dat onder de Rebellen in den Briel waren: *Claes Ruychaver, Jacob Symonsz. in den Hulk* enz. Waarschijnlijk was Thonis in den Briel na half Mei; want hij bekende, 13 Junij, dat hij omtrent vier weken geleden met het schip van Pieter van Hoorn naar Zevenbergen was gezeild. Zie de *Algem. Konst- en Letterbode*, voor 1840, 18 Sept. N°. 41.

Bl. 297. (190) Eene *Dissertatio Hist.-Juridica, sistens Defensionem civitatis Vlissinganae anno 1572 in libertatem se vindicantis*, uit de pen gevloeid van N. C. Lambrechtsen, handelt uitvoerig over het (zoogenoemde) regtsgeding van Pacieco of Pachecho. Het wordt daar verdedigd met het regt des oorlogs en der wedervergelding. Ook Treslong vindt er verdediging. Pacieco stond voor de regering van Vlissingen te regt. Geen Regtsgeleerde zijnde, mag ik niet beslissen; maar was die regering bevoegd om te oordeelen over een Spaansch Overste, weleer Gouverneur van Deventer, al had hij ook daar zich aan wreedheid schuldig gemaakt? Ook Glaude of Claude, door Hooft *Baljuw* genoemd, bekleedde dien post niet. Bor zegt: »een van de stad genaamd Glaude." VII. f. 268. Meursius, *Ferd. Alb.* L. III. bl. 127. *Claudius quidam e civium numero.* Men zie de genoemde Dissertatie, die alles in orde brengt.

Bl. 298. (191) Niet wat het aandeel betreft dat de Ryk in deze zegepraal had, maar aangaande het gevecht zelve is eenige moeilijkheid, welke J. v. Iperen in *Tweehonderdjarig jubelfeest van Vere*, bl. 155. volgg. poogt op te lossen. Zie ook 's Gravezande, bl. 218 volgg. die de twee verraders noemt, en zegt dat zij loon naar werk ontfingen. Misschien zijn deze de zelfde die in de rekening van Vere als gehangen voorkomen: *Betaald den Scherpregter van twee verraders te hangen 10 schellingen 8 grooten.*

Ald. (192) Van Iperen, t. a. p. bl. 166. houdt het er voor dat de Ryks compagnie het Bloedvendel heette, *van wegens desselfs uitnemende kloekmoedigheid en hardnekkigheid in het vervolgen en neersabelen der gevlugtte Spanjaarden.* Zie nog Hooft, VI. bl. 238, 239. die, schoon hij eigenlijk de redenen dier benaming niet opgeeft, het echter duidelijk doet begrijpen. Dat te Vere vele Spanjaarden werden gehangen, blijkt uit de genoemde rekening, waarin de Scherpregter eene plaats beslaat. Soms hing hij de Spanjaarden bij twintig te gelijk op.

Bl. 299. (193) Van Meteren, f. 65. zegt uitdrukkelijk dat Rollé zelf mede naar Zierikzee toog, en de rekening van Vere maakt het waarschijnlijk, waar ik lees: *Betaalt van de pairden van Rollé naer tZZee (Zierikzee) te voeren.* Rek. f. 65. Volgens Hooft, VI. f. 251. bleef alleen Rollé met veertig soldaten in Vere. Bijna ongelooflijk, toen men daar ieder oogenblik de Spanjaarden van Middelburg had te wachten. Uit de Rek. van Vere blijkt, dat de Ryk by dien togt als Admiraal over de schepen het bevel had, en daarom is hij misschien voor opperbevelhebber van dien togt gehouden.

Bl. 301. (194) Ypeij en Dermout zelfs meenen dat W. te Waters beweren niet van allen grond ontbloot is, dat Hooft namelijk de heerschzucht van Modet te sterk gekleurd heeft. *Gesch. van de Herv. Kerk in Nederland*, I. D. Aantt. bl. 13. n. 45. — Barueth in *Zeelands en Hollands jubeljaar*, bl. 137. volgg. vertoornt zich zeer tegen Hooft wegens Modet en noemt zijn verhaal een *fabeltje*, bl. 138. Zijne verdediging is rond en krachtig. Zie, daar, bl. 141 het getuigenis van Joh. Ens over Modet en van W. te Water (vader van den Hoogl. J. W. te Water) bl. 142. Zie dien schrijver in zijne *Hist. der Herv. Kerk van Gent*, waar Modets leven wordt beschreven, bl. 222-249. en het *aanhangs.* van J. W. te Water daarop, bl. 60-62. benevens W. te Water's *Tweede Eeuwgetijde van de Belijdenis der Geref. Kerken*, bl. 11-13.

Ald. (195) Bij Hooft, VIII. f. 315. komt Rollé met hulpbenden, toen de Ryk enz. reeds verslagen waren. Van Meteren, f. 81. noemt Rollé als bevelhebber en zwijgt van de Ryk. Mendoce noemt Rollé als opperbevelhebber bij dien togt; hij was in de nabijheid en kon het dus weten. Zie zijne *Comment. sur la Guerre de Flandres*, f. 223. suiv. Rollé trok naar Tholen met 8 vaandelen en 36 schepen.

De nederlaag voor Tholen geleden was groot. Van het vendel van Jenninck (Janin?) waren zeventien mannen gesneuveld, die weduwen achterlieten. Het geschut was evenwel door eenige busschieters geborgen. Rek. van Vere.

Bl. 302. (196) Zonderling! wie zou hem dat Graafschap geven? Oranje toch niet, of de Staten! Zie Hooft, IX. f. 350.

Bl. 303. (197) Behalve de aangehaalde Lofrede is er eene Levensbeschrijving van de Ryk in de *Levens van meest Ned. Mannen en vrouwen*, D. I. bl. 352. uit Hooft geput, die ook letterlijk de eenige bron is. Ook is er eene Latijnsche beschrijving van zijn leven in de *Vitae aliquot excellentium Batavorum*, door den Hoogl. Peerlkamp, in vroeger tijd, uitgegeven. De Ryk komt voor in de Rekening van Vere, waar hij als Admiraal over een vloot en over een vendel soldaten als Kapitein gebood. Hij heet er *Jacob Simonsz. Ryck*, en hy was de eenige Kapitein voor wien uitgaven van *zijde*, voor hem en zijne knechten voorkomen. Zijn Schipper heette *Verstelle* en zijn Luitenant *Claes Jansz.*, beiden onbekend. Bilderdijks beschrijving van de Ryk, dat hij een man van goeden wil en welmeenendheid was, in wien daarom de Prins vertrouwen stelde, is naar waarheid: dat hij geen man van eenige buitengewone bekwaamheden was of geschikt om als Admiraal eene rol te spelen, daarvan heeft hij te weinig bewijzen kunnen geven. Bij Zierikzee en Tholen, zoowel als op Walcheren streed hij te land. Zijne dapperheid, onversaagdheid en getrouwheid zijn onloochenbaar, doch van de ongeregeldheden en ondeugden zijns tijds en zijner spitsbroeders was hij in lange niet vrij. Ook zal de liefde zijns zoons Simon, van wien Hooft zijne berigten had, de daden zijns vaders niet hebben verminderd.

Bl. 305. (198). Le Petit, *Gr. Chron.* f. 237, 249. die ook schrijft dat Rollé door zijn eigen volk vermoord is. Hooft, f. 315. Bor, VI. f. 289.

Bl. 307. (199) *Jehan Simoensz.* gevlucht om de religie. *Sent.* bl. 44. Hans Simonse met 134 anderen gebannen uit Amsterdam. *Sent.* bl. 122. *Jan Simonsz.* gebannen uit Leeuwarden en Friesland, Winsemius, *Histt.* L. II. f. 90, 115. Viglius, *Ep.* 26. Gabbema, *Verh. van Leeuw.* bl. 500. Het verhaal van zijne verzoeking lezen wij bij Hooft, XV. f. 660, 661. die hem beschrijft als een *ruwe man, die niet een A voor een B kende*.

Bl. 308. (200) *Sententien*, bl. 194. Winsemius, *Histt.* L. II. f. 144. Bor, VI. f. 289. Het vermoeden werd mij opgegeven of Wybe Sjoerdsz. ook tot het geslacht van Grovestins kon behoord hebben. Die naam is toch in dat geslacht niet vreemd. *Wybo Syurdszon to Grouwastins* wordt gemeld bij Schotanus *Brieven, en Documenten* achter zijne *Friesche Hist.* f. 89. Deze is de beruchte *Scherne* (geschoren) *Wybe*, van wien zie de *Hist.* XI. f. 349 en verder. Halmael's treurspel *Ats Bonninga*, aant. bl. 20. — Doch er was een Wybe Grovestins onder de Friesche verdedigers der vrijheid en deze was misschien de kleinzoon van Scherne Wybe. Onze Sjoerds was geen Edelman.

Bl. 309. (201) Bor, IV. f. 166.

Bl. 310. (202) Deze verbondsakte naar de gissing van den Hoogl. Te Water, opgemaakt in het einde van 1567 of het begin van 1568, vindt men in des Hoogl. *Verb. der Edelen*, II. bl. 109 volgg. Hij waagt zich evenwel aan Wagenaars vermoeden niet. Zie nog Te Water, l. l. IV. bl. 462 en volg. In zijn vonnis door Alva, word hij *Crispinus van Zolsbrugge* genoemd, en het blijkt dat deze dezelfde is met *van Salsbrugge*, wiens huis te Arnhem ten verkoop was aangeboden. Verg. v. Hasselt, *Stukken voor de Vad. Hist.* D. I. bl. 221, 295. II. bl. 92, 113, 114. Bl. 307 heet hij weder *van Zolsburgen*, op de lijst namelijk der uitgeslotenen van het Pardon van 8 Maart 1574.

Ald. (203) Bondam, *Onuitgeg. Stukken*, D. II. bl. 81. *Desen voorsz. Eedt heeft Crispinus van Salsbruggen met opgerigte vingeren volstaefs Eedts lyflich aen Godt ende syne Heiligen gesworen.* Wat bezworen moest worden (bl. 82) kon het geweten van den Hervormde niet kwetsen.

Bl. 313. (204) Oranjes getuigenis is in zijne commissie op Sonoy als Gouverneur van Noordholland bij Bor, VI. f. 272. dat van Foreest in zijn *Kort verhaal der belegering van Alkmaar*, bl. 13. Zie Fresinga's *Memorien*, passim. Schotanus, f. 878. Bor, XVIII. f. 7.

Ald. (205) Hooft, X. f. 422. doch zie ook zijn oordeel over den strijd bij den Diemerdijk, VIII. f. 311. Bilderdijk spreekt van zijne woestheid, wreedheid, onbesuisden haat tegen de Roomsche Geestelijkheid en gebrek aan krijgstucht. *Gesch. des Vad.* VI. bl. 150. Het tegendeel van de beide laatste hoedanigheden is uit zijne geschiedenis blijkbaar. Doch zie vooral zijne scherpe redenering, bl. 188, 189. De Hoogl. N. G. van Kampen, schoon hij Sonoy geene bijzondere plaats heeft gegeven in zijne *Vaderl. Karakterkunde*, noemt hem echter een monster, en spreekt van zijn *feitelijken tegenstand, tegen de wettige regering*, na Willems dood en Leycesters vertrek. Zie *Vad. Kar.* D. I. bl. 366. Maar de regering berustte immers toen nog bij Leycester? Ten minste was Sonoy door zijn eed nog aan hem verbonden. Groen van Prinsterer, *Arch.* T. III. bl. 419. suiv.: *Le comte van der Mark et Sonoy, cruels par caractère, ou que la guerre et la vengeance excitoient à commettre des atrocités. Ceci étoit d'autant plus à regretter que les Catholiques étoient en général dans de fort bonnes dispositions.* Iets verder echter zegt hij: *Plus tard, à mésure que la scission devint plus prononcée entre les Protestans et les Catholiques, on ne put, surtout dans des momens de crise, se confier à la plupart de ces derniers, et c'est ainsi que dans l'interêt d'une defense légitime, on en vint à des mésures quelque fois sevères, de précaution.* De Jonge, *Nederl. Zeewezen*, I. bl. 254. noemt hem moedig doch woelziek. Zie nog Te Water, *Verh. d. E.* III. bl. 298 volgg. Indien Sonoy waarlijk de schuld moet dragen van die ongehoorde regtspleging; indien hij waarlijk zoo hard en wreed was, hoe konden dan zijne tijdgenooten, die hem kenden, juist de tegenovergestelde deugden in hem roemen? Buiten twijfel hielden zij hem voor niet zoo schuldig, of wel voor om den tuin geleid, gelijk Bor dat met ronde woorden verklaart. En deze had kennis van zaken.

Bl. 314. (206) Bij Bor, III. f. 104. Hij was dus eigenlijk een vreemdeling, dit kan niet geloochend worden, doch hij bezat vele goederen in Holland en Gelderland.

Alva zegt dat hij uit het land van Gulik was, doch door huwelijk aan Holland vermaagschapt: *Sent.* bl. 51.

Bl. 315. (207) Zie deze geschiedenis bij Bor, V. f. 235. Hooft VI. f. 216.

Bl. 318. (208) Bor is uitvoerig over dezen twist, en het is uit hem blijkbaar genoeg, wie het regt aan zijne zijde had. Zie VI. f. 320 volgg. Hooft zelfs erkent eenigzins de onbillijkheid van dat verwijt en prijst den moed van Sonoy, VII. f. 310, 311.

Ald. (209) Deze trek is ontleend uit de *Aanteekeningen achter het kort verhaal van Alkmaars beleg* door Forcest. bl. 89. Ze zijn van een ooggetuige van die belegering. Was het te verwonderen dat Maarten Pietersz. van der Mey (zoo heette de timmerman), die zijn leven waagde om zijne Vaderstad te helpen, zich vertoornde tegen die onbarmhartige *koeherders*, zoo als hij hen noemde. De heeren zouden hem ook achteraf hebben gebragt, zoo een menschlievender man het niet belet had. Men zegge mij nu eens wat raad of hulp Sonoy van zulke mannen te wachten had? En dezulken wilden nog over krijgszaken worden geraadpleegd, omdat zij de soldaten betaalden, of liever, door de belaste burgers lieten betalen! — Bor verhaalt hetzelfde, f. 332.

Ald. (210) *Leven van Willem I.* II. D. bl. 411 volgg.

Bl. 320. (211) Bor, VII. f. 70. wien ik meest gevolgd heb, en die ook Sonoys handeling met de Spaansche gevangenen verhaalt. — Oranjes brief aan de Gedeputeerden van de steden getuigt van zijne wijsheid: hij wist hoe men over zijn zwager dacht. — De ontfangst van Sonoy had bedragen ƒ 57400-13-11d. en de uitgaaf ƒ 61681-0-9d. Bor schrijft achter de eerste sommen een *l* die Ponden Vlaamsch beteekent, doch het blijkt dat Ponden Vlaamsch en guldens toen en bij Bor hetzelfde was. Later vinden wij van Ponden Vlaamsch van 40 grooten d. i. 20 stuivers. Zie Bor, XXIV. f. 100. vergeleken met f. 102.

Bl. 321. (212) Wij beroepen ons op Bors uitvoeriger verhaal, VIII. f. 101-103, die een allernaauwkeurigst berigt geeft, met echte stukken voorzien.

Ald. (213) De geheele geschiedenis dezer onmenschelijke handelingen geeft Bor zeer naauwkeurig, VIII. f. 106-118. Hooft korter, X. f. 423-428. Bor had al de stukken betreffende dit proces in handen gehad en doorlezen. Men vergelijke Wagenaar, VII, p. 54 volgg. en *Nederl. Mannen en Vrouwen*, Leven van Sonoy, IV. D. bl. 317 volgg. De schrijver van dit leven volgt Wagenaar; hij eindigt het verhaal der pijnigingen op het zelfde punt als deze, en met dezelfde rhetorische figuur.

Bl. 326. (214) Balen in zijne *Beschr. van Dordrecht*, zegt uitdrukkelijk, dat Sonoy met een deel knechten, zelf in Amsterdam kwam, en schrijft hem toe wat de burgerij alleen deed, bl. 853. Sonoy droeg van de zaak wel kennis en liet zijne benden de stad naderen, doch kwam er niet binnen. Zie Hooft, XIII. f. 577. Bor, XII. f. 26.

Ald. (215) *Memorien* in de *Analecta* van Dumbar, D. III. bl. 58. Zoo Fresinga zelf niet tegenwoordig was, heeft hij evenwel zeer goede berigten gehad. Zonderling was de wanorde in de besturing der krijgszaken. Vendelen, in Holland afgedankt, kwamen in Overijssel dienen. Zoo was het voor Kampen met Willem van Woerden van Vliet, naderhand voor Deventer met Bonga, Korput en anderen, die op avontuur dienden. Fresinga geeft ons een vrij naauwkeurig verhaal van het beleg van Deventer, bl. 65-129. Hij neemt Sonoy in bescherming tegen zijne benijders, die hij vele had. Sonoy's werken ter verovering van Deventer werden door de bezetting vernield, en dit werd, als gewoonlijk, aan zijne onbekwaamheid geweten; doch Fresinga, zelf een krijgsman, verklaart dat zijn voornemen een regte krijgsarbeid was, in reden gefondeerd zijnde. *Mem*. bl. 76. Winsemius, *Histt*. L. IV. f. 337. verdedigt hem ook tegen de beschuldiging als of hij te roekeloos gehandeld had. *Evicta invidia vir egregius et sui conscius coeptis institit.*

Bl. 327 (216) Zoo schrijft Bor, XII. f. 62. Het getuigenis van Rennenberg is des te meer gelooflijk, omdat hij met Sonoy in beginselen en denkbeelden anders hemelsbreed verschilde. Het is duidelijk dat Bor Fresinga onder de oogen heeft gehad, maar hij vult zijn verhaal nog aan.

Bl. 329. (217) Een groot deel dezer berigten leverden Winsemius, *Histt.* L. VI. et VII. en Schotanus, B. XXIII. Fresinga, *Mem.* bl. 462, 468, 480. (Sonoy's Overste Luitenant heet bij Schotanus Willem van Wyngaarden, f. 892. doch in Sonoy's regiment dienden twee van Wyngaardens, Karel en Willem. Van Hasselt, D. IV. bl. 212.)

Bl. 330. (218) P. Hackius was bijzonder met Koolhaas verbonden, en wordt van onzuiverheid in de leer en oproerigheid beschuldigd. Hij was het die zeide: de Heeren van Leyden hadden den Spanjaard en Franschman tegengestaan, zij zouden het ook den Engelschman doen. Bilderdyk, *G. d. V.* VIII. bl. 153. Indien het waarheid is waarvan Hackius beschuldigd wordt, dan was het vreezen van Kapitein Wolfswinkel in lange niet ongegrond. Zie Bor, XXIII. f. 67. en W. Te Water, *Tweede Eeuwgetijde van de Geloofsbelijdenis der Geref. Kerken* bl. 243 volgg. en de schrijvers daar aangehaald. D^r. Borsius, in *Archief voor Kerk Gesch.* D. IX. bl. 314. noemt hem *een man van een onstuimig gemoed.* Hij durfde ook openlijk verklaren *dat hij gehuurd was om de Kerk in roer te houden*, en had op den preekstoel gepredikt: *liever de Spaansche Inquisitie dan de Geneefsche discipline*..... Met welke schandelijke benaming hij de Geneefsche discipline verder noemt, is te onbeschoft om te schrijven: het kan bij Bor, t. a. p. worden nagezien door hen die verlangen en staaltje van de welsprekendheid dier Predikanten te weten, die gehuurd waren om oproer te stichten. Dit was iets meer dan onstuimig. Hij behield echter zijn tractement. Brandt noemt hem een *vermaard Predikant: Hist. der Ref.* D. I. bl. 622.

Bl. 339. (219) Bor, XXIV. f. 96. Sommigen verwonderden zich daarover, zegt hij, omdat Oldenbarneveld van Sonoy's maagschap was. — Bor, als den uitvoerigste en onpartijdigste der Geschiedschrijvers, ben ik meest gevolgd. De laatste geschiedenissen van Sonoy beslaan een groot deel van het twee-, drie- en vierentwintigste boek, en dragen blijk van de hoogste naauwkeurigheid, onvermoeiden arbeid en waarheidsliefde van dien geschiedschrijver.

Ald. (220) Hooft beweert het tegengestelde, XIII. f. 577. *Sonoy, nooit keurigh op eer oft oneer, daar 't vordel gold.* Dit zegt hij, bij gelegenheid dat Bardes, hem *op last der Staten* verzocht, zijn volk vaardig te houden, om in de nabijheid van Amsterdam te zijn, als men pogen zou die stad om te zetten. Hij liet dus eenige vendelen tot Monnikendam voorttrekken. Wist Sonoy dan of Bardes dien last der Staten slechts voorwendde? Immers hadden de Staten reeds lang op Amsterdam gedoeld.

Bl. 340. (221) Behalve wat de Geschiedschrijvers van hem geboekt hebben, vind ik nog enkele brieven aan Sonoy geschreven in de *Verzameling van onuitgegevene stukken* door den Hoogl. Bondam, I. D. bl. 38, 180, 294 en 323; doch niet van bijzonder belang voor de kennis van zijn karakter of van zijne daden. Zij behelzen niets dan een verzoek van de Staten van Gelderland aan Sonoy om met hen zich te verbinden, elkanders ingezetenen niet te brandschatten: — of eene bede dat Sonoy voorkome, dat Billy niet meer troepen in Kampen zende: — of om eenige honderd tonnen buskruid ter leen of te koop, welke men belooft hem te zullen teruggeven of betalen. — De *Archives* leveren ook weinig voor Sonoy's levensgeschiedenis op, dan alleen het bekende. Van zijnen ijver om Entens muitende benden tot rede te brengen roemt Graaf Willem Lodewyk van Nassau, in een brief aan zijn Vader: *Arch.* T. VII. p. 371. Zie voorts J. Bosscha, *Nederl. Heldend. te land*, D. I. bl. 245. Nog bestaan er ter Secretarie van Medemblik een paar brieven van Sonoy; de eerste van 14 Oct. 1572, uit welken wij kunnen zien hoe het krijgsvolk (waarschijnlijk voor de zeedienst) gewapend was. Sonoy gelast eene werving, en dat wie den Koning, Prins en de Staten willen dienen, komen zouden te Bovenkarspel bij Enkhuizen, *een yder met syn zijdtgeweer en eene byle, ofte een sinckroer, oft soedaniok ander cort geweer als sy willen gebruyken.* Wie kwam ontving bezolding op hand, *en voorts vrye beuyt daerboven.* — De andere brief is door Gerrit van Poelgeest geteekend en door Sonoy gecontrasigneerd, geschreven uit Edam, 20 Maart 1573, waarbij bevolen wordt dat de schepen van oorlog naar den Admiraal onder Marken moesten gezonden worden, en eenigen uit de regering naar Edam opgeroepen tot raadpleging, *hoe en in wat maniere men de saecke aengrypen sal.* Hij bedoelt den aanslag op den Diemerdyk, van waar zijne troepen den vorigen dag reeds verdreven waren. Vergelijk het uitvoerig verslag van dien aanval, zoo vereerend voor Sonoy's beleid en onversaagdheid, als treurig afgeloopen, in de *Historische aanteekeningen, wegens het voorgevallene in de Spaansche belegering der stad Haarlem, in de jaren 1572 en 1573 enz.* bl. 114 verv.

Bl. 842. (222) *Gerrit Spierinck van Welle*, en den Kastelein *Spiering* vond ik beiden bij Te Water, III. bl. 374. en IV. bl. 135. Den eerste (indien hij dezelfde is met *Welle*) bij Meteren, f. 49. en iets over hem in *Onderzoek of en in hoever de Zeeuwen deelgenomen hebben in het verbond der Edelen*, door J. ab Utrecht Dresselhuis in Nijhoff's *Bijdragen tot de Vaderl. Gesch. en Oudheidk*. I. D. 2de Stuk bl. 89. Over Spiering, een tak van Heusden, zie Mr. J. van Lennep, *de Strijd met Vlaanderen*, in de Aant. Een

Christoffel Spierinck werd, 4 Junij 1568, door Alva gelast zich meester te maken van het huis ter Leye (ter Lede?), dat aan den verbannen Graaf van Kuilenburg behoorde. Misschien is deze dezelfde met den Kastelein van het slot te Heusden. Zie van Hasselt, *Stukken voor de Vad. Hist.* I. D. bl. 354.

Bl. 343. (223) Zie J. A. Thuanus, LIV. init. en Gabbema, *Verhaal van Leeuwarden*, bl. 500.

Bl. 344. (224) Hooft, IV. f. 228. Doch deze noemt hem niet onder de innemers van den Briel, hij staat er alleen op gezag van v. Haren, *Geuzen*, H. V. bl. 37.

Bl. 345. (225) Dezen Thomassen vond ik op den togt van den Admiraal van der Does, in 1599, bij De Jonge, *Nederl. Zeew.* D. I. bl. 468. Zie voorts de *Archives*, T. III. p. 256. en Bor, IV. f. 169. Dat ik betwijfel of hij een Noord-Hollander was heeft zijne redenen in eene sententie van schepenen van Amsterdam, 27 Nov. 1567, bij welke, onder anderen een *Henrick Thomasse Laers* uit de stad gebannen wordt, op bedreiging van de galg. Hij was toen echter reeds gevlugt. Zijne misdaad was deel aan de oproeren in die stad voorgevallen, waarschijnlijk ter oorzake van de predikatien der Hervormden, en Brederodes verblijf aldaar. Zie de *Sent.* bl. 288. Nog vind ik een *Hendrick Thomasse van den Broucke, Faiseur des Collets* uit Gorinchem voortvlugtig en gebannen 1 Sept. 1568, omdat hij de nieuwe predikatien had bijgewoond, *Sent.* bl. 124: of *Henry Thonisse, de la ville de Naerden* hier in aanmerking kan komen, durf ik niet verzekeren. Deze werd beschuldigd van ketterij, had heimelijke vergadering van Hervormden gehouden, en twee geestelijken uit het klooster van Outwyck, bij Utrecht, gehaald, welke hij naar Emden gevoerd had, *Sent.* bl. 165. (Dit zal wel met hun wil geschied zijn.) Zie v. Haren, *Geuzen*, H. V. bl. 36 en Aant. op den 3den zang, bl. 255. — Het is mij later zekerheid geworden dat de Watergeus Hendrik Thomasz niemand; anders was dan *Henrick Thomasse Laers* die als Kapitein in den Briel was, volgens eene belijdenis van Thonis Cornelis Wisselaersz. van wien zie aant. 189.

Bl. 346. (226) Zie Oranjes schrijven bij Bor, V. f. 214.

Ald. (227) Zoo meldt ons 's Gravezande, *Tweede Eeuwfeest van Middelburg* enz. bl. 188. uit Thuanus en Le Petit, doch het is zeer onwaarschijnlijk dat hij toen reeds een last van Oranje kon hebben, die voor 27 April (al heeft hij geweten dat Vlissingen reeds was overgegaan) geen lastbrief aan Tseraerts naar den Briel kon zenden. Vlissingen ging over 6 April, en 27 April kwam Tseraerts reeds uit den Briel in die stad. In 18 a 20 dagen moest dus de tijding naar Dillenburg, waar Oranje toen was, en de lastbrief naar den Briel te rug. Zie echter aant. (188) I. St.

Bl. 347. (228) *Zuidland* zegt Hooft, VII. f. 279. en Wagenaar na hem. Zuidland ligt op het eiland Voorne. Deze tweede togt naar Goes was niet geheel zonder *voordeel*. Tseraerts was in goede orde afgetrokken, zoodat de Spanjaard hem niet durfde aantasten, en had waarschijnlijk bij die gelegenheid, des vijands schepen bij den Yersikendam verbrand en eenige gevangenen medegevoerd. Het ijdele gerucht van Don Frederiks komst met een magtig leger had Tseraerts misschien te spoedig doen aftrekken, en beschouwde men dit, te Vlissingen, als lafhartige vrees in den bevelhebber. Zie v. d. Spiegel, *Satisfactie van Goes*, bl. 141, 142.

Bl. 349. (229) Te Water, *V. d. E.* III. bl. 342. 's Gravezande, l. l. bl. 230. verhalen deze vrij geweldige daad, maar vergeten te melden dat hij *taemlijck beschoncken was*, als zoo van den maaltijd opgestaan. Bor, VI. f. 286.

Bl. 350. (230) Hooft is het uitvoerigst in het verhaal zijner gevechten in Zeeland, VII. f. 279 volgg. 's Gravezande, bl. 288, 230, 244 enz. het naauwkeurigst. Over zijne togten naar Goes handelt v. d. Spiegel uitgebreid. Zie zijne *Satisfactie van Goes*, t. a. bl. en 148 volgg. Bor heeft zijn verdedigings- en uitdagingsschrift bewaard, VI. f. 287. de krachtige taal van eene goede conscientie. Zie nog *Arch.* T. III. p. 367. en over het kwaad vermoeden waarin hij stond, p. 456-460. ook p. 469, 471, suiv.

Bl. 351. (231) *Sent.* bl. 222. Bor, V. f. 224, 227. VI. f. 270. uit wien duidelijk blijkt dat Ufkens het Verbond der Edelen niet had geteekend en zelfs daartoe niet was aangezocht. Hij schijnt zich aan dat verzuim te hebben geërgerd, als of men hem niet waardig of geschikt achtte het Vaderland dienst te doen: V. f. 227.

Bl. 354. (232) Le Petit meldt dat Ufkens Johan van den Korput alleen naar Rennenberg zond, dewijl hij zijn leven niet zeker achtte. *Gr. Chron.* T. II. f. 394. Zie Thuanus, *Hist. sui tempor.* T. III. f. 391. Winsemius, *Histt.* L. VI. f. 461.

Bl. 355. (233) *Vir meliore vitae exitu dignissimus, quae promovendo foedere, inter curas et inquietudines acta, patriae amantem* etc. Winsemius, L. VI. f. 463. *Vir elegantis judicii et qui in partibus libertatis diu fuerat.* V. 388. Winsemius en Bor waren meest mijne leidslieden, de eerste vooral, in zijne *Histt.* L. IV. f. 264. V. 355, 420. en VI. 461 sqq. Bor, behalve het reeds aangehaalde, X. f. 198. XI. f. 314.

Ald. (234) Zie de *Arch.* T. VI. p. 573, 574. Tot een proef van Ufkens ijver en de taal welke hij gebruikte, mogen dienen deze woorden uit zijn brief aan Graaf Jan, 21 Febr. 1579. *Ich vinde mir gantz alleine bei ihr G.* (Rennenberg), *die diesze sache vördertt, aber genoch die es contrarie sustineren. Gleichfals vinde ich all bereidt vele in Westfriesslandt die mher* (meer) *desse Unie retarderen alsz promoveren solle.* Over v. Breils handelingen met Ufkens, zie *Arch.* T. V. bl. 179. suiv. De brief aan hem over het gebeurde te Nymegen is in VI. bl. 581.

Bl. 356. (235) Over de Utenhovens, zie Te Water, *Verb. d. E.* I. bl. 276 volgg. waar *Antonis* en *Karel* vermeld worden.

W. Te Water *Hist. der Hervormde Kerk te Gent*. bl. 5 volgg. waar *Jan van Utenhove* voorkomt. En J. W. te Water, *Aanh.* op zijns Vaders geschrift, bl. 7, 8. Zie nog *Algem. Konst- en Letterb.* 1839. bl. 83—85. het *Levensbericht van den Baron van Utenhove van Heemstede.* Gerdes, *Hist. Ev. Res.* T. III. bl. 127 sq. die *Nicolaus* noemt en *Carel* den vader en den zoon, benevens *Johannes.*

Ald. (236) Utenhovens uiteinde is te vinden in het *Martelaarsboek*, Dordt, bij Savarij 1657. bl. 456. en bij Hooft, VIII. f. 343. uit wien Brandt het heeft, *Hist. der Ref.* D. I. bl. 546. die op de kant aanteekent: »J. I. Pontanus noemt Antonis Uitenhoven onder de eerste innemers van den Briel. *Hist. Amst.* L. I. c. 8. p. 52." Schotanus heeft hem ook, f. 761. Zijn marteldood viel voor 9 Jan. 1573.

Bl. 357. (237) Bor, IV. f. 174. XXV. f. 6.

Ald. (238) Balen heeft ons dat eenige geleverd in zijne *Beschr. van Dordrecht*, bl. 842. Het klooster Eemstein lag in de nabijheid van Kijfhoek in den Zwijndrechtschen waard, en was aldaar gebouwd na den grooten vloed van 1421. Te voren stond het aan de Eem, een riviertje achter Dordrecht, en was door dien watervloed vernield. De tegenwoordig opgegraven fondamenten van dat Klooster toonen nog dat het een groot en prachtig gebouw is geweest; doch het volk van Wor heeft er geene de minste oudheden in overgelaten.

Bl. 358. (239) Egbert Wijbrands, wordt ook *van Leeuwaerden* genoemd en had het bevel over eene Engelsche kits voerende 3 bassen en 16 of 17 man, met welke hij in het begin van Mey 1572 voor den Briel kwam. *Narigten van* G. van Enst Koning, *Kunst- en Letterbode*, 1840. N°. 41.

Ald. (240) Carolus, *de rebus Billaei* etc. IV. p. 238. Zie voorts op *Annes*. Carolus noemt hem een *pirata ignobilis*, en dit beduidt dat hij niet van adel was.

Bl. 360. (241) In de Rekening van Vere vind ik *Bes.*

den huede man (Schipper van eene heude) *die den Heere van Sweten van Vlissingen ter Vere brochte.*

Ald. (242) De brief van den Bisschop Nicolaas a Nova Terra (dien het volk, om zijn goeden sier, *dronken Claesgen* noemde) is bij Bor, X. f. 202. De Bisschop was een nabuur van v. Zwieten geweest, en had op den huize Abtspoel (nog bij 't Warmonder hek buiten Leyden in wezen) gewoond.

Bl. 361. (243) Deze geschiedenis, een bewijs van de heerschzucht der Magistraten, heeft Bor ons bewaard, XI. f. 308. Of zij zelven van de onbillijkheid van den maatregel overtuigd waren, weet ik niet, maar Van Wyn getuigt dat hij het besluit der vroedschap in hare Resolutien niet had gevonden. Het was ook genomen, niet tegenstaande de Staten er tegen hadden geprotesteerd. *Aanmerk. op Wag.* VII. bl. 55.

Bl. 362. (244) Over het geslacht van Van Zwieten, zie Van Leeuwen, *Bat. Ill.* f. 1112 sqq. Voorts is Te Water mijn leidsman geweest in zijne levensbeschrijving van Jr. A. Van Zwieten, *V. d. E.* D. III. p. 319 sqq. en Bor, aldaar aangehaald en op andere plaatsen. — Wat zijne zendingen naar Arnhem betreft, de kennis daarvan zijn wij verschuldigd aan een paar geschriften uitgegeven door Van Hasselt, in zijne *Stukken voor de Vad. Gesch.* D. III. bl. 384. IV. bl. 210.

NASCHRIFT.

Tekst en Aanteekeningen van dit werk waren reeds afgedrukt, toen ik in eenen *Catalogus van Boeken en Manuscripten*, den 5^{den} October 1840 en volgende dagen door C. Weddepohl te Amsterdam verkocht, op bl. 78 eene verzameling vond van eigenhandige brieven van Willem I, en andere toen bekende krijgsbevelhebbers, waaronder Lancelot van Brederode, Jacob Cabiljauw en Dirk Duivel, als Watergeuzen beroemd. Ik had eenige hoop deze, naar het schijnt, belangrijke geschriften te mogen onderzoeken, doch vond mij in die verwachting te leur gesteld, en zag mij zelfs den troost ontnomen van naauwkeurig te weten, waar zij zijn heengegaan. Dit alleen is ons bij geruchte gemeld, dat dezelve thans bij eene aanzienlijke familie in Friesland zouden berusten. Indien zij iets belangrijks behelzen, waaraan naauwelijks kan getwijfeld worden, bid ik den eigenaar, zoo hem mijn boek in handen mogt komen, om den wil der beoefening onzer Geschiedenis, deze papieren aan de Nederlandsche wereld te doen kennen. Het zijn dergelijke oorspronkelijke stukken die veel licht over de geschiedenissen verspreiden.

(V. GRONINGEN, *Gesch. der Watergeuzen.*)

De Catalogus zelve gaf mij nog eene bijzonderheid aan de hand, betreffende Ruychaver en Menninck: eene geteekende verbindtenis namelijk, tusschen deze twee uitmuntende mannen, waarbij zij plegtig beloven, beiden te zamen of afzonderlijk, gedurende geheel hun leven, den Prins van Oranje, te water en te land behulpzaam te zijn, tot bevrijding des vaderlands. Hunne levensbeschrijving getuigt hoe getrouw zij aan dit verbond zijn gebleven, tot aan hunnen dood toe.

Aan den Hoogleeraar H. W. Tydeman, die N°. 9 (bl. 80 van den Catalogus) dier Manuscripten kocht, zijnde eene *Rekening gedaan door Marten Ruychaver enz.*, heb ik te danken een berigt aangaande eenen *Jacob Symonsz, Capiteyn op die Viceadmirael*, aan wien eene som van *L* 363. 3 β tot betaling van eene maand soldij verstrekt was, 2 Nov. 1573. Z. H. G. deelde mij het vermoeden mede, of deze ook dezelfde kon zijn met Jacob Simonsz. de Ryk. Doch het is duidelijk dat de Kapitein Jacob Symonsz. een ander is dan de Ryk, die sedert den mislukten aanval op Tholen, in Mei 1573, te Gent gevangen zat, uit welke hechtenis hij eerst in Februarij of Maart 1574 ontslagen is, zeker na Mondragons overgave van Middelburg aan Oranje, welke stad 21 Febr. 1574, door dezen Spaanschen bevelhebber verlaten werd, op zijne belofte van te zorgen, dat de Ryk, Aldegonde en nog twee of drie anderen binnen twee maanden in vrijheid zouden gesteld worden, of dat Mondragon zelf zich in handen van Oranje zou overgeven. Zoo moet dus de Capitein J. Symonsz. van de Ryk onderscheiden worden. Misschien is de eerste dezelfde met J. Simonsz. in den Hulk. Hij is mij volstrekt onbekend.

DRUKFOUTEN.

Bl. 46,	reg.	14, v. b.	*staat* (70)	*lees*	(70*)
» 61,	»	15, »	» Emdem	»	Emden
» 73,	»	6, »	» 44	»	61
» 74,	»	8, v. o.	» *Dirk*	»	*Cornelis*
» 91,	»	1, »	» de Lumbres	»	Lumbres
» 96,	»	9, »	» Watergeuzen?	»	Watergeuzen!
» 117,	»	2, v. b. }	» *Eelma*	»	*Eelsma*
» 168,	»	11, v. o. }			
» 129,	»	1, »	» Vlierkop	»	Vlierhop
» 140,	»	8, v. b.	» zettende	»	zetten of zetteden
» 174,	»	13, »	» in voorhoede	»	in de voorhoede
» 177,	»	10, v. o.	» Saeftinge	»	Saftinge
» 187,	»	16, »	» Mostart	»	Mostaert
» 229,	»	8, »	» stad ,	»	stad.
» 295,	»	2, »	» eerst	»	reeds
» 390,	»	6, v. b. het woord *is* weg te laten.			
» 412,	»	12, »	*staat* gevroken	*lees*	gewroken
» 412,	»	12, v. o. }	» Bor	»	Bor VI
» 413,	»	5, » }			
» 434,	»	14, v. b.	» *pira*	»	*jura*
» 440,	»	15, »	» D. I	»	B. VI

Bij de Uitgevers *dezes zijn in dit en de laatste jaren, onder meerdere, ook uitgegeven:*

Archives ou Correspondance inédite de la Maison d'Orange, Recueil publié par Mr. Groen van Prinsterer, avec des Facimilés. Tom. VII.

M. Siegenbeek, Schets eener Geschiedenis van den Oud-Nederlandschen Staat, van het jaar 1433-1795, met eene Inleiding over de vroegere Staatsgesteldheid en Geschiedenis der zeven, later door de Unie van Utrecht, vereenigde Gewesten, 8.

N. W. Senior, Grondbeginselen der Staatshuishoudkunde, uit het Fransch; — met eene Voorrede en Aanmerkingen van Professor H. W. Tydeman, 8.

G. Groen van Prinsterer, Adviezen in de Tweede Kamer der Staten-Generaal in dubbelen getale.

Ook met den titel van: Beschouwingen over Staats- en Volkeren-regt, 3de Deels 1ste Stuk.

Archief voor Kerkelijke Geschiedenis, inzonderheid van Nederland, verzameld door N. C. Kist en H. J. Royaards, 8. Deel 10 en 11.

W. A. van Hengel, Commentarius perpetuus in Epistolam Pauli ad Philippenses, 8.

Mr. I. da Costa, Voorlezingen over de Verscheidenheid en de Overeenstemming der vier Evangeliën, 1ste Deels 1 en 2 Stuk.

C. Pruys v. d. Hoeven, Initia Disciplinae Pathologicae, Auditorum in usum edita, 8.

C. Pruys v. d. Hoeven, de Arte Medica libri duo ad tirones, 8. 4 voll.

Anecdota Medica Graeca e codicibus MSS. expromsit F. Z. Ermerins, Med. Doct. 8.

Tijdschrift voor Natuurl. Geschiedenis en Physiologie, met platen, door J. v. d. Hoeven en W. H. de Vriese, 8. Deel VII.

I. van Deen, Med. Doct., over de eigenschappen van het Ruggemerg en den daarin gevonden Zenuwomloop. 8.

J. Bake, Scholica Hypomnemata, 8. voll. 1 et 2.

Dionis Chrysostomi Olympikos. Recensuit et explicavit, Comment. de reliquis Dionis orationibus adjecit J. Geelius. 8.

Musei Lugd.-Batavi Inscriptiones Etruscae. Edidit L. I. F. Janssen et Additamentum. 4° c. V. Tabb.

L. I. F. Janssen over de Vaticaansche Groep van Laocoon. 8.

——— ——— ——— de Germaansche en Noordsche Monumenten van het Museum te Leyden. 8.

T. W. J. Iuynboll, Proeve tot opheldering van den toestand van Midden-Azië in vroegere eeuwen. 8.

Milton Keynes UK
Ingram Content Group UK Ltd.
UKHW052027201124
451475UK00007B/59

9 781295 098163